Auteur, personnage, lecteur
dans les lettres d'expression française

Auteur personnage, lecteur
dans les lettres d'expression française

Sous la rédaction de Marzena Chrobak,
Jakub Kornhauser, Wacław Rapak

Kraków 2014

Critique:

prof. dr hab. Jerzy Lis

prof. dr hab. Katarzyna Dybeł
dr hab. Barbara Marczuk, prof. UJ
dr hab. Marek Jastrzębiec-Mosakowski

Rédaction technique: Artur Foryt

Consultation linguistique: dr Françoise Collinet

Ouvrage publié avec le concours de la Faculté des Lettres
et du Département de Philologie Romane de l'Université Jagellonne de Cracovie.

ISBN 978-83-7638-420-7

KSIĘGARNIA AKADEMICKA
ul. św. Anny 6, 31-008 Kraków
tel./faks: 12 431 27 43, 12 421 13 87
e-mail: akademicka@akademicka.pl

Księgarnia internetowa:
www.akademicka.pl

Table des matières

I. AUTEUR

II. PERSONNAGE

III. LECTEUR

I
Auteur

DOI: 10.12797/9788376384207.01

Wacław Rapak

Université Jagellonne

En guise d'introduction

Entre autorité auctoriale et instance auctorielle

La distinction que je propose, laquelle, je suppose, peut paraître sophistiquée, trouve, me semble-t-il, son utilité dans la mise en évidence des pôles entre lesquels la critique contemporaine et moderne situe l'auteur, définit son statut ontologique et les pouvoirs dont il dispose ou, cas de figure qui ne choque plus, dont il ne dispose aucunement. Les pôles que je viens d'évoquer désignent, certes, des extrêmes auquel la critique dite postmoderne ou poststructuraliste a habitué les spécialistes et les étudiants de lettres. Dans la généralisation proposée la notion d'autorité auctoriale signifie non seulement l'auteur en tant que personne réelle dont les intentions – faut-il dire auctoriales – trouvent leurs traces ou/et reflets dans l'œuvre littéraire et instaurent un type de communication littéraire que Antoine Compagnon, dans ses cours donnés à la Sorbonne, associe à une tradition moderne[1]. Non seulement l'auteur au sens dérivé d'*auctoritas* latin, «celui qui se porte garant de l'œuvre» et, par conséquent, «celui qui par son œuvre détient l'autorité»[2]. L'autorité auctoriale renvoie à un mythe, celui d'une genèse de l'œuvre sûre et solide, qui met l'accent sur le contexte historique, social et psychologique de la création de l'œuvre d'art littéraire. Comme on le sait, derrière l'on trouve des rationalismes où Aristote coexiste avec les Lumières, le déterminisme et l'empirisme vont ensemble, le perspectivisme cartésien – anthropo et egocentrisme du sujet qui de son seul et même point de vue représente et/ou exprime une réalité (tant extérieure à qu'intérieure ou intériorisée[3]) – (c)ouvre sur l'identité du

---

[1] Il dit: «Quant à l'auteur, cela signifie que depuis les Lumières (l'avènement du droit d'auteur) et le romantisme (l'avènement de la critique beuvienne), la notion juridico-esthétique en question a connu, malgré les variantes, une certaine stabilité, et que le débat sur sa pertinence dans l'étude littéraire a été continu». Cf. http://www.fabula.org/compagnon/auteur1.php.

[2] Cf. http://www.fabula.org/compagnon/auteur1.php.

[3] Trait à associer à la/aux (post)modernité(s).

sujet à lui-même. Comme on le sait plus que bien, la critique nouvelle, non seulement française, évoque le plus souvent deux grandes figures de cette tradition moderne. D'abord Sainte-Beuve, fondateur de la critique historico-biographique, préfigurant la critique positiviste, et, ensuite, Gustave Lanson, son continuateur que, par exemple, Antoine Compagnon cité nomme «promoteur, à la fin du XIXe siècle, de l'histoire littéraire à la française»[4].

C'était le tournant antipositiviste qui avait remis en question la toute-puissance du mythe de la genèse et, par conséquent, de ce que j'appelle l'autorité auctoriale. C'était vers cette époque-là que la nouvelle critique se dirigeait pour dégager les signes précurseurs de ce qui, plus tard, au milieu du XXe siècle, sous les plumes de Maurice Blanchot et de Roland Barthes trouverait l'emblème dans la métaphore de «la mort de l'auteur». C'est de par celle-ci, de par cette «mort» métaphorique et métaphorisée, qu'apparaît sur l'horizon critique, qui était, me semble-t-il, dans une certaine mesure, un horizon d'attente, une reconnaissance des tendances littéraires qu'avait inauguré dans et pour la modernité Gustave Flaubert avec son rêve sur «l'auteur [qui], dans son œuvre, doit être comme Dieu dans l'univers, présent partout et visible nulle part», l'auteur qui manifeste «une impassibilité cachée et infinie[5]». On le sait, à la même époque Charles Baudelaire, un autre géant de la modernité, avait souhaité disparaître de son univers poétique, et, en réalité, inaugurait cette importante lignée d'auteurs n'autorisant pas, n'autorisant plus, ne se portant plus garant de l'œuvre, de l'univers qu'elle instaure ni, c'est capital, de la lecture de cette œuvre mise sous une autorité auctoriale sécurisante. Ce que Hugo Friedrich, dans sa *Structure de la poésie moderne*, a bien défini comme une dépersonnalisation du sujet littéraire ouvre la porte aux sujets littéraires qui, certes, dans des mesures qui varient, deviennent instances auctorielles que je mets à l'opposé de l'autorité auctoriale. L'incarnation radicale en était à l'évidence Stéphane Mallarmé. Faut-il rappeler ce passage célèbre tant de fois discuté et analysé où l'auteur d'*Un coup de dès* prêche «[…] la disparition élocutoire du poëte, qui cède l'initiative aux mots».

En tant qu'une catégorie littéraire et artistique nouvelle, tant ontologique qu'esthétique, l'instance auctorielle, associée au tournant antipositiviste, reste en une relation directe avec tout ce qui signifiait à l'époque l'avènement des *Geisteswissenschaften* Diltheyennes. Il est à noter que, conceptualisée, elle reflète les conséquences de la crise du sujet à laquelle la formule célèbre d'Arthur Rimbaud « Je est un Autre » sert parfaitement d'emblème. En perpétuelle constitution, forces antagoniques, «Je» et «Autre(s)», «Je» conscient et «Je» subconscient/inconscient, modifient fondamentalement le statut du sujet, approfondissent les dimensions du *cogito*[6], ouvrent sur une malléabilité énonciative manifeste. L'intériorisation de la parole littéraire et la poétisation du récit me semblent deux phénomènes-phares de cette situation nouvelle, propre à la modernité, aux modernités et modernismes.

---

[4] Cf. http://www.fabula.org/compagnon/auteur1.php.
[5] G. Flaubert, *Correspondance*, vol. II, Gallimard, Paris, 1980, p. 204.
[6] A. Bielik-Robson, *Na drugim brzegu nihilizmu*, Wydawnictwo IFiS PAN, Warszawa, 1997, p. 28.

DOI: 10.12797/9788376384207.02

Tomasz Wysłobocki

Uniwersytet Wrocławski

Le roman moderne: une invention des femmes des Lumières

Dans la France des Lumières, les femmes, sauf celles du peuple, vivaient dans un abandon social total. Puisqu'elles n'étaient pas destinées à jouer des rôles de premier rang dans la sphère publique, on les laissait sombrer dans la vilaine condition des êtres non-éduqués, dans leur rôle complémentaires des hommes. À quoi servirait cette instruction si les femmes ne disposent pas de moyens d'ascension sociale, demandait-on à l'époque[1].

Même les philosophes, à quelques exceptions près[2], considéraient le sexe féminin comme incapable de tout exercice de profonde réflexion. Dans l'*Encyclopédie* rédigée par Diderot et d'Alembert, on peut lire entre autres l'opinion du Sieur de Desmahis:

> Distingués par des inégalités, les deux sexes ont des avantages presque égaux. La nature a mis d'un côté la force & la majesté, le courage & la raison; de l'autre, les grâces & la beauté, la finesse & le sentiment[3].

---

[1] Voir p. ex.: Ph. Ariès, *L'enfant et la vie familiale sous l'Ancien Régime*, Seuil, Paris, 1973; E. Badinter, *Émilie, Émilie: l'ambition féminine au XVIIIᵉ siècle*, Flammarion, Paris, 1983; P. Darmon, *Mythologie de la femme dans l'Ancienne France*, Seuil, Paris, 1983; P. Hoffmann, *La Femme dans la pensée des Lumières*, Orphys, Paris, 1977; M. O. Mergnac, *Les femmes au quotidien de 1750 à nos jours*, Archives & Culture, Paris, 2011; M. Uliński, *Kobieta i mężczyzna. Dzieje refleksji filozoficzno-społecznej*, Aureus, Kraków, 2011.

[2] Il s'agit surtout de Condorcet qui considérait la femme comme une égale intellectuelle de l'homme et qui, au début de la Révolution française, s'est battu pour que les représentantes «du sexe» puissent, elles aussi, jouir des droits civils garantis par la *Déclaration des droits de l'homme et du citoyen* de 1789. Voir Condorcet, «Sur l'admission des femmes au droit de cité», [in:] *Journal de la société de 1789*, Paris, le 3 juillet 1790. Note réf. http://gallica.bnf.fr/ark:/12148/bpt6k426734.

[3] D. Diderot, J. d'Alembert (réd.), *Encyclopédie ou dictionnaire raisonné des sciences, des arts et des métiers*, «Femme» (morale). Note réf.: http://artflx.uchicago.edu/cgi-bin/philologic/getobject.pl?c.5:683:2. encyclopedie0311.

Il n'est pas difficile de reconnaître dans cette citation le quatuor des qualités féminines par excellence (grâce – beauté – finesse – sentiment) qui font de la femme un être faible et moralement, et physiquement par rapport à l'homme.

Seul le chevalier de Jaucourt, dans la même œuvre, essayait de contrebalancer un peu l'opinion de son collègue en se demandant si ce n'était pas par les lois humaines, et non par celles de la nature, que la femme fût avilie et subordonnée à son compagnon dans l'état civil et social[4]. Ainsi, l'amélioration du sort «du sexe» serait possible, mais elle exigerait de la volonté de la part des législateurs mâles.

Diderot lui-même, quoiqu'il cherchait à mieux nuancer la pensée générale concernant les femmes, n'a pas hésité à déclarer que leur place sur l'échelle sociale résultait de leur nature chimérique et de leur inconstance intellectuelle:

> La femme porte au dedans d'elle-même un organe susceptible de spasmes terribles, disposant d'elle, et suscitant dans son imagination des fantômes de toute espèce. C'est dans le délire hystérique qu'elle revient sur le passé, qu'elle s'élance dans l'avenir, que tous les temps lui sont présents. C'est de l'organe propre à son sexe que partent toutes ses idées extraordinaires[5].

Même Voltaire, ami intime de Madame du Châtelet et son admirateur fervent, se montrait «traditionaliste» quand il supposait que les femmes, intellectuellement, étaient moins performantes que leurs homologues mâles: «On a vu des femmes très savantes comme il en fut des guerrières; mais il n'y en a jamais eu d'inventrices»[6]. Il y avait donc des femmes intelligentes, mais jamais géniales. Ainsi Voltaire mettait-il en doute toute capacité créatrice des représentantes du beau sexe.

Finissons par Jean-Jacques Rousseau qui, comme le veut l'opinion générale, a détruit toutes les prétentions émancipatrices des femmes des Lumières en prétendant que «toute l'éducation des femmes doit être relative aux hommes»[7]. En faisant de lui un misogyne sans pareil, la tradition féministe oublie que quelques lignes plus loin, ce même homme rend aux femmes leur dignité intellectuelle et souligne qu'elles ne sont pas, comme les animaux sauvages, abandonnées à elles-mêmes mais font partie de la civilisation humaine et des Lumières:

---

[4] *Ibid.*, «Femme» (droit naturel): «On peut donc soutenir qu'il n'y a point d'autre subordination dans la société conjugale, que celle de la loi civile, & par conséquent rien n'empêche que des conventions particulières ne puissent changer la loi civile, dès que la loi naturelle & la religion ne déterminent rien au contraire.». Note réf.: http://artflx.uchicago.edu/cgi-bin/philologic/getobject. pl?c.5:683:1.encyclopedie0311.

[5] D. Diderot, «Sur les femmes», [in:] J. Assézat, M. Tourneux (réd.), *Œuvres complètes de Diderot: revues sur les éditions originales. Études sur Diderot et le mouvement philosophique au XVIIIᵉ siècle*, vol. 2, Garnier Frères, Paris, 1875, p. 255. Note réf. http://gallica.bnf.fr/ark:/12148/bpt6k55581984.

[6] Voltaire, «Femme physique et morale», [in:] idem, *Dictionnaire philosophique*, Le chasseur abstrait, Los Gallardos, 2005, Note réf. http://www.lechasseurabstrait.com/revue/spip.php?article7930.

[7] J.J. Rousseau, «Émile, ou de l'éducation», [in:] *Œuvres complètes*, vol. 2, Gallimard, Paris, 1961, p. 693.

S'ensuit-il que [la femme] doive être élevée dans l'ignorance de toute chose, & bornée aux seules fonctions de ménage ? […] Non, sans doute; ainsi ne l'a pas dit la nature, qui donne aux femmes un esprit si agréable & si délié; au contraire, elle veut qu'elles pensent, qu'elles jugent, qu'elles aiment, qu'elles connaissent, qu'elles cultivent leur esprit comme leur figure; ce sont les armes qu'elle leur donne pour suppléer à la force qui leur manque & pour diriger la nôtre. Elles doivent apprendre beaucoup de choses mais seulement celles qu'il leur convient de savoir[8].

Le rôle particulier que la Nature destine aux femmes dans la société exige d'elles de s'effacer derrière leur père ou leur mari. C'est à eux de légiférer, de gouverner et de penser. Aux femmes reste de seconder les efforts des maris, de bien élever les enfants et d'assurer la paix au-dedans des ménages. Tous les plus grands philosophes de l'époque s'accordent à considérer que c'est là une exigence de la nature, indispensable pour perpétuer la race humaine. Encore, disent-ils de concert, «le sexe» ne peux pas concourir dans la sphère politique ni civile avec les hommes, faute de force et de capacités intellectuelles.

C'est exactement pourquoi les femmes ambitieuses des hautes couches sociales se sont – paradoxalement – lancées dans la carrière littéraire ou, au moins, salonnière: c'étaient les seules qui leur restaient. D'après Raymond Trousson, rares sont ces femmes qui veulent faire de la littérature leur moyen de vivre, car être «auteur» à l'époque – et même de grande renommée – ne remplit pas les poches. Seules les femmes de la noblesse peuvent «perdre» leur temps à écrire des «inutilités»[9]. Toujours néanmoins, chaque femme auteur était fort consciente qu'il lui fallait bien cacher son sexe, sinon elle encourait «la marginalité, le ridicule, le manque d'amour, l'affrontement direct et violent avec le monde masculin»[10]. La couvée est mal tenue quand la poule veut chanter aussi haut que le coq, répétait-on de toutes parts.

Les femmes auteurs ont presque unanimement choisi le roman comme forme d'expression qui leur convenait le mieux. Au premier abord, cette décision pourrait sembler bizarre, surtout quand on se rappelle que presque tout au long du XVIIIᵉ siècle, le roman n'était pas apprécié par les critiques, encore très attachés aux règles et aux goûts classiques. Tous les plus grands moralistes – qui très souvent d'ailleurs étaient eux-mêmes de très habiles romanciers – ont prétendu que ce genre littéraire était «dangereux pour les mœurs»; que ce n'était qu' «un amusement de la jeunesse frivole»; ou qu'il était «propre à gâter le goût»[11]. Et surtout, souvenons-nous de la fameuse phrase de Jean-Jacques Rousseau: «Jamais fille chaste n'a lu de roman»[12],

---

[8] *Ibid.*, p. 701-702.

[9] Toutes les autres passent leur vie à travailler pour pourvoir aux besoins de leur famille.

[10] M. Ozouf, *Les mots des femmes. Essai sur la singularité française*, Gallimard, Paris, 1999, p. 14.

[11] Pour les propos cités voir: K. Gabryjelska, «Le bruissement des voix dans une bataille littéraire. Pour et contre dans l'évolution du genre romanesque au XVIIIᵉ siècle», [in:] *Romanica Wratislaviensia*, nᵒ. LVI, Wydawnictwo Uniwersytetu Wrocławskiego, Wrocław, 2009, p. 78-79.

[12] J.J. Rousseau, *La Nouvelle Héloïse*, Firmin-Didot Frères, Paris, 1843, p. 2 (préface). Note réf.: http://gallica.bnf.fr/ark:/12148/bpt6k5767388w/f13.image.r=.langFR.

car celle-ci se réfère directement au «sexe». Le roman, genre littéraire sans règles, moqué par les grands classiques, méprisé et traité légèrement par la critique, était délaissé par les hommes à qui il ne pouvait garantir la gloire qu'ils ambitionnaient d'atteindre: voilà que les femmes se penchent dessus et, tout naturellement, qu'elles le pressent à leurs seins nourriciers. Et ce roman, «enfant-terrible» de la littérature classique, trouvera sa forme moderne grâce aux femmes des Lumières et leur apportera de la renommée[13]. Huguette Krief a bien compté les écrivaines de l'époque: 206 pour la seconde moitié du XVIIIe siècle et plus de 300 pour la période révolutionnaire[14]. Elles sont donc de plus en plus nombreuses, ce qui pourrait se traduire par le succès qu'elles remportent au cours du siècle.

Mais pourquoi, peut-on se demander aujourd'hui, les femmes des Lumières «se spécialisent-elles» quasi unanimement dans le roman sentimental ? La réponse à cette question est plus banale qu'on le pense. Tout d'abord, parce que les romans sont à l'époque principalement «des fictions d'aventures amoureuses écrites en Prose avec art pour le plaisir et l'instruction des Lecteurs»[15]. Et les aventures amoureuses, n'étaient-elles pas ce à quoi les hautes couches de la société française «préparaient» le mieux les femmes ? Et celles-ci, n'étaient-elles pas – au dire des philosophes – les seules qui pussent connaître vraiment le cœur humain et les seules capables de lire les sentiments secrets de l'âme ? Le roman sentimental leur allait donc comme un gant.

Pourquoi les auteurs féminins n'ont-ils pas pu écrire un *Gil Blas* ou encore un *Candide*? Elles ne le pouvaient pas, puisqu'elles manquaient de l'expérience et du savoir-faire nécessaires à tel dessein intellectuel. Les deux se forgeaient principalement durant les années d'instruction que l'on leur ôtait. Elles étaient alors loin de mener les vies aventurières auxquelles on incitait les seuls garçons. Les femmes, écartées des choses de grande importance, consacraient leur vie à mener leurs petites intrigues et à courir quelques petites vanités, mais aussi à observer et à comprendre le monde des hommes dans ses moindres nuances. Très vite, elles y excellaient: leurs observations leur permettaient de connaître mieux le cœur humain, ce qui, paradoxalement, leur donnait la possibilité d'influer sur les hommes[16], et par là, sur la chose publique.

Le goût des femmes pour le roman est donc dû à la fois au manque d'éducation et à la sensualité prétendument naturelle de leur sexe. Le roman sentimental devient

---

[13] Dans la première moitié du XVIIIe siècle, on décompte presque un millier de romans parus en France; le nombre double dans la seconde moitié, dont deux cents sont dus à des femmes. Voir: R. Trousson (réd.), *Romans des femmes du XVIIIe siècle*, Robert Laffont, Paris, 1996, préface, p. XVI, note 3 en bas.

[14] H. Krief (réd.), *Vivre libre et écrire. Anthologie des romancières de la période révolutionnaire (1789-1800)*, Presse de l'Université Paris-Sorbonne, Paris, 2005, p. 2.

[15] D. Huet, *Lettre à M. de Segrais sur l'origine des romans*, [in:] K. Gabryjelska, «Le bruissement des voix…» *op. cit.*, p. 77.

[16] Cette influence, ce «pouvoir nocturne des femmes» en France au XVIIIe siècle est un fait indéniable, que les moralistes et politiciens révolutionnaires iront tous critiquer, disant même que la corruption morale du pays lui était due.

ainsi le seul genre littéraire à la portée de la femme; à moins qu'elle ne cherche à deve-nir une «pédante» dégoûtante ou une «femme savante» à la Molière.

À l'homme la raison et les règles, à la femme les sens et la spontanéité. Lui est fils de la civilisation, mais celle-ci, avec le temps, devient de plus en plus corrom-pue et artificielle; elle, est fille de la Nature pure et chérie des philosophes. Ainsi s'exprime à ce propos Choderlos de Laclos, qui lui-même connaissait parfaitement le cœur humain:

> Les romans sont, de tous les ouvrages de l'esprit, celui dont les femmes sont le plus capables. L'amour, qui en est toujours le sujet principal, est le sentiment qu'elles connaissent le mieux. Il y a dans la passion une foule de nuances délicates et imincep-tibles, qu'en général elles saisissent mieux que nous, soit parce que l'amour a plus d'im-portance pour elles, soit parce que, plus intéressées à en tirer parti, elles en observent mieux les caractères et les effets[17].

Ce n'est pas sans raison que les critiques des siècles postérieurs se demanderont si ce sont les femmes qui ont été créées pour le roman ou si c'est le roman qui a été créé pour les femmes. Il semble qu'ils existent l'un pour l'autre ! Voilà donc pourquoi, dans le chapitre consacré au roman sentimental dans la France des Lumières, Henri Coulet ne parle que de femmes (Mme de Tencin, Mme de Graffigny, Mme Riccoboni)[18]. Il les considère comme un «pont» qui relie *La Princesse de Clèves* de Mme de Lafayette et *La Nouvelle Héloïse* de Rousseau, chef-d'œuvre exemplaire du roman sentimental et le plus grand succès éditorial de l'époque. Et ce sont les femmes qui ont ouvert le chemin à Jean-Jacques !

Les écrivaines des Lumières s'approprient surtout deux formes romancières: le roman épistolaire et le roman-mémoires. Les deux donnaient aux lecteurs cette im-pression d'authenticité si recherchée et appréciée à l'époque. Le premier est toujours considéré comme terrain de la suprématie féminine – confirmée déjà au XVIIe siècle par Mme de Sévigné et Mlle de Lespinasse –; le second renvoie à la vie des femmes de l'époque: dépourvues de vastes connaissances, inexpérimentées et restreintes à la vie mondaine mais plutôt à l'écart des affaires publiques, elles n'ont à raconter que leurs vies, parfois «surcolorées», voire imaginées, mais toujours possibles et vraisemblables. Cela tombe bien, puisque «la vocation du roman [...] est de raconter l'individu»[19]. Ainsi, ont-elles contribué à former le roman moderne, en faisant faire «un grand pas au réalisme romanesque, avant le triomphe qu'il connaîtra au XIXe siècle»[20].

Il ne faut cependant pas croire que toute la production littéraire des femmes des Lumières est quasi uniforme. Mona Ozouf remarque bien à ce propos qu'«elles sont

---

[17] Ch. de Laclos, *Lycée ou Cours de littérature ancienne et moderne*, vol. 14 , Deterville, Paris, 1818, p. 254; R. Trousson (réd.), *op. cit.*, préface, p. XV- XVI.

[18] Voir: H. Coulet, *Le Roman jusqu'à la Révolution*, ch. VII, Armand Collin, Paris, 1967, p. 378-386.

[19] H. Coulet (préface), [in:] H. Krief (réd.), *Vivre libre et écrire...*, *op. cit*, p. VI.

[20] Idem, *Le Roman jusqu'à la Révolution*, ch. VII, *op. cit.*, p. 319.

loin de parler d'une seule voix». Les observations de chacune sont tout autres et relèvent de vécus complètement différents.

> La littérature romanesque féminine fait place à des formes nouvelles qui s'élaborent conformément aux attentes du public. Mme de Genlis commence à faire le succès du roman historique [...]. Mme de Charrière introduit l'actualité dans la fiction, permettant à l'écriture romanesque de représenter conjointement les drames individuels et les événements de l'Histoire. La vision désenchantée de Sophie Cottin est [...] l'expression [...] d'une sensibilité qui annonce les effervescences romantiques[21].

Voilà juste quelques exemples donnés par H. Krief, mais qui suffisent à comprendre l'importance de la création romanesque féminine dans le processus de formation du roman moderne tel qu'on le verra au XIXᵉ siècle.

Pourquoi ces femmes auteurs ont-elles été délaissées par l'histoire de la littérature française ? Pourquoi la seule dont on parle aujourd'hui, et non sans controverses, est Mme de Lafayette avec sa *Princesse de Clèves* ? Toutes celles qui ont suivi la voie qu'elle a ouverte et qui, comme elle, sont devenues célèbres à leur époque, sont aujourd'hui oubliées. On ignore souvent que ce sont elles qui ont perfectionné ce que Mme de Lafayette a commencé et qui ont préparé le public européen aux œuvres de Rousseau, puis aux écrits des grands romantiques.

Ces femmes auteurs des Lumières se sont lancées dans la carrière risquée de littérateurs parce que, à cette époque, c'était la seule possibilité qui leur était offerte de s'épanouir publiquement. Leur sexe ne devait prétendre à rien, ni en aucun domaine concourir avec les hommes. Elles n'ont donc pas «accaparé» les genres littéraires que les hommes se réservaient; elles ont maîtrisé ce que les hommes laissaient de côté et considéraient comme indigne de leur ingéniosité: un genre vilain et sans règles, très déprécié, voire méprisé, par les critiques. Sous la plume des femmes, le roman sentimental – qui se penchait sur l'individu, son cœur et sa vie intérieure – a trouvé sa forme accomplie et a garanti la gloire à toutes celles qui le «faisaient». Au moment où les hommes s'en aperçoivent, ils s'en emparent. Toujours avides de la plus grande renommée, ils ne peuvent renoncer à se saisir de ce dont, initialement, ils ne voulaient pas. La femme, répétaient-ils, n'est pas née pour courir «les risques et les douleurs» de la gloire publique: elle doit se retirer dans son ménage et y mener la vie sédentaire pour laquelle elle est faite.

Mais il est trop tard. L'écriture contribue déjà à émanciper le sexe jusque-là opprimé. Les femmes ont donc commencé leur révolution à elles, avec pour devise une formule hardie: «Vivre libre et écrire!»[22]

---

[21] H. Krief (réd.), *Vivre libre et écrire...*, *op. cit.*, p. 38.
[22] Formule de H. Krief.

Summary

Modern Novel – Invention of Women of the Enlightenment

In Old-Regime France, women were deprived of public functions and privileges. But not all of them, especially those from high society, wanted to give up their social or political ambitions. So they opened literary salons throughout France. Eventually, some of those *salonnières* started to write. But they were inexperienced, poorly educated and politically marginalised. All they knew was sentimental life and *mondain* intrigues. That's why romance novel became their favourite genre. Although this literary form of expression was despised by male critics and moralists and did not have precise rules, it gave female authors creative and formal freedom they were looking for. The intimate world of an individual, described in romance novels, became their domain and cleared the way for modern writers of the 19th century.

Keywords: women, female writers, romance novel, emancipation, French Enlightenment

DOI: 10.12797/9788376384207.03

Monika Karcz-Napieraj

Université de Szczecin

Charles Baudelaire et son personnage

Charles Baudelaire en tant que personnage et auteur laisse une image incohérente de son moi; opposé à lui-même, il nous reconduit incessamment au coeur de ses pensées contradictoires. Comme personnage principal de son œuvre il domine l'espace non seulement littéraire mais aussi celui de dessin, ce que nous allons illustrer dans le présent article. Ce flâneur-dandy va et vient n'importe où mais toujours ailleurs; il se donne le droit de parler de lui-même comme le «premier venu»[1] sans, pourtant, se faire connaître au lecteur. L'objectif de notre travail va consister pour une part à observer Baudelaire-auteur et Baudelaire-personnage et à voir quelques-uns de ses «avatars» littéraires aussi bien poétiques, que prosaïques et enfin, à définir la place du lecteur réel et/ou potentiel.

La foule qui se multiplie dans les vers, les poèmes en prose ou les journaux intimes de Charles Baudelaire n'est pas un simple reflet de souffrances spirituelles du poète ou effet de changements politiques[2] et sociaux observés et vécus aussi parfois profondément par l'artiste lui-même. L'époque de la modernité, bien définie par Baudelaire, nous fournit tout un éventail de nouveaux personnages, des exclus parmi lesquels nous retrouvons bien évidemment l'auteur. Pourquoi et comment sont-ils conçus? Quelle est l'attitude de l'auteur envers ses *alter ego* imaginaires? Sont-ils une simple projection du moi «mis en abyme» ou bien une transposition artistique des êtres réels croisés et observés assidûment par Baudelaire-*flâneur* dans les rues parisiennes?

---

[1] Ch. Baudelaire, «Mon cœur mis à nu», [in:] Idem, *Œuvres posthumes*, Éditions Louis Conard, Paris, 1952, p. 85: «Le premier venu, pourvu qu'il sache amuser, a le droit de parler de lui-même».

[2] En ce qui concerne la politique, Ch. Baudelaire, à part la Révolution de 1848, ne s'y est jamais engagé. En 1848 il s'est opposé plutôt à son beau-père, le général Aupick qu'il voulait «aller fusiller dans les rues».

Charles Baudelaire – L'auteur

«Moi qui vends ma pensée et qui veux être auteur»[3] – évoque Baudelaire dans l'un de ses poèmes. Ce «moi» détermine profondément l'œuvre baudelairienne car le «moi» semble être un seul champ d'exploration pour lequel l'auteur ne modifie que le contexte et les circonstances de son apparition répétitive, dans la prose ou dans la poésie. En effet, le dévouement baudelairien pour l'autoanalyse poussée parfois à l'extrême change son œuvre en lieu d'observations de son triste et douloureux paysage intérieur. Ce paysage où «le ciel bas et lourd pèse comme un couvercle»[4] reste «brouillé» non seulement dans *Les Fleurs du Mal*[5] – l'œuvre majeure de Charles Baudelaire – mais il l'est également dans des essais et des notes, tantôt finis et réussis, tantôt à peine esquissés et laissés inachevés.

Des fois, dans le cas de Baudelaire, il paraît difficile, voire impossible, de séparer la vie de la création artistique, ce qui place le poète parmi ces «figures mythiques» dont le mythe personnel ou leur métaphorisation font l'objet de l'analyse psychocritique[6].

N'importe quel adjectif allons-nous prêter à l'œuvre de Baudelaire – autobiographique ou autothélique[7] – elle aurait pour l'auteur, il nous semble, une simple finalité: de s'écrire et de s'inventer en tant qu'objet et unique thème, une seule création artistique digne d'être observée et puis scrupuleusement notée ou dessinée comme une autre version de l'auteur. Pour saisir l'objet dans sa pluralité, Baudelaire: «descend en soi-même, interroge son âme, rappelle ses souvenirs»[8] et puis observe la rue parisienne dont les passants restent une inspiration majeure mais deviennent aussi l'un des masques *possibles* que le poète puisse porter: «Je suis le sinistre miroir/Où la mégère se regarde.» [9] et se fait voir à travers les autres.

---

[3] Ch. Baudelaire, «Je n'ai pas pour maîtresse une lionne illustre […]», [in:] Idem, *Œuvres posthumes,* Mercure de France, Paris, 1908 (3ᵉ éd.), p. 52. Dans une des lettres, la mère de Ch. Baudelaire écrit: «Mais quelle stupéfaction pour nous quand Charles s'est refusé à tout ce qu'on voulait faire pour lui, a voulu voler de ses propres ailes et être auteur! Quel désenchantement […]! Quel chagrin!» [Voir: E. Crépet, *Charles Baudelaire. Étude biographique*, Librairie Léon Vanier, Paris, 1906, p. 18].

[4] Idem, «LXXVIII Spleen», [in:] Idem, *Les Fleurs du Mal,* Michel Lévy Frères, Paris, 1868, Notre réf. http:/gallica.bnf.fr, p. 199.

[5] Nous revenons à l'orthographe du titre avec les deux lettres majuscules comme dans la correspondence où Ch. Baudelaire dans la plupart des cas – environ neuf fois sur dix – écrit le titre de son recueil avec les lettres majuscules.

[6] Charles Mauron (1899-1966), l'inventeur de la psychocritique, a analysé quelques poèmes de Ch: Baudelaire, notamment *Le Spleen*.

[7] Baudelaire écrit à Th. Gautier: «La poésie […] n'a pas d'autre but qu'elle même; elle ne peut pas en avoir d'autre, et aucun poème ne sera si grand, si noble, si véritablement digne du nom de poème, que celui qui aurait été écrit pour le plaisir d'écrire un poème.» dans: Ch. Baudelaire, *Théophile Gauthier*, éd. Pléiade, Paris, 1975, p. 685.

[8] *Ibid.,* p. 706.

[9] Ch. Baudelaire, «L'Héautontimorouménos», [in:] Idem, *Les Fleurs du Mal, op. cit.*, p. 240.

Le masque (ou les masques) de Baudelaire est une façon de se cacher et de se dévoiler à la fois, de se donner petit à petit, à travers son œuvre littéraire, pour enfin nier toute sa sincérité provocatrice en l'occurrence. La dualité et les contradictions, si fréquentes chez Baudelaire-personnage et Baudelaire-auteur, déterminent aussi son existence pour en faire «une création» mi-fictive, mi-réelle – en bref et enfin – multipliée. Par ailleurs, les personnages baudelairiens ont le même génie et les mêmes vices que leur auteur.

Le personnage de *la fanfarlo* à la foule

La nouvelle *Fanfarlo*[10] est une œuvre décidément autobiographique (homodiégétique ou même autodiégétique) dont le personnage principal, Samuel Cramer, est *alter ego* de l'auteur:

> SAMUEL CRAMER, qui signa autrefois du nom de Manuela de Monteverde[11] quelques folies romantiques, – dans le bon temps du Romantisme, – est le produit contradictoire d'un blême Allemand et d'une brune Chilienne. Ajoutez à cette double origine une éducation française et une civilisation littéraire, vous serez moins surpris […] des complications bizarres de ce caractère. Samuel a le front pur et noble, les yeux brillants comme des gouttes de café, le nez taquin et railleur, les lèvres impudentes et sensuelles, le menton carré et despote, la chevelure prétentieusement raphaélesque[12].

Dans le portrait physique et moral d'un poète moderne, Baudelaire laisse son autoportrait littéraire: Samuel, «était essentiellement crédule et imaginatif, au point qu'il croyait, comme poëte, à son public, — comme homme, à ses propres passions.»[13], puis il adorait les sonnets, la forme poétique préférée de Baudelaire: «à l'endroit des sonnets, il était incorrigible»[14]. Tous les deux déçus vivaient la même «époque, (où) les articles d'éloges et de critiques avaient beaucoup plus de valeur que maintenant. Les facilités du feuilleton, comme disait récemment un brave avocat dans un procès tristement célèbre, étaient bien plus grandes qu'aujourd'hui»[15], tous les deux connaissaient la triste réalité du procès. Cramer comme Baudelaire croyait à l'idée de correspondances: «— Ceux-là seuls peuvent me comprendre à qui la musique donne des idées de peinture»[16].

---

[10] La nouvelle a été publiée en 1847 dans le *Bulletin de la Société des Gens de Lettres*. Elle occupe une place singulière dans l'œuvre de Ch. Baudelaire: est une seule nouvelle que Baudelaire ait écrite.

[11] Ch. Baudelaire au début de sa carrière publie ses écrits sous le nom de sa mère – Dufäys.

[12] Ch. Baudelaire, «La Fanfarlo», [in:] *Œuvres complètes de Charles Baudelaire*, Éditions Louis Conard, Paris, 1952, p. 386.

[13] *Ibid.*, p. 411.

[14] *Ibid.*, p. 413.

[15] *Ibid.*, p. 414

[16] *Ibid.*, p. 419.

Il arrive souvent que le premier texte d'un écrivain (si l'on peut traiter Charles Baudelaire comme tel) contient des prémisses de toute son œuvre. C'est peut-être aussi le cas de *La Fanfarlo* où l'écrivain révèle sa pensée presque complète et avec une telle franchise qu'il tente d'effacer le texte de sa mémoire.

La nouvelle réalisée au début de la carrière, oubliée à bon escient, est un *memento* qui permet à Baudelaire de réfléchir sur l'identité du moi, sur son identité en fait, et d'approfondir quelques-unes de ses pensées bien dissimulées parmi les commentaires ironiques. Le récit vite oublié reste probablement un seul ouvrage que Charles Baudelaire imprègne d'une telle sincérité; celle-ci habilement cachée derrière l'autoironie permet à l'auteur de garder, quand même, une certaine distance en face de son «frère» caricatural. Cramer comme Baudelaire en 1847 est «l'homme de belles œuvres ratées»[17] et des ouvrages sans lendemain:

> – C'est à la fois un *grand fainéant*, un *ambitieux triste*, et un *illustre malheureux*; car il n'a guère eu dans sa vie que des moitiés d'idées. Le soleil de la paresse, qui resplendit sans cesse au dedans de lui, lui vaporise et lui mange cette moitié de génie dont le ciel l'a doué. […] Samuel fut, plus que tout autre, l'homme des belles œuvres ratées; – *créature maladive et fantastique*, dont *la poésie brille bien plus dans sa personne que dans ses œuvres* (je souligne M.K.N.), et qui, vers une heure du matin, entre l'éblouissement d'un feu de charbon de terre et le tic tac d'une horloge, m'est toujours apparu comme le *Dieu de l'impuissance* (je souligne M.K.N.), […] – impuissance si colossale et si énorme qu'elle en est épique ![18]

L'auteur transpose sur son héros, ridiculisé débonnairement, ses qualités et ses vices, et dans cette ironie de son double il se ridiculise lui-même, comme s'il voulait s'avertir d'un destin aussi abominable, car vulgaire et commun, que celui de son *alter ego*. Baudelaire se moque de Samuel Cramer, son frère, qui se croit singulier et finit misérablement comme un vrai bourgeois «tombé bien bas»[19] dans un journal socialiste et dans la politique avec une femme à ses côtés qui «veut qu'il soit de l'Institut et […] qu'il ait la croix»[20] pour ses quatre livres. *La Fanfarlo* semble être une réflexion, un registre d'anxiétés d'un jeune littéraire qui se prévoit un avenir plutôt médiocre qu'illustre, enveloppée en ironie et vendue avec un clin d'œil de l'artiste, comme s'il voulait montrer la distance à lui-même. Ce texte apporte donc, le dédoublement de la personnalité que Baudelaire cherchera à multiplier ensuite dans les écrits en vers et en prose.

---

[17] *Ibid.*, p. 388.
[18] *Ibid.*, *l.c.*
[19] *Ibid.*, p. 429.
[20] *Ibid.*, *l.c.*

Le lecteur et l'observateur

Effectivement, le lecteur voit Baudelaire, tantôt en double, tantôt dans la multitude. Le poète avoue de manière désarmante: «Moi, c'est tous; Tous, c'est moi.» [21] et il découvre un plaisir malicieux de rester seul dans la foule. D'un côté, il la déteste mais en même temps il retrouve de la volupté se voyant plural; ce: «plaisir d'être dans les foules est une expression mystérieuse de la jouissance de la multiplication du nombre»[22]. En effet, entre la solitude du poète et la multitude de la rue se joue, à nos yeux, tout un spectacle de la création, inventé par le poète où un hasard fait d'un inconnu presque invisible (un passant ou une passante) – un autre possible. Baudelaire, en tant qu'auteur sait parfaitement nuancer les personnages au second degré, ceux du fond de la scène qui ne sont pas, pour autant, moins importants même si parfois moins visibles. Au contraire, ils deviennent indispensables pour peupler l'univers baudelairien d'ombres parfois matérielles et parfois transparentes. Ainsi, il nous laisse ces portraits inoubliables «des êtres singuliers, décrépits et charmants»[23]: une mendiante qui a «sa douceur»[24], une passante «en grand deuil»[25], puis ces femmes damnées «chercheuses d'infini»[26] et «ce sinistre vieillard qui se multipliait»[27] en sept et après les petites vieilles que le poète «[…] surveille de loin,/ L'œil inquiet, fixé sur (leurs) pas incertains,»[28]. Cette foule anonyme, ces vies perdues observées par Baudelaire, le frappent profondément: «Mon cœur multiplié jouit de tous vos vices/Mon âme resplendit de toutes vos vertues!»[29]; il y voit toutes les faces qu'il pourrait se donner dans la foule. Pour Baudelaire le retour à lui-même et puis la transposition de ses faces possibles ou parfois même impossibles sous le masque des «âmes immortelles» retrouvées – soit grâce à son talent et l'attachement au perfectionnisme, soit grâce à la découverte des «paradis artificiels» – reste selon nous l'une des plus importantes intentions de l'activité artistique du poète (et parfois prosateur). Baudelaire nous invite à l'observer en train de *devenir*, en train de se créér comme un vrai personnage fictif, inventé à ses propres besoins artistiques.

Au fil de ses textes, le lecteur observe des tableaux de différents *alter ego* que Baudelaire dessine avec révérence: moi-artiste, moi-flâneur, moi-libertin, moi-rebelle, et enfin moi-être mortel. Chacune de ces incarnations correspondrait à un moment particulier dans la vie de Baudelaire, à une expérience personnelle, à une souffrance physique ou spirituelle. Nous découvrons peu à peu la nature de l'auteur qui n'est

---

[21] Idem, «Fusées», [in:] *Œuvres complètes de Charles Baudelaire, op. cit.*, «Juvenilia», [in:] *Œuvres posthumes, Reliquiæ II*, p. 53.

[22] Idem, «Fusées», *op. cit.* p. 51.

[23] Idem, «Les Petites Vieilles», [in:] *Les Fleurs du Mal, op. cit.*, p. 264.

[24] Idem, «À une mendiante rousse», *op. cit.*, p. 255.

[25] Idem, «À une passante», *op. cit.*, p. 270.

[26] Idem, «Femmes damnées», *op. cit.*, p. 313.

[27] Idem, «Les Sept Vieillards», *op. cit.*, p. 262.

[28] Idem, «Les Petites Vieilles», *op. cit*, p. 264.

[29] *Ibid.*, *l.c.*

pas aisé à connaître, parce qu'il se paraît d'une réserve distante, toute parnassienne et parce qu'il se plaît à mystifier, comme un vrai Dandy et en même temps cherche à s'infiltrer dans la foule comme un vrai flâneur:

> Pour le parfait flâneur, pour l'observateur passionné, c'est une immense jouissance que d'élire domicile dans le nombre, dans l'ondoyant dans le mouvement, dans le fugitif et l'infini. Etre hors de chez soi, et pourtant se sentir partout chez soi; voir le monde, être au centre du monde et rester caché au monde, tels sont quelques-uns des moindres plaisirs de ces esprits indépendants, passionnés, impartiaux, que la langue ne peut que maladroitement définir.
>
> L'observateur est un prince qui jouit partout de son *incognito*[30].

Effectivement, ce flâneur assidu errant «le long du vieux faubourg»[31] déconstruit «tout aussi aisément» l'univers dont la laideur ou la tristesse l'attirent et puis, il réinvente une autre légende possible:

> Par delà des vagues de toits, j'aperçois une femme mûre, ridée déjà, pauvre, toujours penchée sur quelque chose, et qui ne sort jamais. Avec son visage, avec son vêtement, avec son geste, avec presque rien, j'ai refait l'histoire de cette femme, ou plutôt sa légende, et quelquefois je me la raconte à moi-même en pleurant.
>
> Si c'eût été un pauvre vieux homme j'aurais refait la sienne tout aussi aisément.
>
> Et je me couche, fier d'avoir vécu et souffert dans d'autres que moi-même.
>
> Peut-être me direz-vous: «Es-tu sûr que cette légende soit la vraie?» Qu'importe ce que peut être la réalité placée hors de moi, si elle m'a aidé à vivre, à sentir que je suis et ce que je suis?[32]

Quel rôle est-il réservé, alors, à nous, lecteurs ou observateurs de la foule, amis ou ennemis de l'artiste? Nous ne sommes que de simples spectateurs d'un spectacle joué par l'artiste qui cherche à nous dérouter et à nous tromper enfin? Le rôle du lecteur dans l'œuvre baudelairienne est particulier car le rapport entre le poète et le lecteur est «douloureux, honteux et riche de sous-entendus»[33], même s'il avouait tout à l'heure, dans *La Fanfarlo*, qu'il croyait à son public.

Ce lecteur réel, auquel Baudelaire échappe sciemment et qu'il connaît et déteste profondément, reste absolument un ennemi curieux du *mythe* baudelairien. Walter Benjamin confirme que:

> le personnage de Baudelaire entre de façon décisive dans la composition de sa gloire. Son histoire a été pour la masse des lecteurs petits-bourgeois une image d'Épinal, la «carrière débauchée» illustrée. Cette image a beaucoup contribué à la gloire de Baudelaire, même si ceux qui la propagèrent ne comptaient guère au nombre de ses amis[34].

---

[30] Idem, «Le Peintre de la vie moderne», [in:] *Œuvres complètes, op. cit.*, p. 64.

[31] Idem, «Le Soleil», [in:] *Les Fleurs du Mal, op. cit.*, p. 251.

[32] Idem, «Les Fenêtres», [in:] *Le Spleen de Paris. Petits poèmes en prose*, vol. 4, *op. cit.*, p. 109.

[33] P. Pachet, *Le premier venu. Baudelaire: solitude et complot*, Éditions Denoël, Paris, 2009, p. 12.

[34] W. Benjamin, *Charles Baudelaire. Un poète lyrique à l'apogée du capitalisme*, trad. J. Lacoste, Petite Bibliothèque de Payot, Paris, 2002, p. 221.

D'ailleurs, l'attitude de Baudelaire envers son public, réel ou potentiel, n'est pas sans équivoque, elle est parfaitement contradictoire comme dans le fameux poème *Au lecteur* ouvrant hardiment *Les Fleurs du Mal*. Le poète invoque son lecteur, voire l'adjure: «— Hypocrite[35] lecteur, — mon semblable, — mon frère !»[36] D'un côté, le poète repousse le lecteur corrompu par l'hypocrisie, en vérité omniprésente, puis il ponctue une ressemblance involontaire avec son lecteur. Enfin, cette égalité des vices et des péchés mène le poète à une espèce de *pacte de fraternité* avec celui qui vient de la foule. De l'hostilité poétique à la fraternité vicieuse Baudelaire traverse le «chemin bourbeux» de la vie qui n'est qu'un «canevas banal de nos piteux destins»[37]. Il traverse, paraît-il, «ce gouffre infranchissable qui fait l'incommunicabilité»[38], pour dresser un tableau noir de l'homme dont la déchirure a l'aspect universel et annonce une réalité douloureuse, comme celle entre le poète et la société. D'ailleurs, le lecteur, même s'il est toujours «hypocrite» parce que borné dans sa mentalité bourgeoise, déjà par sa présence, sa lecture et sa voix entre dans l'univers baudelairien. Parfois en dépit de lui-même, le poète et sa poésie restent en dialogue, en communication, volontaire ou involontaire, avec ce lecteur abominable que Baudelaire adore observer lors de ses errances infinies. Comme l'imagination, selon Baudelaire, est un acte quasi divin, l'auteur s'accorde du pouvoir de vivre dans les autres. Notamment, le poète tentait de suivre le maximum de voies (ou des voix) littéraires pour s'exprimer, pour ressentir de la jouissance de la «multiplication de l'individualité», de son individualité.

D'où peut-être des essais de s'exprimer parallèlement en dessins. En 1844 Charles Baudelaire dessine sa caricature (ci-dessous) géminée, ou plutôt, les deux versions de la même sensation, comme si un dessin ne suffisait pas et il fallait essayer de se représenter en version rectifiée et toujours en double.

---

[35] Le mot emprunté au bas latin *hypocrita* signifie quelqu'un qui mime; en grec c'est celui qui distingue, explique, interprète – un acteur mais aussi quelqu'un qui est fourbe et hypocrite. L'étymologie de ce mot élargie le champ d'interprétation de ce fameux vers parce que l'Hypocrite baudelairien n'est pas seulement un être *faux, mensonger*, il *mime, joue* et *accompagne* le poète dans sa poésie. Notre réf.: http://atilf.atilf.fr.

[36] Ch. Baudelaire, *Œuvres complètes, op.cit.*, p. 81.

[37] *Ibid.*, p. 80.

[38] *Ibid.*, p. 696.

L'artiste se figure sous l'effet du haschisch[39] au moment où il éprouve «à l'air frais du matin [...] cette jouissance égoïste du cigare et des mains dans les poches»[40]. La récurrence artistique visible et lisible chez Baudelaire, entendue comme une contrainte intérieure, devient un trait distinctif et significatif pour Baudelaire-auteur et par conséquent aussi pour son œuvre. Il est vrai que Baudelaire est narcissique; donc, la collection de ses autoportraits réalisés sous différentes formes semble bien naturelle. Tant les poèmes que les dessins baudelairiens saisissent leur auteur en tant que personnage multiple, malheureusement jamais suffisamment beau pour lui-même. L'auteur est toujours critique envers l'effet artistique obtenu. Ce retour de l'artiste-perfectionniste aux sujets déjà traités, aux personnages déjà croisés traduit peut-être la continuité dans la recherche de l'idéal. En l'occurrence, l'auteur reste son propre héros et il se reflète dans nos yeux, soit avec autoironie, soit avec mépris et même avec haine.

Dans l'analyse[41] du fameux dessin de Baudelaire, Jacques Derrida note que l'autoportrait où l'auteur-dessinateur tente de se saisir, ne suffit pas, et demande un contexte, une présence immédiate d'un œil et puis il exige encore une indication

---

[39] Baudelaire nous offre une vision de sa personne sous les traits d'un fier dandy tournant le dos au monde, peut-être même il se sent au-dessus du monde car il se montre dominant le Paris: il est trois fois plus grand que la colonne Vendôme.

[40] Ch. Baudelaire, «La Fanfarlo», *op. cit.*, p. 387-388.

[41] J. Derrida, Y. Séverac, *Les Mémoires d'aveugle. L'autoportrait et autres ruines*, RMN Réunion des Musées Nationaux, Paris, 1991.

externe, un indice verbal, une parole de quelqu'un, de nous lecteurs ou observateurs. Derrida demande alors: «En quoi cette image est-elle un autoportrait? Moi aussi, je suis affecté par ce portrait (ou supposé tel). Ma voix se mêle à d'autres voix. [...] À partir de ces voix une fiction se construit et l'œuvre surgit [...] (et) cette voix de l'autre (le commentaire) induisent un appel à la mémoire»[42].

Baudelaire-dessinateur ne nous laisse jamais seuls avec son autoportrait, il intervient dans la perception de celui qui le regarde, il se décrit et fait des commentaires directement sur les dessins. Les inscriptions, même si parfois amères, semblent être aussi importantes que les dessins eux-mêmes.

43   44

Le dessin à gauche, vu et commenté par J. Derrida est critiqué par le dessinateur qui, en faisant un essai, tente de l'analyser et de se corriger en même temps, comme il le fait incessamment aussi dans ses textes:

> Tout le bas du /visage, mauvais/ pas assez d'ampleur/ le menton, pas/ assez galoche, et en bas: trop de hachures/ d'ailleurs la bouche est mauvaise/ avec quelques hachures, distribuées/ Sobrement, on fait le modelé/ Ceci ne doit donc être regardé/ que pour la pose et l'effet/ lumineux.

L'inscription sur l'autoportrait à droite montre, cette fois-ci, une autodérision de l'auteur: «Ici, la bouche est meilleure; d'ailleurs mêmes observations».

---

[42] J. Derrida, *op.cit.*, p. 68.

[43] L'autoportrait en encre brune et plume (1860) se trouve à Paris, au musée du Louvre département des Arts graphiques, Notre réf. http://www.culture.gouv.fr/public/mistral/joconde_fr.

[44] L'autoportrait en encre et plume (1860). Notre réf. www.baudelaire.litteratura.com.

Tout porte à croire, que sur les deux dessins ce n'est pas nous que Baudelaire regarde, c'est lui-même – se dessinant et se commentant. L'auteur laisse un autoportrait
tel qu'il veut donner ou tel qu'il sait donner: mi-voilé, mi-sérieux mais jamais fini, ni
final, comme s'il voulait que les yeux ou les voix de ses spectateurs-lecteurs le complètent. Effectivement, selon Derrida, si nous voulons être visibles à nous-mêmes,
nos yeux ne suffisent pas, parce qu': «il y a pour l'œil […] au moins trois aspects: […]
c'est à la fois le regard, la vue et ce qui se donne à voir: d'un côté le spectateur et de
l'autre l'aspect, autrement dit spectacle»[45]. Il faut alors d'autres yeux et aussi d'autres
paroles ou d'autres commentaires car la *création*, bien que conçue dans la solitude
absolue, ne peut pas exister après dans l'isolement imaginaire.

Même si, Baudelaire se croit supérieur à la foule bourgeoise, par conviction ou
par répudiation, il lui faut et il faudra aussi à son spectre l'appui de notre vision,
de notre lecture et de notre présence dans son œuvre, il n'importe, graphique ou
littéraire.

Dans le cas de Baudelaire, la création dépasse obstinénement la fiction pour devenir un acte d'autocréation comme pour ce groupe d'artistes incompris, inadaptés
dont la vie s'approche de leur œuvre ou même l'œuvre devient leur vie. Cette ambition de lier l'œuvre et la vie en un unifié n'est pas nouvelle, donc originale, mais pour
le poète reste une seule voie possible.

En effet, Baudelaire revient fidèlement à ses thèmes et à ses personnages qu'il
place dans plusieurs esquisses romanesques ou des pièces de théâtre jamais approfon-
dies[46]. De toute façon, la reprise ou le dédoublement continu de thèmes et de personnages, de la poésie aux poèmes en prose, nous situe dans l'univers baudelairien qui,
à la fin, nous paraît connu et proche mais il n'est jamais dévoilé exhaustivement. Une
telle intratextualité est sans doute consciente chez Baudelaire parce qu'elle se produit
continuellement au niveau thémathique et discursif; elle est aussi lisible dans plusieurs paraphrases, auto-références et auto-citations. À savoir, le poète «réutilise un
motif, un fragment du texte qu'il rédige (ou qu'il avait rédigé), pour que son projet ré-
dactionnel (soit) mis en rapport avec une ou plusieurs (de ses) œuvres antérieures»[47].
Claude Pichois confirme cette prédisposition chez Baudelaire à l'auto-imitation:
il «[…] ne cesse pas de s'emprunter à lui-même»[48]. Ce retour permanent aux thèmes
déjà traités, aux phrases tellement raffinées[49] qu'il ne pouvait plus abandonner dans
un nouveau projet, fait de son œuvre l'univers simultanément clos et multiplié.

---

[45] J. Derrida, *op. cit.*, p. 48.

[46] Ch. Baudelaire entre 1843-1863 a travaillé sur presque 14 projets de pièces de théâtre; aucun de ses projets n'a pas été terminé ni joué sur la scène. Ses 3 pièces ont été publiées en 1908 dans
les *Œuvres posthumes* à savoir: «L'Ivrogne» , «La fin de Don Juan» et le «Marquis du Ier Houzards».

[47] N. Limat-Letellier (dir.), *L'Intertextualité*, Les Belles Lettres, Paris, 1998, p. 27, citée par
K. Martel, «Les Notions d'intertextualité et d'intratextualité dans les théories de la réception»,
p. 94. Notre réf.: http://www.erudit.org/revue/pr/2005/v33/n1/012270ar.html.

[48] Cl. Pichois, *Études et témoignages*, p. 246.

[49] En 1863 Baudelaire écrit à Delacroix: «Ici, Monsieur, je vous demanderai la permission de
me citer moi-même, car une paraphrase ne vaudrait pas les mots que j'avais écrits autrefois.»

Or, cette façon de se référer continuellement à ses propres tournures et ses créations permet de «construire [...] des ponts entre tous ses livres [...], de faire apparaître la production de l'écrivain comme un tout unifié»[50]. La présence d'un univers clos, que l'intratextualité crée, peut réveiller chez le lecteur l'impression d'une certaine familiarité ou d'un univers restreint, donc bien connu à l'auteur et au lecteur. Pour François Ricard «des correspondances internes donnent en effet à l'ensemble de l'œuvre l'aspect d'un système cohérent»[51] qui, à part la familiarité, demande au lecteur l'attention en éveil pour suivre des liens de ce système.

Par ailleurs, l'art poétique, si on parle des *Fleurs du Mal*, est aussi un système qui vise à lier le réel à la fiction savamment composée: «Le seul éloge que je sollicite pour ce livre – écrit Baudelaire – est qu'on reconnaisse qu'il a un commencement et une fin»[52]. L'architecture secrète soulignée par Barbey d'Aurevilly a fait de ce recueil un ensemble construit sur «un plan calculé par le poète, méditatif et volontaire»[53]. Puis, cette architecture dépasse les *Fleurs du Mal* pour lier ses ouvrages entre eux. À savoir, la section les *Tableaux Parisiens*, introduite dans les *Fleurs du Mal* après le procès de Baudelaire en 1857, est un vrai pont conduisant droit aux *Petits Poèmes en prose*, un pendant en prose du recueil, d'ailleurs. Les «doublets»[54] ou les répliques: *Le Crépusucle du soir* et *L'Invitation au voyage* sont les poèmes homonymes, en vers et en prose. Pourtant, ils n'ont en commun que le titre. Il y a aussi ceux qui ont des motifs communs mais dont les titres sont différents; ils peuvent être assortis en couple: *Les Sept Vieillards (FM)*[55] avec *Les Veuves (SP)*[56], *Bien loin d'ici (FM)* avec *La Belle Dorothée (SP)*, ou *Perte d'Auréole (SP)* que l'on retrouve également dans les *Fusées* [57]. Nous, lecteurs et en même temps probablement les «complices» que nous devenons au cours de la lecture, nous formons ainsi, en quelque sorte, un cercle privilégié. Le privilège attribué viendrait, comme le veut François Ricard, de la conscience du lecteur faisant des rapprochements de différents textes du même auteur dans le même *corpus* littéraire, ici baudelairien.

En effet, l'œuvre de Baudelaire peut être traitée comme un ensemble où on peut aisément retrouver des thèmes, personnages, idées et la présence de l'auteur luimême. Cependant, cette alternance pourrait être, selon Claude Pichois, l'effet d'une

---

[50] N. Limat-Letellier, *ibid.*, p. 99.

[51] F. Ricard, «*Jacques Poulin: de la douceur à la mort*», [in:] *Liberté*, vol. 16, n° 54, citation extraite de l'artcile: K. Martel, «Les notions d'intertextualité dans les théories de la réception», [in:] *Protée*, vol. 33, n° 1, 2005, p. 99, Notre réf.: http://www.erudit.org/revue/pr/2005/v33/n1/012270 ar.html.

[52] La lettre de Ch. Baudelaire à A. de Vigny (1861).

[53] Ch. Baudelaire, «Appendice», [in:] *Les Fleurs du Mal, op. cit.*, p. 375.

[54] Voir: M. Bercot, *1857: Poèmes et contre-poèmes*, Communication au XIe Congrès, Reims, le 21 Juillet 1988, p.286, Notre réf. http://www.persee.fr.

[55] FM= *Fleurs du Mal.*

[56] SP= *Spleen de Paris.*

[57] Ch. Baudelaire, «Les Fusées, XVII», *op.cit.*, p. 75: «[...] mon auréole s'est détachée et est tombée dans la boue du macadam. J'eus heureusement le temps de la ramasser [...]».

difficulté créatrice expliquée comme: «l'auto-imitation imputable à l'inspiration»[58]
Pour Martine Bercot[59] la répétition baudelairienne est un commentaire explicatif ou
un parallélisme d'une écriture double, tandis que pour Baudelaire elle est une méthode, alors une pratique consciemment entreprise par laquelle les poèmes en prose
prennent appui sur des poèmes en vers et reviennent après dans les *Journaux intimes*.
Ainsi, Baudelaire ponctue sa fidélité à l'idée de l'analogie universelle tellement présente dans son œuvre où les correspondances, soit intertextuelles soit intratextuelles,
restent, aussi formellement, vivantes.

Enfin, Charles Baudelaire dans cette tentative de rendre son œuvre «un tout»
reste incohérent et fragmentaire; son moi une fois écrit, l'autre fois dessiné mais sans
doute vécu de l'auteur, est dispersé infiniment dans les autres – personnages ou lecteurs possibles – qui deviennnet miroir et inspiration pour l'auteur qui veut instam-
ment «oublier son moi dans la chair extérieure»[60].

Summary

Charles Baudelaire and his Character

Charles Baudelaire (1821-1867) as an author and character, treating creation and life as
one, did not leave a cohesive picture of his 'self'. Filled with paradoxes and juxtapositions,
both the author and character, dominates not only the literary space of his texts but also pic-
tures. That *flâneur-dandy* reserves the right to talk and write about himself, yet, not giving the
reader and observer a chance to get to know fully his double and, at times, multiplied character – both in poems and prose. Intratextuality observed in Baudelaire's works is a method – a
deliberately accepted practice which forms, in spite of created juxtapositions, a certain whole
based on inner borrowings.

Translated by Elżbieta Szewczyk

Keywords: *author, character, double , multiplied, intratextuality*

---

[58] M. Bercot, *ibid.*, p. 289.
[59] *Ibid.*, p. 290.
[60] Ch. Baudelaire, «Mon coeur mis à nu», *op. cit*, p. 122.

DOI: 10.12797/9788376384207.04

Edyta Kociubińska

Université Catholique Jean-Paul II de Lublin

Robert de Montesquiou – portrait de l'esthète fin de siècle

Dans notre article nous voudrions nous pencher sur le personnage de Robert de Montesquiou, une vraie icône de la vie littéraire et artistique de la fin du XIXe siècle. Intelligent et sensible, non seulement il est devenu l'incarnation idéale du dandy de la décadence, mais aussi il a réussi à créer dans ses mémoires une galerie unique des artistes, poètes et peintres contemporains. Comme le remarque dans sa biographie Philippe Jullian, ce descendant d'une très grande famille française était l'arbitre du bon goût, il avait la richesse, la jeunesse, un mode de vie hors du commun, un caractère froid joint au besoin de la perfection qui n'acceptait dans son entourage que de rares amis. Visionnaire et capricieux, avide de sensations rares, poussant la finesse jusqu'à la bizarrerie, il était un critique perspicace[1]. Selon Henri de Régnier, cet «élégant gentilhomme de race et de lettres», qui «excitait un vif intérêt dans les cénacles et dans les salons», était un véritable prince des esthètes: «il y avait en lui du dandy et du roué, de l'excentrique et du mystificateur, du raffiné et du dilettante»[2]. Il écrivait:

> J'ose me comparer à l'une de ces fleurs que l'Extrême-Orient nous apprend à amplifier en supprimant des tiges voisines. Dans l'ordre de l'humanité, la nature se charge de la chose et opère toute seule ces récessions grossissantes. Aurais-je été quelque chose comme ce chrysanthème échevelé, hypertrophié, dix mille fois saupoudré d'or ? Un aristocrate sans pair?[3]

---

[1] Cf. Ph. Jullian, *Robert de Montesquiou, un Prince 1900*, Librairie académique Perrin, Paris, 1965.

[2] H. de Régnier, *L'Information*, 29 décembre 1921.

[3] P. Favardin et L. Bouëxière, *Le dandysme*, La Manufacture, Lyon, 1988, p. 130.

Regardons donc de plus près la silhouette de cet esthète décadent ou «professeur de Beauté», selon l'expression de Marcel Proust, mais aussi l'acteur et le metteur en scène hors du commun, l'auteur, le lecteur et l'interprète d'art ainsi que le modèle du personnage romanesque.

L'acteur et le metteur en scène

L'hortensia bleu et la chauve-souris – comme dans le pastel de Paul-César Helleu (*Hortensias et chauves souris*), choisis en tant qu'emblèmes personnels reflètent bien le caractère du poète. La chauve-souris le fascine à cause de sa signification sombre dans *Mélancolie I* d'Albrecht Dürer où elle symbolise le crépuscule propre à la mélancolie. Quant à l'hortensia bleu, il l'attire par son aspect artificiel, différent des autres, étant en même temps un signe de coquetterie – allusion propre au mode excessivement raffiné de son existence, de ses œuvres littéraires et conférences[4].

Dans les salons du Tout-Paris, Montesquiou impressionne le public par son exceptionnel talent d'orateur. Il réussit à fortifier ses propos par une mimique envoûtante ainsi que par des gestes théâtraux, et sa voix est parfaitement adaptée à ses paroles, aiguë ou gémissante, selon le discours prononcé. Gustave Moreau, James McNeill Whistler, Giovanni Boldini, Sarah Bernhardt, Leconte de Lisle et tant d'autres admirent, comme les Goncourt, «sa conversation pleine d'observations aiguës, de remarques délicates, d'aperçus originaux, de trouvailles, de jolies phrases et que souvent il achève par des sourires de l'œil, par des gestes nerveux du bout des doigts»[5].

Dandy hors pair, il lance volontiers des remarques insolentes; seulement ses comportements arrogants dépassent souvent les limites des convenances, devenant insupportables et railleurs: en exagérant le dédain, Montesquiou n'hésite pas à se faire des ennemis. Son audace est visiblement exagérée: il ne respecte pas le pacte entre le dandy et son public, cette dépendance permanente entre des spectateurs assoiffés de coup de théâtre et un «oseur» qui sait émerveiller, voire offenser, mais toujours dans les bornes du convenable, c'est-à-dire sans provoquer son expulsion.

Quant au respect du code de la toilette, nous pouvons constater le même manque de bienséance: bien qu'il suive en principe l'idéal proposé par Brummell, cette élégance austère telle qu'elle est louée par Barbey d'Aurevilly, le style du comte traduit trop souvent une exubérance ou une réalisation déplacée de ces principes. Ainsi, il cherche les contrastes de couleurs en fonction de son humeur, excellente ou mauvaise, de la saison actuelle, et il ajoute des accessoires manifestes, des parures bizarres, des fleurs et des bijoux, tout en essayant des parfums divers. Au lieu de se faire modeste, Montesquiou cherche l'effet extraordinaire: son besoin de l'ornement ruine

---

[4] Cf. E. Munhall, *Whistler et Montesquiou*, trad. de l'anglais par D. Collins, Flammarion, Paris, 1995.

[5] J. et E. de Goncourt, *Journal – Mémoires de la vie littéraire*, t. 3, Éd. R. Ricatte, Paris, 1989, p. 605.

l'apparence harmonieuse de son habit. Ce goût du spectacle s'oppose évidemment à «la simplicité absolue» de la tenue, telle que l'avait prônée le père des dandys[6]. Dans ses mémoires, Montesquiou lui-même nous confie les raisons secrètes de sa faiblesse pour le détail impressionnant, qui réside finalement dans son caractère narcissique.

Son appartement du quai d'Orsay représente le modèle exemplaire de l'appartement d'un dandy. Comme ceux du comte d'Orsay, d'Eugène Sue ou de Pierre Loti, il traduit l'un des buts principaux du dandysme: se construire en dehors de la vie un lieu exceptionnel, un paradis mythique qui n'est pas une fin en soi, mais le moyen de transformer sa vie en œuvre d'art. D'où son caractère unique et particulièrement fascinant, la réaction de rares visiteurs qui y sont admis en est la meilleure preuve. Dans tous ses appartements successifs, le comte rassemble une collection d'objets d'art de provenances diverses et parfois exotiques: les chefs-d'œuvre y côtoient de simples bibelots[7]. À côté du buste de Lamartine exécuté par Alfred d'Orsay, on découvre la balle qui avait tué Pouchkine, un bout de cigarette fumée par George Sand et les pantoufles de la dernière maîtresse de Lord Byron. En juillet 1891, après la visite de l'appartement de Montesquiou au 8, rue Franklin, Edmond de Goncourt ne peut pas s'empêcher de décrire dans son journal «un logis plein d'un méli-mélo d'objets disparates, de vieux portraits de famille, d'affreux meubles de l'Empire, de kakémonos japonais, d'eaux-fortes de Whistler»[8], qui témoigne de l'éclectisme excentrique du collectionneur.

Judith Gautier entraîne le comte dans le monde de l'art japonais qui le séduit. Les photographies bleues rassemblées dans les trois volumes des *Ego Imago*, que Montesquiou a préparés avec un soin immense et où ne se retrouvent que ses portraits, font preuve de l'application spectaculaire que le dandy a fait de sa fascination pour l'art du Japon[9]. Déguisé en mikado, il pose avec une grande ombrelle, avec des lampions, au milieu de ses hortensias. Chaque photographie est pensée comme une image, on peut observer l'ambition du comte de créer une petite œuvre d'art.

Montesquiou décide de déployer son génie artistique dans l'organisation des fêtes inimitables. Contrairement à son appartement du quai d'Orsay, dont la beauté est

---

[6] «Le secret de l'élégance est dans la sobriété, l'économie, la rigueur: les dandys décadents, plus exubérants ou plus accrocheurs, égaleront-ils jamais la singulière austérité de Brummell?» F. Coblence, *Le dandysme. Obligation d'incertitude*, PUF, Paris, 1988, p. 177.

[7] Cf. A. Bertrand, *Les curiosités esthétiques de Robert de Montesquiou*, t. 2, Droz, Genève, 1996.

[8] E. et J. de Goncourt, *op. cit.*, t. 3, p. 604.

[9] L'art du Japon a notamment fasciné un écrivain polonais, Feliks «Manggha» Jasieński, auteur du recueil d'essais intitulé *Manggha. Promenades à travers les mondes, l'art et les idées*, Paris, 1901. Il a vécu pendant un certain temps à Paris où il a rassemblé une collection importante de l'art japonais. Voir à ce sujet: *Feliks Jasieński i jego Manggha*. Wstęp i oprac.: E. Miodońska-Brookes; wyb. tekstów francuskich i polskich: M. Cieśla-Korytowska i E. Miodońska-Brookes; przekł. z j. francuskiego: M. Cieśla-Korytowska, Universitas, Kraków, 1992. Cf. aussi A. Kluczewska-Wójcik, *Feliks Manggha-Jasieński (1861-1929), collectionneur et animateur de la vie artistique en Pologne (thèse de doctorat)*, Université Paris I Panthéon-Sorbonne, Paris, 1988.

livrée à quelques hôtes soigneusement choisis, ses résidences de Versailles, du Vési-
net ou de Neuilly sont l'endroit parfait pour la réalisation de ses projets artistiques.
Pendant six ans, la musique de Fauré, de Debussy ou de Wagner, les poèmes d'Anna
de Noailles, de Lucie Delarue-Mardrus ou ceux du maître de maison séduisent des
spectateurs qui représentent l'élite du goût et de l'intelligence. En effet, le choix des
participants, les décors, les effets visuels, la musique assurent le déroulement parfait
de la fête. Le comte est libre de puiser dans les réserves du grand marchand des arts
décoratifs Georges Hoentschel:

> Il m'ouvrait ses ateliers, mettant à ma disposition ses teintures, ses tapisseries, ses
> tapis; je disposais tout cela dans un délire enivré et, quand les roses fraîchement coupées
> venaient parsemer les chemins, quand des fruits rares et des friandises, ressuscités des
> anciens menus, luttaient de coloris avec les vaisselles de vieille céramique […] je ressen-
> tais un plaisir ravissant[10].

Il devient alors le metteur en scène et, en même temps l'acteur principal d'un
spectacle qui doit permettre à chaque instant le rayonnement de l'art dans un décor
exceptionnel. Il règle chaque détail lui-même, veille sur la liste des invités, le menu et
le service, la musique et les divertissements:

> C'est bien vrai que je me suis composé *un paradis à moi*, d'où je bannis, et où j'ap-
> pelle […]. Le grand Honoré disait de ceux dont son goût ne s'accommodait point: «*Ils ne
> sont pas de mon ciel.*» – C'est dans ce sens, et toutes proportions gardées, que je peuple
> mon Eden particulier «que la rareté des élus compose elle seule», selon la belle expres-
> sion baudelairienne[11].

L'auteur, le lecteur et l'interprète d'art

Au début de l'année 1892, le comte publie sa première œuvre, *Les Chauves-Souris*.
Elle se présente sous la forme d'un fort volume qui est en lui-même une œuvre d'art:
«un vol de chauves-souris était broché dans la soie des gardes grises et jaunes. Montesquiou avait transformé un livre de poèmes en bibelot»[12]. Dans les fêtes, on récite
dès lors des extraits du recueil, qui a pour argument la mélancolie de la nuit dans la
nature et dans l'âme. Malheureusement, le succès des volumes qui suivent, en 1894 *Le
Chef des odeurs suaves*, en 1895 *Le Parcours du rêve au souvenir*, en 1896 *Les Hortensias bleus*, ne dépasse jamais le cadre des amis et admirateurs du comte.

---

[10] R. de Montesquiou, *Les Pas effacés. Mémoires*, t. 3, Émile-Paul Frères, Paris, 1923,
p. 62-63.

[11] Lettre de Montesquiou à Fortunat Strowski, datée du 3 novembre 1921, citée d'après
A. Bertrand, *op. cit.*, p. 765.

[12] É. de Clermont-Tonnerre, *Robert de Montesquiou et Marcel Proust*, Flammarion, Paris,
1925, p. 38.

Tandis que la critique s'acharne, que le public boude ses œuvres, ses amis, artistes, peintres, poètes et prosateurs font de leur mieux pour protéger, comme des anges gardiens, l'honneur blessé du comte qui a osé lancer le défi à la poésie. En effet, on peut risquer l'hypothèse qu'il est la victime de la grande querelle du tournant du siècle qui oppose l'«amateur» au «professionnel». Cette polémique trouve son origine dans un impétueux article d'Arsène Alexandre «Les Amateurs», publié dans *Le Figaro* le 2 juillet 1895. Étudiant *Le Parcours du rêve au souvenir*, troisième recueil poétique publié par Montesquiou, le critique prend celui-ci à parti avant de concrétiser ses reproches et critiquer vivement l'amateurisme:

> L'amateur est un microbe. Il peut être défini ainsi: un personnage qui se mêle de ce qui ne le regarde pas, et qui est sans excuse de le faire, possédant d'autres moyens d'existence. L'amateur s'est occupé de tout, il est partout. [...] Il est le produit du dé-sœuvrement des gens riches et de la nonchalance et du manque de dignité des artistes professionnels[13].

Quelques contemporains de Montesquiou sont conscients de ce bannissement injuste. Edmond de Goncourt est le premier qui ait pressenti le désavantage que la naissance du poète fera subir à la carrière littéraire de celui-ci: «Oh! mon Dieu, si Montesquiou-Fezensac était un bohème comme Villiers de l'Isle-Adam, était un fré-quenteur de brasserie, on le trouverait peut-être un poète extraordinaire. Mais il est bien né, il est riche, il est du grand monde: on ne le trouvera que baroque!»[14]. Pro-noncé dès la publication des *Chauves-souris*, ce jugement résume l'attitude de la cri-tique de l'époque à l'égard du poète et la dépasse même puisqu'elle annonce celle de la critique contemporaine qui se pose la question de savoir ce qu'on pouvait reprocher à Montesquiou. Certes pas la préciosité de la langue, la quête des correspondances, la recherche des images poétiques et des rimes ou le goût du néologisme, autant de choses caractéristiques d'une poésie symboliste et décadente dont la floraison et l'exubérance avaient, sinon banalisé, du moins atténué la nouveauté; mais l'ambition d'écrire, tout simplement, la détermination de vouloir travailler, lui, que la naissance, la position mondaine et l'audace d'esthète auraient dû empêcher de songer ainsi aux privilèges de ces écrivains «professionnels» qui, jadis déclassés, avaient depuis Bau-delaire la conviction très forte d'appartenir à une nouvelle aristocratie, celle des gens de lettres[15].

Bien des gens qui connaissent le comte personnellement s'abstiennent de lui en-voyer des critiques sévères. Au contraire, ils lui portent un respect que justifient ses qualités intellectuelles et la sûreté de son jugement. Peut-être partagent-ils le dia-gnostic d'Élisabeth de Clermont-Tonnerre: «Montesquiou souffre de l'orgueil dans

---

[13] A. Alexandre, «Les Amateurs», [in:] *Le Figaro*, 2 juillet 1895, art. repris dans *Le Moniteur des Arts* du 12 juillet 1895. Cité d'après A. Bertrand, *op. cit.*, p. 35.

[14] E. et J. de Goncourt, *op. cit.*, t. 3, p. 731.

[15] Cf. R. de Montesquiou et M. Proust, *Professeur de Beauté*, textes réunis et préfacés par J.-D. Jumeau-Lafond, Éditions de La Bibliothèque, Paris, 1999, p. 7.

l'impuissance, du doute exaspéré de soi, de l'angoisse perpétuelle de ne pouvoir être le créateur de la beauté qu'il admire et dont il ressent éternellement le frisson sans pouvoir l'atteindre»[16].

Le poète, qui se croit l'égal de Mallarmé, ne réussira pas à éviter la raillerie des critiques; citons les remarques ironiques de Paul Morand:

> Montesquiou a poli mille sonnets d'une main baguée de perles noires et ne laissera que quelques curiosités modern-style et quelques pastiches de Mallarmé écrits à l'encre rouge et poudrés d'or. Personnalité des plus curieuses, parce qu'entièrement factice, d'une époque de travestis éclatants et de mensonges pieux ou impies, il ne demeura que grâce au Des Esseintes de Huysmans et au Baron de Charlus de Proust[17].

Si la réelle qualité de ses poèmes lui échappe, le comte juge avec perspicacité la poésie d'autrui. De jeunes poètes lui envoyent leurs œuvres: Pierre Louÿs, Paul Valéry ou Francis Jammes. À dix-huit ans, alors que *Les Fleurs du mal* subissent bien des critiques peu favorables, il est sûr que leur auteur est quelqu'un de génial. Au même âge, la poésie de Mallarmé le séduit déjà et, avant quiconque, il indique les grands maîtres du symbolisme: Mallarmé, Verlaine, Rimbaud. De 1897 à sa mort, en 1921, il compose dix recueils d'essais et d'articles dont la plus grande part est consacrée à la critique d'art. Proust, en 1905, dans un article intitulé «Professeur de Beauté», le situe en tant que critique au-dessus de Fromentin et même de Ruskin qu'il admirait profondément, et il célèbre la sûreté de son jugement et ses qualités de découvreur[18]. En effet, l'étendue de sa culture peut surprendre. Jean Pierrot rappelle que ses articles témoignent d'une connaissance attentive des principaux courants de l'histoire de la peinture européenne, connaissance qui s'étend aussi bien à la peinture ancienne qu'aux principaux maîtres du XIXe siècle, et s'il ne parle pas des impressionnistes, ce n'est pas par ignorance, mais parce qu'ils n'ont jamais su l'intéresser. Il leur préfère Gustave Moreau ou le dessinateur Aubrey Beardsley dont l'œuvre est peuplée d'un riche imaginaire. Il est conforme en cela à l'esthétique symboliste et décadente qui, fidèle à Baudelaire, privilégie les tempéraments originaux et rares. Rodolphe Bresdin, William Blake, autres peintres fantastiques, viendront s'ajouter à la pléiade de ses peintres favoris.

Après le japonisme qu'il découvre avec passion, il défend l'art nouveau à travers les maîtres verriers Émile Gallé, René Lalique et le potier Jean-Joseph Carriès qui sont également ses amis. Il reconnaît le génie de James McNeill Whistler tout en appréciant les qualités d'un Giovanni Boldini ou de Paul-César Helleu. Il opte pour une critique émotive, pleine d'affinité, mais il est d'avis qu'elle n'a de valeur que si elle résulte d'une profonde culture et sensibilité artistique. C'est au nom de la liberté de l'art, de sa victoire sur les intérêts qui lui sont étrangers qu'il engage ses batailles: par exemple pour que Richard Wagner puisse à nouveau être représenté à l'Opéra,

---

[16] É. de Clermont-Tonnerre, *Robert de Montesquiou et Marcel Proust, op. cit.*, p. 216.

[17] P. Morand, *1900*, Les Éditions de France, Paris, 1931, p. 232-233.

[18] R. de Montesquiou et M. Proust, *Professeur de Beauté, op. cit.*, p. 234.

malgré les protestations des nationalistes. Audacieux, perspicace, Montesquiou ne s'est jamais trompé dans ses jugements artistiques. C'est après sa mort que Lucien Corpechot écrit dans *Le Gaulois*:

> Ouvrez ses volumes de prose, ses Essais qui sont le recueil de ses articles qu'il donnait aux revues d'art. Vous verrez que tous les artistes de talent, peintres, musiciens, danseurs ou danseuses, comédiens ou chanteuses, qui ont par la suite connu les plus grands succès, les plus sûrs triomphes, ont été découverts, lancés ou prônés par Robert de Montesquiou[19].

Le modèle du personnage romanesque

On sait ce que la littérature de l'époque doit à cet aristocrate, homme de lettres, esthète et dandy: certains traits physiologiques et psychologiques caractéristiques de sa personne sont en effet passés à la postérité par l'intermédiaire de des Esseintes de Huysmans (*À rebours*, 1884), du comte de Muzarett de Jean Lorrain (*Monsieur de Phocas*, 1901) et naturellement du baron de Charlus de Marcel Proust (*À la recherche du temps perdu*, 1903-1927). Ce ne sont là que les exemples les plus fameux, mais, comme le remarque Philippe Thiébaut,

> l'image inimitable qu'il offrait de sa personne – mise recherchée, registre vocal d'une étendue inouïe, calligraphie déconcertante, impertinence redoutable, vanité désarmante… – ne cessa, durant les vingt années au cours desquelles il devint un véritable arbitre du goût et des manières, de retenir l'attention des chroniqueurs et des observateurs, qu'ils fussent admiratifs, agacés ou sarcastiques[20].

Le premier écrivain à s'inspirer de Montesquiou est Huysmans. Son roman *À rebours*, paru en 1884, constituera une référence pour toute la fin du siècle en proposant la synthèse du dandysme décadent. Vers 1882, l'écrivain confie à Mallarmé le projet de son prochain ouvrage:

> Le dernier rejeton d'une grande race se réfugie, par dégoût de la vie américaine, par mépris aristocratique de l'argent qui nous envahit, dans une définitive solitude. C'est un lettré, un délicat des plus raffinés. Dans sa confortable thébaïde, il cherche à remplacer les monotones ennuis de la nature par artifice. Il se complaît dans les auteurs de l'exquise et pénétrante décadence romaine[21].

Il se pose la question de savoir: le comte était-il le modèle en question ? Malgré quelques points communs avec des Esseintes, tels son désir de se singulariser visible

---

[19] L. Corpechot, «Le comte Robert de Montesquiou», [in:] *Le Journal*, 7 février 1921.

[20] *Robert de Montesquiou ou l'art de paraître*, Catalogue d'exposition, Ph. Thiébaut, J.M. Nectoux, Éditions de la Réunion des musées nationaux, Paris, 1999, p. 5.

[21] J.K. Huysmans, *À Stéphane Mallarmé (lettres du 27 octobre 1882 et de novembre 1882)*. Cité d'après D. Grojnowski, *«À rebours» de J.-K. Huysmans*, Gallimard, Paris, 1996, p. 154.

dans la manière de meubler son appartement, ou bien son excentricité dont témoigne l'épisode de la tortue, les divergences entre le héros et son prototype sont considérables. Comme le soulignent H. Brunner et J.-L. de Coninck, Montesquiou n'a fourni à Huysmans que «quelques fils de la trame sur laquelle il allait broder si minutieusement ses propres goûts mêlés à des rêves bizarres»[22]. D'ailleurs, on pourrait facilement indiquer d'autres modèles, depuis les dandys Brummell et Baudelaire, jusqu'aux contemporains Louis II de Bavière, Oscar Wilde. En tout cas, la personne du comte a fourni un excellent prétexte d'un cas observé bien que le jeune poète protesta vigoureusement contre les défauts moraux, et même les crimes, que le romancier prêtait à son personnage fictif. Malheureusement, cette association est restée, bien qu'Edmond de Goncourt ait prit la défense du comte, notamment dans son journal en annonçant: «Montesquiou n'est point du tout le Des Esseintes de Huysmans. S'il y a chez lui un coin de toquage, le monsieur n'est jamais caricatural, il s'en sauve toujours par la distinction»[23]. En vain, Huysmans a offert aux naturalistes une lecture satirique du «document humain» dont Robert de Montesquiou a payé le prix.

Jean Lorrain observe que les extravagances de des Esseintes ont entraîné une véritable mode:

> Tout le monde voulut avoir possédé une tortue laquée d'or et sertie de pierreries, tout le monde voulut avoir rêvé des symphonies de parfums et de saveurs, tout le monde voulut avoir compris le symbolisme de Gustave Moreau, le poétique de Mallarmé et le sadisme d'Aurevilly, tout le monde avait eu des cauchemars d'orchidées et des visions à l'Odilon Redon, ce fut à dégoûter d'être un raffiné d'art et un compliqué des sensations[24].

Après la publication d'*À rebours* Montesquiou ne peut plus fréquenter les salons sans être identifié à son *alter ego* littéraire. Le public ne saurait s'empêcher de le confondre avec la figure largement imaginaire du duc des Esseintes: le comte passe maintenant pour un décadent, vivant dans un univers artificiel et cultivant des spleens malsains. Bien que le dandy soit tout à fait ravi de constater le succès éclatant que le roman lui assure dans le monde, il se défend contre certains traits noirs, qui proviennent de son double imaginaire et que ses contemporains tiennent pour authentiques. Cette image stéréotypée sera, avec d'autres raisons, responsable de la perte de sa popularité lorsque la vague de l'esthétisme fin de siècle touche à son terme.

Le comte est aussi victime des virulentes moqueries de Jean Lorrain. Ce dernier ne s'en cache d'ailleurs pas, comme dans cette lettre où il invite son destinataire à déchiffrer les codes qui vont lui permettre de reconnaître les protagonistes de *Monsieur de Phocas*: «Je vous donnerais peut-être toutes les clefs du vénéneux

---

[22] H. Brunner, J.L. de Coninck, *En marge d'«À rebours» de J.-K. Huysmans*, Dorbon-aîné, Paris, 1929, p. 60.

[23] E. et J. Goncourt, *op. cit.*, t. 3, p. 605.

[24] J. Lorrain, *L'Événement*, le 19 mai 1887, cité par D. Grojnowski, *«À rebours» de J.-K. Huysmans*, *op. cit.*, 1996, p. 22.

volume[25]» lui écrit-il. Dans le même sens, la notice envoyée à la presse, en juillet 1901, ne fait pas mystère que *son roman* dresse le «bottin des grands vices parisiens et des femmes damnées», aisément reconnaissables grâce aux multiples indices dissimulés par Lorrain dans son œuvre. Ainsi, Robert de Montesquiou y apparaît sous le nom du comte Aimery de Muzarett:

> L'homme, petite tête d'oiseau de proie aux cheveux drus et crêpelés, avait dans toute l'élégance de son corps un maniérisme voulu, une savante souplesse. La peau très fine et très fripée, les mille petites rides des tempes et la ciselure des lèvres minces étaient d'un portrait de Porbus [...] C'est le Narcisse de l'encrier[26].

La ressemblance est évidente, de nombreux détails plus ou moins masqués permettent d'identifier l'auteur des *Chauves-souris*, devenues chez Lorrain, *Les Rats-ailés*. Il arrive encore, dans d'autres pages de *Monsieur de Phocas* que Montesquiou apparaisse en son nom propre, doté du surnom «d'homme aux chauves-souris». Enfin, le personnage principal, Phocas lui-même, vivant dans la plus étrange débauche, maniaque et mystérieux, doit beaucoup à Montesquiou, comme le signale dans son article Sébastien Paré[27]. Jean Lorrain entrelace dans le roman les épisodes de sa propre vie, celle d'un amateur de divertissements de toutes sortes, femmes et hommes, drogues et rencontres suspectes dans les bas-fonds des grandes villes. Cet univers plongé dans une atmosphère équivoque et lourde de maléfices est bien étranger au comte de Montesquiou. Obsédé par l'anéantissment, la putréfaction, le dandy de Lorrain se complaît dans des débauches que n'aurait pu soutenir la finesse du comte, bien que le public l'ait reconnu dans le roman en scrutant avec attention la figure phare «fin de siècle» dans ses outrances, sa préciosité affectée, sa quête frénétique de plaisirs bizarres et suicidaires.

Seul Marcel Proust saura prolonger sa gloire en l'immortalisant dans le portrait à la fois mélancolique et sceptique du baron Charlus. Rappelons que lorsque Montesquiou rencontre le jeune Marcel Proust, ce dernier le suit partout et commence à copier ses manières tout comme Montesquiou avait imité Whistler. L'écrivain a étudié le dandy avec une telle minutie qu'il pouvait en singer les manières dans les salons mondains, et avec tant de bonheur que l'on peut se demander si elles ne faisaient pas partie intégrante de sa personnalité. «Les gémissements, les reproches, les mines dolentes, les piques, les gronderies, les glapissements suraigus de Robert, raconte Jacques-Émile Blanche, on ne savait plus si Marcel les contrefaisait par jeu ou si inconsciemment ils l'avaient gagné. L'effet était d'un irrésistible comique»[28].

Mais Proust ne se contente pas de voir le simple dandy mondain; il examine les traits de son caractère et découvre un connaisseur des beaux-arts auquel il reproche

---

[25] Lettre inédite à un destinataire non identifié, cité par H. Zinck, [in:] *Monsieur de Phocas*, GF Flammarion, Paris, 2001, p. 315.

[26] J. Lorrain, *Monsieur de Phocas*, Garnier Flammarion, Paris, 2001, p. 149.

[27] Voir S. Paré, «Les avatars du Littéraire chez Jean Lorrain», [in:] *Loxias 18*, mis en ligne le 15 septembre 2007, URL: http://revel.unice.fr/loxias/index.html?id=1924.

[28] P. Favardin et L. Boüexière, *op. cit.*, p. 140.

toutefois une certaine «idôlatrie», voire une tendance au dilettantisme. Dans plusieurs articles l'écrivain analyse, avec une touche ironique, ses comportements emphatiques et son raffinement démesuré, avant de «fictionnaliser» le comte dans son œuvre. Or, Proust arrive finalement à rejeter tout ce qui l'avait au début fasciné dans le dandysme de Montesquiou, et ce long trajet, allant de l'admiration à la raillerie se reflète dans l'évolution du personnge de baron de Charlus traduisant les hésitations successives du romancier.

Son héros est une figure d'une «complexité hallucinatoire», allant «du comique et grotesque au sublime et tragique, en passant par le lugubre»[29]. Ainsi, il est difficile de saisir l'intention que cache le romancier derrière ces portraits contradictoires: la sympathie y côtoie le dédain, et ce rapport étrange trahit la relation difficile que Proust entretient avec Montesquiou. Comme le remarque Simone François, «la fidélité de l'auteur à certains traits de son modèle le portait parfois à de véritables décalques, voire même à la répétition pure et simple des phrases prononcées par le comte et des gestes qui les accompagnaient»[30]. Le dandy lui-même reconnaît le talent mimétique de Proust, disant qu'il devrait désormais s'appeler «Montesproust»[31], parce qu'il doit sa célébrité en partie aux pastiches de son émule. Et pourtant, ceux qui ont fréquenté Montesquiou se sont souvent efforcés de récuser, partiellement tout au moins, la ressemblance qui l'apparentait au héros proustien. Tant leur paraissait impensable qu'une personne aussi gentille ait pu servir d'abri aux débauches qu'ils découvraient avec peur dans la vie du baron. François Mauriac, Lucien Daudet et la duchesse de Clermont-Tonnerre, s'y sont particulièrement attachés:

> Robert de Montesquiou était surtout un poète asexué qui ne courtisait qu'une seule personne: la gloire littéraire, laquelle ne voulut jamais de lui. Il avait plutôt les mœurs d'une dame sage et sédentaire qui, le matin, époussète sa porcelaine, écrit ses vers dans l'après-midi et parle quand elle a un auditeur. Car les mœurs de Robert de Montesquiou n'ont jamais eu, et j'insiste sur ce point, le côté crapuleux et dévergondé de Charlus[32].

Quant à l'itinéraire du comte Montesquiou, dans ses dernières années il devient une espèce de reclus, mais il réussit encore à nouer de nouvelles amitiés avec Gabriele d'Annunzio ou Ida Rubinstein. On ne peut qu'admirer la franchise avec laquelle il décrit sa situation:

> On se sent étranger à la civilisation contemporaine que l'on a quelques fois devancée, mais dont les manifestations actuelles blessent et choquent moins qu'elles ne paraissent vaines. En un mot, une cloison étanche vous sépare des conceptions artistiques

[29] U. Link-Heer, «Mode, Möbel, Nippes, façons et manières. Robert de Montesquiou und Marcel Proust», [in:] T. Hunkeler (dir.), *Marcel Proust und die Belle Époque*, Insel-Verlag, Francfort s. M., 2002, p. 84-123.

[30] S. François, *Le Dandysme et Marcel Proust. De Brummell au Baron de Charlus*, Palais des Académies, Bruxelles, 1956, p. 100.

[31] É. de Clermont-Tonnerre, *Robert de Montesquiou et Marcel Proust, op. cit.*, p. 216.

[32] Eadem, *Marcel Proust*, Flammarion, Paris, 1948, p. 167.

de Picasso, de l'esthétique tchéco-slovaque ou de l'Art nègre, et ce n'est pas une bonne façon de se sentir à la mode[33].

Éternel révolté, Montesquiou disparaît de la scène du monde et la vogue du dandysme avec lui, tout comme «l'astre qui décline»[34], selon l'expression de Charles Baudelaire.

Summary

Robert de Montesquiou – Portrait of the fin de siècle Aesthete

The present paper is concerned with one of the most important figures of dandyism in the XIX century: Robert de Montesquiou, a French aesthete, Symbolist poet, art collector and dandy. He was also one of the most influential and progressive critics of his generation, all these qualities made him deserve Proust's title 'The Professor of Beauty'.

With ease and contemptuous elegance, he assumed an exalted position in both fashionable and literary circles. He is reputed to have been the inspiration both for *des Esseintes* in Joris-Karl Huysmans' *À rebours* (1884) and, most famously, for *Baron de Charlus* in Proust's *À la recherche du temps perdu* (1913-1927). He inspired many Decadents and Dandies with his style and exploits and almost changed the face of dandyism in his image.

Keywords: Robert de Montesquiou, dandy, esthète, Joris-Karl Huysmans, Jean Lorrain, Marcel Proust.

---

[33] R. de Montesquiou, *Les Pas effacés, mémoires*, t. 3, *op. cit.*, p. 229.

[34] Ch. Baudelaire, *Le Peintre de la vie moderne*, dans «Critique d'art», [in:] *Œuvres complètes*, t. 2, Gallimard, Paris, 1976, p. 712.

DOI: 10.12797/9788376384207.05

JADWIGA BODZIŃSKA

Université de Gdańsk

La quête de Soi
et de l'Autre de Bruno Durocher

«L'homme qui écrit sa vie et qui la livre, demande une reconnaissance, un quitus, une approbation qui ne concerne pas seulement son texte, mais
sa personne et sa vie»[1]. Cet homme qui écrit sa vie
est donc l'auteur, dont l'évocation n'est plus convenable après la célèbre formule de Roland Barthes
décrétant la mort de l'auteur[2]. C'est un auteur qui
n'est pas privé de l'autorité et du pouvoir qu'il peut
exercer non seulement sur son œuvre, mais aussi
sur ses lecteurs en inspirant leurs interprétations.
En en parlant on oublie les paroles marquantes de
Gérard Genette disant qu'il y n'a rien de plus vain
que d'essayer de tenir un discours sur l'auteur, pleinement absent de son texte[3] et, admettant après
Michel Foucault que la «fonction-auteur ne s'exerce
pas d'une façon universelle et constante sur tous les
discours»[4], on se penche sur figure de *celui qui écrit
sa vie*. Car non seulement il ne s'efface pas derrière

Jeune poète, bronze de Zofia Wojna, vers 1938, Musée National de Var-sovie.

---

[1] Ph. Lejeune, cité d'après M. Delon, «Philippe Lejeune – pour une autobiographie», [in:] *Magazine Littéraire*, mai 2002, n. 409, p. 20-23.

[2] Voir R. Barthes, «La mort de l'auteur», [in:] *Œuvres complètes*, t. 2, Paris, Éditions du Seuil, Paris, 1968, p. 491.

[3] Cf. G.Genette, *Stendhal, Figures II*, Éditions du Seuil, Points-Essais, Paris, 1969, p. 155-192.

[4] M. Foucault, «Qu'est-ce qu'un auteur ?», [in:] *Dits et Ecrits*, t. 1, Gallimard, Paris, 1994, p. 789.

ses textes, mais, bien au contraire, c'est une figure qui constitue un point de référence, un élément indispensable pour leur compréhension et analyse.

C'est pour cela qu'à l'en-tête de cette page figure une photo d'un bronze exposé autrefois au Musée National de Varsovie et intitulée *Jeune poète*[5]. Longtemps son identité n'était pas connue, longtemps son œuvre – écrite en polonais, réécrite et épanouie en français – a été ignorée. Les deux – l'identité et l'œuvre, le visage et le texte – sont, dans ce cas, inséparables et les deux constituent, par conséquent, un objet particulier de notre lecture et analyse qui se fera, dans le cadre de cette communication, dans l'approche biographique et historique.

Bruno Durocher est né à Cracovie en 1919 comme Bronisław Kamiński, d'une mère juive et d'un père soldat autrichien qui meurt dans les derniers mois de la Grande Guerre. Sa mère, Selma Glickstein, décide non seulement de cacher l'enfant de sa famille paternelle, mais aussi de dissimuler son origine juive. Elle le baptise à l'Église Catholique et le fait enregistrer sous le nom Bronisław Kamiński, le nom qu'elle a emprunté aux voisins. A l'âge de quinze ans, pourtant, le garçon, doté d'un talent littéraire exceptionnel qui voit déjà le jour, découvre la vérité. Il plonge dans l'univers de la foi de ses ancêtres et en même temps il pénètre les milieux littéraires de Cracovie de l'avant-guerre. Il se convertit au judaïsme, reçoit le signe de l'alliance et, en 1937 et 1938, à l'âge de 18 ans, il publie ses deux premiers recueils poétiques et un récit en prose. Les critiques l'appellent «Rimbaud polonais» et l'assimilent au groupe des trois grands que forment: Stanisław Ignacy Witkiewicz, Bruno Schulz et Witold Gombrowicz[6]. En 1939 il passe ses vacances chez son oncle à Gdańsk, où il se fait arrêter par des soldats nazis. Sous un faux nom, Ernest Zrogowski, il est transporté au camp de Mauthausen, où il vit pendant toute la guerre. Il y écrit le recueil *Les bras de l'homme* qui traduit «l'indomptable besoin du poète d'assurer intimement sa propre présence – la survivance de l'ancien monde englouti dans la nuit lâche des massacres»[7]. Après la guerre, l'auteur quitte la Pologne pour la France et la langue polonaise - pour la langue française. Il écrit:

> Et quand le monde fut consommé
> quand je me suis trouvé seul dans les décombres
> sans force pour accomplir le choix et aller vers la terre d'Abraham Isaac et Jacob
> la langue polonaise qui fut la langue de mon enfance et de ma jeunesse agonisait en moi
> mon peuple mort ne parlait plus
> son seul langage audible fut le silence de l'Éternité et mes propres sanglots
> ma ville natale est devenue un cimetière sans tombes
> où les ombres racontent encore l'histoire d'un peuple qui fut et qui n'est plus[8].

---

[5] Le bronze de Zofia Wojna intitulée *Jeune poète*, représentant Bronisław Kamiński, a été crée vers 1938 à Cracovie. Dans les années 60 et 70 exposé au Musée National de Varsovie, a ensuite été remis dans les caves de ce musée. La copie du bronze est gardée par la famille de l'écrivain.

[6] Cf. J.-P. Mestas, *La forme du jour*, Caractères, Paris, 1975, p. 21.

[7] *Ibid.*, p. 28.

[8] B. Durocher, «Résurrection», [in:] *Les livres de l'homme, œuvre complète*, t. 1, Caractères, Paris, 2012, p. 123.

Son enfance, l'adolescence et l'expérience du camp nazi ne se laisseront pas effacer, le changement de la langue ne les fera pas se taire et ne délivrera pas l'auteur du passé comme il le souhaitait:

Il me fallut pendant trois ans fouler les pavés de cette ville
pendant trois ans respirer la poussière de Paris
pour faire surgir mes pensées dans cette langue
et rendre indépendante ma parole
délivré du passé qui restait derrière comme une pelote coagulée de douleur
forme effroyable que la stupéfaction laissa au fond secret de mon regard[9].

Le plan autobiographique de ses poèmes, ses récits en prose, ses essais et même ses pièces théâtrales est évident. Il paraît que l'auteur dans ses œuvres d'après la guerre, ne plonge jamais dans l'univers purement fictif, au contraire: il décrit les hommes, les lieux et les évènements réels avec une minutie d'un chroniqueur. C'est d'autant plus frappant que ses œuvres précoces, publiées avant la Guerre, qui mêlent les influences surréalistes au ton catastrophique font preuve d'une exceptionnelle imagination créatrice de l'auteur. Or, après l'expérience de la Guerre et du camp, confronté à une impossibilité d'oublier, de recommencer à zéro, il décide de devenir un témoin de son temps:

Retrouverai-je un jour mon peuple mort sur la rive de la vie
je parle pour lui je grave son cri sur la face du monde
je suis son témoin[10].

Durocher se pense donc non seulement comme «celui qui écrit sa vie», selon les termes de Lejeune, mais aussi comme «celui qui écrit l'histoire» sans risquer cependant de devenir un historien ou historiographe, car l'émotion forte, le «quoi» des visages, des corps, de l'apparaître et de l'être traverse toute son œuvre[11]. Elle établit, par conséquent, une relation tout à fait particulière entre ce «moi» d'auteur, omniprésent dans sa création et le «toi» auquel il s'adresse à plusieurs reprises. Serait-ce son voisin, son parent perdu, l'homme en tant que représentant de l'espèce humaine? Sans aucun doute il s'adresse à son lecteur, qui qu'il soit. Pour communiquer avec lui il doit d'abord surmonter le sentiment de la solitude extrême, qui ne le quittera cependant jamais entièrement:

Puis j'ai demandé à la femme de venir elle n'est pas venue
j'ai demandé aux humains de venir ils ne sont pas venus
j'ai demandé à Dieu de venir il n'est pas venu
j'ai demandé au diable de venir il n'est pas venu
j'ai demandé à la richesse de venir elle n'est pas venue

---

[9] *Ibid.*, p. 125.
[10] *Ibid. l.c.*
[11] Cf. N. G d a l i a, «Préface», [in:] *Les visages de Bruno Durocher*, Caractères, Paris, 1997.

alors seul absolument seul devant l'existence
je sais que je ne serai plus la voix de l'immuable comme je pensais l'être[12].

Ce sont précisément ces trois relations cités dans ce poème – les relations avec la femme, le Dieu et les hommes – que son œuvre travaillera et qui permettront à Durocher de surmonter sa solitude et de se construire ou se reconstruire: en tant qu'auteur et en tant qu'homme. Nous limiterons notre analyse à cette dernière relation qu'il noue avec ce tiers: l'homme, l'Autre et le lecteur dont la quête traverse toute son œuvre.

Au début elle semble vaine. Concentré sur soi-même, sur sa souffrance personnelle qu'il n'arrive pas à traduire, l'auteur souligne l'absence des repères communs entre lui et les hommes et le sentiment pénétrant de la solitude:

Aujourd'hui je vous ressemble uniquement à cause de mon corps et à cause de l'endroit où nous étions posés.
Aujourd'hui je vous adresse mon image que vous ne pourrez pas comprendre
Le destin de mon corps se joue dans les ténèbres de l'inconnaissance
Et il est encore là si près de vos regards[13].

La rencontre avec l'Autre n'est pourtant pas impossible: il ne suffit que d'apercevoir le regard, d'y faire confiance pour trouver ceux qui lui ressemblent. Les lignes qui suivent en témoignent:

j'étais inconnu comme toi, réfugié apatride
cloué aux bancs sales de la préfecture de police
j'allais manger la soupe de charité distribuée par des dames qui se trouvaient là prétexte pour montrer leur nouveau chapeau
c'est là que je t'avais rencontré
et je ne t'avais pas reconnu
j'étais trop plein de ma misère, de mon désir, trop plein de ma révolte, trop plein de moi-même pour te reconnaître[14].

Rencontrer l'Autre c'est donc d'abord renoncer à égocentrisme, prendre du recul et voir celui avec qui on partage sa misère, se forcer de regarder au-delà de sa souffrance et éprouver une expérience de la solidarité. Se rencontrer et reconnaître signifie pour Durocher tout d'abord connaître ses visages. Le champ lexical de ses écrits déborde des têtes, des visages, des yeux, des nez et des regards. Ils se multiplient et se superposent. Impossible d'y penser autrement que dans la perspective de la pensée levinasienne et buberienne – le visage dévoilant toute la vérité sur l'Autre, son appel au dialogue, au don de soi, son exigence de responsabilité. Le visage, dans cette pers-

[12] B. Durocher, «Combattre le temps», [in:] *Les livres de l'homme, op. cit.*, p. 21.
[13] Idem, «Paroles sauvages 1936-1937», [in:] *A l'image de l'homme*, Caractères, Paris, 1956, p. 7.
[14] Idem, «Morceau de terre», [in:] *Le temps de l'ombre*, [in:] *Les livres de l'homme, op. cit.*, p. 178.

pective, est un signe visible du dérangement que la présence de l'Autre provoque dans le monde, c'est un défi, dans son invitation à le voir se cache une prohibition – celle de l'homicide.

Les textes de Durocher sont peuplés non seulement des visages, des descriptions minutieuses de traits et des émotions qui les traversent, mais aussi des visages masqués et maquillés[15], des personnages à demi-visage[16] et sans visages[17] – visages qui deviennent alors des éléments mobiles et passeurs des événements:

> Le jeune homme [...] sentit que le vent des événements lui arrachait le visage. Il vit son visage voler dans l'espace. Dans un ultime effort, il l'attrapa, mais il n'eut pas le temps de le remettre à sa place habituelle... En ce même temps, beaucoup de jeunes gens perdaient leur visage[18].

En hébreu – que Durocher étudiait, mais ne connaissait pas très bien – le mot *panim* (visage) vient du verbe *panah* qui désigne un mouvement et une action qui consiste à faire face à, à se tourner vers quelque chose, à s'adresser à quelqu'un[19]. Le fait de perdre le visage présuppose alors la perte de la faculté de se tourner vers Autrui, d'en prendre la responsabilité. Et si le visage révèle cette exigence éthique, l'étrange jeu de masques dans lequel les visages se perdent, révèle l'anéantissement de cette exigence. Ceux qui perdent les visages perdent leur humanité et deviennent les bourreaux.

Guettant les visages, Durocher recherche l'Homme et le frère – avec lequel il veut communiquer, par lequel il veut se faire entendre. Il s'incarne dans la présence de la figure du lecteur.

> Il ne peut pas se défaire de ce visage qui est autour de lui, comme le soleil et la clarté au milieu des carrefours qu'il faut traverser. Sa main cherche la chair de cette ombre, pour sentir son sang, mais elle ne sait où trouver la route, où trouver la porte de cette présence[20].

Et c'est finalement la découverte de cette présence qui constitue la raison d'être de l'œuvre de Durocher et l'objectif ultime de sa création littéraire qui semble non seulement témoigner de l'histoire, mais aussi se faire comprendre et – conformément aux écritures – se faire aimer, le livre de Siracide disant: «par des paroles le sage se fait aimer»[21]. Le quitus, l'approbation évoquée par Philippe Lejeune et citée au début de notre communication, dans le cas de Bruno Durocher prennent forme d'une invi-

---

[15] Idem, «Chemin de couleur», [in:] *Poèmes épiques*, [in:] *Les livres de l'homme, op. cit.*, p. 363.

[16] *Ibid.*, p. 348.

[17] Idem, «Le visage», [in:] *Le livre de l'homme*, [in:] *Les livres de l'homme*, t. 2, Caractères, 2013, p. 215, 260, 266, 285.

[18] Idem, *Le livre de l'homme*, Caractères, Paris, 1979, p. 126.

[19] Cf. H. Kenaan, *Visage(s). Une autre éthique du regard après Levinas*, trad. de l'hébreu par C. Salem, Editions de l' Éclat, Paris, 2012, p. 73-74.

[20] *Ibid.*, p. 211.

[21] Siracide, 20, 13.

tation à la charité. A plusieurs reprises l'auteur souligne qu'il cherche l'amour des hommes – «mon souffle déchiré cherche l'amour des hommes»[22], l'amour réciproque, il faut le souligner, car lui, Kamiński, Durocher, l'homme et l'auteur, le sujet poétique et le narrateur fait preuve d'un amour qu'il porte aux hommes, malgré les circonstances. En 1945, juste après avoir quitté le camp de la mort il écrit:

> quand je répète mon nom humain pour me situer au-dessous du soleil
> quand je me promène entre les hommes pour enfermer leurs visages dans mon amour
> et dans mon désir[23].

Et il conclut dans un de ses poèmes tardifs:

> Avant d'aimer j'étais limité par mes mains et mon regard
> mon corps s'éloignait de toi et d'elle
> j'étais étranger sur la route – vagabond éternel entre les sensations
> ô innommable ô mon âme ô mon roi
> je suis devant toi comme l'ombre qui se nourrit de ta lumière
> et déjà les étoiles m'invitent à être ta voix[24].

L'œuvre de Durocher doit être abordée dans la perspective de la biographie tourmentée de l'auteur. Elle n'est pas autotélique et l'auteur déclare que sa valeur humaine surpasse sa valeur littéraire: «Quel intérêt d'une belle phrase si elle ne conduit pas vers la lumière?»[25] demande-t-il. La réalité extratextuelle de l'œuvre devient, parait-il alors, un point de référence à ne pas négliger dans sa lecture et son interprétation. Lors de son activité scripturale Durocher n'entre jamais, parait-il, dans la mort d'auteur, pour reprendre les formules de Roland Barthes:

> Sans doute en a-t-il toujours été ainsi: dès qu'un fait est raconté, à des fins intransitives, et non plus pour agir directement sur le réel, c'est-à-dire finalement hors de toute fonction autre que l'exercice même du symbole, ce décrochage se produit, la voix perd son origine, l'auteur entre dans sa propre mort, l'écriture commence[26].

Il faut dans ce contexte souligner cette réserve que fait Roland Barthes: «l'auteur entre dans sa propre mort dès qu'il raconte des faits à des fins intransitives, et non plus pour agir directement sur le réel»[27]. Durocher, lui, agit sur le réel, agit sur les hommes et en fait son choix esthétique. Il invite ses lecteurs à suivre son histoire qui s'inscrit dans l'histoire de l'humanité entière, il décrit son visage – se tourne vers Autrui dans l'attente d'une rencontre.

---

[22] B. Durocher, «Resurrection», [in:] *Les livres de l'homme, op. cit.,* p. 139.

[23] Idem, «Morceau de terre», *op. cit.,* p. 139.

[24] J. Laugier, «Présence de Bruno Durocher, évocation faite à la Sorbonne le 28 janvier 1997, séminaire de création littéraire du Professeur Charles Dédéyan», [in:] B. Durocher, *Dans la nuit la lumière,* Caractères, Paris, 1997, p. 328.

[25] B. Durocher, *Étranger, Bois gravés de Shelomo Selinger,* Caractères, Paris, 1994, p. 4.

[26] R. Barthes, «La mort de l'auteur», [in:] *Œuvres complètes,* t. 2, Éditions du Seuil, Paris, 1968, p. 491.

[27] *Ibid. l. c.*

Summary

Bruno Durocher's Quest for Himself and the Other

Bruno Durocher, born in Cracow as Bronislaw Kaminski, is completely unknown as an author in Poland. His works are, however, impressive and not limited to the account of traumatic experience of the Mauthausen concentration camp, where the poet spent six years of war. What Durocher asks about in his works is human condition: the identity of the man, their place in the life, relationships with the Self, Other and God. The paper attempts to analyse his work in an autobiographic perspective, focusing on the means Durocher uses to describe the meeting with the Other. Emphasis is also put on the deep inspiration of Durocher's work by three cultural milieus he identifies with, and which are a background for his quest for identity: the Catholic Poland, the Multicultural France and the faith of his forefathers – Judaism.

Keywords: autobiography, identity, war memoirs, meeting with the Other, dialogue

DOI: 10.12797/9788376384207.06

KRZYSZTOF JAROSZ

Université de Silésie

La critique de presse, ses pompes et ses œuvres: la réception des romans de Robert Lalonde

En étudiant l'œuvre romanesque de Robert Lalonde, écrivain et comédien québécois, j'ai eu recours aux articles de presse consacrés à ses ouvrages, et ceci d'autant plus qu'ils constituaient souvent les seuls repères bibliographiques, comme cela arrive souvent dans le cas d'une œuvre récente. Je considérais ces articles de presse surtout comme une source d'information, un paratexte critique parfois utile et inspirant, parfois irritant par sa banalité et évidence. Ce n'est qu'après avoir terminé mon livre[1] que j'ai commencé à regarder ces textes comme un objet en soi.

Tout d'abord, je vais essayer de circonscrire l'objet de mon étude. J'avais recensé une centaine d'articles de presse consacrés à l'œuvre de Robert Lalonde, mais comme mon intérêt portait essentiellement sur les romans, j'ai décidé de ne pas prendre ici en considération les textes critiques concernant ses autres ouvrages. Je me suis donc borné à la lecture des critiques de presse qui ont accompagné la publication des dix romans de Robert Lalonde depuis son début littéraire qu'a été, en 1981, *La Belle Épouvante*[2], jusqu'à la parution, un quart de siècle plus tard, de son dernier roman, *Qu'est-ce que je vais faire avant que je meure?*[3] soit un corpus de 71 articles de longueur variable, très inégalement répartis sur les 10 romans parus.

---

[1] K. Jarosz, *Immanence et transtextualité dans l'œuvre romanesque de Robert Lalonde*, Wydawnictwo Uniwersytetu Śląskiego, Katowice, 2011.

[2] R. Lalonde, *La Belle Épouvante*, Les Quinze, Montréal, 1981.

[3] Idem, *Qu'est-ce que je vais faire avant que je meure?*, Les Éditions du Boréal, Montréal, 2005.

En analysant ces textes, je me suis rendu compte qu'elles sont à la fois téléologiquement homogènes et ontologiquement hétérogènes. Ceci veut dire que leur objectif est le même: marquer la publication d'un nouvel ouvrage. Pour ce qui est des manières de le réaliser, j'en ai repéré trois. D'un côté il y a de simples notes informatives, de l'autre, des textes écrits par des universitaires pour des revues littéraires spécialisées (comme *Lettres québécoises*, *Québec français*), que je propose d'appeler ici la critique universitaire d'information et de vulgarisation, et au milieu de cet espace aux frontières internes parfois difficiles à déterminer m'apparaissaient comme une classe plus ou moins distincte des articles publiés par des journaux à grands tirages qui possèdent des pages consacrées aux événements culturels (essentiellement *Le Devoir*, *La Presse* et *Le Soleil*).

À la réflexion, c'est cette section médiane qui constitue à mon avis le nœud de la critique journalistique proprement dite, puisque d'un côté elle dépasse le périmètre étroit de l'information primaire et, de l'autre côté, elle se borne le plus souvent à un dillettantisme éclairé, ce qui veut dire qu'elle ne dépasse pas le seuil de la critique savante, ni même celui de la critique universitaire de vulgarisation.

Parfois, la frontière entre un texte informatif et ce que j'appelle ici la critique journalistique proprement dite est discutable du point de vue qualitatif, puisque celui-là contient en germe un résumé que celle-ci développe ou au moins a la chance de développer grâce à un plus grand espace typographique dont dispose le journaliste qui travaille pour un grand journal ou pour un magazine littéraire. Comment il en profite est une autre paire de manches: j'en parle plus loin.

Un autre problème difficile à trancher pour la délimitation de la frontière entre la critique journalistique proprement dite et la critique universitaire de vulgarisation est l'appartenance ou la non-appartenance à la critique journalistique des textes écrits par des universitaires. À y regarder de plus près, ces textes ne sont pas homogènes: dans le corpus que j'ai réuni, deux critiques du professeur Jacques Allard, reprises ensuite dans son recueil de textes critiques intitulé *Roman mauve*[4], ainsi qu'un article du professeur Noël Audet, remplissent davantage de cases dans une hypothétique fiche signalétique de la critique journalistique que les textes des professeurs Yvon Bernier et Aurélien Boivin, soucieux de donner une lecture raisonnée des ouvrages qu'ils recensent. Ceci résulte sans doute du fait que les universitaires Bernier et Boivin, publiant leurs textes respectivement dans des revues spécialisées, comme *Lettres québécoises* et *Québec français*, sont tenus ou se croient tenus à une plus grande précision, tandis que l'esthétique des pages littéraires du *Devoir* où sont parus les textes d'Allard et d'Audet, permet, pour ne pas dire exige, une approche beaucoup plus souple, plus proche de l'essai que d'un compte rendu à prétentions scientifiques, étant donné que cette dernière catégorie de textes critiques est ciblée sur un lectorat de professionnels et de semi-professionnels de littérature.

---

[4] J. Allard, *Le Roman mauve. Microlectures de la fiction récente au Québec*, Québec/Amérique, Montréal, 1997.

Quels sont les éléments caractéristiques de ce que j'appelle ici la critique journalistique proprement dite ? Un lecteur universitaire naïf, cherchant avidement des informations qui lui permettraient de comprendre les romans de Lalonde, de confirmer ou de contredire sa propre interprétation de cette œuvre, s'aperçoit de prime abord que les ouvrages de l'écrivain, qu'il s'imagine bêtement constituer la raison d'être de la critique journalistique, n'y sont présents qu'à un degré variable, souvent même assez faible; il y a même un cas-limite où la parution d'un roman de Lalonde n'est qu'un prétexte pour parler d'autres choses. C'est le cas du texte de Jean-Paul Soulié censément consacré à *Une belle journée d'avance*. Soulié y parle des Indiens, du père de Lalonde, du style de l'écrivain, de ses voyages, de ses projets d'écriture, de Lalonde-enseignant et comédien, sans dire quoi que ce soit sur le roman en question[5].

Tout d'abord donc, l'auteur d'une critique de presse proprement dite se croit tenu de citer les prix littéraires dont l'écrivain est récipiendaire, ces distinctions étant considérées à l'époque actuelle comme un signe indubitable de la valeur littéraire et/ou commerciale de l'ouvrage dont on signale la parution.

Il est également de mise de présenter l'ouvrage recensé dans le contexte de l'œuvre de l'auteur pour souligner qu'il s'agit d'un premier, d'un deuxième, voire d'un enième roman de l'écrivain, ce qui donne parfois lieu à une énumération des ouvrages précédents avec ou sans commentaire.

Cependant, surtout au début des années 1980, lorsque la critique a affaire à un écrivain encore inconnu qu'il faut classer et définir sans avoir sur lui d'autres renseignements que le livre qu'on vient de lire, il arrive qu'on avance à tâtons, mais puisque le critique de service doit à tout prix circonscrire le texte, il sort son petit intertexte portatif en essayant de l'appliquer au roman recensé ce qui donne parfois des résultats inattendus. C'est surtout *Le dernier été des Indiens* qui donne lieu à des rapprochements bizarres qu'à mon avis ne justifie aucun argument logique. Comme l'écrit un critique, ce roman est «un 'remake' du vieux mythe de l'initiation, revu et corrigé depuis par sieur Castaneda, style Don Juan»[6], tandis que sa collègue renchérit, à propos du même ouvrage: «On pense à *Vipère au poing* d'Hervé Bazin et plus on avance, plus l'influence, consciente ou non de Bazin transparaît»[7].

Le dernier été des Indiens[8] est aussi un moment crucial dans la carrière de l'écrivain, le seul ouvrage à avoir suscité certaines réactions négatives. Il est curieux de constater que celles-ci cumulent plusieurs facteurs en une combinaison inédite mais significative pour la critique d'une jeune littérature qui aimerait présenter aux «cousins» de l'autre côté de l'Atlantique une image avantageuse. Non moins significative, mais tout à fait naturelle deux ans après le choc du premier référendum[9], est

---

[5] J.P. Soulié, «Je ne suis pas un carriériste de l'écriture», [in:] *La Presse*, Montréal, samedi 22 mars 1986, p. E2.

[6] N. Desjardins, «Le dernier été des Indiens», [in:] *Nos livres*, novembre 1982, N° 422.

[7] C. de Lamirande, «Nature au poing», [in:] *Le Droit*, v. 70, N° 174, 23 octobre 1982, p. 32.

[8] R. Lalonde, *Le dernier été des Indiens*, Éditions du Seuil, Paris, 1982.

[9] En 1980.

l'incompréhension du rêve d'une identité métissée québécoise-indienne qu'un écrivain encore pratiquement inconnu lance à qui veut l'entendre, depuis Paris où il publie son roman, en présentant sa proposition de fusion culturelle sous une forme
esthétiquement naïve et moralement risquée de relation initiatique, y compris dans le
sens sexuel, entre un préadolescent canadien-français et un Indien adulte.

La première réaction des critiques est de fustiger le «manichéisme primaire»[10] de
l'ouvrage lalondien, qui consiste à idéaliser les Indiens au détriment de la société des
Canadiens français des années 1950. À cela se superpose le facteur sexuel, dont la
transracialité et homosexualité apparaît comme bouleversante.

De là, d'aucuns en viennent facilement à dévoiler la prétendue raison secrète du
roman sacrilège de Lalonde qui serait celle de dénigrer sa société d'origine pour se
faire, à ce prix, publier à Paris, suspicion que semble corroborer le titre d'une des
rares critiques du roman parues en France: «Robert Lalonde: des amitiés particulières au pays de Maria Chapdelaine» de Jean-Paul Chaillet[11]. Or, contrairement aux
appréhensions des critiques québécois, sauf le titre commercialement aguichant qui
réactive à l'usage du public français le vieux cliché hémonien d'un Québec *semper
fidelis* tout en le transgressant par l'allusion à l'homosexualité, le texte lui-même de
l'article qui vante la délicatesse avec laquelle Lalonde dépeint les relations entre son
héros adolescent et l'Indien initiateur, n'a en lui rien de récriminatoire ni de railleur.

Le style de ces critiques est volontiers métaphorique, comme dans cette phrase de
l'article de Serge Lemelin dans laquelle on retrouve aussi les éléments précédemment
évoqués: «L'auteur de *La belle épouvante* et récipiendaire du prix Robert Cliche 1981
avait une autre carte dans sa manche, un autre manuscrit»[12], ou bien: «Ce sorcier n'a
pas épuisé les ressources de son armoire à sortilèges»[13].

C'est surtout la silhouette de l'homme Lalonde, d'abord un nouveau venu dans le
monde de la culture, qui se met progressivement à occuper de plus en plus de place de
ces articles. Sans exagération aucune, on peut dire qu'au fur et à mesure qu'il devient
un artiste publiquement reconnaissable, maints textes journalistiques ressassent, en
les actualisant dans des combinaisons dictées le plus souvent par le sujet dominant de
l'ouvrage du jour, les mêmes facettes de l'image publique de Robert Lalonde que sont:
l'indianité, les relations avec les membres de sa famille, ainsi que les rôles de théâtre
et de feuilletons télévisés joués par le comédien Lalonde, sans oublier les dernières
nouvelles de son chantier d'écrivain.

Conformément au goût du public et peut-être aussi à leur propre intérêt pour la
personne de l'artiste, les auteurs des critiques journalistiques s'adonnent avant tout

---

[10] M. Pelletier, «Peaux rouges, fesses blanches», [in:] *Le Devoir,* samedi 18 septembre 1982,
p. 19.

[11] J.P. Chaillet, «Robert Lalonde: des amitiés particulières au pays de Maria Chapdelaine»,
[in:] *Nouvelles littéraires*, N° 2850, 26 août 1982, p. 29.

[12] S. Lemelin, «Robert Lalonde a écrit avant tout un livre sur la liberté», [in:] *Le Quotidien*,
samedi 18 septembre 1982.

[13] Y. Bernier, «Un romancier à suivre: *Une belle journée d'avance* de Robert Lalonde», [in:]
Lettres québécoises, N° 42, Été 1986, p. 21-22.

à ce que l'on convient d'appeler la critique biographique et tout porte à croire que le sainte-beuvisme ne s'est jamais porté aussi bien qu'à l'époque actuelle où tout porte à croire que l'on ne saurait être artiste sans accéder au statut de célébrité, petite ou grande divinité entourée certes du nimbe de son art, mais en même temps obligatoirement désacralisée et ramenée au niveau du moi biographique par l'exhibition des traits qui l'enracinent dans un monde profane du commun des récepteurs.

Contrairement aux autres écrivains dont l'image n'apparaît que de temps en temps à l'occasion d'une émission télévisée, le visage, le corps et la voix de Lalonde exercent sur certains critiques (et sans doute sur beaucoup de lecteurs de ses livres) une fascination tributaire de la duplicité troublante de comédien qui s'incarne dans des rôles de théâtre, de cinéma et surtout dans ceux de feuilletons télévisés. Ainsi, dans un fragment de son interview avec Lalonde, Anne-Marie Voisard avoue d'emblée que l'auteur du *Petit Aigle à tête blanche* avec lequel elle avait fixé pourtant un rendez-vous pour parler de ce dernier roman, ne lui apparaît pas d'abord comme un écrivain:

Mais c'est l'homme que j'ai rencontré, donc aussi le comédien qui a écrit, dit-il, 'un tiers du livre dans la loge de Marylin à Radio-Canada […] une heure par-ci, par-là, entre deux scènes', où il tenait le rôle du méchant politicien Raynald Cloutier[14].

Suit l'évocation de plusieurs autres rôles que Lalonde joue, a joué ou s'apprête à jouer à la télévision et au théâtre. Un tiers de l'article est ainsi consacré à l' «homme», c'est-à-dire, en l'occurrence, au comédien, et non pas à l'ouvrage qui est le prétexte de cet entretien.

Dans certains autres articles journalistiques, on s'évertue à montrer Lalonde à travers ses projets et sa façon d'écrire, p. ex. dans une des critiques les plus digressives où à peine un cinquième du texte est consacré au roman dont il salue la parution, on apprend que:

Robert Lalonde écrit tous les jours et s'attache tellement à ses livres qu'il a du mal à s'en séparer. Ça faisait bien deux ans et demi que *L'Ogre de Grand Remous* traînait dans ses classeurs. Il le corrigeait, le polissait, élaguait, coupait. Un an de plus, et il ne serait sans doute pas resté dix lignes du roman. Robert Lalonde est un écrivain de l'ellipse, de la phrase qui suggère tous les possibles. Ses romans, il les rédige sur deux cahiers à la fois. Le vrai, et celui de la main gauche bourré de scories. 'Trop d'auteurs laissent les exercices de réchauffement traîner dans leurs récits, estime-t-il. Au lieu de raconter les personnages, il faut dire 'Action' et les regarder agir'[15].

Cette dernière citation va nous servir pour démontrer un trait spécifique de plusieurs critiques journalistiques publiées depuis le début des années 1990. La majeure partie de ce passage (environ trois quarts du fragment cité) est écrite à la troisième personne, ce qui suggère qu'elle est assumée par l'auteur de l'article qu'est

---

[14] A.M. Voisard, «Un roman déroutant et rempli d'émotions», [in:] *Le Soleil*, samedi 3 septembre 1994, p. E-8 (sur *Le petit aigle à tête blanche*).

[15] O. Tremblay, «Des enfants et des peurs», [in:] *Le Devoir*, 1er février 1992.

Odile Tremblay qui décrit la façon d'écrire de Lalonde. Cependant, à la lecture attentive de tout le texte, on arrive à la constatation que c'est un discours de Robert Lalonde rapporté par Odile Tremblay. Autrement, d'où saurait-elle ce qu'elle nous révèle avec une telle richesse de détails et d'expressions imagées qui sont peut-être littéralement reprises à l'interviewé ? Tout porte à croire qu'en l'occurrence on a affaire à un exemple classique de discours indirect libre qui rapporte les paroles ou les pensées de l'autre, mais sans les embrayeurs du discours citant. Il s'agit donc d'une interview déguisée en critique, d'un texte qui fait semblant d'être écrit sans que la journaliste ait au préalable parlé à l'écrivain. C'est peut-être ce qui est à mon avis le trait statistiquement et stylistiquement le plus marquant de la critique journalistique montréalaise, du moins dans le secteur numériquement modeste que j'ai étudié pour les besoins de cet exposé.

Or, la critique d'Odile Tremblay contient également un fragment crucial qui dévoile (au bon milieu du texte) qu'il s'agit d'une interview réécrite en discours indirect libre, évidemment si l'on excepte les propos de Lalonde reproduits comme tels: «On me l'avait décrit taciturne, silencieux. Pourtant, le chat ne lui a pas avalé la langue aujourd'hui, et ses paroles dévalent comme un torrent»[16], ce qui revient à dire qu'Odile Tremblay joue à reprendre à son compte les propos de Lalonde. «Joue» puisque, suivant cette pratique courante, il ne s'agit pas de plagier l'interlocuteur au sens juridique du mot, c'est-à-dire de voler la propriété intellectuelle d'autrui, mais, à en juger par la fréquence du procédé, de faire recours à un certain topos stylistique de la presse culturelle montréalaise.

Par contre, il y aurait plagiat s'il s'agissait d'un travail universitaire qui utiliserait le même procédé, preuve que la critique journalistique possède un statut différent de celui qui est propre aux recensions savantes. C'est une conclusion qu'on aurait peut-être été capable de formuler intuitivement avant de trouver cet argument, mais les exemples repérés et réitérés du procédé en question en apportent la flagrante confirmation. Le postmodernisme nous a habitués à ne pas nous formaliser du mélange de genres, de la cohabitation des discours au statut ontologique hétérogène, comme le fictionnel et le factuel, etc. Et je n'entends ici nullement dénoncer cette manière d'écrire comme impure, inappropriée, voire illégale. Or, le fait même que j'envisage ce type de discours palimpsteste du point de vue d'un universitaire me fait remarquer une certaine insouciance qui caractérise le procédé en question. Là où je m'attendais à ce qu'on annonce ses coups, je remarque que la mode est à l'implicite et à la confusion des instances énonciatives. Si seulement le jeu consistait à pratiquer cette crypto-interview en transformant le discours de l'interviewé en celui de l'intervieweur, une fois le principe de cette transformation découvert, il suffirait de se dire que tout le texte se compose de citations implicites traitées suivant ce mode de présentation sophistiqué pour une quelconque raison stylistique. Que dire cependant du fragment qui suit le premier alinéa de l'article d'Odile Tremblay, qui enchaîne sur l'idée que Lalonde n'arrive pas à se décider quel métier choisir ?: «Robert Lalonde, c'est un

---

[16] *Ibid. l.c.*

peu notre Cocteau, tout éparpillé, tout écartillé, touche-à-tout oui, mais avec talent, avec passion surtout»[17]. Je me trompe peut-être, mais je vois mal que Lalonde (que je connais personnellement), tout nord-américain qu'il soit, se compare lui-même à Jean Cocteau, et moins encore qu'il concède sans ambages avoir du talent, ce qui prouve à mon avis que la phrase en question ne relève pas du discours indirect libre. Cette fois-ci beaucoup porte à croire que c'est une opinion personnelle d'Odile Tremblay, et ceci d'autant plus qu'elle est suivie de l'énumération rituelle de prix littéraires obtenus par Lalonde, car j'imagine tout aussi difficilement le Lalonde que je connais apporter à la journaliste les certificats de ses prix tel un vétéran soviétique qui viendrait à une interview toutes ses décorations épinglées à la veste de son uniforme.

La critique journalistique est très rarement l'objet d'une réflexion critique (voire méta-critique), et pourtant c'est une terre à découvrir et à étudier si l'on veut comprendre comment fonctionne la courroie de transmission entre les œuvres littéraires d'extrême contemporanéité et leurs lecteurs. Sans revenir sur les curieuses propriétés formelles que j'ai viens d'évoquer (et qui mériteraient une étude à part!), ce qui frappe d'abord, lorsqu'on se penche sur la critique journalistique, c'est son biographisme outrancier. N'en déplaise aux tenants de la Nouvelle Critique des années 1960 qui proclamait la mort de l'auteur, aux yeux de la critique journalistique d'aujourd'hui (sans qu'on sache au juste si elle obéit aux goûts du public ou si elle les modèle), un texte littéraire ne peut se passer de l'image de son scripteur considéré d'ailleurs surtout dans sa dimension hors-littéraire, signe indubitable de l'engouement pour le factuel qui caractérise la civilisation occidentale. Lalonde lui- -même se plaint de ce que les journalistes lui font raconter plutôt des anecdotes de sa vie de comédien que l'écouter parler de son œuvre littéraire. Dans un recueil de témoignages d'écrivains intitulé *La pratique du roman* que deux universitaires de l'Université montréalaise McGill ont récemment publié[18], en invitant une dizaine d'écrivains à parler de leurs esthétiques romanesques, presque chaque romancier profite de l'occasion pour évoquer ses aléas avec les représentants de la presse dite culturelle. Nadine Bismuth[19] cite ainsi sa mésaventure avec la rédactrice en chef d'une revue dans laquelle Bismuth espérait publier sa traduction d'une nouvelle de son auteur étasunien préféré, Jonathan Franzen. La rédactrice n'en voulait rien entendre, se disant toutefois prête à publier dans sa feuille une interview avec Franzen dans laquelle celui-ci pourrait parler de sa vie privée et donner aux lecteurs des conseils susceptibles d'améliorer leurs relations de couple. Pour Bismuth (qui évoque à l'occasion Milan Kundera), c'est une tentative erronée de ramener la littérature, «ce territoire où le jugement moral est suspendu»[20] et qui montre au lecteur que le monde est plus compliqué qu'il ne le pense aux représentants d'une certaine

---

[17] *Ibid. l.c.*

[18] I. Daunais et F. Ricard (dir.), *La Pratique du roman*, Boréal, Montréal, 2012.

[19] N. Bismuth, «La question d'Henriette», [in:] I. Daunais et F. Ricard, *op.cit*, p. 87-101.

[20] Le propos de Kundera rapporté par N. Bismuth, *ibid.*, p. 101.

mentalité bien-pensante[21] qui préfère surfer et vikipédier sur la surface de la réalité au lieu d'en approfondir les abîmes afin de réfléchir sur un monde, le vrai, où tout n'est ni tout à fait noir ni tout à fait blanc.

En dépit de la citation liturgique du titre de ma communication qui évoque la question posée aux parrains pendant le baptême: «Renoncez-vous à Satan, à ses pompes et à ses œuvres?», l'intention de mon texte n'est pas d'énoncer un jugement de valeur sur la critique journalistique, mais (en défonçant peut-être une porte déjà ouverte par quelqu'un) de montrer l'hiatus entre deux modes d'expression, ceux de la littérature et de la critique journalistique, cette dernière étant toutefois seule capable de guider le lecteur potentiel vers ce qu'elle présente avec des moyens médiatiques, mais qu'elle présente néanmoins même si son discours ne rend pas compte de ce qui constitue l'essence du discours littéraire.

Summary

Reception of Robert Lalonde's Novels in Press Criticism

Robert Lalonde is both an actor and the author of over twenty novels, numerous plays and essays, as well as collections of novellas. This article focuses on the reception of Lalonde's novels on culture pages of high-circulation Montreal newspapers. The way in which his works are discussed is characterized, on the one hand, by the use of seemingly indirect speech which blurs the borderline between the voice of the author and the one of the journalist; on the other hand, however, attention is paid to what transgresses Lalonde's literary oeuvre, namely, to his personality, his family situation, as well as the roles he plays in theatre and film. In this analysis, the latter characteristic is interpreted as a symptom of tabloidization of press criticism.

Keywords: Robert Lalonde, novel, press criticism, biographism, seemingly indirect speech

---

[21] *Ibid. l.c.*

DOI: 10.12797/9788376384207.07

Stanisław Jasionowicz

Université Pédagogique de Cracovie

Lorand Gaspar – la lecture du désert

La figure du désert constitue l'un des lieux communs de la culture occidentale, exploités abondamment par les auteurs contemporains. Cet espace aride, étranger, néfaste devient souvent une allégorie de la conscience de l'homme occidental moderne – «désenchanté», errant et dépourvu de ses repères. Il existe pourtant des visions contemporaines du désert qui échappent à ce stéréotype, trop souvent conçu dans les grandes villes du monde occidental. La vision du désert chère à Lorand Gaspar puise dans les espaces réels et perçus par tous les sens. Les déserts du Proche Orient, parcourus et exploités par ce médecin, poète, voyageur, photographe et traducteur, sont des espaces «vécus», mais aussi «lus», déchiffrés et traduits à travers plusieurs langages dont ils lui parlent.

Né le 28 février 1925 à Marosvásárhely, ville de la Transylvanie orientale (aujourd'hui Târgu Mureş sur le territoire de la Roumanie), Lorand Gaspar a grandi dans l'atmosphère d'une région montagneuse de la Hongrie, située «derrière le dos de Dieu»[1]. Son enfance, passée dans une province éloignée des grands centres culturels de l'Europe a permis pourtant au futur poète d'apprendre quatres langues (hongrois, roumain, allemand et français), de connaître les aires culturels de plusieurs ethnies, peuplant cette région, et de rêver (à l'âge de treize ans) de devenir «physicien et écrivain à la fois»[2].

Admis à l'École polytechnique de Budapest en 1943 (c'était un compromis entre lui et son père, homme d'affaires, comme il l'affirme dans une interview) le jeune homme, fasciné par Rimbaud et Einstein, a été convoqué au bout de quelques mois d'études à l'armée pour défendre le pays contre l'armée soviétique *ante portas*. Après

---

[1] Cette expression deviendra d'ailleurs le titre de son recueil récent de poèmes; cf. L. Gaspar, *Derrière le dos de Dieu*, Gallimard, Paris, 2010.

[2] L. Gaspar, l'essai autobiographique inédit, [in:] idem, *Sol absolu et autres textes*, Gallimard, Paris, 1982, p. 10.

l'installation en Hongrie d'un gouvernement pro-nazi, il est expédié dans un camp d'internement en Allemagne (près de Stuttgart). En avril 1945 il s'évade avec un groupe de prisonniers et se rend aux troupes alliées sur le territoire français. Il se retrouve finalement à Paris où («cuisinier, valet de chambre, débardeur des halles, veilleur de nuit»), partageant le sort de milliers de réfugiés, il est pourtant capable d'entreprendre et de mener à bien ses études de médecine. En 1954, le jeune chirurgien répond à une offre d'emploi d'un hôpital français catholique de Bethléem. Bientôt, il part avec sa femme et leurs trois enfants à Jérusalem où, travaillant toujours dans des hôpitaux comme chirurgien, il passera seize ans – peut-être les plus marquants – de sa vie. À la fin des années 60., du fait de l'aggravation de la situation politique qui suit la Guerre des six jours, Gaspar quitte Jérusalem et, à partir de 1970 jusqu'à sa retraite, il travaille comme chirurgien à Tunis. Ensuite, il partagera son temps entre ses maisons en Tunisie et en France.

Les déserts sont devenus la partie la plus significative de l'expérience proche-orientale de Gaspar, décisive pour la formulation de sa vocation poétique. Les balades à cheval ou à pied dans les espaces désertiques voisinant, le contact direct avec les représentants de plusieurs ethnies et cultures, les visites des lieux saints des hébreux, des chrétiens, des musulmans et des berbères mais aussi le contact avec la nature apparamment hostile de sables et de rochers de Moab, Judée, Samarie et Galilée permettent de créer un réseau d'images, constituant le noeud (le «rhisome»?) de sa future entreprise poétique. Mais il y a aussi les textes: les gravures rupestres des habitants des savanes envahies par les sables, les rouleaux des grottes de Qumrân (grâce à ses liens d'amitié avec les frères dominicains Gaspar participe aux fouilles archéologiques, dirigées par le père Roland de Vaux), les histoires racontées par les nomades autour du feu et les écrits des érémites chrétiens du désert – toutes ces écritures font peu à peu de Gaspar un véritable «polyglotte du désert».

«Issu d'un pays de forêts, qu'y avait-il dans ma composition qui pût si immédiatement entrer en résonnance avec cette terre isolée?» – se demande-t-il dans l'avant-propos autobiographique de la réédition de l'un de ses recueils de poésie[3]. L'amour «du premier abord» pour la nature morte et vivante des paysages désertiques, ainsi que pour les richesses culturelles qui fleurissent sur le sol aride du Proche Orient a trouvé son expression la plus efficace aux moyens du langage poétique.

Les deux premiers recueils de poésie, publiés par Gaspar entre 1966 et 1968 – *Le quatrième état de la matière* (1966) et *Gisements* (1968) – sont un compte-rendu de la présence constante du désert dans la conscience du poète. En 1972 paraît son recueil *Sol absolu*, où son expérience du désert, perçue comme une unité fondamentale de tout ce qui se présente à la conscience à tous niveaux de la perception trouve son expression la plus achevée. La nécessité d'exprimer son attrait de la réalité géologique, biologique et culturelle du désert à travers la fonction imaginaire de la conscience se reflète dans une écriture dynamique et précise à la fois:

---

[3] Idem, *Sol absolu et autres textes* (l'avant-propos de l'auteur), *op. cit.*, p. 14.

Ciel compact inentamable.
La terre est prise dans les tables dures de sa loi
qui renvoie le regard
infiniment derrière sa source
à l'ossature liquide de son chant[4].

«Saisi», aux moyens de la parole poétique et complété par les formules de la science, le désert inspire à une lecture imaginaire, où règne la loi de l'analogie:

Au bout de tant d'années vécues dans la nudité de la terre
    tu regardais ce lieu étrange d'un arbre.

Tu avais vu le monde fait de grandes pages

    Claires et inexorables[5],

ou encore:

Ici
        toute la terre
            se repose de sa fécondité
et tout son bonheur est tendu entre
            deux gazelles et deux nuits
distants à peine d'un pli dans la lumière
            et le défi tranquille
de l'horizon imprenable[6].

Le contact direct avec la réalité du désert et la pratique quotidienne du chirurgien créent des associations (in)attendues, comme celle qui existe entre le système nerveux de l'homme et la forme de l'arbre. De telles analogies ouvrent la conscience sur les relations entre le perçu, le pensé et l'imaginé: L'arbre vasculaire, l'arbre neuronal (*Dendron* signifie l'arbre en grec) – ces concomitances sont particulièrement fertiles pour un représentant des sciences de la nature qui deviendra d'ailleurs, à partir des années 80., un membre actif du monde des neurosciences.

Comment dire, représenter le grand arbre de nos gestes et paroles, de nos dessins, peintures, musiques et danses, qui se ramifient dans l'étendue, cherchant des liens, des rencontres, des échanges, la communication, une continuité avec le monde qui nous entoure, avec les autres corps vivants, animaux et individus humains qui sont nos semblables et tant d'autres corps et choses auxquels nous sommes liés de près ou de loin, par la matière première, l'énergie et le mouvement[7].

---

[4] *Ibid.*, p. 107.
[5] *Ibid.*, p. 175.
[6] *Ibid.,* p. 202.
[7] I d e m, *Approche de la parole, suivi de l'Apprentissage, avec deux textes inédits*, Gallimard, Paris, 2004, p. 296-297.

Le désert semble créer un espace privilegié pour la lecture du phénomène de la totalité plurielle de la matière morte du monde minéral et celle vivante, biologique, enracinée dans les échanges bio-chimiques du sol, à travers la conscience de celui qui est capable de «lire» cette interdépendance. Or, l'arbre qui pousse «dans la nudité» du désert s'associe avec un autre arbre:

> Et qu'est-ce que cet autre arbre invisible et impalpable mais bien réel que l'intelligence, la capacité de comprendre, de créer les choses de l'art, des langages sans référent comme la musique et les mathématiques… Racines, branches et feuillaisons, neurones, dendrites, axones et synapses, cellules de la rétine olfactives et gustatives, appareil auditif, et sans doute d'autres récepteurs que nous ne connaissons pas encore… Accès à une pensée fluide, intuitive qui n'obéit à notre volonté conditionnée, à nos décisions automatiques, mais semble percevoir notre ouverture sans condition qui plonge dans l'insondable sans origine que nous ne savons nommer que par des négations comme *in*fini[8].

Le métier de chirurgien consiste à i n t e r v e n i r dans les corps des patients pour les soigner et les r e c o n s t r u i r e. De la même façon, un acte d'écriture est un travail qui sert à établir un ordre dans le chaos apparent du perceptible. Le mot grec *poiein* signifie: «faire», «agir», remarque Gaspar lui-même. Être actif, vigilant face à la réalité, tel semble être le devoir d'un lecteur de l'existence. Gaspar affirme que la poésie est le «lieu d'un faire […] où surgissent et se dissolvent les formes»[9]; «Nous ne sommes pas des spectateurs extérieurs du monde qui nous entoure» – repète-t-il avec insistance.

Tout en étant le lecteur acharné du monde visible, Gaspar découvre dans les structures mentales une «ossature» fondamentale, analogique à la structure des réalités que nous percevons avec nos sens. Lire les langages du désert ne veut pas dire: «décrypter» ou «dévoiler» ses sens mais plutôt: les contempler, en jouir (ce qui fait penser à la «jouissance du texte» barthésiennne), mais à condition de rassembler l'expérience réelle du monde biologique et matériel et l'esprit actif, réceptif et – en conséquence – é l a r g i. Écrire et – dans ce cas précis – créer un poème veut donc dire: intervenir dans cet espace sans intention de le modifier; souvenons-nous que le sens d'*intervenire* latin est de «v e n i r   e n t r e».

Contrairement à ceux qui voient dans la figure du désert l'allégorie d'une égoisation extrême d'un moi se détournant de la réalité du monde, Gaspar explore poétiquement «son» désert comme une réalite individuelle d' «être au monde», situant la conscience dans le flux de «ce qui est». Dans l'un de ses essais du tome *Apprentissage* il écrit: «Oublier le 'sujet', oublier l'instrument, le langage, pour accueillir quelque chose du mouvement: cette nudité qui apparaît tour à tour comme une grâce ou une pauvreté, comme une libre et irrésistible énergie modelante, remaniante, comme un accord qui se dissout sans traces»[10]. L'écriture sans destinataire? La lecture sans l'inter-

---

8 *Ibid.,* p. 297.
9 *Ibid.,* p. 80.
10 *Ibid. l. c.*

prétation? Pourtant, le travail du sens continue, même en présence de la conscience «allégée».

«Collectionneur» des données de la conscience, Gaspar affirme: «Je ne suis pas insensible à la 'matière' des mots, mais de la même façon que je ramasse un caillou agréable à toucher»[11], et, dans un autre lieu: «je ramasse partout des plantes, des pierres, des bouts de bois morts, des coquillages, des os qui survivent aux corps des animaux. Je vais glanant de la même façon dans mes lectures scientifiques, historiques ou littéraires»[12]. Ses poèmes ne sont pourtant pas de collages mais témoignent d'une recherche des connexions latentes entre les couches innombrables de la réalité.

Entre le mot qui signifie et la réalité «qui fait signe» s'étend l'espace énorme de l'écriture du réel v é c u. L'œuvre poétique de l'auteur du *Sol absolu* est une recherche des «vrais noms», qui ne pétrifient pas les sens – notons que le mot «sens» est quasiment absent des écrits de Gaspar. Cette recherche s'élabore lentement dans le cadre du désert, ce désert qui permet de s'ouvrir sur l'Étendue, d'inscrire une conscience individuelle dans la dimension «séculaire» des processus géologiques et biologiques:

> Encore une fois regarde
> et ne retourne plus.
> Une fenêtre au-dedans
> Grande ouverte sur l'Etendue.
> Tu n'as pas besoin de te retourner,
> Partout c'est l'Ouvert à cette heure,
> Là-bas ici, même ce qui n'a jamais commencé[13].

Dans sa recherche d'un langage poétique efficace, Gaspar réfléchit souvent sur les pouvoirs de la parole. Dans l'un des essais du tome *Approche de la parole* il écrit (sous forme de poème):

> Parole qui se dissout, prolongement téméraire des épaisseurs du réel./ Pont absurde jeté par-dessus le vide à ce rivage qui se dérobe./ Lèvres de simulation, gorge mutilée d'ardeur./ Parole d'armistice et de ruse./ Revêtement de facilité, glissière de l'habitude par où l'on échappe à la gravité./ Refuge, mensonge, fuite./ Parole institution. Outil de commerce, de domination, de pillage […][14].

Serait-ce l'aveu de l'impuissance de la parole? Mais à coté des mots-conventions, mots-mensonges, mots-institutions il y a pourtant des «mots-puissances»: «En Grèce, – écrit Gaspar dans le même essai – les penseurs présocratiques font déjà la distinction entre les mots arbitrairement imposés, 'qui ne nous enseignent rien sur la substance des choses qu'ils désignent', et les mots 'naturels', 'qui sont en relation

---

[11] Idem, *Apprentissage*, op. cit., p. 195.

[12] Idem, *Respiration de flute dans le poids du calcaire*, entretien avec L. Margantin, notre réf.: http://remue.net/revue/TX0310_MargGasp.htlm (consulté le 20 août 2012).

[13] Idem, «Jérusalem», [in:] *Derrière le dos de Dieu*, Gallimard, Paris, 2010, p. 13.

[14] Idem, *Approche ...*, op. cit., p. 23.

étroite avec cette substance'»[15]. Selon Platon, il y a des «mots premiers», mots racines qui imitent l'essence de la chose; son disciple dissident Aristote affirmait de sa part que le langage, dans sa totalité, est simplement un système logique conventionnel. Il semble que ces deux types de sensibilité déterminent la culture occidentale depuis plus de vingt cinq siècles.

«Nous pensons avec des mots», «nous pensons avec des images» – aussi ce vieux dilemme serait, selon Gaspar, une fausse alternative. Le poète semble croire à une convergence de mots et d'images, tous issus d'une même super(ou: supra)structure profonde:

> Et parfois dans un mot, dans une image, viennent converger comme dans un échangeur de haute tension, les fibres jusqu'alors éparses de tant de sentir, pour que se manifeste la nudité d'une mélodie[16].

Gaspar précise cette vision dans une sorte de «commentaire poétique» à son essai:

> Mots et images,
> ide de mots et d'images,
> se composent, s'articulent, se dénouent,
> molécules vivantes de la vie
> réseau mobile de cris, de lueurs, de noeuds d'énergie
> d'un flux continu
> que ne peuvent figurer les images
> que ne peut imaginer le cerveau
> ni même la vitesse des rayons
> croisés de millards de neurones
> ou les lavis de vols d'hirondelles
> pourtant, quelque part
> c'est la même chose – [17].

La connaissance de plusieurs langues et l'expérience de plusieurs cultures et ethnies, le «capital» de sa jeunesse, passée «derrière le dos de Dieu», ainsi que sa pratique ultérieure de traducteur (Gaspar a traduit, entre autres, D.H. Lawrence, Peter Riley, Rainer Maria Rilke, Georges Séféris et János Pilinszky) – tous ces «acquis» aident Gaspar à devenir un «comparatiste» des langages du désert. Ainsi l'acte poétique serait-il une lecture plurielle de ce que le monde «écrit» dans la conscience vigilante du lecteur multilingue. Car, la lecture du monde est, en fin de compte, une lecture polyglotte de soi. Mais contrairement à une légion d'écrivains qui prétendent ne pas avoir besoin du monde pour créer, Gaspar souligne à plusieurs reprises qu'il faut laisser les choses du monde parler et qu'on ne peut pas prétendre «se mettre à la fenêtre pour se voir passer dans la rue» – pour reprendre la formule de Gilbert Durand.

---

[15] Cf. *ibid.*, p. 81.

[16] *Ibid.*, p. 84.

[17] *Ibid*, p. 196.

Le dénuement et la nudité comptent parmi les termes (et images) les plus marquants de l'oeuvre «désertique» de Gaspar et forment une partie importante de son «mythe personnel»[18]:

un coup de lance
sur cette nudité de craie et de chair
le souffle indissecable d'une pulsation

être présent à l'abandon à l'absence
parent du silex et du grès
des chemins non tracés
du délitement des aubes[19].

La nudité du paysage, la nudité de l'homme qui s'y voit démuni et impuissant – ces vers évoquent les images qui se refèrent plutôt à l'épuration qu'à l'annihilation:

l'ardeur du silence au foyer nocturne
le frémissement d'eau
de la voix du conteur
les yeux brillent du désir[20].

La nudité du paysage désertique, vue à travers l'oeuvre poétique de Lorand Gaspar, loin d'être une allégorie commode exploitée par un nihiliste, se réfère plutôt au vide «positif» de la conscience, cher aux mystiques de toutes époques. Or, la figure gasparienne du désert évoque l'attitude de la conscience, qui permet aux «choses du monde» de s'exprimer de manière plus intense, plus «efficace». La parole poétique issue de ce désert déploie son potentiel caché, reposant dans le vide p r é g n a n t d u s e n s.

«PIERRE/PIERRE/encore une/PIERRE//sable/illimité/RIEN»[21] – nous pouvons lire dans l'un des poèmes du recueil *Sol absolu*. La «terre vaine» du désert est pourtant la scène des processus géologiques et biologiques intenses et ininterrompus. Plus encore, le désert lui-même est constitué par les dynamismes de toute sorte:

ÉROSION//travaux de même ardeur que/la cohérence de la matière/la langue aux rythmes innombrables/deployée effritée recomposée//CHIMIE// d e s v e n t s/ d e s eaux/ d e s r é v e s/ d e s l u m i è r e s// les mêmes mouvements composent et élucident/l'ampleur de la course sans dessein[22]

et, plus loin, dans un passage de prose:

---

[18] Cf. idem, *Sol absolu...*, *op. cit.*, p. 172, 175, 176 et al.
[19] *Ibid.*, p. 176.
[20] *Ibid.*, p. 177.
[21] Idem, *Sol absolu...*, *op. cit.*, p. 93.
[22] *Ibid.*, p. 97.

ces grands déserts de sable nous offrent un sol [...] d'où sont absents limons et argiles si indispensables pour le développement organique. Pourtant, les recherches microbiologiques démontrent la permanence d'une microflore dans les sables les plus rigoureux[23].

Le ton «scientifique» de ces dernières phrases évoque une lecture du désert qui cherche une concomitance entre la matière «morte» des sables et des calcaires de cette «terre vaine» (ces derniers étant pourtant des vestiges de la matière vivante) et la vie biologique présente. Le corps biologique (la nature) et l'esprit (la conscience) forment, eux aussi, un continuum, «qui se nourrit», selon la phrase du poète, d'un ordre caché: «Tout organisme vivant, pour se maintenir en vie et pour se reproduire 'consomme de l'ordre', s'en nourrit» – affirme le poète et l'homme de science[24].

Aussi paradoxal que cela puisse paraître, ce sont les représentants des sciences exactes et expérimentales qui continuent aujourd'hui la recherche d'une vision cohérente de la réalité. Les données de la physique quantique et le «fameux» principe d'indéterminabilité d'Heisenberg, en «déconstruisant» le modèle newtonien de l'univers, ont du coup ouvert l'imagination scientifique sur les connexions «alogiques» parmi les couches différentes de la réalité psycho-physique. Les sciences humaines contemporaines semblent être plus méfiantes envers cette tendance et préfèrent s'adonner à la déconstruction joyeuse de toute tentative d'unité, hostiles à toute intuition de cohérence fondamentale de l'expérience.

Ce sont les poètes qui semblent défendre l'honneur des humanistes en voie de disparition. Dans son allocution, prononcée à Stockholm à l'occasion de l'attribution du Prix Nobel en 1960 Saint-John Perse définissait le rôle du poète comme celui d'un chercheur (et découvreur) d'un ordre profond, «caché», pourtant «visible» à travers ce qui «e s t» (et qui «n o u s r e g a r d e»): «Ainsi, par son adhésion totale à ce qui est, le poète tient pour nous liaison avec la permanence et l'unité de l'Être»[25]. Le prix Nobel de physique David Bohm suggérait deux décennies plus tard que la science, dans ses aspects les plus fondamentaux, aborde le problème de la communication poétique, de la perception d'un «ordre nouveau»[26].

Ainsi, la recherche de l'ordre profond de l'existence à travers les signes dont émane la réalité «lue» par ses observateurs, serait-elle encrée dans le besoin (le désir) inassouvi d'un t o u t: multiple, dynamique, pluridimmensionnel et toujours avide du sens, ce sens qui est l e v i s a g e c a c h é d e l'o r d r e.

> Peut-être la poésie – écrit Gaspar dans un essai – nous apprend-elle à faire confiance à des activités mentales (ou plus simplement de la vie) ontogénétiquement et phylogénétiquement antérieures à la démarche logico-rationnelle. Des couches plus profondes obéissant à des règles de jeu différentes de celles qui gouvernent les structures corticales récentes. [...] C'est [...] à ce puits sombre et méprisé que puise l'orgueilleuse

---

[23] *Ibid.*, p. 106.

[24] I d e m, *Apprentissage, op. cit.*, p. 40.

[25] S a i n t - J o h n P e r s e, *Poésie*, allocution au banquet Nobel du 10 décembre 1960, «Discours de Stockholm», [in:] *Œuvres complètes*, Gallimard, Paris, 1972, p. 446.

[26] Cf. D. B o h m, *Wholeness and the Implicate Order*, Routledge, London, 1980.

raison le rare levain d'une autre lumière, d'un regard qui rompt l'éclairage. Sans cette chaude fermentation de couleurs primitives, la pensée n'est qu'un réseau de scintillements abstraits[27].

Marqué par l'expérience contemporaine de la fragmentation du savoir et de l'érosion des convictions et des idées, Gaspar voit dans la poésie un outil efficace pour faire une lecture «adéquate» du vécu, qui se situe à l'intersection du moi «aliéné» et de la réalité «impénétrable». Laissons, pour une dernière fois, la parole au poète:

> Le texte poétique est le «texte de la vie», élargi, travaillé par le rythme des éléments, érodé, fragmentaire par endroits, laissant apparaître des signes plus anciens, trame d'ardeur et de circulation: chacun peut y lire «autre chose» et aussi «la même chose»[28].

L'itinéraire poétique de Gaspar est marqué par sa recherche continue des sens, inscrits dans la relation toujours mystérieuse du corps-cerveau-esprit et ce que nous appellons la réalité. Ces sens sont toujours «en œuvre»: une telle attitude n'assure aucune réponse ultime, mais offre en revanche une multitude de «micro-illuminations», moments de dignité du «roseau pensant» qui prend ses racines dans le désert du monde.

Summary

Lorand Gaspar – Reading the Desert

The image of the desert is one of the most significant *lieux communs* of western culture, intensely exploited by modern thinkers, artists, and poets as a synonym or allegory for the (post)modern western consciousness — gutted, burnt out and, often by choice, devoid of any and all points of reference. Lorand Gaspar's vision of the desert eludes these stereotypes and opens up new vistas for the imagination. For this poet, physician, photographer, and translator the desert is not an abstract form. Instead, his poetry inhabits the paradoxical richness of the real deserts of the Middle East that he had traversed numerous times during his lengthy sojourn in the cultural and ethnic crucible that is the Mediterranean basin. In his poems Gaspar poetry harmoniously blends the perspective of a scientist, grounded in empirical study, with the sensitivity of a poet contemplating the ability of words to probe the complex relations between consciousness and the natural world.

Keywords: Lorand Gaspar, French poetry, contemporary poetry, desert, Middle East.

[27] L. Gaspar, *Approche ...*, *op. cit.*, p. 85.
[28] *Ibid.*, p. 82.

DOI: 10.12797/9788376384207.08

Anna Ledwina

Université d'Opole

Le style épistolaire de Simone de Beauvoir

«La lettre, c'est le règne des femmes»
Marguerite Duras

Une lettre peut se définir selon diverses perspectives, et à plusieurs niveaux de lecture. Considérée en tant que moyen de percevoir les rapports entre un auteur, une œuvre et un lecteur[1], elle est traitée comme une forme de l'écriture intime. Il convient de remarquer que Gérard Genette souligne une grande différence entre deux aspects de la correspondance, à savoir sa fonction et son effet paratextuels[2]. Lorsque la correspondance porte sur l'œuvre de l'auteur, une lettre d'écrivain exerce une fonction paratextuelle sur son destinataire premier, et en même temps un effet paratextuel sur le public ultime. Dans l'optique genettienne, la correspondance passe également pour une sorte de témoignage sur l'histoire d'une œuvre, sur sa genèse, sa publication, l'accueil du public et de la critique ainsi que sur l'opinion de l'auteur à l'égard de toutes ces étapes[3]. Il n'est pas illégitime de dire que le contenu et la forme de la lettre sont déterminés par la visée et les canons esthétiques de l'épistolier.

Du fait que «[l]'épistolaire se retrouve [...] naturellement au cœur de la question biographique»[4], il va de soi que les lettres constituent, en quelque sorte, une certaine relation entre des correspondants, en livrant des portraits marqués au sceau de la

---

[1] M.C. Grassi, *Lire l'épistolaire*, Dunod, Paris, 1998, p. 144.

[2] G. Genette, *Seuils*, Seuil, Paris, 1987, p. 343.

[3] *Ibid. l.c.*

[4] *Correspondances et biographie. Actes du séminaire 2008-2010 de l'UMR 6563*, réunis et présentés par J.M. Hovasse, Centre d'Étude des correspondances et journaux intimes, Cahier N° 7, Brest, 2011, p. 14.

subjectivité et de la pluralité des images que le lecteur se forme de ceux-ci, qui fait penser au pacte autobiographique, défini par Philippe Lejeune. En ce sens, «la meilleure biographie est la correspondance, dans la mesure où l'épistolier échappe […] à des objectifs éditoriaux ou à un propos édifiant»[5]. Notons que le XIXe siècle a vu la publication régulière de lettres qui a permis l'invention de la critique biographique et ensuite l'émergence d'une conception nouvelle de la biographie:

> La polyvalence des lettres joue […] un grand rôle dans l'étoilement des biographies, mettant l'auteur épistolier en relation vivante avec ses confrères, un milieu, la politique et la société de son temps, mais d'abord avec une donnée alors toute nouvelle, le rôle de l'enfance et de la formation dans l'explication de l'œuvre littéraire[6].

Une telle opinion nous encourage à citer Emil Michel Cioran selon qui «[i]l est incroyable que la perspective d'avoir un biographe n'ait fait renoncer personne à avoir une vie»[7]. André Gide s'exprimant à ce propos a dit: «La chose la plus difficile, quand on a commencé à écrire, c'est d'être sincère»[8]. La réalité épistolaire semble donc être la réalité de l'auteur et celle des événements racontés. C'est la réalité que l'on peut connaître, «faisant la part des inévitables oublis, erreurs, déformations involontaires»[9].

Analysé sous cet aspect, le «cas» de Simone de Beauvoir se révèle singulier. Cette femme de lettres, dont le souci essentiel depuis l'enfance est d'écrire, s'est illustrée dans le roman, l'autobiographie, l'essai, le journalisme, elle a aussi rédigé des lettres. Selon la critique, «[e]lle ne voulait s'interdire ni le choix du mode d'expression le mieux adapté à ses projets, ni la possibilité de changer de technique d'écriture au sein d'un même genre. Elle s'est interrogée à plusieurs reprises sur cette 'ouverture' de la littérature»[10]. L'écrivaine affiche un goût marqué pour toutes les formes de littérature intime: dans *Le Deuxième Sexe*, elle cite notamment le *Journal* et les *Lettres* de Katherine Mansfield, le *Journal* de Samuel Pepys, celui de Virginia Woolf, ceux d'André Gide, de Julien Green. Beauvoir accorde une place centrale aux documents, revendique l'objectivité, s'oppose aux biographies romanesques et invente son propre type d'art épistolaire. À travers l'ensemble de ses écrits, elle s'exprime sur le rapport à l'autre, à savoir l'autre désiré à la fois en sa présence et à distance, dans son identité et dans sa différence. Cette quête existentielle et littéraire apparaît comme celle d'un autre monde possible, où le lien amoureux peut réinvestir le champ de la politique

---

[5] B.M. Garreau, «Au-delà du factuel: l'univers épistolaire et biographique de Marguerite Audoux», [in:] *Correspondances et biographie, op. cit.*, p. 192.

[6] Voir L. Fraisse, «Le pittoresque développement des biographies d'écrivains au XIXe siècle», [in:] COnTEXTES [En ligne], N° 3/2008, mis en ligne le 17 juin 2008, p. 4; http://contextes.revues.org/index2143.html.

[7] E.M. Cioran, *Syllogismes de l'amertume*, [in:] idem, *Œuvres*, Gallimard, Paris, 1995, p. 751.

[8] A. Gide, *Journal 1889-1939*, Gallimard, Paris, 1948, p. 27.

[9] Ph. Lejeune, *Le Pacte autobiographique*, Seuil, Paris, 1996, p. 36.

[10] J. Deguy et S. Le Bon de Beauvoir, *Simone de Beauvoir. Écrire la liberté*, Gallimard, Paris, 2008, p. 108.

par le biais, entre autres, des lettres. L'intérêt des lettres réside dans les informations qu'elles livrent ou celles qu'elles entretiennent entre les correspondants, car elles consignent à des dates précises les événements de la vie de Beauvoir et ses pensées sous une forme fragmentée.

Mue par un irrépressible besoin de se raconter, la compagne de Jean-Paul Sartre se montre une épistolière inlassable. La publication posthume de certains de ses textes, y compris en 1990 *Lettres à Sartre*, et en 1997, et, d'une tout autre qualité, *Lettres à Nelson Algren* (*Un amour transatlantique 1947-1964*), assurée par sa fille adoptive Sylvie Le Bon de Beauvoir, permet d'apporter un éclairage nouveau sur la personnalité de l'auteure. Part occulte et privée de son œuvre, les lettres de Beauvoir, que Sartre surnommait le «Castor», donnent une image d'elle qui diffère souvent de celle que nous donne l'autobiographie.

> Épistolière infatigable, en particulier dans des situations de crise, Beauvoir pouvait écrire le même jour, en plus de ses romans ou de ses essais – et parfois d'un journal –, plusieurs longues lettres à divers correspondants. C'est le cas au début d'une liaison amoureuse. C'est le cas pendant la guerre, lorsque Sartre et Bost sont absents. Grâce à la publication […] de ces textes, on peut précisément comprendre ce que signifiait pour elle mettre le vécu en mots[11].

C'est pourquoi l'apport beauvoirien dans l'art épistolaire mérite d'être examiné de plus près. Nous tenterons de montrer que la correspondance privée de l'écrivaine représente la manière dont elle parle d'elle-même, de son identité de femme auteure, de femme sensible.

Correspondance amoureuse de «Castor»: Beauvoir et Sartre

Dans ses lettres à Sartre, la romancière offre au lecteur la chronique d'une époque à travers les journaux feuilletés, les figures célèbres croisées, les événements, sa passion pour la nature, le cinéma, la musique, l'art, son goût pour les cabarets, la vie mondaine. Elle se fait également la chroniqueuse désenchantée des plaisirs frelatés, en présentant la vie d'un couple peu conformiste, à la fois intellectuel et sentimental, avec beaucoup de sincérité et de transparence. Sa correspondance tisse l'histoire des premiers écrivains médiatisés, engagés dans la vie sociale et politique. Suite à l'emprisonnement de Sartre (en mai 1940), angoissée, restée seule à Paris, privée des piliers de sa vie, l'essayiste s'adonne à l'activité épistolaire, en écrivant à son compagnon, ainsi qu'à Jacques-Laurent Bost[12] et à divers amis. Les lettres quotidiennes à Sartre permettent d'entretenir un lien quasi utopique, amoureusement magique, l'espoir que son partenaire est toujours vivant: «Tout ce que je vis, je le vis pour vous raconter,

---

[11] *Ibid.*, p. 112.

[12] Bost était un ancien élève de Sartre. Voir S. de B e a u v o i r, *Correspondance croisée, 1937--1940*, Gallimard, Paris, 2004.

pour que ça fasse un petit enrichissement de votre propre vie»[13]; ou dans un autre fragment: «[Je] suis navrée que vous n'ayez pas mes lettres, c'est tout un journal»[14]. Les lettres de Sartre arrivent en retard. C'est l'occasion pour elle de lui redire sa tendresse:

> Je suis un peu bien découragée – voici la fin du mois qui approche et il n'y a aucun signe de vous […]. Comme j'ai envie de vous voir – je rêve de vous chaque nuit […]. Je vous aime […]. Mon doux petit, je ne peux pas m'empêcher de pleurer ce matin en vous écrivant […]. Ah! je m'ennuie de vous, je me languis de vous […]. Je ne fais rien que vous attendre […] et compter les jours. […]. Au revoir. Mon amour. […] Vous m'êtes tellement présent, presque physiquement[15].

On s'aperçoit aisément que la lettre ne laisse pas le destinataire indifférent: elle suscite larmes, joie, plaisir, et, à la fois, son absence éveille tristesse, peur, désespoir. Dans cette correspondance, Simone de Beauvoir semble concilier féminité, passion et intellect. Sa tendresse éclate dans les lettres au «doux homme/mari», et la romancière signe: «Je vous embrasse tout passionnément, tout petit charme, […]. Votre […] Castor»[16]. Entre ces deux intellectuels il existe un attachement extraordinaire, de la confiance et de la connivence comme en témoigne ce fragment saisissant: «[V]ous n'êtes pas matière à variation, vous êtes le fond qui émousse les pires tristesses […]. [V]ous êtes ma force, ma sûreté; et la source de tous les biens […] – et je vous aime selon vos mérites qui sont sans mesure»[17]. Nous ressentons l'amour de l'écrivaine pour son compagnon également dans des phrases crues comme celles-ci: «quand je vois tous ces déchets, et toutes ces petites personnes aimables et faibles […] ça me fait plaisir de penser comme nous sommes solides vous et moi»[18].

Entre autonomie et dépendance intellectuelles, Beauvoir cherche à penser pour et avec Sartre, même se trouvant loin de lui. Les échanges intellectuels avec son mentor stimulent leur relation amoureuse, devenue légendaire, jamais explicitement abandonnée. Il ne faut pas que la communication se rompe, de toutes ses forces, l'écrivaine résiste à la séparation. Lorsque son ami lui manque, le monde apparaît vide: «Mais, mon amour, quelle nourriture creuse tous ces gens qui ne sont pas vous»[19]. Beauvoir, à qui la solitude pèse, se sent tiraillée entre la vie recluse et la vie mondaine. Peut-être est-ce pour cette raison qu'elle écrit dans les cafés, où elle est vue, mais à la fois, cachée, c'est-à-dire enfermée dans son univers. Elle intrigue, voire choque par des aveux qu'elle n'a «jamais été si accueillante et poétique que depuis la guerre»[20]. Un tel témoignage troublant étonne chez la philosophe qui écrira un essai féministe d'im-

---

[13] S. de Beauvoir, *Lettres à Sartre*, t. 1, éd. S. Le Bon de Beauvoir, Gallimard, Paris, 1990, p. 124.

[14] *Ibid.*, p. 122.

[15] *Ibid.*, p. 324.

[16] *Ibid.*, p. 132.

[17] *Ibid.*, p. 127.

[18] *Ibid.*, p. 168.

[19] *Ibid.*, p. 128.

[20] *Ibid.*, p. 126.

pact mondial. Ainsi incarne-t-elle le paradoxe d'une femme innovatrice: ses audaces et ses ambivalences.

Dans le prologue des *Lettres à Sartre*, Beauvoir «se donne explicitement le droit à l'omission»[21]. La publication de l'ouvrage explique le sens de ces censures opérées par l'auteure ainsi que les indices de sa recherche d'un bonheur personnel. «Elle atteste, en effet, le caractère homosexuel des relations que Simone de Beauvoir entretenait avec certaines de ses anciennes élèves, et laisse percevoir une désinvolture manipulatrice du couple Sartre-Beauvoir à l'égard d'êtres plus jeunes»[22]. Sa sexualité, sujet polémique depuis la publication de sa correspondance intime, pose encore question aujourd'hui. Tandis que l'autobiographie cachait la vérité, les lettres à Sartre comportent des traces du lesbianisme de l'écrivaine. L'analyse des facteurs historiques, de l'identité des femmes de lettres, de leur statut à l'époque permet de saisir le comportement de Beauvoir, ainsi que son rapport à la sensualité et au féminin. L'auteure n'aspire pas à livrer toute sa vie au public de manière directe, persuadée de la nécessité de garder la discrétion. Elle y décrit également sa vie de jeune intellectuelle après l'agrégation, passionnée par les livres, curieuse du monde et d'autrui, ses amitiés avec des jeunes camarades (Stépha). La femme de lettres fait une description de son milieu social et de l'éducation traditionnelle qui lui était imposée. Elle se souvient de l'ambiance de la maison familiale, de la beauté des paysages et de ses révoltes d'adolescente qui réclamait, avec fermeté et détermination, l'indépendance. Dans nombreuses lettres d'amour, Simone de Beauvoir fait pénétrer son amant dans son univers et offre ainsi un témoignage riche, parfois féroce, sur la vie intellectuelle du Paris de l'époque. La correspondance beauvoirienne révèle des aspects inattendus du vécu de l'écrivaine.

Correspondance transatlantique: Beauvoir et Algren

Un autre aspect de la lettre de Simone de Beauvoir se manifeste dans sa correspondance avec l'écrivain Nelson Algren, dont elle a fait la connaissance en 1947, pendant son séjour aux États-Unis. L'auteure en est tombée amoureuse et lui a écrit des centaines de lettres dans lesquelles la «grenouille» parisienne a donné à son amant le surnom affectueux de «crocodile». Ce qui pourrait étonner le lecteur, habitué à voir en Beauvoir uniquement une icône du féminisme, c'est la manière de s'adresser à Algren de façon très sentimentale par «mon amour», «Mon très Doux», «Cher vagabond au loin», «Mon cœur», «Mon gentil vous lointain perdu», «Mon pauvre [...] cher dilemme américain», «Très chère merveille, belle fleur de la rue Daguerre», «Très cher maquereau sans vergogne de Wabansia», «Cher Dostoïevski de Division Street», «Subversive bête de nulle part». Les lettres les plus confiantes et passionnées, rédigées en anglais, semblent être celles qui ont été écrites avant 1950. En dépit d'un grand

---

[21] J. L e c a r m e, E. L e c a r m e - T a b o n e, *L'Autobiographie*, Armand Colin, Paris, 1997, p. 230.
[22] *Ibid. l.c.*

et profond amour, la romancière ne s'est jamais décidée à quitter Sartre, la France et sa vie afin de vivre avec son amant «intercontinental». Beauvoir a rencontré Algren pour la dernière fois en 1960, mais leur rupture définitive aura lieu cinq ans plus tard, suite à la traduction en anglais de *La Force des choses* qui a suscité la colère de l'auteur américain. Bien que Simone l'ait prévenu («J'espère que les passages qui vous concernent ne vous déplairont pas, car j'y ai mis tout mon cœur»[23]), l'amant ne pardonnera jamais à l'essayiste d'avoir utilisé leur histoire d'amour à des fins littéraires. En outre, rêvant d'une union plus stable avec Simone, il ne pourra plus supporter de rencontrer sa maîtresse quelques jours par an et d'être relégué au rang de ses amours contingentes. Il appartient au lecteur d'interpréter les raisons d'une telle démarche qui résultait probablement de «l'incompatibilité essentielle de leurs deux substances, leurs deux êtres, leurs choix fondamentaux, leurs deux constitutions subjectives [...]: Simone de Beauvoir 'douée pour le bonheur', Algren victime d'une sorte de névrose d'échec»[24].

Même si la correspondance entre Nelson Algren et Simone de Beauvoir contribue à faire connaître le destinataire au public, cet apport reste minime, car les lettres sont les seuls documents accessibles. Publiées en 1997, les 304 *Lettres à Nelson Algren* font partie intégrante de cet amour, de cet échange intime sans équivalent. Sylvie Le Bon de Beauvoir constate justement que tous les deux

> partageaient la totalité de [l']existence de femme et d'écrivain. [...] [Ce qui] les rapproch[ait], [c'était] leur condition [...] d'écrivain [qui créait] entre eux une fraternité, un lien pratique, puissant et vital comme le travail, dont ni l'un ni l'autre ne pourrait se passer. Nul doute que ce qui séduit Simone de Beauvoir [...] tient à cette rafraîchissante mise à distance qu'il introduit entre elle-même, qui la contraint à repartir de zéro, la transplante sur un sol vierge[25].

Ainsi l'essayiste a-t-elle vécu une «expérience magique, exaltante, troublante»[26].

À travers cette correspondance certains ont voulu voir une histoire d'amour qui allait à l'encontre de ce que prône la féministe dans *Le Deuxième Sexe*. Or, les lettres ne parlent pas que d'amour et la féministe transparaît tout autant que l'amoureuse: «Je pense sincèrement que le mariage est une institution pourrie et que lorsqu'on aime un homme il ne faut pas tout gâcher en l'épousant»[27]. Comment ne pas voir, dans plusieurs de ces extraits, une technique discursive pour obtenir ce que l'épistolière désire vraiment. N'oublions pas que Simone de Beauvoir a été fidèle à elle-même jusqu'au bout: elle ne s'est pas mariée malgré les demandes de la part de Sartre et d'Algren. Sa correspondance avec l'Américain insiste d'ailleurs sur l'impossibilité d'être réunis en

---

[23] S. de Beauvoir, *Lettres à Nelson Algren. Un amour transatlantique 1947-1964*, éd. S. Le Bon de Beauvoir, Gallimard, Paris, 1997, p. 11.

[24] S. Le Bon de Beauvoir, [in:] S. de Beauvoir, *Lettres à Nelson Algren, op. cit.*, p. 11.

[25] *Ibid.*, p. 10-11.

[26] *Ibid.*, p. 11.

[27] S. de Beauvoir, *Lettres à Nelson Algren, op. cit.*, p. 134.

tant que couple: «en un sens, nos vies resteront séparées et pourtant, je vous aime très fort»[28], avoue Beauvoir.

Il faut à l'auteure abolir, en correspondant, l'immense distance géographique, mais aussi combler la distance existentielle qui séparait des amants. Pour son «mari bien aimé», elle fera vivre son univers, raconter Paris en effervescence de l'après-
-guerre, la littérature, la politique, les amis, le travail, les affrontements, en composant un chef-d'œuvre caché de l'art épistolaire:

> D'abord la radio accorde aux *Temps [M]odernes* une grande heure par semaine pour dire ce que nous voulons, […]. Vous savez ce que ça représente: la possibilité d'atteindre des milliers de personnes, d'essayer de leur transmettre ce que nous croyons juste […]. De plus, le Parti socialiste veut discuter avec nous du rapport entre politique et philosophie[29].

La passion réciproque se heurte à la distance qui les sépare et à la différence de leurs vies d'écrivains. Comme le remarque Sylvie Le Bon de Beauvoir:

> La correspondance ressuscite, non la rencontre d'un autre qui est le même, comme font les lettres à Sartre, par exemple, mais la rencontre d'un autre tout court, […]. [L]a différence de nationalité impose aux deux protagonistes, avec le statut banal d' «étranger», les stéréotypes de l'Américain, de la Française. [Ce qui] les sépare et les attire[30].

L'essayiste s'en explique dans la première lettre, datée le 26 septembre 1947, qu'elle adresse à Algren après son retour en France:

> Nelson, mon amour. Ça commence: vous me manquez, je vous attends, […]. Ça fait grand mal, […]. La raison essentielle pour laquelle je ne veux pas rester à Chicago, en effet, c'est ce besoin que j'ai toujours éprouvé […] de donner un sens à ma vie par le travail. […] Je pourrais renoncer aux voyages, à toutes les distractions […] pour rester à jamais avec vous; mais je ne pourrais pas vivre uniquement de bonheur […]. Mon amour, cela ne doit créer aucun conflit entre nous; au contraire je me sens très proche de vous dans cette lutte pour ce que je crois vrai […]. Mais tout en sachant que c'est bien ainsi, je ne peux m'empêcher de sangloter comme une folle ce soir[31].

Un tel témoignage révèle Beauvoir en tant que femme, en même temps, pleine de passion et autonome. Au fur et à mesure du développement de leur relation, le ton des lettres change, en laissant apparaître un autre visage de l'écrivaine, celui d'un être indépendant. La preuve en est la lettre du 8 août 1948, dans laquelle l'auteure déclare: «Je ne m'attendais nullement à un amour, je ne pensais pas être séduite, et vous! vous m'avez rendue amoureuse de vous»[32]. Et finalement, dans la correspondance beauvoirienne le lecteur découvre un autre volet, à savoir une femme rompue:

---

[28] *Ibid.*, p. 61.
[29] *Ibid.*, p. 68.
[30] S. Le Bon de Beauvoir, [in:] S. de Beauvoir, *Lettres à Nelson Algren, op. cit.*, p. 10.
[31] S. de Beauvoir, *Lettres à Nelson Algren, op. cit.*, p. 68-69.
[32] *Ibid.*, p. 219.

Ce soir, j'ai peur, d'une vraie peur mortelle, parce qu'une fois de plus vous avez abattu toutes mes défenses. […] Je reste […] absolument désarmée […]. Pénétrée du sentiment d'être totalement entre vos mains, pour la première fois, je vous supplierai: ou gardez-moi dans votre cœur ou expulsez-m'en, mais ne laissez pas me raccrocher à votre amour pour découvrir qu'il n'existe plus. Je refuse de repasser par cette épreuve, je n'en supporte même pas l'idée[33].

Les études consacrées à la relation de l'auteure avec Nelson Algren mettent en évidence les contradictions entre le vécu et l'écriture qui aboutira au *Deuxième Sexe*. Entre attraction et répulsion, proximité et distance, l'union Beauvoir-Algren n'a pas seulement engagé l'amoureuse, mais aussi l'intellectuelle. La correspondance dévoile la véritable intention de Beauvoir. Le sentiment de celle-ci rend impérieux le besoin de se raconter à l'homme et de lui faire connaître son passé. En 1948, l'écrivaine avoue: «Je ressens comme une nécessité que nous nous confiions l'un à l'autre le plus possible»[34]. Le lecteur voit la personnalité du destinaire orienter le contenu des confidences, de même que l'exactitude factuelle des événements racontés[35]. La correspondance sincère, entretenue avec Algren, révèle l'importance de Sartre dans la vie de l'écrivaine. Des «récits condensés, de façon fragmentaire et dans une perspective encore strictement individuelle»[36] montrent le schéma du volume autobiographique *Mémoires d'une jeune fille rangée*, s'articulant autour de l'enfance et de la jeunesse de l'auteure. Même si Beauvoir a longtemps affirmé que ses lettres n'existaient plus, l'«on peut penser qu'[elle] misait sur la 'parfaite translucidité', la franchise, la force du témoignage, l'authenticité d'un être total, avec ses mesquineries et ses grandeurs»[37]. L'attention de l'épistolière se focalise sur la vérité, qui, d'après Georges Gusdorf, «se cache en se montrant, qui se montre en se cachant»[38].

Dans la lettre s'écrivent un quotidien banal et des confidences personnelles. Pour Beauvoir, l'écrire signifie tout dire, tout décrire. Le pacte épistolaire de l'existentialiste exige la plus grande franchise: «Racontez-moi tous les détails de votre vie […], tout est important à mes yeux», dit-elle[39]. La pratique scripturale de chaque jour permet véritablement le partage de l'intimité, de la perception de la réalité avec l'autre: «J'aime vous dire tout, le bon et le mauvais»[40]. Ce désir de «tout dire» est une caractéristique

[33] *Ibid.*, p. 466.
[34] *Ibid.*, p. 218.
[35] Voir E. Lecarme-Tabone, *Mémoires d'une jeune fille rangée de Simone de Beauvoir*, Gallimard, Paris, 2000, p. 31-32. Ce qui semble révélateur, c'est le fait que Beauvoir relate très précisément son rapport avec son cousin Jacques, tandis que les allusions à son amie Zaza (Élisabeth Lacoin) sont peu nombreuses.
[36] *Ibid.*, p. 212.
[37] Ch. Théry, «Simone de Beauvoir, *Journal de guerre* et *Lettres à Sartre*», [in:] *Recherches féministes*, vol. 4, N° 1, 1991, p. 175.
[38] Cité d'après M.C. Grassi, *Lire l'épistolaire, op. cit.*, p. 166.
[39] S. de Beauvoir, *Lettres à Nelson Algren, op. cit.*, p. 24.
[40] *Ibid.*, p. 112.

essentielle chez la femme de lettres, avide de la découverte, qui «voulait toujours exprimer à d'autres ce qu'elle avait vu, senti, aimé»[41]. La description des personnages rencontrés, des lieux fréquentés ou des événements politiques contribue également au pacte: «Ici froid et tristesse, on tue des Algériens en plein Paris. Nous manifestons dans les rues au cri 'Paix en Algérie !'»[42]

À ce propos, il semble intéressant de mettre en évidence les stratégies de résistance mises en œuvre par Beauvoir pour retarder la publication de ses lettres. Elle «s'esquive, ne retrouve pas les lettres, écrit de manière illisible»[43]. Les analyses de la sociologue Nathalie Heinich sur la création féminine pourraient expliquer cette hypothèse: «[les femmes auteures] construisent par l'écriture des représentations durables de ce qu'elles sont ou veulent être: en écrivant, elles proposent des figurations romanesques de leur position, et en signant, elles affirment publiquement leur identité d'écrivain»[44]. L'identité épistolaire évolue au cours de l'écriture de Beauvoir qui, en tant que personnage connu, se rendait compte que sa correspondance devait être publiée. De celle-ci se détachent trois figures féminines: «la femme amoureuse», «la femme indépendante», et «la femme rompue», «toutes les représentations nécessaires à la construction de soi et aux réflexions de l'intellectuelle»[45]. L'épistolier se re-crée dans son écriture, ainsi dans la lettre a-t-on affaire à une réalité ontologique. Cette démarche mène de «la lettre à l'être»[46] chez Beauvoir. L'auteure suggère, paraît-il, que «les lettres, et le genre autobiographique en général, sont considérés comme les genres 'féminins' par excellence»[47]. La correspondance permet la jouissance érotique de l'écriture: afin de toucher le destinataire, de susciter certaines réactions de plaisir ou d'excitation, les mots servent à créer une atmosphère, à montrer des sentiments et à provoquer des réactions corporelles[48]. Pour l'auteure, certaines lettres constituent un substitut du corps de son amant. La lettre reste à tel point représentative du destinataire que sa réception est souvent perçue comme des retrouvailles avec le corps de l'autre. La critique l'explique: «La lettre s'écrivant dans l'absence de l'autre, il est

---

[41] L. Gagnebin, *Simone de Beauvoir ou le refus de l'indifférence*, Éditions Fischbacher, Paris, 1968, p. 18.

[42] S. de Beauvoir, *Lettres à Nelson Algren*, op. cit., p. 293.

[43] Th. Stauder (dir.), *Simone de Beauvoir cent ans après sa naissance. Contributions interdisciplinaires de cinq continents*, Günter Narr Verlag, Tübingen, 2008, p. 93.

[44] N. Heinich, *États de femme. L'identité féminine dans la fiction occidentale*, Gallimard, Paris, 1996, p. 308.

[45] Voir D. Nicolas-Pierre, «Beauvoir au delà du Centenaire», [in:] *Acta Fabula. Essais critiques*, URL: http://www.fabula.org/revue/document5505.php.

[46] A.E. McCall Saint-Saëns, *De l'être en lettres*, Rodopi, Amsterdam – Atlanta, 1996, p. 19. Voir M. del Pilar Sáiz Cerreda, «Le moi ou la réalité et fiction dans les correspondances d'expression française du XXᵉ siècle», [in:] M. T. Ramos Gómez, C. Desprès-Caubrière, *Percepción y Realidad. Estudios Francófonos*, Departamento de Filología y Alemana de la Universidad de Valladolid, Madrid, 2007, p. 813.

[47] F. Rétif, *Simone de Beauvoir. L'autre en miroir*, L'Harmattan, Paris, 1998, p. 13-14.

[48] S. Zagdanski, *Le crime du corps, écrire: est-ce un acte érotique?*, Éditions Pleins Fleux, Périgois, 1999.

fréquent qu'elle se voue à la présentification de celui qui manque: l'autre est alors […] halluciné sous les traits de sa face»[49]. Ce type «d'hallucination», le lecteur le retrouve, entre autres, dans la phrase suivante: «Et voilà votre grosse lettre ce matin! Ô mon amour, elle vous a rendu si réel encore une fois»[50]. On a affaire ici à une rencontre «sublimée» des épistoliers, ce qui implique la personnification de la lettre. Le sens du toucher semble avoir une importance capitale dans cette sublimation: «[C]ette fois la lettre était là et j'ai couru avec dans ma chambre; mon cœur battait fort de sentir entre mes doigts ce morceau de papier que vous aviez touché avec les vôtres»[51]. Pour la femme qui aime, toucher une lettre signifie toucher l'autre, même momentanément: «[U]ne sorte de fumée […] émanait [de la lettre] qui a grandi, […] a pris votre forme, c'était vous et je ne vous ai plus lâché…»[52]. L'intensité des sentiments se laisse également exprimer à travers l'imagination de la voix ou du visage du destinataire: «votre si gentille lettre. C'était comme d'entendre votre chère voix taquine, de voir votre chaud sourire, vous étiez près de moi et nous causions gaiement»[53]. La correspondance de Simone de Beauvoir témoigne de sa sensualité: «La lettre est alors hallucinée comme un corps, comme une émanation physique de l'autre: on la baise, on la glisse entre ses seins, on l'inonde de ses pleurs, on s'y plonge, on s'y réfugie comme dans des jupes. On aspire son parfum»[54]. L'auteure dans son discours épistolaire à travers un objet matériel cherche à ressusciter un être humain. La lettre permet d'établir un rapprochement avec l'autre, mais elle peut également favoriser la distance. *Lettres à Nelson Algren* illustrent bien cette polarité.

La correspondance de Beauvoir frappe par son souffle, son lyrisme, sa puissance. On y sent un ton très vif, un style nouveau, intermédiaire entre parole et écriture. Son art épistolaire évoque «la caverne sensorielle»[55] dont parlait la psychanalyste Julia Kristeva. Il présente l'écriture de la sensualité dans la littérature intime, aspect complexe dans l'écriture beauvoirienne.

Bien que le genre épistolaire illustre le sensualisme de l'intellectuelle, l'objectif de celle-ci était, semble-t-il, de transmettre plutôt son vécu à ses lecteurs:

> Je n'ai pas été une virtuose de l'écriture. Je n'ai pas, comme Virginia Woolf, [Marcel] Proust, [James] Joyce, ressuscité le chatoiement des sensations et capté dans des mots le monde extérieur. Mais tel n'était pas mon dessein. Je voulais me faire exister pour les autres en leur communiquant, de la manière la plus directe, le goût de ma propre vie: j'y ai à peu près réussi[56].

---

[49] J.-L. Cornille, *L'amour des lettres ou le contrat déchiré*, Universität Mannheim, Mannheim, 1986, p. 206.

[50] S. de Beauvoir, *Lettres à Nelson Algren, op. cit.*, p. 294.

[51] *Ibid.* p. 24.

[52] *Ibid.*, p. 123-124.

[53] *Ibid.*, p. 25.

[54] J.-L. Cornille, *L'amour des lettres ou le contrat déchiré, op. cit.*, p. 27.

[55] J. Kristeva, *Le Temps sensible. Proust et l'expérience littéraire*, Gallimard, Paris, 2000, p. 290.

[56] S. de Beauvoir, *Tout compte fait*, Gallimard, Paris, 1972, p. 634.

Ses lettres, qui se réfèrent à la réalité socio-historique, dévoilent les dilemmes d'une féministe analysant sa situation de femme passionnelle qui dresse son autoportrait en écrivant à ses lecteurs. De cette façon, selon la conception de Paul Ricœur[57], elles témoignent du rôle crucial que joue la narration dans la constitution de soi.

Grâce à cette correspondance avec les hommes qu'elle aimait et admirait, Simone de Beauvoir se dévoile bien éloignée des clichés sur la pionnière de l'émancipation. «'[L]e Castor' s'y montre amoureuse, enflammée, voire midinette»[58]... Elle est plus charnelle, sensuelle, érotique. Ainsi le lecteur a-t-il l'occasion de connaître «les abondants échanges épistolaires» que la romancière a entretenus avec ses correspondants privilégiés. Il peut déchiffrer l'écriture de l'essayiste, reconnaître son style parlé, ses tournures, voire sa personnalité. L'univers épistolaire de Beauvoir, présentant un caractère privé par excellence, dépasse la sphère purement intime pour intéresser un public plus large.

L'écrivaine insiste sur l'aspect transparent de ses lettres, sur les preuves inconstestables de son amour en partageant son intimité avec l'autre. L'épistolaire beauvoirien, abordé selon le point de vue de la correspondance personnelle, se révèle être une perspective d'analyse importante, il apporte des informations liées à sa conception de l'écriture intime, mais aussi au rapport entretenu avec ses lecteurs.

Summary

The Epistolary Style of Simone de Beauvoir: Realities and Inventions

Simone de Beauvoir's extensive correspondence constitutes a kind of existential and literary exploration. The letters do not only have significant documentary value, but also record personal experiences of a female writer and are a testimony to her mastery of the epistolary art. They reveal the complex personality of the intellectual, characterized by extraordinary sensitivity and sensuality to men. Perhaps for this reason her correspondence appears to be a phantasmatic projection of her own identity, also as a manifestation of different images of the self on the road to independence.

Keywords: intimate correspondence, epistolary art, sensitivity, reality, intellectual

---

[57] P. Ricœur, *Du texte à l'action, Essais d'herméneutique II*, Seuil, Paris, 1986, p. 152; idem, *Soi-même comme un autre*, Seuil, Paris, 1990.

[58] G. Seybert (Hg.), *Das Liebeskonzi / Le Concile d'amour*, Aisthesis Verlag, Bielefeld, 2004, p. 243-251.

DOI: 10.12797/9788376384207.09

Mirosław Loba

Université Adam Mickiewicz de Poznań

Barthes in love

A la veille de 1968, terminant son fameux article, Roland Barthes professe que «la naissance du lecteur doit se payer de la mort de l'Auteur»[1]. Cette figure était l'objet des attaques de toute la génération des structuralistes qui cherchait à le réduire en un lieu vide - pur sujet linguistique, garantie formelle de la consistance d'un texte. Presque au même moment, Michel Foucault en s'interrogeant sur l'instance de l'auteur a distingué les conditions de son éventuelle émergence, les conditions de l'apparition des instaurateurs de discursivités. L'auteur, tel que le pensait jusqu'à lors la tradition philologique, voire positiviste, devait disparaître, devait se confondre dans la fonction-auteur qui ne se réduisait ni à une seule vie, ni à un nom particulier. A la fin des années 1960, on ne savait pas trop qui viendrait prendre sa place. On fêtait à travers l'exaltation de l'écriture sa mort et tout dont l'auteur était synonyme: Sens, Père et même Dieu. Les contours, les lignes de celui qui viendrait après se dessinaient déjà à l'horizon, on pressentait sa présence, son ombre, son spectre sans le définir pour autant.

En parlant de l'Auteur et de sa mort, Roland Barthes se prenait surtout à la façon dont il était produit par les différents discours – notamment discours positiviste, discours bourgeois – qui rendaient cette figure saisissable juridiquement et repérable économiquement. Pour Barthes cette instance, extérieure au texte, apparemment très éloignée de ses préoccupations structuralistes, mais aussi de ses fascinations brechtiennes, était néanmoins une figure qui hantait son œuvre et son imaginaire à l'instar du Commandeur moliéresque. Séparer l'auteur et le texte lui permettait de libérer l'œuvre du poids, de l'ombre de son acte de fondation, de suspendre le Sens et de jouer avec la Loi. Cependant l'émergence de l'histoire, de l'événement dans les années après 1968 le rapproche de ce qu'il disait déjà dans *Le degré zéro de l'écriture*:

---

[1] R. Barthes, «La mort de l'auteur», [in:] *Le bruissement de la langue. Essais critiques IV*, Seuil, Paris, 1984, p. 69.

«Nul ne peut, sans apprêts, insérer sa liberté d'écrivain dans l'opacité de la langue, parce qu'à travers elle, c'est l'Histoire entière qui se tient complète et unie à la manière d'une nature»[2]. L'écrivain, auteur ou pas, reste un des effets de l'Histoire. La mort de l'Auteur s'est vite montrée une utopie, un programme jamais réalisé, un projet qui devrait annihiler et arrêter l'Histoire.

Or l'auteur est une instance qui résiste, qui reste et dont il est toujours difficile de se débarrasser. Il est donc intéressant d'étudier les écrits de Barthes après le Mai 68 pour voir comment il prend à bras-le-corps cette question. Quel est donc le sens que Barthes donne à l'auteur, à sa présence, à son rôle dans les textes de la fin des années 1970? D'abord comme Foucault, il cherchera à démontrer combien il est difficile de le déterminer, de le contextualiser pour ne pas succomber aux pièges – ne serait-ce que – de la rhétorique de la vie et œuvre. Le discours structuraliste a créé des définitions de l'auteur basées sur une approche purement formelle: «succédant à l'Auteur, le scripteur n'a plus en lui passions, humeurs, sentiments, impressions, mais cet immense dictionnaire où il puise une écriture qui ne peut connaître aucun arrêt»[3]. Barthes sémioticien ne se reconnaît pas entièrement dans le modèle structuraliste, dans la vision de l'auteur comme dictionnaire, réceptacle, contenant. Il démontre et dépasse ses limites en publiant en 1974 sa propre biographie *Roland Barthes par Roland Barthes*. L'auteur y revient mais il est une construction, figure faite des éléments très disparates (signes, métaphores et récits). On peut aussi observer comment le langage avec sa puissance pétrifiante – rhétorique et narrative – produit des visages de l'auteur conformes à la doxa, aux attentes actuelles du public, du milieu universitaire et du pouvoir. La biographie barthésienne et publié trois ans plus tard *Les fragments d'un discours amoureux* se font lire comme des œuvres en quête de l'auteur, comme des œuvres qui cherchent à le thématiser, à sublimer son image. Il faut souligner que la sémiologie qu'il avait pratiquée avec tant de force lui a permis de comprendre que l'auteur est un être engagé et passionnel. Les signes auxquels il fait appel et les textes qu'il produit sont aussi un effet de ses désirs, de ses passions, de ses angoisses. Regardons donc Roland Barthes comme auteur et comme narrateur engagé et passionné de sa propre vie.

Ce structuraliste aimait sa mère. Cet amour filial éclipsait tous les autres amours, peut-être même celui pour la littérature. Barthes-écrivain, Barthes-auteur écrivait comme un amoureux de sa mère, amoureux tout court. Cette épithète fait sourire, elle faisait encore davantage au moment de la publication du livre. Si le livre avait un énorme succès éditorial, pour les détracteurs de Barthes *Les fragments d'un discours amoureux* était un échec. Échec intellectuel, aveu d'une impuissance conceptuelle, preuve enfin de l'agonie du paradigme structuraliste. Parler de l'amour n'est-ce qu'une vaine activité mondaine? Une bagatelle? Du marivaudage? La sémiologie ne tourne-t-elle en préciosité, la science en exploration de la carte de Tendre? N'est-il pas légitime de se demander si ce texte pouvait être vraiment compris et reçu par ses contem-

---

[2] Idem, «Qu' est-ce que l'écriture?», [in:] *Le degré zéro de l'écriture*, Seuil, Paris, 1953, p. 15.
[3] Idem, «La mort...», *op. cit.*, p. 68.

porains en plein désarroi et mélancolie que la libération des mœurs des années 1970 avait apportés? Mon intention n'est pas de faire un commentaire sociologique sur la signification sociale de la mélancolique démarche barthésienne. Je propose de lire *Fragments d'un discours amoureux* en auscultant les figures de l'auteur et du narrateur. Qui sont-elles? Que deviennent-elles après le procès infligé à l'Auteur par les structuralistes? Quelle est la nature du rapport qui les unit? Peut-on parler du retour du sujet et de l'auteur dans les derniers textes de Barthes?

Fragments d'un discours amoureux sont un texte difficilement classable. Les exégètes de l'œuvre barthésienne s'arrêtent rarement sur la structure du livre qui est divisé en trois parties, suivies de *Tabula gratulatoria* et de table de matières. Tout est marqué par la présence très envahissante d'un je qui a tous les traits d'un auteur. Le je organise le livre, le je s'explique, rédige et donne un nom, une étiquette au(x) narrateur(s). L'auteur et le narrateur ont un point commun: ils sont amoureux. Leur parole amoureuse, emportée, enflammée se dévoile dans les parties successives du texte. Dans l'incipit, une forme de l'adresse au lecteur, Roland Barthes déclare: «La nécessité de ce livre tient dans la considération suivante: que le discours amoureux est aujourd'hui d'une extrême solitude»[4]. Après cette déclaration vient la partie théorique, voire poétique du livre qui porte le titre très aristotélicien: «comment est fait ce livre». L'auteur y expose les principes de sa démarche et lui confère une dimension scientifique. Le corps de l'ouvrage, intitulé «c'est donc un amoureux qui parle et qui dit»[5], constitue une collection de «fragments» attribués à un sujet amoureux qui se confond souvent avec l'auteur lui-même. Cette indistinction semble réclamée et soutenue constamment par Barthes. L'amour devient donc une clé de lecture et un cadre pour saisir l'auteur et le narrateur qui se confondent dans l'opacité de leur discours. Ajoutons qu'il n'est pas le seul à l'époque, en 1973 Jacques Lacan a fait son séminaire sur l'amour et il l'a publié sous le titre *Encore*.

Dans la partie introductive de son livre, Barthes nous propose de parler du discours amoureux qui est «parlé par des milliers de sujets, mais il n'est soutenu par personne»[6]. Cette formule lui permet apparemment de sortir de la parole attribuée, à une figure, à une instance, à un être particulier. Le discours amoureux se parle, se dit tout seul, il est porté par une force anonyme qui échappe au sujet. Cette conception du discours que Barthes met en place fait penser au structuralisme mais aussi à Lacan et à Heidegger, donc à la puissance aliénante du langage. Mais le discours amoureux devrait-il donc déraciner le sujet? Le déposséder? Lui enlever la singularité de son expérience? Aimer est-ce une pratique rhétorique, un discours aliénant? Aimer fait-il éclipser, enfermer le sujet dans la prison linguistique, dans les clichés? La parole amoureuse n'annonce-t-elle donc aucune bonne nouvelle?

Le point de départ de Barthes est pessimiste, voire désespéré et désabusé. L'amour a déserté la place publique. Le discours amoureux n'est soutenu par personne, il est

---

[4] Idem, *Fragments d'un discours amoureux*, Seuil, Paris, 1977, p. 5.
[5] *Ibid.*, p. 13.
[6] *Ibid.*, p. 5.

devenu vide. Barthes part à la reconquête du langage, comme s'il voulait faire une mise à jour de la parole amoureuse. La naïveté et le sentimentalisme de Barthes provoquent des sourires et de la condescendance. Qui est donc Barthes auteur des *Fragments d'un discours amoureux*? Farceur? Savant? Moraliste?

Barthes – auteur

Formé un peu à l'écart des institutions académiques, Barthes est un auteur qui subvertissait toujours les exigences du discours scientifique en mettant en cause les clichés du langage scientifique et son registre froid et impersonnel. D'un côté, il est toujours soucieux de la discipline intellectuelle et du respect à l'égard de la Science; de l'autre côté, son écriture interroge et trouble les prétentions scientistes et trop objectivantes de la théorie littéraire. Barthes se présente donc comme auteur qui incarne la science mais en même temps il cherche à se libérer de ce poids et laisser la science se parler toute seule, même s'il sait très bien qu'il doit se soumettre à la rhétorique scientifique et donner son propre nom à ce qu'il écrit.

Barthes auteur organise donc les *Fragments* de sorte que le livre présente dans un ordre alphabétique 80 notices qui sont une évocation de différents sentiments, états et figures liés à l'expérience amoureuse (S'abîmer, Absence, Adorable, jalousie, Ravissement, Suicide, Tendresse). Barthes se met dans la peau de l'auteur, sémiologue et encyclopédiste, qui cherche à classer, à mettre en scène les fragments d'un discours amoureux, à organiser des cases, à composer une topique amoureuse. Comme auteur, il endosse un costume d'un passeur, d'un constructeur objectif, neutre et impartial, pourvu de prétentions de scientificité. Comme être vivant, Barthes veut rendre le discours amoureux intelligible et authentique, cherche à le sauver de la menace rhétorique inhérente aux mots dont il est fait.

Le classement alphabétique, la collection encyclopédiste des situations qu'il propose doit priver son entreprise de toute partialité, de toute usurpation d'autorité – scientifique et politique. Son ambition est de faire le portrait non psychologique de l'amoureux mais structural: «il donne à lire une place de parole: la place de quelqu'un qui parle en lui-même, amoureusement, face à l'autre (l'objet aimé), qui ne parle pas»[7]. Barthes a cherché à se déprendre de tout pouvoir, de toute violence, même symbolique – «pas de métalangage». Il dénonce donc le pouvoir de l'auteur, il dénonce l'auteur comme fondateur du sens. On peut y déceler la stratégie qu'il pratique depuis des années et dont le sommet était le procès infligé à l'auteur par lui-même et par Michel Foucault. Il ne s'agit pas de remettre en question l'auteur, mais de lui enlever l'autorité, de permettre au langage, au discours de dire ce qu'ils veulent dire.

Cependant le retrait et l'éclipse de l'auteur, quoique postulée et réalisée par les pratiques subversives, ne peut pas se passer sans l'auteur, pour que l'auteur puisse se retirer, il doit être déjà là. La question n'est donc pas qui est auteur mais comment il

---

[7] *Ibid.*, p. 7.

assure son autorité, comment il impose sa puissance. Or, dans les *Fragments*, l'auteur négocie son pouvoir avec le narrateur, avec le sujet amoureux qui «parle et qui dit».

L'auteur et le narrateur font un couple que sépare une ligne très fine presque diaphane: «Car, si l'auteur prête ici au sujet sa «culture», en échange, le sujet amoureux lui passe l'innocence de son imaginaire, indifférent aux bons usages du savoir»[8]. En termes lacaniens il s'agirait d'un seul individu qui vit dans l'intersection du symbolique, de l'imaginaire et du réel. Selon Barthes, l'auteur donnerait donc un langage neutre (symbolique) pour qu'il soit imprégné par l'imaginaire du narrateur. De toute façon, la démarche scientifique ou le modèle de la connaissance qui sont proposés dans *Fragments* relèvent d'un autre épistème. L'auteur Barthes pratique la science à partir des passions et des émotions qui le tourmentent, qui habitent son langage. La biographe Marie Gil donne un commentaire intéressant:

> Qu'une situation amoureuse donne naissance à une écriture et à une œuvre, cela s'est donc produit au moins deux fois. Barthes a ainsi injecté dans l'œuvre racinienne «des problèmes personnels d'aliénation amoureuse», et cette remarque doit être prise dans un sens strictement biographique […]. Or il y a une mise en forme «structuraliste» de cette pulsion première, psychique et amoureuse. Ce n'est pas vers le roman qu'il se tourne, pour sublimer le deuil amoureux, mais, à chaque fois, vers la forme scientifique, vers le «cours», vers l'analyse structurale»[9].

On peut donc dire que dans les *Fragments* Barthes se heurte à ce que la déconstruction a su parfaitement démontrer: dès qu'il y a auteur, il y a référence, il y a référence à quelque chose d'autre, c'est-à-dire la trace, le texte. L'autorité de l'auteur ne se perd pas, elle laisse des traces, elle se perpétue. De façon très concrète, chez Barthes, elle se passe au niveau de la narration. L'autorité scientifique – son prestige et son poids – peut être déconstruite seulement par la fiction, seulement par la littérature. On a donc besoin du narrateur et de la narration. Il suffit de rappeler l'incipit de la couverture de *Roland Barthes par Roland Barthes*: «Tout ceci doit être considéré comme dit par un personnage de roman»[10]. Barthes cultive le rêve de devenir écrivain, de faire un roman, de quitter par là les prétentions, les usurpations du savoir d'un auteur scientifique. Un sceptique donc, un fidèle de Montaigne…

Roland Barthes – narrateur

La relation auteur/narrateur serait donc une relation de distancement selon la formule brechtienne, d'*estrangement* selon Montaigne. Le narrateur dans les *Fragments* reste pour Barthes un moyen de se regarder, un miroir que le texte lui offre pour se dévisager, pour se connaître. Il ne serait pas exagéré d'y voir un substitut de

---

[8] *Ibid.*, p. 12.
[9] M. Gil, *Roland Barthes. Au lieu de la vie,* Flammarion, Paris, 2012, p. 268.
[10] *Roland Barthes par Roland Barthes*, Seuil, Paris, 1975.

l'auteur. Affaibli, moins consistant, rendu moins paternel. Un comédien, une méto-
nymie de la figure auctoriale?

 Barthes met en scène la parole du narrateur, il lui permet de tout dire: le narrateur va dans ses aveux jusqu'à l'humiliation:

> Imaginons que j'aie pleuré, par la faute de quelque incident dont l'autre ne s'est
> même pas rendu compte (pleurer fait partie de l'activité normale du corps amoureux)
> et pour que ça ne se voie pas, je mette des lunettes noires sur mes yeux embués (bel
> exemple de dénégation: s'assombrir la vue pour ne pas être vu). L'intention de ce geste
> est calculée: je veux garder le bénéfice moral du stoïcisme, de la «dignité» (je me prends
> pour Clotilde de Vaux), et en même temps, contradictoirement, provoquer la question
> tendre («Mais qu'as-tu?»); je veux être à la fois pitoyable et admirable, je veux être dans
> le même moment enfant et adulte. Ce faisant, je joue, je risque: car il est toujours pos-
> sible que l'autre ne s'interroge nullement sur ces lunettes inusitées, et que dans le fait, il
> ne voie aucun signe[11].

Dans certains passages le personnage s'émancipe et s'isole de l'auteur pour mieux
fusionner avec l'objet de l'amour. Il s'établit un nous, un couple. Le nous de la communion retrouvée avec l'Autre, le nous de la totalité platonicienne? Question intéressante
mais je ne voudrais pas la développer aujourd'hui.

 Au cours de *Fragments,* avec chaque passage nous assistons systématiquement
à l'exploration du je amoureux, à sa jubilation, à son effondrement, à son éclipse dans
le transport métaphorique du langage. Le narrateur nous relate une expérience singulière, énigmatique, violente. La littérature connaît de telles aventures. Mais ce qui
distingue le narrateur barthésien, ce qu'il ouvre une problématique absente dans la
théorie littéraire du XXe siècle, celle du sujet amoureux. Il s'agit de l'exaltation de
la vieille figure médiévale de l'*Ego affectus est.* La parole du narrateur barthésien est
emportée, fragmentée, scandée, métaphorique. Pour Julia Kristeva, elle est de la littérature[12]. Le narrateur cherche à se mettre au-delà du langage ordinaire pour ne pas
succomber à la bêtise du discours amoureux, à son obscénité. Il reprend le langage
de l'autre, il tisse son écriture avec des citations, avec des paroles de tous les Werther
littéraires. Un tel langage reste un véritable exercice:

> En effet, dans le transport amoureux, les limites des identités propres se perdent, en
> même temps que s'estompe la précision de la référence et du sens du discours amoureux
> [...]. L'épreuve amoureuse est une mise à l'épreuve du langage: de son univocité, de son
> pouvoir référentiel et communicatif[13].

En poursuivant la parole du narrateur amoureux, ses transports et ses envols,
il s'avère que la prétendue objective composition alphabétique du livre n'est qu'un
leurre. L'ordre objectif est alphabétique est en réalité un récit, une narration. Le nar-

---

[11] R. B a r t h e s, *Fragments...*, *op. cit.*, p. 53.
[12] J. K r i s t e v a, *Histoires d'amour*, Denoël, Paris, 1983, p. 9.
[13] *Ibid.*, p. 10.

rateur en partant de l'abîme du désespoir amoureux arrive à l'état où il veut se retirer, se réconcilier:

> Que le Non-vouloir-saisir reste donc irrigué de désir par ce mouvement risqué: *je t'aime* est dans ma tête, mais je l'emprisonne derrière mes lèvres. Je ne profère pas. Je dis silencieusement à qui n'est plus ou n'est pas encore l'autre: *je me retiens de vous aimer*[14].

Le narrateur après avoir donc traversé toutes les crises arrive au havre du non-vouloir-saisir et cette traversée se montre un périple de la connaissance. Le narrateur avec chaque fragment découvre un savoir qui subvertit la logique alphabétique et encyclopédiste imposée par l'auteur. Il distille un savoir littéraire qui éclaire les désarrois du sujet amoureux: en explorant la carte du tendre, le narrateur, comme Dante, jette de la lumière sur le labyrinthe contemporain des peurs, des fantasmes, des séparations de l'Enfer des passions amoureuses. Avec ses fragments il contre-carre la rationalité, la psychologie, même la psychanalyse, il s'insurge contre l'abus scientifique de la nomination, contre la violence symbolique. Pas de métalangage donc, rien que la littérature. La narration amoureuse permet à l'auteur attentif aux élans du désir du narrateur de revoir dans son langage érotique une autre dimension. L'expérience amoureuse se révèle une forme de la connaissance. L'amour par l'imaginaire qu'il fait déployer devient un moyen de connaître, un moyen enfin de reconquérir la sagesse.

Le livre de Barthes fait penser au phénomène érotique qui pour Jean-Luc Marion est lié au désir de connaître: «tous les hommes désirent connaître, aucun ne désire ignorer»[15]. Marion relève le rapport que nous avons posé comme hypothétique: «Il devrait donc s'ensuivre que tout désir de connaître fait mieux connaître celui qui connaît que ce qu'il connaît: ou que toute connaissance certaine d'objet nous assure la certitude de l'ego certifiant»[16].

Grâce à la réflexion phénoménologique de Marion, nous voyons donc comment le retrait de l'auteur et la mise au premier plan du narrateur fait émerger le moi de l'auteur. Ce qui devait disparaître, réapparaît sous une autre forme. Barthes avance toujours masqué. Louis Marin s'interrogeait comment Roland Barthes en vient-il à écrire «je». Sa réponse qu'il le fait par l'intermédiaire du «toi» devrait être complétée, il le fait aussi par l'intermédiaire du narrateur:

> Le moi serait alors (dans l'autobiographie postmoderne), une des *personae* de la fiction épistémologique de l'autoptyque, la mise en scène de l'imaginaire de soi même. Le Moi serait une des figures de cette fiction dont la fonction ou la fiction propre serait de regarder: en cela, figure critique, elle-même plurielle[17].

---

[14] R. Barthes, *Fragments...*, *op. cit.*, p. 277.

[15] J.L. Marion, *Le phénomène érotique. Six méditations*, Grasset, Paris 2003, p. 25.

[16] *Ibid.*, p. 28.

[17] L. Marin, «Roland Barthes par Roland Barthes ou l'autobiographie au neutre», [in:] *L'écriture de soi*, PUF, Paris, 1999, p. 11.

Barthes comme auteur amoureux perturbe le discours scientifique traditionnel qui cherche des modèles, des paradigmes. Barthes grâce au narrateur amoureux saisit ce qui n'est pas objectivable, ce que la science repousse vers le douteux. Barthes avec amour démontre les effets qu'a sur nous ce que nous ne connaissons pas. Le *Fragments* se présente comme une exploration scientifique à travers la littérature: «L'écriture ne se met pas sous l'instance de la vérité, elle est le leurre assumé, l'illusion, la fiction, l'art, et par là même elle ment moins, finalement, qu'un discours qui prétend, dogmatiquement, à la vérité»[18].

Summary

Barthes in Love

The article discusses the evolution of Barthes' reflexion on the Author, from the claiming of the Author's death in 1968, through the recognition of his embedding in History after 1968, to his perception as a construct made of diverse elements (signs, metaphors, narratives) in the biography *Roland Barthes by Roland Barthes*, 1974, and as an engaged and passionate being, a being in love, a being who gives a neutral language to the Narrator who charges it with in imagination in *A Lover's Discourse: Fragments*, 1977.

Keywords: Barthes, Author's death, semiology of love, Author – Narrator relationship

---

[18] «Rencontre avec Roland Barthes», *The French Review*, 1979, [in:] *Oeuvres complètes*, p. 1063.

DOI: 10.12797/9788376384207.10

Regina Lubas-Bartoszyńska

Université Pédagogique de Cracovie

L'identité personnelle
dans la poésie de William Cliff

Nous laisserons de côté la question de l'«identité absolue», c'est-à-dire de centre de la vérité, objet de considération des philosophes[1], pour nous concentrer sur le problème de l'identité en tant qu' «être» qui «nécessite la différence pour que l'identité se comporte comme la première signification, sinon la signification exclusive de l'être»[2]. Si nous considérons la différence comme le principe de l'identité, nous n'utiliserons pas la notion de «totalité» au sens synonymique de la signification de l'identité[3]. Cet être est le sujet poétique de Cliff, fort sylleptique pour ne pas dire autobiographisé, souvent – quoique pas toujours – équivalant au personnage principal du récit poétique, s'exprimant habituellement à la première personne du singulier, moins souvent au pluriel. Il se manifeste donc dans la narration, d'habitude pleine de digressions. C'est à lui qu'il faut donc référer la catégorie d' «identité narrative» de Paul Ricœur, découvrant «la mêmeté» du sujet (le fait de perdurer en tant qu'être ayant un ensemble de propriétés) et «l'ipséité» (demeurer le même en dépit des changements qui peuvent advenir au cours de l'existence)[4]. Le rôle de la narration dans la mise en valeur de «l'identité» du personnage (ici du personnage du poète qui se cache dans le

---

[1] Le problème d' «identité absolue» était abordé par les philosophes tels que G.F. Hegel, I.H. Fichte, F.W. Schelling. Cf. la description du problème par R. Gasché dans: *Le Tain du miroir. Derrida et la philosophie de la réflexion*, trad. par M. Froment-Meurice, Ed. Galilée, Paris, 1995, p. 74.

[2] Les propos de Kojève cités par V. Descombes dans: *To samo i inne. 45 lat filozofii francuskiej 1933-78*, trad. par B. Banasiak et K. Matuszewski, Spacja, Warszawa, 1997, p. 178.

[3] Conformément à la démarche de Gasché et des auteurs abordant le problème de «l'identité personnelle», p.ex. P. Ricœur, Ch. Taylor, K. Rosner, M.P. Markowski et d'autres.

[4] Voir P. Ricœur, *Temps et récit.* t. 3, Seuil, Paris, 1985; *Soi-même comme un autre*, Seuil, Paris, 1990, *Filozofia osoby*, trad. par M. Frankiewicz, Wydawnictwo PAT, Kraków, 1992, p. 33-44.

texte derrière la catégorie du sujet poétique et du personnage poétique principal) est souligné dans différentes théories de l'identité, à côté de celle de Ricœur entre autres dans la théorie de Charles Taylor qui lie l'identité à l'espace au sein duquel le personnage s'exprime. «Grâce à la narration – écrit Taylor – tous les éléments intrinsèques du soi s'unissent [...] et tout ce qui est universel revêt un caractère spécifique en valorisant la dissemblance de chaque communauté linguistique ainsi que la singularité de chaque existence»[5]. La théorie du rôle de la culture dans la constitution de l'identité (Eco, cf. réf.) révèle ici toute son importance.

Quelle est donc l'identité personnelle de Cliff dans dix parmi ses treize (jusqu'en 2007) volumes de poésie[6], quelle est la place à partir de laquelle elle parle, comment cette place le forme-t-elle, à quel extérieur est-il subordonné c'est-à-dire comment gère-t-il sa subordination au monde, au fameux «In die Welt geworfen sein» de Heidegger, y compris au monde de la culture ? Nous tâcherons d'apporter des éléments de réponse à ces questions.

Le sujet personnel de Cliff aime à s'autodéterminer. Il permet aussi au lecteur de le déterminer à sa façon en fonction de ce qu'il raconte à son propos. Nous laissons de côté la question de savoir comment les références à ce savoir se situent par rapport à la réalité extra-textuelle, plus précisément à la biographie du poète[7], parce que son image présentée dans le texte est parfois très sombre, s'apparentant au sujet baudelairien. La critique littéraire cherche plus loin encore en pointant même les modèles personnels sombres de Villon[8]. L'autodétermination la plus fréquente du poète en tant que sujet s'exprime par le substantif-adjectif «errant» ainsi que le verbe «errer»:

I.
«...et moi cependant comme un chien errant,
je traverse la nuit à la recherche...» (*Adieu patries. Epilogue*, p. 153);

---

[5] Ch. Taylor, *Sources of the Self. The making of the Modern Identity*, Cambridge University Press, Cambridge, 1989. Je cite d'après l'analyse de cette œuvre par A. Bielik-Robson, dans: B. Skarga (éd.), *Przewodnik po literaturze filozoficznej XX wieku*, PWN, Warszawa, 1997, p. 444--454. Je puise cette information dans l'ouvrage de M.P. Markowski: «Identity And Deconstruction», [in:] *Archives of Psychiatry and Psychotherapy*, vol. 3, December 2001, s. 4. J'analyse le problème de «l'identité personnelle» dans: R. Lubas-Bartoszyńska, *Pisanie autobiograficzne w kontekstach europejskich*, Śląsk, Katowice, 2003, p. 11-28, 97-110.

[6] Il s'agit des volumes suivants: *Homo Sum*, Gallimard, Paris, 1973, *Ecrasez-le*, Gallimard, Paris, 1976, *Marcher au charbon*, Gallimard, Paris, 1978, *America*, Gallimard, Paris, 1983, *Conrad Detrez*, Le Dilettante, Paris, 1990, *Fête nationale*, Gallimard, Paris, 1992, *Autobiographie*, La Différence, Paris, 1993, *Journal d'un innocent*, Gallimard, Paris, 1996, *Adieu patries*, éd. Le Rocher Paris, 2001, *Le Pain quotidien*, La Table Ronde Paris, 2006, *Le Pain austral*, Tétras Lyre, Ayeneux, 1990.

[7] Considérer les problèmes de l'identité personnelle est particulièrement bien fondé dans des textes à caractère autobiographique, basés sur le récit de l'histoire de sa vie propre. Des livres sur l'identité et la narration nous le font remarquer. Par exemple l'ouvrage de P. J. Eakin, *Living Autobiographically. How We Create Identity in Narrative*, Cornell University Press, Ithaca, 2008.

[8] Voir à ce propos Ch. Leroy, «La Belgique dans l'œuvre poétique de William Cliff», [in:] *Nord, revue de critique et de création littéraire du Nord-Pas-de-Calais*, N° 36, décembre 2000, p. 49-61.

II.
«pour me faire sentir que mon lot
est d'autre sorte qu'errer comme un âne ?» (*Le Pain Quotidien*, p. 12);
III.
«c'est drôle comme sa calme élégance
fascine l'œil du poète errant et» (*Adieu patries*, p. 88);
IV.
«et que je ne sais pas où ma débile
errance me fait ire alors devant» (*Adieu patries*, p. 108);
V.
«pendant que j'erre dans le désarroi» (*Adieu patries*, p. 107).

Cette errance, cette quête d'on ne sait quoi, le fait d'être toujours en voyage, en route, n'est pas uniquement l'écho de l'errance des «poètes maudits», mais aussi l'expression d'autres recherches modernistes, notamment de la quête des valeurs suprêmes, de l'absolu, du Graal. Cet état éveille chez le poète une réflexion critique: il se traite d' «âne», il a affaire au «désarroi». Ceci est également une expression de la recherche de son «double» incarné par différents personnages: soit par celui de l'écrivain – héros principal du poème biographique *Conrad Detrez*, soit celui de René, personnage de la prose de Chateaubriand, soit enfin celui du moi idéal, de sa nouvelle identité. Car l'identité qu'il représente dans sa poésie est forcément négative, sombrant dans le néant. Voici quelques exemples:

I.
«j'ai honte de ma misère je donne
du pied contre la terre ma personne
me semble si futile et méprisable!» (*Adieu patries*, p. 107);
II.
«les paysans qui vivent dans les Vosges
quand ils vous disent gentiment bonjour
semblent plus heureux que moi dans ma bauge
grattant les murs plus malheureux toujours» (*Adieu patries*, p. 139);
III.
«parce que mon sang plein de lassitude
laisse mon âme aller à la dérive ?» (*Le Pain Quotidien*, p. 101).

Nous pourrions multiplier les exemples de ce genre d'autodétermination du sujet. La construction des récits de la vie du personnage qui se cache derrière le sujet du texte et en même temps son héros ne fait que le confirmer. Il en résulte que les récits ainsi que les évocations de sentiments et d'émotions du sujet se rapportent à un homme qui ne réussit rien dans la vie en dépit de l'éducation sévère qu'il a reçue de son père, dentiste, et malgré l'apprentissage au collège:

«je restai dans cette clôture un an au bout duquel
le bahut fut fermé et moi remis sur le trottoir
[…] je restai là deux ans et puis l'on me jeta dehors

mauvais contact avec les collègues trop bon avec
les élèves (dont un fut mon amant, c'était charmant)» (*Autobiographie*, p. 96).

Les penchants homosexuels sont évoqués de plusieurs façons: à commencer par
la narration, comme dans l'exemple ci-dessus, ou l'hymne (poèmes sur la masturba-
tion dans les recueils *Homo Sum, Ecrasez-le* et d'autres) jusqu'aux invocations semblables aux apostrophes à Emmanuel dans les *Nourritures terrestres* de Gide.

«Philippe D.! où es-tu beau garçon ?
où sont à présent tes si belles jambes
Qui sortaient de ton joli caleçon…» (*Le Pain Quotidien*, p. 56).

Parmi la multitude des vices de l'identité personnelle créée dans la poésie de Cliff
l'ivrognerie ne peut manquer:

«alors roulant de bar en bar
j'allais buvant affichant une gueule» (*Journal d'un innocent*, p. 47).

L'identité personnelle dans les recueils de poésie de Cliff n'est pourtant pas un
monolithe à la façon traditionnelle. Elle est instable et dédoublée pour ne pas dire
morcelée conformément au modèle de l'identité de la littérature des XXe et XXIe
siècles. Cette stylisation de soi par le poète qui fait de lui un marginal, un poète
maudit, un raté, un homosexuel, presque un clochard ne l'empêche pas de mettre
en valeur quelques qualités personnelles. Parmi les devoirs que la sévère éducation
paternelle imposait au garçon il y en avait un dont l'exécution lui donnait du plaisir
(il a refusé d'étudier la médecine). Il s'agit des leçons de chant au collège, du chœur
scolaire ainsi que de la chorale grégorienne à l'église de Gembloux, village où le poète
est né, et à Louvain où il a terminé le collège. Les chants (p.ex. les vêpres) se sont gravés dans la mémoire du personnage de premier plan, et narrateur en même temps,
et l'ont accompagné dans ses périples à l'âge adulte, surtout dans la quête de son ami
du collège et du chœur, Conrad Detrez destiné à un avenir de prêtre auquel il finira
par renoncer:

«au collège on apprend à chanter toute la journée» (*Autobiographie*, p. 43);
«faire du chant choral mon tortillard à chaque gare» (*Autobiographie*, p.120);

La fidélité aux pratiques religieuses héritée du foyer famillial fait incontestable-
ment partie des qualités de l'identité personnelle de Cliff (abstraction faite de ses
convictions idéologiques). En visitant l'Europe, «le même» personnage qui raconte
ses voyages (dans le texte – instance du sujet poétique et du héros) recherche des
églises, souvent fermées et en Allemagne protestantes, non seulement pour les visi-
ter en touriste, mais avant tout pour s'y agenouiller, prier ou assister à la messe. Un
changement d'espace n'entraîne pas forcément un changement d'identité. Elle reste la
même, telle que l'espace de la maison familiale, du collège et du village l'avait façonnée:

«je me mis à genoux sur la pierre
Pour rendre grâce…» (*Passager*, p. 84).

Cette caractéristique de l'identité personnelle de Cliff demeure inchangée dans un espace qui diffère par son aspect des contrées familiales. En cherchant les traces des amis défunts, tant en Europe que sur d'autres continents, il cherche des lieux où il puisse prier pour eux indépendamment du fait que les portes des couvents soient ouvertes au poète ou non:

> «c'est à la mort de Ferrater que j'ai
> été frapper à huis d'une abbaye
> pour prier pour sa pauvre âme damnée
> […] aussi à la mort de Conrad Detrez
> n'ai-je plus frapper à la porte
> d'aucun couvent pour pleurer et prier» (*Conrad Detrez*, p. 159).

Parmi les nombreux maîtres de la plume dont il s'inspire (nous en parlerons plus loin) c'est à Charles Péguy qu'il attache la plus grande importance. Il prie la Vierge avec lui, mais cette fois-ci elle n'apparaît pas comme une muse ou autre «madame la Mort», comme parfois. Il se rend pourtant compte de sa maladresse dans ce domaine à côté des prières de Péguy:

> «Dame de pierre épaisse et bien sculptée
> Dame de verre aux tournantes couleurs
> […] je les ai faits comme un bon ouvrier
> comme ton fils Péguy savait les faire» (*Adieu patries*, p. 108-109).

Comme on l'a déjà dit, Péguy n'était pas le seul maître dont l'auteur avait appris le métier de poète. Cliff exprimait son identité poétique à travers la construction du sujet poétique et souvent du héros qui aime à raconter son histoire, elle-même inventée dans beaucoup de cas. Dès l'introduction il a été souligné que l'auteur s'inscrit dans le courant sombre de la poésie francophone, marqué par les noms de Baudelaire – évoqué souvent chez Cliff – ou même de Villon. Parmi les nombreux noms de poètes qui apparaissent à travers cette poésie, les noms de Chateaubriand et de Lautréamont reviennent le plus souvent. Parfois apparaît seulement le titre de l'œuvre principale de ce dernier – *Le Chant de Maldoror* ou un élément caractéristique de l'imagerie de cette œuvre (crocs, araignée, griffes, sang, etc.). Le personnage de René du récit de Chateaubriand est considéré par le poète comme son «double», et dans l'éducation austère paternelle du poète Cliff revoit celle de son père:

> «Un jour, j'eus la révélation de la littérature
> Dans le récit que fait Chateaubriand de son enfance
> De la terreur qu'il eut devant son père de sa dure
> condition d'enfant» (*Autobiographie*, p. 53).

Lautréamont est l'auteur auquel renvoient ici uniquement les motifs présents dans l'œuvre mentionnée et le mot clef du titre:

«L'araignée horrible dont les mâchoires
doivent s'enfoncer dans le cou saignant
de Maldoror afin d'encore y boire» (*Journal*, p. 30).

Indépendament du fait que l'auteur se réclame explicitement des noms de grands poètes (on y trouve également Du Bellay, Queneau auquel Cliff doit ses publications chez Gallimard) et de philosophes (Montaigne, Blake, Pascal – ce sont les traces de ce dernier que le héros des poèmes cherche à Clermont-Ferrand), indépendamment des motifs implicites mais intertextuellement présents dans l'imagerie, p. ex. oiseaux chassés en plein ciel – comme chez Supervielle, ou la façon de montrer l'Europe de l'Est à travers les vitres du train, comme le faisait Cendrars, nous avons chez Cliff de nombreuses allusions et citations culturelles directes. Très souvent apparaissent des allusions aux titres d'ouvrages philosophiques importants ou à leurs sujets, surtout en ce qui concerne Jean-Paul Sartre, Roland Barthes ou Jacques Derrida. Les mots significatifs sont marqués par une majuscule. Par exemple l'allusion à «L'Être et le Néant» de Sartre: «Notre faim d'Être sans pourtant piétiner en arrière» (*Fête Nationale*, p. 97); «N'avons-nous pas la nostalgie de ce Néant de glace» (*Autobiographie*, p. 67), ou à *l'Empire des signes* de Roland Barthes: « que n'avez-vous souvenir de l'Empire» (*Adieu patries*, p. 127).

Dans le fragment:

«et la joie secrète d'avoir raison
[...] mais personne ne voit ma différence
chacun en croit connaître le secret» (*Le Pain Quotidien*, p. 126),

on peut voir une allusion aux ouvrages de Derrida consacrés soit au secret (Introduction au *Secret de la littérature*) soit à la différence, en tout cas tel aurait été le cas si le mot avait été écrit avec un «a». Mais ici le mot a été employé pour déterminer l'essence de l'identité même du poète conscient qu'il est de l'importance de cette catégorie. L'économie du texte ne permettant pas de donner ici davantage de citations culturelles, pourtant très nombreuses chez Cliff, notons cependant une caractéristique manifeste de l'identité du poète, à savoir: la pratique d'un collectionneur qui agit au nom de la conviction que l'acte fondateur de l'identité est constitué par l'affirmation des éléments de la culture. Umberto Eco écrit à ce propos: «A part la guerre, seule la culture peut être le ciment de notre identité»[9].

Dans cet acte fondateur de l'identité personnelle - qui tantôt apparaît très négative, tantôt est en train de renaître grâce à l'incorporation d'éléments culturels - s'inscrit fortement le problème, très développé, du caractère autotélique de cette poésie. La pratique poétique de Cliff, qui fait preuve d'érudition versologique, consiste à uti-

---

[9] U. Eco, «Imię Europy», cité d'après l'article de G. Riotta, [in:] *Gazeta Wyborcza*, les 28-29.01.2012.

liser un vers légèrement irrégulier[10], un système indéfectiblement riche de strophes, à commencer par le sonnet (le cycle de cent sonnets intitulé *Autobiographie*)[11] ou le dizain (*Adieu Patrie, Journal d'un Innocent, Le Pain Quotidien*) jusqu'aux strophes de six, huit vers et le quatrain (p.ex. *La Fête nationale*). Le poète transgresse délibérément les concordances syntaxico-métriques même dans les clauses et entre les strophes. Il renonce à l'harmonique des rimes grâce aux assonances et aux consonnances. Une autre manifestation de son érudition poétique consiste à se lancer dans de nombreuses divagations sur «l'écriture», sur son histoire et sa théorie, incrustées dans les poèmes. Parfois, le poète les désigne comme un «Ars poetica», parfois il renonce à ce privilège:

> «patient lecteur ici finit le conte
> de mon passage à travers l'Atlantique
> dont jadis j'avais déjà rendu compte
> en des syllabes d'une autre métrique
> [...] vingt et un sonnets il m'avait fallu
> [...] avec celui-ci vingt cinq et pas plus
> de dizains sont écrits dans la pensée» (*Journal d'un Innocent*, p. 70-71);

> «afin d'en faire un puissant éperon
> capable de comprendre la cadence
> d'un vers indispensable à la 'décence'
> dont doit user le poète d'aujourd'hui» (*Le Pain Quotidien*, p. 136).

La culturalité et l'autotélisme de cette poésie s'en trouvent renforcés par la conviction exprimée directement par le sujet lyrique, d'ailleurs fort répandue à la fin du XIXe siècle, selon laquelle le salut de l'homme passe par l'art:

> «mais peut-être par l'art on peut se sauver du brouillard ?
> [...] par l'art notre regard demeure dans l'étonnement» (*Autobiographie*, p. 79).

Enclin à assembler en lui-même et dans son écriture différents éléments de la culture, persuadé de l'influence salutaire de l'art sur la formation de son identité, le sujet textuel est chez Cliff plongé profondément dans le monde qui l'entoure. Car il raconte son héros – là nous soulignons encore une fois le rôle de la narration dans la manifestation de l'identité et dans sa création – comme s'il se racontait lui-même, subordonné au monde. L'identité du sujet textuel est formée non seulement par le poète lui-même mais aussi, à part égale, par la culture et le monde réel avec ses hommes, ses problèmes et sa diversité spatiale.

---

[10] Sur la poésie versifiée et leur aspect parodique voir B. Degott, «Regarder le monde en vers», [in:] *Annales Academiae Pedagogicae Cracoviensis, Studia Romanica II*, 2003, p. 15.

[11] A propos de ce volume de poésie ainsi que sa versification, voir l'article de B. Degott cité ci-dessus ainsi que l'article de R. Lubas-Bartoszyńska, *La norme et la liberté du sonnet à partir de quelques sonnets de poètes polonais et belges*, [in:] B. Degott, P. Garrigues (éd.), *Le sonnet au risque du sonnet. Actes du colloque international de Besançon (les 8, 9 et 10 décembre 2004, L'Harmattan, Paris, 2006.*

C'est pourquoi le poète essaie de les connaître, de toucher les choses cachées derrière les mots, de retrouver les traces des gens proches culturellement et leurs préoccupations qui se ressemblent partout, tellement elles sont universelles. Le train est la synthèse de cette conscience du héros voyageur, le train qui transporte le héros à travers les problèmes humains:

«mais quand le train à nouveau me transporte
à travers ces choses que font les hommes» (*Adieu patries*, p. 133).

Mais l'identité personnelle de Cliff est très belge dans tous les sens du mot y compris en cela qu'il indique un poète né en Wallonie, amoureux de ce «plat pays» et qui n'a de cesse que de revenir à Bruxelles:

«je parvins à de mon pas chanceleux
m'échapper et rentrer tout seul dans ma chambre» (*Adieu patries*, p.61).

Il est Belge. Il sait que son nom de famille est la marque de son identité (même s'il utilise probablement, comme le veut la critique, un pseudonyme et que son prénom William[12] a été adopté en souvenir de Blake) et donc il l'utilise aussi de manière conséquente dans la poésie chaque fois qu'il s'interroge sur son identité et sur son avenir: (*Pain Quotidien*, p. 107) «Alors William Cliff que voulez-vous faire?» L'identité poétique de Cliff est soigneusement enracinée dans ce qu'on appelle la «belgitude»[13]. En voici une description littéraire dans le livre d'Hugo Claus *Le Chagrin des Belges* (p. 114): «les Belges préfèrent bricoler avec des boîtes d'allumettes, les autres construisent en marbre, en porphyre et en granit». L'aspect délibérément bidouille de l'identité du poète créée dans la poésie – boîtes et cubes – n'empêche pas l'emploi de bien plus précieux matériaux – il s'agit des côtés positifs de l'identité en question présentés par le sujet. Elle n'est cependant ni un monolithe, ni une création faite d'éléments bien ordonnés du point de vue du caractère ou de la chronologie avec laquelle ils apparaissent. Le geste de collectionner des valeurs culturelles s'accompagne de la conscience de sa renaissance principalement à travers l'art, ce que nous avons déjà souligné ainsi que de la construction d'un «être» nouveau:

«le sybarité enfoncé dans sa fange
ne voit plus l'Etre et perd sa dignité
[…] fais ta retraite et fuyant l'esclavage
des Nerfs laisse renaître enfin ton Être» (*Conrad Detrez*, [in:] *Autobiographie*, p. 208)

---

[12] Voir préface de J. C. Pirotte, «La Rencontre», [in:] W. Cliff, *Autobiographie suivi de Conrad Detrez*, La Table Ronde, Paris, 2009, p. 218; Ch. Leroy, *La Belgique dans l'œuvre poétique de William Cliff*, op.cit., p. 51.

[13] Sur le phénomène de belgitude voir entre autres: R. Siwek, *Od De Costera do Vaesa*, Wydawnictwo Akademii Pedagogicznej w Krakowie, Kraków, 2001.

La volonté de puissance nietzschéenne, ici réduite à la catégorie sartrienne de «faim d'Être», ne permet pas à l'homme qui désire forger son identité nouvelle et meilleure de «piétiner en arrière» (*Fête Nationale*, p. 97); «Je fus alors plus fort pour affronter ma nuit liée aux souterrains du centre» (*Adieu patries*, p. 49).

On ne devrait pas surinterpréter l'expression cliffienne «centre» et la comprendre en tant que forme synonymique de la notion d'identité, ce qui a été, comme nous l'avons déjà vu, la pratique de certains philosophes. Mais, même si ce n'est pas synonymique, le «centre», compris au sens du «for intérieur», est lié ici à la formation d'une nouvelle identité positive. La trace de cette consciente utilisation du savoir sur l'identité nous est révélée aussi, en dehors du mot «centre», par l'expression «différence», ainsi que c'était dit plus haut. Notre identité n'est-elle pas déterminée par cette différence, par ce qui nous diffère des autres ? Nous avons déjà cité un exemple. Voyons en donc un autre:

> «et c'est cela qui fait ma différence
> cette chose insondable et si farouche
> qu'aucun parent n'a jamais pu comprendre» (*Pain Quotidien*, p.15).

L'expression «différence» est parfois remplacée par le mot «original» comme dans *Le Pain Quotidien* où le poète demande en quoi il est original par rapport à ses parents (p. 13). Et encore une preuve qui montre que Cliff traduit en fait en sa langue poétique son savoir sur la catégorie d' «identité personnelle». Cette fois-ci nous avons affaire à une référence au langage de la philosophie du dialogue avec l'emploi d'une allusion au titre d'un ouvrage de son principal représentant, Paul Ricœur, *Soi-même comme un autre* (1990). Dans le recueil de 2006 nous lisons:

> «conséquemment je me dis «sois comme eux
> un pauvre corps qui se lève et s'agite» (*Pain Quotidien*, p. 12).

La conscience de la nécessité de former son propre Être, de constante revivis-cence, d'être pour les autres, constitue un élément culturel de plus inséré dans l'acte fondateur de l'identité de la poésie de Cliff – identité manifestée dans la narration, construite dans la narration, identité incohérente composée d'éléments tant positifs que négatifs, fissurée, enrichissant la ligne baudelairienne de la poésie d'éléments modernes, mais en même temps identité très belge.

Summary

The Personal Identity in William Cliff's Poetry

The article presents the problem of the complex personality in poetic creation of William Cliff in relation to philosophical conditions of XXth century. The poet's identity appears as a "black person" (a homosexual, a clochard) who continues Baudelaire's poetic tradition.

Simultaneously, this identity characterised by such feature as religiosity, tends to believe that manship will be revitalized by art. The composition of these features constructs the essence of Belgian culure.

Keywords: personal identity, William Cliff, Belgian poetry

DOI: 10.12797/9788376384207.11

KRYSTYNA MODRZEJEWSKA

Université d'Opole

Nathalie Sarraute
à la recherche de l'Autre par la langue

L'usage de la parole, ce titre du livre de Nathalie Sarraute (1900-1999), publié en 1980, pourrait bien décrire la recherche omniprésente dans son œuvre. Sa recherche sur le pouvoir de la parole, la puissance de la langue commence avec *Tropismes*, son livre publié en 1932, quand elle, juriste, décide de se consacrer à la littérature. Les tropismes, elle les privilégie dans sa réflexion de romancière. Ils apparaissent nettement dans son théâtre. La sous-conversation, ce discours que le personnage s'adresse à lui-même, ce dialogue intérieur est déjà certaine mise en forme de la réalité psychologique. La sous-conversation précède le langage. Elle n'a pas de structure. Elle n'est, comme l'appelle Arnaud Rykner, que «grouillements confus et sensations mêlées»[1]. Dans le roman, la seule manifestation exérieure des tropismes réside dans les dialogues qui les cachent autant qu'ils les désignent. Ils les désignent car ils ont été préparés par la sous-conversation. Ils les cachent car ils sont déjà la conversation.

L'offre à l'autre et sa cruelle réaction – son rejet, son refus aussi bien que la voie barrée vers l'autre se font découvrir comme l'expérience la plus douloureuse de la condition humaine. Cette expérience reste l'enjeu de toute la carrière de l'écrivain. Elle se manifeste très fort dans sa narration, dans tous ses textes, aussi bien romanesques, dramatiques que critiques jusqu'au dernier, *Ici*, publié en 1995, où l'investigation de «ces fugaces mouvements intérieurs, à la limite de l'insaississable» a trouvé l'approche dramatique et intime.

La sensibilité et la fragilité de Nathalie Sarraute se font observer dans son premier roman *Portrait d'un inconnu* (1948) où un «je» hypersensible, narrateur et «chasseur de tropismes», cherche à capter les mouvements secrets qui sous-tendent le compor-

---

[1] A. Rykner, *Théâtres du nouveau roman. Sarraute-Pinget-Duras*, José Corti, Paris, 1988, p. 36.

tement en apparence banal des personnages, jamais nommés. Jean-Paul Sartre dans la préface de ce roman affirme:

> Le meilleur de Nathalie Sarraute, c'est son style trébuchant, tâtonnant, si honnête, si plein de repentir, qui approche de l'objet avec ses précautions pieuses, s'en écarte soudain par une sorte de pudeur ou par timidité devant la compléxité des choses et qui, en fin de compte, nous livre brusquement un monstre tout baveux, mais presque sans y toucher, par la vertu magique d'une image. Est-ce de la psychologie ? Peut-être Nathalie Sarraute, grande admiratrice de Dostoïevsky, voudrait-elle nous le faire croire. Pour moi je pense qu'en laissant deviner une authenticité insaisissable, en montrant ce va-et-vient incessant du particulier au général, en s'attachant à peindre le monde rassurant et désolé de l'inauthentique, elle a mis au point une technique qui permet d'atteindre, par-delà le psychologique, la réalité humaine, dans son «existence» même[2].

Dans ce roman il y a déjà les observations, les réflexions concernant l'enfance de Nathalie Sarraute, l'enfance déchirée entre la Russie et la France et le rêve d'enfant d'avoir la famille comme les autres, être comme les autres, même au prix de l'injustice:

> De toutes mes forces je souhaite qu'ils ne voient rien, qu'ils me donnent tort, qu'ils donnent contre moi raison aux autres. […] Comme autrefois dans mon enfance, quand j'avais peur […] lorsque des étrangers prenaient mon parti contre mes parents, cherchaient à me consoler d'avoir été injustement grondée, quand j'aurais préféré mille fois que, contre toute justice, contre toute évidence, on me donne tort à moi, pour que tout reste normal, décent, pour que je puisse avoir, comme les autres, de vrais parents à qui on peut se soumettre, à qui on peut avoir confiance [3].

Nous y voyons la façon dont l'enfant vit la relation d'attachement avec sa mère, ses parents. Elle s'inscrit sous la forme de modèle opérant qui constitue le fondement des représentations mentales ultérieures de toute relation interpersonnelle qui se traduit par les questions: que puis-je attendre de l'autre, comment puis-je adapter ma propre attitude à cette attente[4]. L'ambivalence, un mode évitant, la détresse se manifestent lors de la séparation avec sa mère. Il est difficile de la reconforter lors des retrouvailles. Confrontée aux frustrations qu'elle vit dans les relations avec sa mère, elle présente des périodes où elle recherche le contact avec elle et des périodes d'indifférence, un même un rejet coléreux.

La peur, l'inquiétude, l'angoisse sont nettement présentes dans les souvenirs de l'enfance de la fille qui cherchait à tout prix l'acceptation, l'amour, la maison à elle, les parents dans un couple harmonieux qui garantirait à l'enfant la stabilité, la sécurité.

Les réflexions sarrautiennes sur les tropismes, sur la façon de les présenter, et surtout sur leur rôle important dans la vie de l'homme sont inclues dans la préface de *L'Ère du soupçon*, quatre articles écrits entre 1947 et 1956, où l'auteur avoue:

---

[2] J.P. Sartre, «Préface», [in:] N. Sarraute, *Œuvres complètes*, Gallimard, Paris, 1996, p. 39.

[3] N. Sarraute, «Portrait d'un inconnu», [in:] *ibid.*, p. 44.

[4] P. Karli, *Le besoin de l'autre. Une approche interdisciplinaire de relation à l'autre.* Odile Jacob, Paris, 2011, p. 202.

Je me suis apperçue en travaillant que ces impressions étaient produites par certains mouvements, certains actions intérieures sur lesquelles mon attention s'était fixée depuis longtemps. En fait, me semble-t-il, depuis mon enfance.

Ce sont ces mouvements indéfinissables, qui glissent très rapidement aux limites de notre conscience; ils sont à l'origine de nos gestes, de nos paroles, des sentiments que nous manifestons, que nous croyons éprouver et qu'il est possible de définir. Ils me paraissaient et me paraissent encore constituer la source secrète de notre existence[5].

La question dominante concerne le romancier et sa façon de se délivrer du sujet, des personnages et de l'intrigue. Sans doute on peut constater que c'est une question fondamentale de son art poétique, un véritable art poétique du romancier contemporain car la réflexion déborde du recueil d'essais pour irriguer l'œuvre entière. Sarraute devient très critique parlant dans «Ce que voient les oiseaux», conclusion de *L'Ère du soupçon*, de l'admiration du public pour les chefs-d'œuvre consacrés ou les livres sans intérêt, qui décrivent une réalité de surface, «la plus plate et la plus banale apparence». Elle est impitoyable pour les romanciers qui utilisent une forme que d'autres ont inventée, «classique» ou «ressemblante» et proposent une littérature de convention. Elle les appelle «les formalistes».

Et pourtant le problème qu'elle annonce réside dans l'indicible, l'ineffable, l'inavouable, dans l'impossibilité de l'expression, car ces sensations se développent et s'évanouissent avec une rapidité extrême, produisant les sensations très intenses mais brèves. Ainsi elle a choisi de communiquer au lecteur par des images qui en donnent des équivalents et lui fassent éprouver des sensations analogues:

Il fallait aussi décomposer ces mouvements et les faire se déployer dans la conscience du lecteur à la manière d'un film au ralenti. Le temps n'était pas celui de la vie réelle, mais celui d'un présent démesurément agrandi […].

Les drames constitués par ces actions encore inconnues m'intéressaient en eux-mêmes. Rien ne pouvait en distraire mon attention. Rien ne devait en distraire celle du lecteur; ni caractères des personnages, ni intrigue romanesque à la faveur de laquelle, d'ordinaire, ces caractères se développent, ni sentiments connus et nommés. A ces mouvements qui existent chez n'importe qui, des personnages anonymes, à peine visibles, devaient servir de simple support[6].

Ces mouvements, elle les retrouve chez tous les personnages de Dostoïevski:

Ce sont, chez lui, on s'en souvient, les mêmes bonds furtifs, les mêmes passes savantes, les mêmes feintes, les mêmes fausses ruptures, les mêmes tentatives de rapprochement, les mêmes extraordinaires pressentiments, les mêmes provocations, le même jeu subtil, mystérieux, où la haine se mêle à la tendresse, la révolte et la fureur à une docilité d'enfant, l'abjection à la plus authentique fierté, la ruse à l'ingénuité, l'extrême délicatesse à l'extrême grossièreté, la familiarité à la déférence[7].

---

[5] N. Sarraute, «L'Ère du soupçon», (préface) [in:] e a d e m, *Œuvres …*, *op. cit.*, p. 1553-1554.
[6] *Ibid.*, p. 1554.
[7] *Ibid.*, p. 1567.

Elle parle de ce besoin de contact, besoin «continuel et presque maniaque», qui incite ces personnages: « à essayer par n'importe quel moyen de se frayer un chemin jusqu'à autrui, de pénétrer en lui le plus loin possible, de lui faire perdre son inquiétante, son insupportable opacité, et les pousse à s'ouvrir à lui à leur tour, à lui révéler leurs plus secrets replis»[8].

Cette image extraordinaire, décrite avec une grande émotion, l'image du besoin de l'autre, le besoin que l'Auteur elle-même ressent avec une intensité grandiose toute sa vie, le besoin insatisfait. Sur les personnages de Dostoïevski elle dit:

> Leur humilité n'est qu'un appel timide, détourné, une manière de se montrer tout proche, accessible, désarmé, ouvert, offert, tout livré, tout abandonné à la compréhension, à la générosité d'autrui: toutes les barrières que dressent la dignité, la vanité, sont abattues, chacun peut s'approcher, entrer sans crainte, l'accès est libre. Et leurs brusques sursauts d'orgueil ne sont que des tentatives douloureuses, devant l'intolérable refus, la fin de non-recevoir opposée à leur appel, quand leur élan a été brisé, quand la voie qu'avait cherché à emprunter leur humilité se trouve barrée [9].

L'Ère du soupçon métamorphose la littérature en une partie d'échecs que le romancier joue contre son lecteur. Le lecteur attaché aux types littéraires, est comparé au chien de Pavlov, à qui le tintement d'une clochette fait sécréter de la salive, ce lecteur qui fabrique les personnages sur le plus faible indice. Elle est convaincue que pour que «le lecteur demeure plongé dans ces mouvements, j'ai dû m'abstenir de désigner les personnages par leur nom, et même je les ai souvent confondus dans l'anonymat d'un groupe»[10]. Selon elle, le romancier doit libérer «l'élément psychologique» de son support individuel, il doit empêcher son partenaire de s'attacher à des héros, en les privant des indices qui lui permettent de fabriquer des trompe-l'œils. Elle est convaincue que l'auteur attire le lecteur sur son terrain, à une profondeur où rien ne subsiste de l'apparence des personnages. Car c'est en ce lieu que se forment les «mouvements souterrains» communs à l'auteur et au lecteur. Ainsi la littérature moderne réveille les facultés de pénétration, les exigences, la curiosité: elle fabrique un public moderne. Ce public nouveau ne doit pas s'attacher à des satisfactions que n'importe quel roman, qu'il soit bon ou mauvais, peut fournir, encouragé par les critiques, qui se contentent de résumer une histoire, de présenter des caractères. Le romancier affronte seul les critiques, le public. Il croit que la littérature est l'art de se jouer de l'âme des autres. Et l'originalité de Nathalie Sarraute essayiste réside dans la forme littéraire de ses essais, la forme qui comme ses romans devient dialogue, autoironique, plein d'humour, «elle est une fiction, le roman du roman»[11] .

Comme ses premiers livres *Tropismes* et *Portrait d'un inconnu* n'ont éveillé aucun intérêt, elle a été amenée à réfléchir sur sa technique romanesque. Pour se justifier,

---

[8] *Ibid.*, p. 1568.
[9] *Ibid. l.c.*
[10] *Ibid.*, p.1654.
[11] J.Y. Tadié, «Introduction. Musicienne de nos silences», [in:] *ibid.*, p. XV.

se rassurer ou s'encourager, elle a examiné certaines œuvres du passé et du présent, a essayé de pressentir celles de l'avenir, «pour découvrir à travers elles un mouvement irréversible de la littérature»[12], et voir si ses propres tentatives s'inscrivaient dans ce mouvement.

Dans sa première conférence[13] prononcée à l'Université de Lausanne en 1959, intitulée *Roman et réalité,* Nathalie Sarraute confirme son attachement à une opinion qui lui paraît essentielle,

> c'est que le roman comme tout art, doit être la recherche d'une nouvelle réalité.[...] La réalité pour le romancier, c'est l'inconnu. L'invisible. C'est ce qu'il lui semble être le premier, le seul à voir; ce qui ne se laisse pas exprimer par les formes connues et déjà utilisées. Mais ce qui exige pour se révéler un nouveau mode d'expression, de nouvelles formes[14].

Comme l'œuvre d'art dans la définition de Paul Klee, qui ne restitue pas le visible mais rend visible. Elle constate:

> Plus la réalité que révèle l'œuvre littéraire est neuve, plus sa forme sera, nécessairement, insolite, et plus elle devra montrer de force pour percer l'épaisse paroi qui protège nos habitudes de sentir contre toutes les perturbations. Cet écran protecteur est précisement celui de la réalité visible. Il est fait de cette vision en trompe l'œil, de ces images toutes faites qui s'interposent à tout instant entre le lecteur et la réalité nouvelle qu'on lui montre, comme entre l'auteur et la réalité qu'il cherche à montrer[15].

Son destin d'écrivain qui s'exprimait d'une voix douce, à part, dans le climat de grand vacarme de la génération des années 1930, parlant avec une force de l'Histoire, la politique, la révolution, l'engagement, comme le prouve l'activité de: Malraux, Céline, Sartre, Camus et des autres, est marqué d'une incompréhension presque totale près de vingt-cinq ans. *L'Ère du soupçon* (1956), textes fondateurs du Nouveau Roman, et *Le Planétarium* (1959) marquent sa consécration dans le monde entier. L'un des thèmes du *Planétarium* c'est la création à l'état naissant, «l'effort créateur qui sans cesse s'ébauche, tâtonne, cherche son objet, s'enlise, se dégrade» est devenu le sujet essentiel de sa recherche.

Dans les années soixante, elle s'attache au problème de la création, avec trois romans, dont le premier, *Les fruits d'or,* obtient le Prix International de la Littérature en 1964. Dans ce roman sur les réactions – les tropismes – produits par l'ascension puis par la chute d'un roman du même titre, s'attachent à la situation du lecteur face à l'œuvre qu'il aime ou qu'il rejette, masquée par le rideau de l'opinion. Nathalie Sarraute parle de son aspect se manifestant dans le besoin et l'impossibilité de saisir dans une œuvre d'art une valeur absolue. Selon elle, elle se dérobe constamment et

---

[12] *Ibid.,* p. 1555.
[13] Elle y a été invitée à l'initiative de Jean Starobinski et de Marcel Raymond.
[14] N. S a r r a u t e, «Roman et réalité», [in:] e a d e m, *Œuvres...,* *op. cit.,* p.1643-1644.
[15] *Ibid.,* p.1645-1646.

«un seul lecteur arrive, à la fin, à établir avec l'œuvre un contact direct, à préserver la fraîcheur intacte de sa sensation, comme s'efforce de le faire un écrivain»[16]. Elle s'y délivre des personnages et de l'intrigue, en un retour à la composition fragmentée des *Tropismes*, suite des scènes juxtaposées gravitant autour du thème au cœur de son œuvre, la réflexion sur sa création, sur l' «effort créateur», qui est constitutive de cet effort même: «Toujours la substance première de l'écriture a fait l'objet de ma recherche dans tous mes livres.»[17].

Elle découvre en même temps les ressources d'un théâtre de langage. Ses pièces écrites entre 1963-1980 deviennent dérivatif et prolongement de son œuvre romanesque.

L'écriture sarrautienne est sans équivalent dans la littérature. Elle est difficile en ce qu'elle est née du souci d'exprimer ce qui ne l'avait jamais été, de mettre à jour, par et contre le langage, ce qui ne semblait pas en relever: ces infirmes mouvements de l'intériorité qu'elle nomma tropismes. Sa forme romanesque est originale. Elle dépasse les limites traditionnelles du roman. Fervente lectrice depuis son enfance, elle découvre Proust, Joyce et Virginia Woolf qui ont bouleversé sa conception du roman.

Nathalie Sarraute avoue que chaque roman nouveau est pour elle comme un prolongement, un approfondissement du précédent. Après *Les fruits d'or* elle a voulu repartir pour plus loin, à la racine de l'œuvre littéraire, au niveau de la source première qu'elle décrit ainsi: «On peut se troubler, cette source, se tarir, se perdre. On risque la mort. Ensuite le livre est fait, présenté et l'écrivain sort de sa solitude pour affronter nécessairement les autres, cette fois à visage découvert»[18].

Dans *Entre la vie et la mort* (1968) jamais l'expérience difficile et douloureuse de l'écrivain n'a été menée aussi loin, de la page à écrire au malaise de la consécration, du mythe de la vocation à l'émergence des images, des sensations. Le roman montre la lutte acharnée à l'issue toujours incertaine sur un terrain où la vie et la mort s'affrontent, où une œuvre littéraire prend racine.

Avec *Vous les entendez ?* (1972) il ne s'agit plus de littérature, mais de l'art et sa réception. Une sculpture de pierre primitive provoquant par sa seule présence conflits et tensions au sein d'une famille. L'œuvre d'art est menacée par des rires... Cela semble la situation privilégiée pour la recherche sarrautienne. La sensibilité des gens qui s'aiment, l'amour de l'Art et l'amour de ses proches, le besoin de donner ce qui compte le plus pour vous et le refus de le recevoir:

> L'autre déjà le rappelle à l'ordre... il étend sa grosse main vers la bête, il la pousse au milieu de la table, il la tourne, l'examine... Imperturbable. Parfaitement tranquille et sûr de soi. Il se sent, de toute évidence, en parfaite sécurité. Qui, avec ça, posé là devant lui, pourrait l'atteindre ?... Les bulles de rires crèvent contre ça, les rires contre ça rebondissent, les rires ricochent sur ça, les rires remontent vers eux là-bas... boomerangs...

---

[16] «Nathalie Sarraute et les secrets de la création», entretien avec Geneviève Serreau, [in:] *La Quinzaine littéraire*, 1er-15 mai 1968.

[17] *Ibid*, p. 2.

[18] *Ibid. l.c.*

retours de bâton… La voix paisible nous enveloppe, les mots qu'elle prononce lentement de tous côtés nous protègent, montent la garde… Qu'y a-t-il à craindre ? Qui peut menacer ça ? Qui peut menacer ça ? Comment qui ? Mais comment ne savez-vous pas que sans avoir besoin de bouger, juste installés, enfermés là-haut, ils peuvent déployer une force immense, ils possèdent une énorme puissance… Un seul rayon invisible émis par eux peut faire de cette lourde pierre une chose creuse, toute molle… il suffit un regard. Même pas un regard, un silence suffit… [19]

Regardons ce fragment. L'autre y apparaît comme annonceur de danger, l'autre s'immobilise, l'autre tend l'oreille, les jeunes, ils ont l'air très unis, «Charmants… Si affectueux… […] il s'est senti ému, quand ils se sont penchés vers lui, quand ils lui ont tapoté la joue tendrement, quand ils se sont retirés pour laisser les deux vieux fous, les gentils maniaques discuter sans fin»[20]. Tout innocent, rien de sérieux mais on sent cette tension, cette inquiétude, cette angoisse comment ils vont recevoir, quelle sera leur réaction, s'ils vont aimer… Les rires deviennent aussi impitoyables que l'examen insupportable. L'autre devient cruel, on a peur de lui, il nous menace. Son regard nous paralyse car nous on est très sensible pour ne pas dire trop…

Ce jugement de l'autre est bien visible dans la pièce *Pour un oui ou pour un non* (1982). La pièce la plus jouée du théâtre sarrautien, se prête le mieux à une réflexion sur les pouvoirs du langage dans une dramaturgie, la plus brillante mise en forme des idées de l'auteur sur les tropismes. La sixième pièce de l'auteur elle est le résultat d'une réflexion d'une cinquantaine d'années. Et pourtant cette pièce est loin d'illustrer des idées savantes sur le langage, les tropismes ou la communication. Elle possède son secret et son esthétique propre, elle oblige le lecteur à poser son regard, à décider de sa lecture: il veut y voir une pièce psychologique sur l'amitié ou un logodrame dans lequel le langage joue un rôle de détonateur. Deux amis H1 et H2 se retrouvent après une assez longue séparation. Pourquoi, dis-moi pourquoi, on ne se voit pas depuis longtemps, interroge H1. H2 résiste, puis cédant un peu du terrain, avoue que rien, ce rien, une intonation, un suspens puis un accent («C'est biiien….ça»), une prononciation où H2 a perçu quelque chose, que H1 s'empresse d'ailleurs de nommer.

Deux amis de toujours s'entretuent verbalement, le destin d'amitié: pour un oui ou pour un non. Deux personnages anonymes vont s'élever au rang des combattants presque titaniques, pour une syllabe prononcée d'une certaine façon. Devant nous se construisent deux univers inconciliables. C'est du rien, comme l'avoue Arnaud Rykner[21], que part logo-drame.

L'Enfance, publié en 1983, dans le récit autobiographique sous la forme dialogué, nous fait découvrir la petite fille trop docile et trop sage, l'enfant angoissé, Natacha Tcherniak. La narratrice tente de saisir dans un instant banal d'un jeu l'expérience peu commune de l'enfant, des parents divorcés, de l'enfance déchirée entre Paris et Kamieniec Podolski, entre la France et la Russie, déchirée entre deux langues, deux

---

[19] N. Sarraute, «Vous les entendez?» [in:] eadem, *Œuvres…, op. cit.,* p. 751.
[20] *Ibid.,* p. 750.
[21] A. Rykner, *op.cit.,* p. 77.

familles, ayant dans son bagage la décision de sa mère qui a choisi, après son divorce, de laisser l'enfant à son père et sa seconde femme Véra, pour rester en Russie avec son second mari. L'enfant trouve refuge dans l'étude à l'école communale. Elle découvre le pouvoir des mots pour conjurer «la solitude, […] le désespoir» devant l'instabilité de sentiments inexprimés: «dans ces mots quelque chose d'infiniment fragile, que j'ai à peine osé percevoir, je craignais de le faire disparaître… quelque chose m'a effleurée, m'a caressée, s'est effacé»[22].

Ce récit échappe aux critères qui définissent le genre de l'autobiographie. La présence d'un interlocuteur, et observateur objectif, introduit une distance critique par ses scrupules, ses interrogations, ses mises en garde en introduction, comme l'incipit: «Alors, vraiment tu vas faire ça ?»[23].

Elle l'a fait. Elle a glissé ses aveux douloureux, ses souvenirs tués, traumatisant comme: «Ce n'est pas ta maison»… On a peine à le croire, et pourtant c'est ce qu'un jour Véra m'a dit. Quand je lui ai demandé si nous allions bientôt rentrer à la maison, elle m'a dit: «Ce n'est pas ta maison»[24].

Un dialogue au présent avec le double de la narratrice retournant sur son passé ancre ce récit dans l'univers organique de l'œuvre sarrautienne. L'incertitude concernant les lieux, les personnages, les dates, la chronologie des événements, est concrétisé par l'emploi des adverbes de modalisation «peut-être», «probablement». Le flou, l'ombre, phrases hachées, inachevées, points d'interrogation, de suspension, hésitations à trouver un mot juste pour qualifier l'impression, l'effet de discontinuité du récit, ne permettent pas reconstruire la vie racontée. L'autobiographie introduit le soupçon. La position de l'auteur est ambiguë, ni omniscient ni confondu avec son personnage. Il se regarde, se critique, s'analyse. Ici encore elle souligne la métaphore de l'écriture qui invite «à capter» les oscillations constitutives d'une sensibilité d'écrivain.

Enfance a eu un succès immediat. L'ouvrage a été traduit en plus de 30 langues, est devenu rapidement un classique des études littéraires.

Nathalie Sarraute constate que «Tout écrivain, quand il commence à écrire, prend son départ de cette réalité qu'il a pu découvrir dans l'apport de certains écrivains qui l'ont précédé»[25]. Et pourtant elle le fait d'une manière révélatrice mettant en cause des formes romanesques traditionnelles et mettant au jour des pouvoirs de la parole. Elle exprime l'intérêt pour l'art d'écrire avec la force créatrice du regard individualisant par lequel l'artiste impose sa marque à la réalité. Sa fascination dramatique de la langue vise sa recherche de l'autre. La diffusion en plus de trente langues dit assez combien de lecteurs elle a su toucher[26].

---

[22] N. Sarraute, «Enfance», [in:] eadem, *Œuvres complètes…*, *op. cit.*, p. 1060.
[23] *Ibid.*, p. 989.
[24] *Ibid.*, p. 1060.
[25] N. Sarraute, *Roman et réalité*, *op. cit.*, p.1649.
[26] J. Favier, *Nathalie Sarraute. Portrait d'un écrivain*, BNF, Paris, 1995, p. 3.

Summary

Nathalie Sarraute Searching for the Other Through the Language

Nathalie Sarraute, a writer and a literary critic, searches for the source of man to man relationship. She shows it in her tropisms that remained, until the end of her long career, her favourite domain of reflection. The relations author/audience, artist/work of art reveal the writer's discomfort and anxiety

that let the reader discover, through the individual style of the work, a traumatic childhood experience of a very sensitive girl sharing her early years between France and Russia.

Keywords: Nathalie Sarraute, tropisms, childhood, the Other, audience

DOI: 10.12797/9788376384207.12

JOANNA PYCHOWSKA

Université Pédagogique de Cracovie

Les «Je» miroitants
de Dominique Rolin

«Un livre, c'est la vie secrète de l'auteur, le jumeau sombre de l'homme»[1]. Cette constatation de William Faulkner nous semble bien définir Dominique Rolin, écrivaine belge contemporaine (1913-2012), auteure de 37 volumes dont 29 romans. Tous ses romans se présentent comme le roman inachevé du Je, ce «Je» qu'elle perçoit toujours double, positif et négatif. Elle avouera: «Je mène parallèlement des extrêmes en moi, deux figures qui sont moi, l'une et l'autre et qui sont pourtant tout à fait contradictoires. […] il y a l'extrême bonheur de vivre et l'extrême peur de vivre.»[2]. Pourtant tandis que Faulkner parle d'un hiatus entre l'auteur-homme et l'auteur--personnage – «vous ne pouvez les réconcilier»[3], dit-il – chez D. Rolin l'auteur et son «jumeau sombre» du livre le font: «Écrire c'est vivre deux fois et donc assumer son double. À partir du moment où j'écris, je suis 'un'»[4]. L'écriture a pour la romancière une forte fonction cathartique. Avec les années, elle la divinise presque, s'attachant de plus en plus au travail saluteur de l'écrivaine qui se contemple dans le miroir de chacun de ses romans et puise sans arrêt dans ses propres souvenirs. Elle dira dans une interview: «Je suis une sorte de virage. Je ne cesse jamais de virer sur moi-même […], dans tous mes livres, je n'ai fait que me raconter moi-même!»[5]. D. Rolin souligne pourtant la part fictionnelle de ses textes: «Tout est exact dans ce que j'écris. Et

---

[1] W. Faulkner, cité d'après M. Zeraffa, *Personne et personnage: le romanesque des années 1920 aux années 1950*, Klincksieck, Paris, 1971, p. 15.

[2] D. Rolin, *Plaisirs. Entretiens avec Patricia Boyer de Latour*, Gallimard, Paris, 2002, p. 39.

[3] W. Faulkner, *op.cit. l.c.*

[4] D. Rolin, *op. cit.*, p. 39.

[5] Idem, cité d'après N. Sautel, «Une mystique de l'écriture», [in:] *Magazine littéraire*, N° 450, août 2003, p. 71/72.

pourtant, ce sont des romans. [...] Chaque moment de notre vie est un roman, on se réinvente sans cesse.»[6]. Dans beaucoup de ses romans elle semble mettre en œuvre les principes de l'autofiction tels que les a définis S. Doubrovsky: identité nominale du personnage, auteur et narrateur, présence de réflexions métatextuelles, caractère fragmentaire du texte, langage poétique et surtout la recherche de soi-même (une sorte d'autoanalyse) par le biais de l'autobiographie fictionnelle où le Moi peut se métamorphoser à l'infini, «créant des fictions où tout est vrai»[7]. L'auteure qualifie elle-même ses œuvres de «fictions vraies»[8]. Par ailleurs, Jacques Lecarme considère que, conformément à la théorie de Lacan, la vérité sur le sujet touche toujours la fiction et crée une certaine structure fictive puisque l'enfant, entre le 6ème et 18ème mois de sa vie, passe par le stade du miroir qui introduit une fois pour toutes dans la vie psychique de l'homme un élément fictif, imaginaire[9].

Nous examinerons la quête de Moi à travers ses multiples Je et ses jeux avec le lecteur à partir de cinq derniers romans de D. Rolin: *L'Accoudoir* (1996), *La Rénovation* (1998), *Journal amoureux* (2000), *Le Futur immédiat* (2002) et *Lettre à Lise* (2003). L'auteure avoue franchement qu'elle s'y raconte et fait de sa vie «une matière vivante, originale, répétitive»[10]. La quête de l'identité est le thème privilégié de la littérature belge, littérature «schizophrène», douloureusement double. L'identité narrative de D. Rolin répond bien aux principes énoncés par P. Ricœur[11]: c'est toujours un mélange de souvenirs et d'oubli, des souvenirs-visions que la narratrice-personnage et auteure fait défiler comme une série de tableaux, sous les yeux du lecteur. Nous observerons ces visions-associations libres de la mémoire, ces souvenirs énigmatiques qui apparaissent, disparaissent et réapparaissent dans les cinq romans cités. Par ailleurs nous essayerons de déchiffrer le parcours existentiel de la narratrice, toujours à la poursuite de ses multiples «Moi»; où réalité et fiction se conjuguent dans un jeu complexe de miroirs et où l'auteure confronte son identité

---

[6] Idem, *Plaisirs, op. cit.* p. 103.

[7] P. Boyer de Latour, «Dominique Rolin, l'amoureuse», [in:] *Magazine littéraire*, N° 500, Décembre 2010, p. 85.

[8] D. Rolin, cité d'après V. Gelly, «Dominique Rolin, 94 ans, écrivaine», [in:] *Psychologies*, Octobre 2007, p. 209.

[9] Cf. J. Lis, *Obrzeża autobiografii. O współczesnym pisarstwie autofikcyjnym we Francji*, Wydawnictwo Naukowe UAM, Poznań, 2006, p. 20/21.

A ce propos voir aussi: R. Lubas-Bartoszyńska, «Od dokumentu do fikcji (Rzecz o powieści autobiograficznej)», [in:] *Między autobiografią a literaturą*, PWN, Warszawa, 1993, p. 166--219; J. Smulski, «Odmiany autobiografii w prozie współczesnej», [in:] *Polonistyka*, N° 6, 1994; S. Doubrovsky, Ph. Lejeune, *Autofiction*, Seuil, Paris, 1995; J. Lecarme, E. Lecarme-Tabone, *L'autobiographie*, Colin, Paris, 1997; G. Genette, *Figures IV*, Seuil, Paris, 1999; M. Czermińska, *Autobiograficzny trójkąt. Świadectwo, wyznanie i wyzwanie*, Universitas, Kraków, 2004; V. Colonna, *Autofiction et autres mythomanies littéraires*, Tristram, Paris, 2004; Ph. Gasparini, *Est-il-Je? Roman autobiographique et autofiction*, Seuil, Paris, 2004; Ph. Lejeune, *Signe de vie*, Seuil, Paris, 2005.

[10] D. Rolin, cité d'après N. Sautel, *op. cit.*, p. 72.

[11] Cf. P. Ricœur, *Soi-même comme un autre*, Seuil, Paris, 1990.

personnelle à celle de la narratrice et lit ainsi dans son propre texte le roman de sa vie.

Presque tous les romans de D. Rolin sont reliés par un certain climat familial caractéristique de ce que l'on nomme le «roman familial»[12]. Elle-même le reconnaît dans une interview:

> C'est curieux que toutes les visions, qu'on a pu amasser dans une existence, jusqu'aux dernières visions, soient liées à l'enfance… J'ai grandi, je me suis formée, j'ai mûri, j'ai vieilli, et tout cet appareillage de sensations très lointaines reste en moi extra-ordinairement vivant et indispensable, je m'en sers tout le temps![13].

La première page de *L'Accoudoir* s'ouvre sur son lieu d'enfance en Belgique: Boitsfort, et sur les trois enfants au jardin qui s'amusent avec des bulles de savon. Domi d'antan se voit toute prête d'être «emportée par une de ces petites sphères» (*A*, p.10)[14]. Tout se passe comme si l'auteure préparait le lecteur à percevoir le monde qu'elle évoque comme une réalité embrumée, magique, réflétée. Appuyée sur l'accoudoir-écritoire, à la fenêtre ouverte de son appartement au 5ᵉ étage, la narratrice a «l'impression d'être calée dans une loge de théâtre au début d'un luxueux spectacle» (*A*, p.11), celui de la rue mais aussi celui qu'elle présentera aux lecteurs et qui est fait de ses souvenirs-visions. Un *theatrum mundi*?… Dans *Journal amoureux* la narratrice-Dominique reconnaît que «La vie est une immense œuvre théâtrale» (*JA*, p. 31)[15]. Nous dirions que tous ses souvenirs-visions se rattachent à ce que Paul Ricœur nomme la «mneme-memoria», c'est-à-dire des images qui apparaissent involontairement, sans aucun effort du cerveau, comme si c'était une camera cinématographique (d'ailleurs l'écrivaine parle plusieurs fois de «mini-clip»). Elle revoit sa mère, Esther, son père, son mari-sculpteur agonisant, sa petie-fille Florence morte enfant, «la ville étrangère» (*A*, p.53). La narratrice se retrouve devant sa maison d'enfance mais celle-ci lui reste inaccessible: «Aucune fenêtre ne s'y ouvre en signe d'accueil. Cette maison ressemble à un grand et vieux coffre vitreux» (*A*, p.140). Elle interprète cette image comme un ordre de s'éloigner de ce lieu et elle prend conscience que l'écrivaine s'est trop servie de sa famille. De ses nombreux moi éparpillés ne reste que celui où elle «se log[e] dans [son] moi actuel, son seul abri» (*ibid. l.c.*). Pourtant, elle admet que grâce au travail de sa mémoire, elle s'est retrouvée, à l'instar de M. Proust, en dehors du temps et a sauvé de l'oubli, par ses romans, les êtres qui lui étaient chers.

Dans le roman suivant, *La Rénovation*, la narratrice s'installe encore à la fenêtre de son 5ᵉ étage, pour écrire son nouveau roman «La Rénovation»[16]. Elle capte les sou-

---

[12] Cf. S. Freud, «Roman familial des névrosés», [in:] *Névrose, psychole et perversion*, PUF, Paris, 1973.

[13] *Ibid.*

[14] *A* = D. Rolin, *L'Accoudoir*, Gallimard, Paris, 1996.

[15] *JA* = D. Rolin, *Journal amoureux*, Gallimard, Paris, 2000.

[16] L'ambiguïté symbolique du titre du roman n'est pas à négliger: s'agit-il des travaux de rénovation du bâtiment?…ou de la rénovation/reprise de son interminable roman personnel?

venirs de son «pays du Nord» (R, p.124)[17], encore plus nombreux que dans le roman précédent. Elle poursuit son roman personnel avec maman et sa robe de mariage, papa (ou Esther et Jean), la forêt de Soignes, Boitsfort, le Bois de la Cambre et les cinq Rolin à la fête des ballons multicolores – «une espèce de magie fiévreuse qui fait peur» (R, p.106). Elle se livre (comme il sied dans le roman autofictionnel) à une sorte d'autoanalyse, en se débarrassant des remords. «Oh Esther chérie, je t'ai fait trop de mal» (R, p.52), avoue-t-elle, et constate amèrement: «l'amour mère-fille se vit peut-être mieux de l'autre côté des soi-disant bornes du Temps» (R, p.53). Pour finir, elle se souvient des moments traumatisants de sa première enfance où son père, penché sur son lit de bébé, «se tordait la figure en grimaces effrayantes, montrait les dents et grognait» (R, p.110). L'auteure de La Rénovation voudrait, comme celle de L'Accoudoir, se débarrasser de ses souvenirs qui l'assaillent: «Bon ou mauvais, droits ou tordus, mes souvenirs me font crever d'ennui» (R, p.106).

Le bureau fenêtre-accoudoir de la Dominique du Journal amoureux se présente comme «une sorte de miroir à fonction double qui [lui] envoie en simultané le dehors et [son] dedans» (JA, p.15). La narratrice croit pouvoir se délivrer de ses souvenirs d'enfance et pourtant elle voit à Saint-Germain-des-Prés «le cortège de [ses] morts intimes» (JA, p.47) qui «complote[nt]» (ibid. l.c.) contre elle. Elle revoit Boitsfort, Esther et Jean assis à sa table. Elle garde toujours des sentiments ambivalents envers ses morts: «Ah, mes morts chéris, je me suis laissé ronger par vous sans vergogne?» (JA, p.91).

Dans le roman ultérieur, le Futur immédiat Dominique poursuit inlassablement la même introspection méticuleuse conçue comme un voyage en elle-même à travers les souvenirs dont elle cherche le sens. Papa, Maman, son frère Denys, sa sœur Françoise, même ses deux arrière petites-filles et sa maison «d'enfance déchue» (FI, p.39)[18] sont l'objet de ses investigations sans cesse renouvelées.

Dans le dernier roman, Lettre à Lise, elle (toujours à sa fenêtre) partage ses propres souvenirs avec sa petite-fille Lise. Selon F. De Haes, le plus grand connaisseur de l'œuvre de D. Rolin:

> A nouveau le livre bouleverse ou pour le moins dérange, l'enchaînement codé des générations. […] Elle brouille à présent la logique de la 'descendance', en prenant sa petite-fille moins comme interlocutrice que comme «illocutrice», comme l'apostrophée – transformée de la brève fiction, véritable point d'orgue de l'œuvre[19].

D. Rolin semble plus apaisée, réconciliée avec ses souvenirs: «Les souvenirs ne m'ont jamais trahie […].» (LL, p.160)[20], même si leur cortège, toujours le même, passe et repasse d'une façon obsessionnelle: Domi, Esther, Jean, Denys, le Bois de la Cambre, Boitsfort.

---

[17] R = D. Rolin, La Rénovation, Gallimard, Paris, 1998.

[18] FI = D. Rolin, Le futur immédiat, Gallimard, Paris, 2002.

[19] F. De Haes, Les pas de la voyageuse. Dominique Rolin, AML Éditions Labor, Bruxelles, 2006, p. 257.

[20] LL = D. Rolin, Lettre à Lise, Gallimard, Paris, 2003.

Étudions maintenant quelques personnages, assez curieux, qui accompagnent la narratrice-écrivaine. Nous retrouvons dans plusieurs de ses romans un personnage inquiétant, mi-réel, mi-fantastique, une sorte de «sorcière». Brenda F. de *L'Accoudoir*, ancienne condisciple de la narratrice, d'ascendance juive[21], qui apparaît au début du roman comme une «voyante extralucide d'Australie» (*A*, p.24, 34) se transforme peu à peu en une odieuse clocharde, «double maudit de la narratrice»[22]. Celle-ci ressent pour Brenda des sentiments ambivalents: elle la voit «somptueu[se] et misérable, pure et vicieu[se]» (*A*, p.133). Toutefois la narratrice se retrouve toujours sous son pouvoir hypnotique. Finalement elle croit se débarasser d'elle pour de bon: elle la tue. Pourtant, le personnage réapparaît dans le roman suivant, sous les traits d'une impitoyable Lady Mémoire[23], dont la narratrice (cette Lady ose l'appeler «chère moi-même» (*R*, p.41)) essaie, plusieurs fois, de se défaire: elle la pousse par la fenêtre, la chasse sans arrêt, l'insulte, la calomnie et finalement l'étrangle. Cependant, «Mémoire, au lieu de tomber, se redresse, comme enflée d'un courant de magnétique sérénité. Elle est belle. Elle est jeune. Elle est heureuse.» (*R*, p.123). Il n'est pas possible de se défaire de sa mémoire, de ses souvenirs, de son passé, semble dire l'auteure qui en a une approche presque physique. Comment vivre, donc? D. Rolin expliquera dans une interview: «La mémoire marche avec l'être humain... J'ai eu raison d'en faire une sorcière, parce qu'il y a des correspondances magiques dans le domaine de l'art: tout se tient, et ce n'est pas un hasard si c'est Baudelaire qui l'a dit»[24].

Un autre personnage du même roman, Lola P., fille plurimilliardaire d'une star de cinéma, est aussi désignée comme «sorcière» (*R*, p.32). Tandis que l'Esther-fantôme, dès *Lettre à Lise*, entraîne la narratrice au bord du lac où habite «une très vieille femme vêtue de loques noires [...], la reine des chèvres» (*LL*, p.75), accompagnée d'un bouc aux yeux de diamants. De Haes suggère que D. Rolin introduit dans ses textes ce type de personnage déroutant pour souligner que la société n'est jamais parfaite, que souvent elle se fonde sur des apparences «coulantes»[25].

En revanche, le personnage inquiétant mi-réel, mi-rêvé du vieil écrivain d'une rue voisine de la narratrice qui revient à trois reprises, et que dans *La Rénovation* elle aperçoit dans sa bibliothèque, toujours penché sur sa page d'écriture, nous semble être le double de l'écrivaine: il incarne ses propres peurs de la vieillesse, de l'impuissance: «Il crève de peur. Son texte pourri de correction l'enferme entre les mailles d'un filet malsain. Car il se croit entré en vieillesse, abominable religion dont il ne veut à aucun prix» (*R*, p.11). Dans le dernier roman, *Lettre à Lise*, D. Rolin-narratrice paraît obsédée par la dégradation physique, la vieillesse. «Le Présent définitif» (*LL*, p.34) l'atteint.

Dominique, écrivaine en train d'écrire le roman, est en fin de compte le personnage principal, et nous pouvons même dire unique, des cinq romans examinés. Les

[21] D. Rolin a parmi ses ancêtres, du côté de sa mère, des exilés juifs polonais.
[22] Cf. F. De Haes, *op. cit.*, p. 235.
[23] *Ibid.*, p. 154-156.
[24] D. Rolin, *Plaisirs*, *op. cit.*, p.102.
[25] Cf. F. De Haes, *op. cit.*, p. 259.

autres comparses ne constituent que la toile de fond de ses souvenirs-visions. L'identité nominale du personnage, narrateur et auteur est gardée. Les cinq romans sont autotéliques, ce qui permet à l'auteur de présenter sa poétique et son atelier d'écrivaine.

L'écriture a été la raison d'être et le bonheur de D. Rolin. Elle lui a permis de comprendre le monde, «le pourquoi et le comment de [son] appartenance à l'univers» (*A*, p.29). Elle le reconnaît dans de multiples interviews ainsi que dans ses textes. Conformément aux règles de l'autofiction elle s'adresse à elle-même, son «double bavard» (*A*, p.110), elle fait son auto-analyse, mène un dialogue miroitant entre «je» et «tu»: «pendant une vingtaine de minutes environ, le tu et le je font la paix, je le sais grâce au reflet de ma personne [...] dans le miroir mural» (*JA*, p.63). Elle se donne des conseils: «Soyons sérieuse, Dominique, tu exagères. Essaie parfois de t'intéresser au vrai réel» (*A*, p.85). Grâce à l'écriture elle se dédouble sans arrêt, virevolte dans le temps de sa vie, tour à tour jeune, vieille. L'écriture est devenue son salut: «Donc, j'écris. J'écris encore. J'écrirai toujours. Je me suis mise au service de moi-même parce que telle était ma chance de survie» (*A*, p.129); «J'ai écrit. J'écris. J'écrirai» (*R*, p.94); «Écrire, encore et toujours» (*JA*, p.67), «écrire et vivre sont désormais en compétition heureuse» (*LL*, p.101), c'est «un cri d'absolu» (*R*, p.90). L'écrivain qui ne travaille plus est «foutu» (*FI*, p.11). Pourtant, elle garde lucidement un rapport ambivalent vis-à-vis de l'écriture, «ce bourreau bien-aimé» (*FI*, p.105) et du travail de l'écrivain: «L'écriture est le plus troublant outil oratoire qui soit: il sarcle et tranche, coupe et greffe.» (*A*, p.129); «Écrire est à la fois un certain rire et un certain cri» (*JA*, p.18), ainsi qu'un «luxe» (*FI*, p.53) et «un travail de titan» (*FI*, p.72). Dans *La Rénovation* la narratrice parle aussi du danger du métier d'écrivain: «Construire un roman est toujours l'équivalent d'une hémorragie qui peut se révéler mortelle» (*R*, p.16). Elle ajoute pourtant: «j'aime ça à la folie» (*R*, p.16).

D. Rolin-écrivaine et narratrice ne renonce jamais au caractère poétique et ludique de son écriture. Elle aime les mots pour leurs sonorités, avoue avoir la passion des mots neufs qui lui proposent «le plus fabuleux des opéras bouffes» (*A*, p.112) même s'ils se présentent comme «de vraies brutes [...] ces cailloux vivants, ces rongeurs, ces insectes, ces feux follets, ces cacas, ces fleurs.» (*A*, p.10). D'autre part, parfois ils deviennent des fées, des magiciens (Cf. *R*, p.73) et lui donnent le sentiment de liberté (Cf. *JA*, p.50). Ils remplacent ses compagnons de tous les jours: les enfants dans des rues changent sous sa plume en «consonnes [et] voyelles» (*A*, p.78). On dirait qu'elle-même s'incarne en eux: «[...] ils sont le sel et le sang de nos corps» (*R*, p.75). Les mots deviennent sous sa plume des êtres dont il faut respecter l'autonomie (Cf. *LL*, p.107). Dominique Rolin reconnaît avoir atteint l'équilibre parfait dans sa vie, le bonheur grâce à l'écriture[26]. Elle s'enchante de la magie poétique des mots, «seule survit la métaphore» (*A*, p.77); ou bien elle s'amuse avec eux: «Je prouverai le ridicule des aphorismes dont il [' il ' c'est le Temps] se sert pour nous berner: le temps passe, le temps me pèse, je n'ai pas le temps, j'ai perdu mon temps, le temps me manque, j'ai gagné du temps, j'ai tué le temps» (*FI*, p.13), «il n'y a pas de Temps»

---

[26] Cf. D. Rolin, cité d'après V. Gelly, *op. cit.*

(*JA*, p.96). Dominique Rolin, auteure-narratrice-personnage parvient ainsi à vaincre le Temps, donc la mort et à toucher du doigt à l'éternité.

Comme dans les précédents, Dominique Rolin, auteure-narratrice-personnage mène à travers les cinq derniers romans «en se creusant, en s'éclairant»[27] une quête identitaire où elle se demande comment vivre? Comment faire face au Temps, à la mort? Le miroir de son identité personnelle, souvent brisé en plusieurs morceaux et difficile à recomposer trouve son tout, sa plénitude dans l'écriture. L'identité narrative vainc. Le Temps, donc la mort ne comptent plus. C'est à travers l'art que la romancière capte la vraie réalité ressuscitée par sa mémoire et le mystère de la vérité intérieure. Comme Proust tant d'autres écrivains, elle les transcende par l'Art.

Summary

Dominique Rolin's Flickering „I"

The novels of Dominique Rolin, a contemporary Belgian and French author, can be characterized as autofiction literature. The author constantly refers to her own memories, but at the same time she emphasizes the fiction of her texts. Her textual "I" undergoes a neverending metamorphosis. In the paper we look into the author's (or her fictional „look-alike") search for identity, on the basis of five last novels. She asks herself the following questions: how one is supposed to live? How should we face time and death? It is novel writing where the author finds an answer to these questions.

Keywords: contemporary Belgian literature, autofiction, identity, writing.

---

[27] D. Rolin, cité d'après A. Guillon, «Entretien», [in:] *L'Infini*, N° 47, Automne 1994, p. 80.

DOI: 10.12797/9788376384207.13

Maja Saraczyńska

Université Jagellonne

Théâtre autobiographique ou la place de l'auteur-personnage et du lecteur dans le théâtre de Jean Anouilh et d'Eugène Ionesco

Il n'existe de nos jours aucune étude exhaustive sur la comparaison du théâtre d'Eugène Ionesco avec celui de Jean Anouilh; ceci probablement à cause de l'étiquetage trop hâtif de deux auteurs: Ionesco étant associé au théâtre de l'absurde[1] et Anouilh au théâtre de boulevard[2]. Nous nous proposons ainsi, dans la présente communication, de mettre en lumière quelques similitudes de ces deux univers dramatiques et théâtraux, et ceci à travers le rapport de l'auteur au personnage et au lecteur-spectateur.

Nous nous intéressons dès lors à la personnalisation du personnage dramatique devenu dans les deux cas *alter ego* de l'auteur se mettant – par intermédiaire du théâtre autobiographique – en quête de la mémoire et de sa mise en forme à travers la réécriture constante, la figure du voyageur et la construction des pièces policières.

La démarche d'Eugène Ionesco est particulièrement paradoxale. Malgré la forme théâtrale renouvelée, son œuvre semble s'inscrire dans la lignée traditionnelle des premiers autobiographes, ayant pour vocation de «tout dire sur soi» et de retrouver une unité identitaire égarée, dans «cet acharnement à [se] connaître»[3]. Cette néces-

---

[1] Voir M. Esslin, *The Theatre of the Absurd*, London, 1961.

[2] Voir J. Guérin, «Préface», [in:] J. Guérin, (dir.), *Dictionnaire des pièces de théâtre françaises du XXe siècle*, Honoré Champion, Paris, 2005, p. 8: «L'erreur est de l'appeler Boulevard [...] C'est Georges Pitoëff qui a lancé Jean Anouilh, auteur particulièrement honni aujourd'hui».

[3] E. Ionesco, *Journal en miettes*, Gallimard, Paris, 2007 [1967], p. 88.

sité se manifeste clairement dans ses *journaux intimes*, *Présent passé, passé présent* et *Journal en miettes* («Un autre souvenir est lié aux précédents, qui m'a traumatisé. Je ne sais pas si je dois le dire. Après tout, tout doit être dit[4]») et se présente comme une condition existentielle inéluctable: «Je dois tenter de dire et de me dire. C'est cela se réaliser. Se réaliser, c'est exister»[5]. Dans le but de se dire entièrement, Ionesco signe une œuvre autobiographique réinventée qui ne consiste plus à relater un épisode entier de sa vie mais plutôt à insérer des données personnelles ponctuelles, ainsi que ses propres points de vue, à l'intérieur d'une fiction. Il crée ainsi toute une galerie de personnages devenant ses véritables *alter ego*[6]. Ces derniers ne partagent pas avec leur créateur l'intégralité de son histoire, mais semblent en vivre des bribes, des éléments significatifs, et avant tout – des obsessions qui se transforment littéralement en thèmes et motifs: comme celui de l'eau, de la boue, de l'enlisement, de la quête de la lumière. Ainsi, répétitif, voire obsessionnel, «cet univers – pour citer Emmanuel Jacquart – porte bel et bien son sceau [...] Les chemins de la mémoire deviennent des sentiers de la création. Son personnage, même s'il est condamné à l'anonymat, est et demeure son *alter ego*»[7].

Jean Anouilh, quant à lui, s'est toujours refusé à parler de lui. «Je n'ai pas de biographie[8] et j'en suis très content»[9], avouait-il à plusieurs reprises en introduisant une séparation apparente entre son œuvre et sa vie; une séparation qui lui permettait de jouer plus habilement avec lui-même et de dialoguer avec un lecteur averti «pour mieux avancer masqué»[10]. De plus, le seul ouvrage en prose au caractère manifestement (et explicitement) personnel, *La Vicomtesse d'Eristal n'a pas reçu son balai mécanique. Souvenirs d'un jeune homme*[11], occupe une place bien paradoxale dans le paysage autobiographique. Le texte, bien éloigné d'une autobiographie traditionnelle,

---

[4] E. Ionesco, *Présent passé, passé présent*, Gallimard, Paris, 1976 [1968], p. 21.

[5] *Ibid.*, p. 61.

[6] Dont un, le protagoniste de *L'Impromptu d'Alma* – auteur dramatique, porte son propre nom, et dont un nombre considérable porte le nom fictif de Béranger. En 1963, dans un entretien accordé à Claude Cezan, Ionesco s'explique sur les différents avatars du même personnage: voir Cezan, Claude, «L'Apocalypse selon Ionesco, entretien avec Eugène Ionesco», [in:] *Nouvelles littéraires*, 7 février 1963.

[7] E. Jacquart, «Ce formidable bordel!, notice», [in:] E. Ionesco, *Théâtre complet,* éd. présentée, établie annotée par E. Jacquart, Gallimard, Paris, 2007, p. 1827.

[8] Cet aveu n'est plus d'actualité car deux «biographies» d'Anouilh furent publiées après sa mort: en 1990, par sa fille, Caroline Anouilh, *Drôle de père* (une sorte de portrait de famille subjectif) et en 2010, par Anca Visdei, *Anouilh, un auteur «inconsolable et gai»* (une «biographie affective» et personnelle).

[9] Lettre à Hubert Gignoux, [in:] H. Gignoux, *Jean Anouilh*, Éditions du Temps présent, Paris, 1946, p. 9.

[10] J. Anouilh, «Les Sources par Jean Anouilh», [in:] *Le Figaro*, 29 novembre 1972: «Et si, précisément mettre un auteur dramatique ou un directeur de troupe en scène, ce n'était qu'un raffinement de moquerie, pour mieux avancer masqué ?»

[11] J. Anouilh, *La Vicomtesse d'Eristal n'a pas reçu son balai mécanique. Souvenirs d'un jeune homme*, La Table Ronde, Paris, 1987.

se présente sous la forme d'une suite de tableaux en prose, où Anouilh décrit son entrée dans la «vie active»[12]. Le sous-titre y est bien significatif et met d'emblée en exergue la rupture qu'opère l'auteur entre le «soi» du passé qu'il accepte de dépeindre dans cette autobiographie partielle et le «soi» actuel masqué. Cette synthèse des souvenirs de jeunesse se termine ainsi par un paragraphe inédit où l'auteur signe une sorte de *pacte effacé* dans un refus de se révéler à son lecteur: «Voilà à peu près tout sur ma vie de jeune homme, le reste, qui est d'ailleurs moins drôle, m'appartient et ne mérite pas d'être conté»[13]. Cette séparation de soi (si bien caractéristique pour l'œuvre autobiographique) sera reproduite d'une manière spectaculaire dans la distribution et la caractérisation des personnages dramatiques de *L'Arrestation,* pièce fondée sur le principe de plusieurs projections du même personnage, *alter-ego* de l'auteur, saisi aux différents moments de sa vie (en tant qu'enfant, jeune homme et homme d'âge mûr).

Ainsi, au lieu de l'expliquer dans un paratexte, Anouilh fait systématiquement parler son œuvre à sa place. Cette citation d'auteur – «Je ne reçois pas les journalistes. On ne dit jamais que des sottises. J'ai tout dit dans mes pièces»[14] – illustre parfaitement sa démarche habituelle de se situer – en tant qu'auteur dramatique – derrière ses propres personnages. Grâce à ce procédé de se projeter dans ses personnages, Anouilh arrive à mettre en question la vision traditionnelle et désuète que l'on peut avoir d'un texte théâtral. Ce dernier aurait dû se caractériser par une séparation obligatoire entre l'auteur dramatique et ses «personnages imaginaires qui diffèrent [de l'auteur] et qui ont d'autres soucis que de raconter sa vie»[15]. Car, comme le note également Marie-Claude Hubert, l'écriture du dramaturge n'est jamais subjective et «toute confession lui est interdite puisqu'il ne s'exprime qu'à travers le discours de ses personnages, lui-même médiatisé par la voix de l'acteur. Le théâtre […] interdit toute possibilité d'autobiographie»[16]. Autrement dit, dans un texte destiné pour la scène, nous ne devrions jamais avoir accès au point de vue de l'auteur sur l'action; ce dernier aurait le droit de s'exprimer directement soit dans les didascalies soit dans les préfaces (et autres documents paratextuels qui entourent le texte fictionnel).

Quoi qu'il en soit, le cas pratique de la création de Jean Anouilh est entièrement en désaccord avec la théorie théâtrale admise. En effet, l'auteur ne s'absente plus de ses drames, tout en évitant de se manifester dans les paratextes:

> Je n'aime pas beaucoup les préfaces: elles témoignent généralement d'une mauvaise conscience et je me suis astreint à n'en jamais écrire, pas plus que d'examens, ni de notes explicatives. Le théâtre a ceci de brutal et de merveilleux. Si vous devez expliquer ce que vous avez cru faire, c'est que vous ne l'avez pas fait[17].

---

[12] *Ibid.,* p. 7.

[13] *Ibid.,* p. 179.

[14] A. Visdei, *Anouilh, un auteur «inconsolable et gai»,* Les Cygnes, Paris, 2010, p. 217.

[15] P. Pavis, «Théâtre autobiographique», [in:] *Dictionnaire du théâtre,* Armand Colin, Paris, 2004 [1980], p. 361.

[16] M.-C. Hubert, *Le Théâtre,* Armand Colin, Paris, 2008 [1998], p. 11.

[17] J. Anouilh, cité par A. Leblanc, dans «Jean Anouilh sans étiquettes», [in:] *Profils de la rentrée théâtrale, Le Quotidien de Paris,* 15 septembre 1975.

Ainsi, le *dialogue anouilhesque* semble compromettre à tout jamais les règles conventionnelles de la *double énonciation*. Dès lors, la communication théâtrale ne se joue plus sur l'axe interne de la relation entre les personnages, mais semble se réduire à l'axe externe, celui qui s'opère entre l'auteur et le lecteur-spectateur initié.

Par l'intermédiaire de son écriture subjective et habitée par ses multiples *alter ego*, Anouilh ne cesse de jouer avec les codes de la théâtralité et de brouiller des pistes: «Mon théâtre et mes trente-cinq pièces se nourrissent de ce que je vois, de ce que je vis, de ce que je subis»[18], avoue-t-il en octobre 1972. Il le dément, un mois plus tard: «Chers fouilleurs, chers chercheurs de sources, je vous distrayais le soir en vous racontant des histoires comme à des petits enfants, voilà tout»[19]. En contestant ainsi quasi immédiatement le pacte autobiographique explicite, l'auteur le (re)signe à sa façon[20], à rebours, par le biais d'un mouvement saccadé qui lui permet de signer et d'effacer le pacte, de se révéler et de se masquer tour à tour[21], de se construire et se déconstruire dans la même démarche artistique.

De même que dans l'univers dramatique de Ionesco, la représentation de la mémoire et la question de l'amnésie jouent dans l'œuvre d'Anouilh un rôle primordial. Son théâtre qui «semble [être] écrit à la première personne»[22], fait appel à des expériences intimes, et évoque la problématique des possibilités de mettre une vie en forme dramatique et scénique.

Le Voyageur sans bagage, donc libéré du poids des souvenirs, protagoniste d'une des premières pièces d'Anouilh, datant de 1936, devient en quelque sorte le prototype de tous les personnages postérieurs de son théâtre, et semble confirmer l'influence directe du théâtre historique, biographique (inspiré ici de l'histoire d'Anthelme Mangin, soldat «amnésique de Rodez») sur le drame de soi. Comme le suggère Caroline Anouilh, le dramaturge semble se projeter dans la figure de l'amnésique suite à la découverte du secret de sa «bâtardise» et refuse d'avoir des souvenirs d'enfance:

Enfant, papa, devina très vite le secret, vers l'âge de dix ans. Après quoi, il devait refuser de se souvenir. Disons, d'évoquer sa vie intime. «Un blanc» comme il disait, la pellicule était coupée, une sorte d'amnésie sociale qui dura environ huit années. Plus tard, il nous raconta son admiration rancunière pour ce père inavoué. Il se rappelait être terriblement jaloux de l'affection que cet homme portait à Mamine.[23]

---

[18] N. de Rabaudy, entretien avec Jean Anouilh, *Paris Match*, n° 1224, 21 octobre 1972, p. 89. Voir aussi l'aveu d'Anouilh formulé à l'âge de seize ans: «Je dirai ce que j'ai dans le ventre, comme ça viendra. Je dirai mes larmes, mes battements de cœur, mes rires», cité par Caroline Anouilh, *op.cit.*, p. 161-162.

[19] J. Anouilh, «Les Sources par Jean Anouilh», [in:] *Le Figaro*, 29 novembre 1972.

[20] Voir M. Laouyen, *L'Autofiction: une réception problématique*, www.fabula.org/forum/colloque99/208.php: «La contestation du pacte est une façon de le signer», 30/03/2011.

[21] Démarche propre à son écriture d' «autobiographie»: *La Vicomtesse d'Eristal n'a pas reçu son balai mécanique. Souvenirs d'un jeune homme*, où l'auteur s'efface après s'être dévoilé.

[22] Voir J. Blancart-Cassou, Jacqueline, *Jean Anouilh. Les jeux d'un pessimiste*, PUP, Aix-en-Provence, 2007, p. 53.

[23] C. Anouilh, *op. cit.*, p. 27.

En outre, dans un entretien accordé à Jacqueline Cartier, l'auteur s'auto-désigne *amnésique* et tente de tisser des liens étroits entre le (dys)fonctionnement de sa mémoire et les processus de création de ses œuvres pour la scène:

> Je suis amnésique. Maintenant seulement, mon enfance commence à me revenir: c'est sans doute que je vieillis. Ma mère était pianiste au casino d'Arcachon. Je disais «Je suis le fils de la pianiste» et on me laissait entrer. J'ai vu toutes les opérettes de mes 7 à 11 ans et je les connais par cœur [...] De temps en temps, quelqu'un venait me dire: «Votre mère dit qu'il faut que vous alliez vous coucher» et je ne savais pas la fin... mais souvent je me cachais. Tout mon théâtre est sorti de là[24].

Cet aveu épitextuel sera transposé dans *L'Arrestation*, l'une des pièces les plus intimes de l'auteur. Le questionnement théorique sur les lacunes de la mémoire et sur l'effacement des souvenirs d'enfance se trouve non seulement aux origines du théâtre d'Anouilh mais joue – à l'intérieur même des drames – le rôle significatif. Le refus (conscient) de la mémoire se reflète tout d'abord dans les paroles prononcées directement par ses protagonistes:

> LE JEUNE HOMME. – Je ne me souviens plus. Je n'ai jamais eu de souvenirs d'enfance, j'ai tout oublié [...] C'est quelquefois angoissant. Heureux ceux qui donnent encore la main à un petit garçon tranquille qui a été eux! Mon enfance est un brouillard dont n'émergent que quelques visages[25];

et se manifeste ensuite dans la forme éclatée de la pièce, suivant l'enchainement-flux de souvenirs et le travail de la mémoire en marche.

Dans son «journal»a-générique *Présent passé, passé présent*, Ionesco met en scène son angoisse devant l'effacement des souvenirs, processus qu'il associe à l'agonie. Il note:

> Nous perdons tous la mémoire. J'ai l'impression de la perdre davantage que les autres. Peut-être parce que je veux tout retenir. Peut-être parce que je veux tout dire [...]
> 1967. J'oublie, de plus en plus. Comme tout le monde. Vais-je perdre tout à fait la mémoire? Est-ce cela, mourir?[26]

Il n'est pas anodin que *Le Voyageur sans bagage* constitue une inspiration directe pour *L'Homme aux valises,* l'une des dernières pièces clefs de Ionesco s'interrogeant de nouveau sur les possibilités et les lacunes de sa propre mémoire. Cette dernière y est symbolisée par le poids des souvenirs que le protagoniste est obligé de transporter dans ses valises[27] accrochées à tout jamais à son corps[28]. Cette autobiographie

---

[24] Portrait d'Anouilh par J. Cartier, «Anouilh comme un enfant émerveillé», [in:] *France Soir*, 8 février 1971.

[25] J. Anouilh, *L'Arrestation, op. cit.,* p.188.

[26] E. Ionesco, *Présent passé, passé présent, op. cit.,* p. 38.

[27] Le même motif apparaît dans *L'Arrestation* de Jean Anouilh.

[28] Comparer avec l'univers théâtral de Kantor. Voir également le personnage de Lucky dans *En attendant Godot* de Beckett.

en miettes – étant une sorte de retranscription du journal intime atypique *Journal en miettes* – destinée à la scène s'inscrit parfaitement dans le panorama de la nouvelle autobiographie (post)moderne qui, au lieu de nous livrer des produits finis, linéaires et chronologiques – des livres d'une vie tout entière (tel le projet de Jean-Jacques Rousseau) – nous met en face de morceaux arrachés à l'existence, de plus en plus courts, de plus en plus éparpillés, à une chronologie bouleversée. Jean Anouilh, qui n'hésite plus ni à se mettre directement derrière ses personnages ni à placer ses propres réflexions metathéâtrales et mémorielles dans leurs répliques, se prononce ainsi au sujet de cette nécessaire a-chronologie (auto)biographique:

> On attache toujours une importance exagérée au présent. On s'agite et, pour finir, nous ne vivons que de souvenirs comme si les faits, de même que certains plats cuisinés n'étaient vraiment bons que réchauffés. Le moment nous file entre les doigts, informe, et c'est après, quand tout se remet en ordre, qu'on le déguste… Et rarement dans l'ordre chronologique – qui est une belle foutaise des hommes, vous ne trouvez?…[29]

Le point de vue du dramaturge transparaît ici par l'intermédiaire du Commissaire de *L'Arrestation*, ce personnage récurrent dans l'univers d'Anouilh et de Ionesco, lequel devient l'une des composantes majeures des pièces policières[30] (s'inscrivant parfaitement dans le processus autobiographique moderne recourant à une quête de soi et à une reconstitution de son identité démultipliée). Le personnage éclaté de *L'Arrestation* se met alors en quête de son passé et tente de reconstruire son histoire, par bribes, assisté par le Commissaire de police:

> LE COMMISSAIRE. – Je reconstitue doucement…
> L'HOMME. – Moi aussi. On en met du temps.
> LE COMMISSAIRE. – Toute la vie![31]

Bernard Beugnot remarque pertinemment que le commissaire de *L'Arrestation* joue le rôle de spectateur-commentateur[32] de l'action. Il nous semble cependant important de souligner que ce personnage ne cesse d'osciller entre son rôle passif de spectateur et le rôle actif d'adjuvant qui consiste à inciter L'Homme à continuer son travail mémoriel. On pourrait le rapprocher ainsi du personnage ionescien du Policier dans les *Victimes du devoir*, devenant le moteur principal de l'action dramatique

---

[29] Pièce publiée aux Éditions La Table Ronde en 1975, reprise chez Gallimard en 1986 dans la coll. «Folio», avec la jaquette du scénographe, Jean-Denis Malclès. Elle n'est pas entrée dans la sélection des pièces publiées dans les deux volumes *Théâtre* de Jean Anouilh, édition établie, présentée et annotée par Bernard Beugnot, Gallimard, «Bibliothèque de la Pléiade», 2007. Toutes les citations de cette pièce renvoient à la publication dans le volume *Pièces secrètes*, La Table Ronde, Paris, 2008 [1977].

[30] On pourrait comparer de ce point de vue *L'Arrestation* d'Anouilh à *Tueur sans gage* et *Victimes du devoir* de Ionesco.

[31] J. Anouilh, *L'Arrestation, op. cit.*, p. 171.

[32] B. Beugnot, [in:] J. Anouilh, *Théâtre, II, op. cit.*, p. 1510.

et incitant le protagoniste passif à approfondir son devoir de la reconstitution des souvenirs enfouis. Tel le Professeur de *La Leçon*, le Policier des *Victimes* se métamorphose d'un homme discret et timide en un vrai manipulateur qui finit par gaver Choubert du pain: «Je t'ordonne de manger, pour avoir des forces, pour boucher les trous de ta mémoire»[33].

Ce jeu constant entre l'état passif et actif dans la construction des personnages reflète une problématique beaucoup plus profonde, celle notamment du passage régulier entre les deux conditions assumées par le metteur en scène-autobiographe: celle du témoin (spectateur regardant) et celle de l'acteur (regardé par le spectateur) de sa vie. De même, la pièce ionescienne *Victimes de devoir* reprend la forme mémorielle et se construit autour de la quête des souvenirs. Le Policier – qui jouera de multiples rôles, dont celui du Père de Ionesco, lui-même inspecteur de la Sûreté à Bucarest – guide le personnage de Choubert dans l'exploration forcée des fonds de sa mémoire. En descendant de plus en plus bas dans les tréfonds de sa conscience, Choubert découvre ses plus profondes angoisses («Je marche dans la boue. Elle colle à mes semelles... Comme mes pieds sont lourds! J'ai peur de glisser!»[34]), ainsi que des souvenirs enfouis. Ionesco introduit ainsi, à l'intérieur d'une œuvre fictionnelle au sujet de la mémoire, ses propres souvenirs d'enfance, dont celui de la rue Blomet où il vivait pendant la Première Guerre mondiale:

> *Choubert pousse un cri. Noir. De nouveau lumière. Il est seul sur scène.*
> Choubert: J'ai huit ans, c'est le soir. Ma mère me tient par la main, c'est la rue Blomet après le bombardement. Nous longeons des ruines. J'ai peur. La main de ma mère tremble dans ma main. Des silhouettes surgissent entre les pans des murs. Seuls leurs yeux éclairent dans l'ombre.
> *Madeleine fait son apparition, silencieusement. Elle se dirige vers Choubert. Elle est sa mère*[35],

ou celui des adieux avec sa mère qui décida, en 1925, de renvoyer son fils en Roumanie, chez son père.

Force est de constater ici la similitude dans l'utilisation des procédés dramatiques renouvelés par Anouilh et Ionesco. Effectivement, les deux dramaturges recourent assidûment à insérer dans les dialogues leurs propres réflexions métatextuelles et se prononcent – à travers leurs personnages – sur leurs choix littéraires, dramatiques et scéniques. À la fin de la pièce, Ionesco introduit un autre personnage, Nicolas d'Eu, son second *alter ego* qui assiste le Policier dans la procédure de stimulation mémorielle et se prononce – à la place de Choubert que l'on interrompt à chaque instant, tel un personnage forcé à devenir muet – au sujet de l'art dramatique et de la nécessité de son renouveau. Ses propos (qui reflètent la pensée de Ionesco) permettront une fois de plus d'opposer le personnage du fils («Je rêve d'un théâtre irrationaliste [opposé

---

[33] E. Ionesco, «Victimes du devoir» [in:] *Théâtre complet, op. cit.*, p. 240.
[34] *Ibid.*, p. 216.
[35] *Ibid.*, p. 221.

au] théâtre actuel - prisonnier de ses vieilles formes, onirique, a-psychologique, où les caractères perdent leur forme dans l'informe du devenir, où l'on ignore l'action et la causalité, où le tragique se fait comique, le comique est tragique, et la vie devient gaie»[36]) à celui du père («Je demeure, quant à moi, aristotéliquement logique, fidèle à mon devoir, respectueux de mes chefs… Je ne crois pas à l'absurde, tout est cohérent, tout devient compréhensible»[37]).

À la suite de la scène qui se déroule au théâtre, Ionesco met dans les répliques de Madeleine et du Policier les commentaires du spectacle donné par Choubert; et ces derniers semblent refléter certains propos critiques envers l'impudeur du penchant autobiographique de ses propres créations[38]:

> Madeleine: Qu'est-ce que c'est encore?
> Le Policier: Il évoque son passé, je suppose, chère amie.
> Madeleine: Si on se mettait tous à évoquer le nôtre, où irions-nous… Nous aurions tous des choses à dire. Nous nous en gardons bien. Par modestie, par pudeur[39].

Ce passage reflète un exemple de pacte autobiographique implicite inséré à l'intérieur du dialogue des personnages secondaires et qui entre en jeu avec le public initié. Un autre pacte, le plus intime, a été signé par l'auteur dans son propre «journal»: «Je projetai sur scène mes doutes, mes angoisses profondes, les dialoguai; incarnai mes antagonismes, écrivis avec la plus grande sincérité; arrachai mes entrailles; j'intitulai cela *Victimes du devoir*»[40]. C'est là où Ionesco pose directement la question des possibilités de projections de soi sur scène. C'est grâce au fait de «projeter sur scène» et de «faire dialoguer» ses souvenirs, émotions, et états par le biais de différentes figures-doublures de l'auteur que peut s'accomplir enfin la matérialisation des éléments de son histoire.

En brisant la temporalité et l'unité des personnages, Ionesco construit à la fin une scène de dialogue entre les deux doubles situés à différents moments de vie: Choubert - enfant et Nicolas - à l'âge adulte. La pièce se clôture donc au moment culminant, choral, où tous les protagonistes semblent se présenter en tant que morceaux de l'identité éclatée de l'autobiographe. Anouilh recourt au même procédé dans *L'Arrestation* où nous découvrons dès la scène d'ouverture deux voyageurs, un jeune avec un petit sac de voyage (tel un *Homme aux valises*) et un plus âgé sans bagages apparents (tel un *Voyageur sans bagage*). Habillés tous deux de la même manière, en imperméable, ils retournent ensemble dans un hôtel délabré dans une station balnéaire où ils ont passé «une grande partie des étés de [leur] enfance et de [leur] adolescence»[41].

---

[36] E. I o n e s c o, *Victimes du devoir, op. cit.,* p. 242-243.

[37] *Ibid.,* p. 243.

[38] Le thème du conflit entre l'auteur dramatique et le critique théâtral sera développé dans *L'Impromptu de l'Alma* et dans *Le Piéton de l'air.*

[39] E. I o n e s c o, *Victimes du devoir, op. cit.,* p. 228.

[40] I d e m, *Présent passé, passé présent, op. cit.,* p. 28.

[41] J. A n o u i l h, *L'Arrestation, op. cit.,* p. 94.

La pièce s'ouvre ainsi sur la notion bien significative pour toute œuvre autobiographique, celle de retour dans un endroit issu de la mémoire, un lieu de rencontre de trois *moi* successifs et évocateurs des souvenirs: «L'Homme: Cela fait près de trente ans que je n'y sois pas revenu! J'étais un jeune homme la dernière fois, mais j'en avais surtout gardé mes impressions d'enfant. Tout était plus luxueux, plus vaste dans mon souvenir»[42]. En choisissant comme point de départ de sa création son propre matériau mémoriel, l'auteur réussit, grâce à la construction cyclique basée sur le système de répétitions, à instaurer un dialogue avec la mémoire émotionnelle du spectateur:

> *L'Homme et le Jeune Homme sont l'un en face de l'autre, ils se regardent longtemps comme étonnés; finalement, le jeune homme rompt le charme le premier. Il va au portemanteau, prend son imperméable, qu'il avait laissé là la veille et sort rapidement. Le concierge qui était revenu à son comptoir murmure comme pour lui:*
> Le Concierge. — Il a pris son imperméable et pourtant il ne pleuvait pas ce jour-là.
> *L'Homme est resté seul regardant droit devant lui. L'éclairage est devenu bizarre, hors du temps, le concierge est figé. On entend un orchestre fantomatique qui joue dans le kiosque du parc un air démodé* **qu'on a déjà entendu par bribes et qu'on entendra souvent** *[...] Quelques mesures encore et la lumière redevient peu à peu réelle. La réalité nous est d'ailleurs donnée par la voix du concierge qui répond au téléphone, bien vivante*[43].

Ce passage est bien significatif et nous permet de comprendre comment le lien noué avec un destinataire physique, présent dans la salle de spectacle, permet à l'autobiographe de mettre en scène une réalité antérieure, un instant émotionnel issu de sa mémoire immédiate. La progression par boucles de *L'Arrestation* se construit tour à tour par le biais du montage des éléments du théâtre-récit et des composantes du théâtre-action. Cette alternance des morceaux hétérogènes se lit pleinement dans cette écriture didascalique dans laquelle l'auteur transpose sa vision matérielle de la scène, tout en jouant sur la représentation du passage d'un espace mémoriel rendu onirique à un lieu réel, présent. Anouilh se livre dès lors à un jeu étrange avec son spectateur habituel: les souvenirs (visuels et sonores) de l'auteur se mêlent ainsi aux souvenirs que le public détient du début de la re-présentation (*On entend un orchestre fantomatique [...] qu'on a déjà entendu par bribes*), ainsi que de ses spectacles précédents. Force est de constater qu'Anouilh semble inviter ici son public fidèle à assister à un office bien particulier, celui de la «messe de la mémoire»[44] qui permet au spectateur de regarder au fond de lui-même[45] et de nouer ainsi une relation étroite avec l'œuvre théâtrale. Le spectateur se retrouve ainsi englobé dans la théâtralité et se doit

---

[42] *Ibid.*, p. 95. Je souligne.
[43] *Ibid.*, p. 133-134.
[44] Terme de F. Nourissier, «*L'Arrestation* de Jean Anouilh», [in:] *Le Figaro*, 19 septembre 1975.
[45] Voir à ce propos l'article de P. Julien, «*L'Arrestation* de Jean Anouilh», [in:] *L'Aurore*, 9 septembre 1975: «Entre la nef de la cathédrale et le salon d'un grand hôtel de ville d'eau A fera évoluer les fantasmes de sa jeunesse et une fois encore nous donnera son portrait dramatique intérieur, nous entrainera dans ce no man's land à-mi chemin de la mémoire et de la vérité, au carrefour de ses rêves et ses angoisses: au fond de nous-mêmes».

de participer activement à la création du spectacle car, comme le rappelle Anouilh, «une pièce se joue avec des acteurs et l'un de ces acteurs, si l'on veuille ou non, c'est le public»[46]. Par ce procédé d'attribuer au public un rôle actif, Anouilh – à l'instar de Ionesco – projette ses propres expériences narrées et incarnées sur autrui: en les dotant d'un caractère universel, il se détache ainsi de ses souvenirs intimes et se distancie par rapport à son passé. Le lecteur attentif de Ionesco est sans cesse confronté à ce jeu de métamorphose des motifs et de réécriture des procédés scéniques, et amené ainsi à compléter les cases vides de la biographie de Ionesco que ce dernier inscrit par traces (telles des pièces de puzzle) dans ses œuvres.

En outre, il faut remarquer que L'Homme dans L'Arrestation de même que L'Homme aux valises alias le Premier Homme ne portent jamais – tel Le Solitaire et le Personnage du Formidable bordel – de nom propre. Interrogé sur la question, Le Premier Homme avoue ne pas connaître son vrai nom:

> Premier Homme: Je n'ai pas de passeport. J'ai une pièce d'identité, deux même: une carte de visite et une carte vraiment d'identité. Les voici […]
> Deuxième Policier: Sur la carte de visite, votre nom est Filard, profession: moustiquaire. Sur la carte d'identité, c'est écrit Marty ou Marly, je ne vois pas clairement, ou bien Vardy.
> Premier Homme: Ce serait plutôt Mofty. Je ne sais pas moi-même[47].

La recherche d'une identité fixe le mène à en nier d'autres, à enlever des masques successifs et à évoquer plusieurs projections de soi, de cet «existant»[48] à «l'âge indéterminé»[49]. L'impossibilité de nommer son protagoniste[50], que Ionesco partage avec Anouilh, démontre l'absurdité de vouloir imposer aux autobiographies (post) modernes la condition impossible de désigner le personnage autobiographique du nom de son auteur. Cette caractéristique première de l'œuvre autobiographique semble aujourd'hui entièrement désuète.

Dépasser l'action d'être acteur de sa vie et en devenir le témoin, voici la question fondamentale pour toutes les œuvres théâtrales autobiographiques analysées dans ce travail. Ce questionnement met en lumière le problème de la transposition du vécu sur scène par l'intermédiaire d'autrui et renvoie à la construction des couples scéniques: Jean Anouilh et Jacques François / Eugène Ionesco et Jacques Mauclair. Les deux dramaturges non seulement recourent à la mise en scène collective, mais également à la projection de soi sur scène et à la création de leur double scénique à travers le corps et la voix d'un acteur vivant. Il est important de se pencher ici sur cette notion de forme que l'auteur souhaite donner à sa projection: Anouilh semble

---

[46] J. Anouilh, En marge du théâtre, articles, préfaces, etc., les textes réunis et annotés par E. Knight, La Table Ronde, Paris, 2000, p. 24

[47] E, Ionesco, «L'Homme aux valises» [1975], [in:] Théâtre complet, op. cit., p. 1230-1231.

[48] Ibid., p. 1256.

[49] Ibid., p. 1256.

[50] Nom effacé ou déplacé comme Antoine, Choubert ou Béranger.

ici – contrairement à Ionesco qui tentait de faire apparaître sur scène les images de ses angoisses et les figures de ce qu'il «avait peur de devenir»[51], de ce qu'il aurait pu être et qu'il n'est pas devenu[52] – se construire une image désirée, rêvée de soi.

L'écrivain dramatique devient ainsi en même temps acteur et témoin des événements relatés, actif et passif, regardant et regardé, tandis que le personnage central – *alter ego* de l'auteur – garantit la seule unité de la pièce, aussi fragmentaire et illogique qu'elle soit, mais toujours construite autour de ce même personnage. En affirmant «Je suis un témoin absolument objectif de ma subjectivité»[53], Ionesco deviendra témoin de sa vie mise en miettes sur scène, tel le protagoniste du *Solitaire*, portrait mental ou double de Ionesco, qui se résout à «Sortir. [À] Regarder les gens avec un mélange d'intérêt et de détachement [...] [À] Être à la fois entouré de tout cela et dehors. Un spectateur sur le plateau au milieu des acteurs [...] [À] Regarder des gens qui regardent. Tout est spectacle imaginé par... par qui? Par Dieu, avouons-le»[54].

C'est justement cette tension entre l'état de spectateur et le fait d'être acteur de sa vie qui semble constituer l'une des caractéristiques majeures du théâtre de soi où l'auteur se confond avec ses personnages et s'adresse à un public averti. Ionesco évoque ici une question fondamentale pour l'art théâtral, celle du regard. Car, il ne faut pas oublier que la machine théâtrale se met en route dès le moment où se noue le rapport entre le regardant et le regardé, comme le définit objectivement Anne Ubersfeld:

> Le théâtre est espace. Espace profane. Espace consacré [...] Espace où les humains se divisent, où certains se montrent à d'autres. Et peu importe si les uns et les autres sont les mêmes ou différents, s'ils peuvent ou non échanger leurs rôles. L'essentiel est que, dans le moment théâtral, il y ait des regardants et des regardés[55].

Ionesco, en tant que dramaturge autobiographique, devient cependant simultanément le regardant et le regardé, l'acteur et le témoin, le comédien et le spectateur. Dans un des entretiens accordés à Claude Bonnefoy, il propose ainsi sa propre définition du théâtre, beaucoup plus subjective, basée sur la notion du regard: «Le théâtre c'est ce qu'on nous montre sur scène. Voilà la définition la plus simple, mais la moins injuste, la plus vague... mais qui risque difficilement d'être contredite»[56] et l'enrichit quasi immédiatement par la notion du dévoilement de ce qui est occulté:

---

[51] E. Ionesco, *Entre la vie et le rêve*, Entretiens avec Claude Bonnefoy, Gallimard, Paris, 1996 [1966], p. 60.

[52] *Ibid.*

[53] E. Ionesco, «Lettre à Gabriel Marcel», [in:] *La Revue de la Bibliothèque nationale*, n° 26, hiver 1987, citée dans E. Ionesco, *Théâtre complet, op. cit.*, p. 1402. On pourrait comparer cette affirmation avec l'aveu d'Antonin Artaud: «J'assiste à moi-même. Je suis mon propre spectateur. Je suis définitivement à côté de la vie» (A. Artaud, *Œuvres complètes*, t. 1, Gallimard, Paris, 1976, p. 114).

[54] E. Ionesco, «Le Solitaire», [in:] *Mercure de France*, 2008 [1973], p. 81-82.

[55] A. Ubersfeld, *Lire le théâtre II, L'École du spectateur*, Belin, Paris, 1996, p. 49.

[56] E. Ionesco, *Entre la vie et le rêve, op. cit.*, p. 160.

«Le théâtre, c'est peut-être cela: la révélation de quelque chose qui était caché. Le théâtre est l'inattendu qui se montre; le théâtre c'est la surprise»[57]. La notion choisie par Ionesco, celle de la révélation attire bien évidemment toute notre attention. En évoquant cette capacité qu'a une re-présentation théâtrale de dévoiler et de matérialiser l'invisible, elle semble renouer avec un pacte de lecture implicite qui permet de comparer les enjeux d'une œuvre théâtrale avec ceux d'une œuvre autobiographique. Certes, nous sommes confrontés ici à deux différentes façons de considérer son destinataire: Ionesco ne cesse de signer de multiples pactes autobiographiques explicites tandis qu'Anouilh n'affirme la présence de son autobiographie théâtrale qu'à travers un pacte effacé, signé en quelque sorte à rebours. Mais, les deux créateurs se rejoignent au niveau d'une révélation faite au lecteur-spectateur, et ceci par le biais de leur théâtre autobiographique.

Summary

Autobiographical theater or the Place of the Author-Character and of the Reader in the Theater of Jean Anouilh and Eugène Ionesco

This comparative study aims to highlight the use of the figure of the author-character through dramatic and theatrical activity of Jean Anouilh and Eugène Ionesco, two playwrights creating their theater in the first person or consistently building the dramatic character as the alter ego of the author. This paper examines the involvement of the reader in the construction of the autofictionary dramatic material and the nature of the autobiographical pact signed by the two authors with their receivers.

Keywords: Ionesco, Anouilh, author-character, autobiographical theater, autobiographical pact

---

[57] *Ibid.*, p. 161.

II
PERSONNAGE

DOI: 10.12797/9788376384207.14

Marzena Chrobak

Université Jagellonne

En guise d'introduction

Le personnage littéraire se situe au centre de la réflexion de Regina Bochenek-Franczakowa. Dans l'introduction à son livre *Le personnage dans le roman par lettres à voix multiples de* La Nouvelle Héloïse *aux* Liaisons dangereuses, Kraków 1996, la chercheuse a passé en revue les notions et les problèmes inhérents à l'étude de cette catégorie littéraire. Elle a évoqué des termes de base tels que l'étiquette, le portrait (auto- et alloportrait, portrait physique, psychologique, moral), la caractérisation directe et indirecte. Elle a rappelé, d'après Ph. Hamon, que la complexité de la tâche du chercheur tient du fait que le personnage est le lieu où trois effets se rencontrent et se croisent: un effet de réel, un effet de personne et un effet des projections de l'auteur, du lecteur, du critique, du traducteur[1]. Elle a posé deux questions fondamentales pour l'étude du personnage – quel est son mode d'existence (autrement dit, quel est le rapport personnage-personne)? Quelle est sa position dans l'ensemble du texte? – et, dans la suite de son étude, elle a apporté des réponses pertinentes.

En étudiant cette structure à la fois réaliste et abstraite qu'est le roman par lettres polyphonique, inventé peut-être en Espagne[2], mais perfectionné en France au cours

---

[1] Ph. Hamon, *Le Personnel du roman. Le système des personnages dans «Les Rougon-Macquart» d'Emile Zola*, Droz, Paris, 1983, p. 9, cité d'après R. Bochenek-Franczakowa, *Le personnage dans le roman par lettres à voix multiples de «La Nouvelle Héloïse» aux «Liaisons dangereuses»*, Abrys, Kraków, 1996, p. 9; V. Jouve, *L'effet-personnage dans le roman*, Presses Universitaires de France, Paris, 1992.

[2] J. de Segura, *Processo de cartas de amores que entre dos amantes passaron y una quexa y aviso contra amor*, 1548, cf. L. Versini, *Le roman épistolaire*, Presses Universitaires de France, Paris 1998 (2ᵉ éd.), p. 21. Pour la France, L. Versini donne la priorité aux romans de Boursault et de Guilleragues parus en 1669, et il range *Les Epistres familières et invectives de ma dame Hélisenne* de Marguerite de Briet, 1539, dans le chapitre «La préhistoire d'un genre», W. Rapak, J. Kornhauser, I. Piechnik (Eds), cf. *ibid.*, p. 18, 38-42; or, B. Marczuk montre d'une façon convaincante le passage «de la lettre aux belles lettres» qui s'opère dans ce texte de l'auteure française, cf.

du XVIIIe siècle et préfigurant certaines (re)découvertes du nouveau roman et du roman post-moderne, Bochenek-Franczakowa a mis l'accent sur les apports de cette forme à la construction du personnage: le portrait stéréoscopique dont le portrait en jeu de miroirs ainsi que la pertinence de tous les éléments de l'univers représenté pour la caractérisation indirecte du personnage, éléments tels que le style des lettres écrites par le personnage, le nombre et la longueur des lettres écrites et reçues, leur disposition dans l'ensemble[3].

En évoquant les approches méthodologiques dans la recherche sur le personnage, Bochenek-Franczakowa a distingué deux pôles, «constitués par les théories psychologisantes, relayées actuellement par les conceptions de psychanalyse littéraire et de «textanalyse» d'un côté, et les théories structuralistes et sémiotiques de l'autre»[4]. Dans son étude, elle a privilégié les théories psychologisantes, en adaptant son approche à la forme et au genre étudiés, romans sentimentaux et de formation, à visée psychologique, sentimentale et didactique[5]. Or, pour parler de l'activité des personnages, elle a utilisé le système actantiel (en distinguant le sujet de l'action, l'objet de l'action, le destinateur-initiateur de l'action, le destinataire-bénéficiaire de l'action, l'adjuvant et l'opposant) ainsi que le schéma des rôles actantiels de A.J. Greimas avec les modifications apportées par Anne Ubersfeld. L'une de ses conclusions, et qui confirme peut-être le caractère moderne de ces romans, c'est que la Famille, l'opposant traditionnel du sujet Soi en quête du bonheur dans des romans d'amour, quoique présent dans la plupart de romans du corpus étudié, perd son importance capitale comme opposant au profit de l'actant Vice dans les rôles de Libertin(e), Méchant(e) et Intrigant(e)[6].

Pendant les deux décennies qui se sont écoulées depuis la publication de son livre, de nouvelles approches critiques ont été proposées par les études postcoloniales et les études de genre, dont la théorie queer, études bien moins développées en France que dans le monde anglo-saxon, et qui, à travers la relecture des textes classiques et la lecture des textes modernes, s'interrogent sur les notions de l'identité du personnage, son hybridité, son rapport à la normativité. Les études sur l'imaginaire ont mis en relief le rôle de l'imagination symbolique dans la médiatisation des personnages, surtout du héros collectif. Le personnage, décomposé et proclamé mort par des auteurs tels que Nathalie Sarraute, Alain Robbe-Grillet, Julia Kristeva dans les années 50., cette ère du soupçon, a été recomposé, au moins partiellement; c'est surtout dans le roman populaire qu'il se porte à merveille. De nouveaux ouvrages de synthèse et

---

B. Marczuk, «Les Epistres familières et invectives de ma dame Hélisenne (1539): premier roman épistolaire?», [in:] *De la lettre aux belles lettres. Études dédiées à Regina Bochenek-Franczakowa*, W. Rapak, J. Kornhauser, I. Piechnik (Eds), Wydawnictwo Uniwersytetu Jagiellońskiego, Kraków, 2012, p. 359-371.

[3] R. Bochenek-Franczakowa, *op. cit.*, p. 77, 201-206, 115, 207-212, 215-224.

[4] *Ibid.*, p. 10.

[5] *Ibid.*, p. 11.

[6] *Ibid.*, p. 230-235.

d'histoire ont vu le jour[7], ainsi que des répertoires des personnages littéraires, mais il n'existe toujours pas d'histoire exhaustive du personnage ou au moins d'un personnage, sinon pour les périodes brèves[8]. Pourtant, il serait fort intéressant de suivre l'évolution de quelqu'un comme Dieu, perçu intuitivement comme le personnage le plus récurrent dans les littératures occidentales...[9] Une étude reste à faire également sur la présence du souverain moderne – le président de la République – dans le roman contemporain ; sa rareté aurait-elle pour cause son manque d'exemplarité, de pittoresque, de prestige, d'efficacité, de magie?

---

[7] Tels que J.-Ph. Miraux, *Le personnage de roman. Genèse, continuité, rupture*, Nathan, Paris, 1997, G. Zaragoza, *Le personnage de théâtre*, Armand Colin, Paris, 2006, J.-P. Ryngaert, J. Sermon, *Le Personnage théâtral contemporain: décomposition, recomposition*, Éditions Théâtrales, Montreuil-sur-Bois, 2006.

[8] P.ex. M. Zeraffa, *Personne et personnage, le romanesque des années 1920 aux années 1950*, Klincksieck, Paris, 1969, Y. Vadé, *L'Enchantement littéraire. Écriture et magie de Chateaubriand à Rimbaud*, Gallimard, Paris, Bibliothèque des idées, 1990, K. Modrzejewska, *Postać kobieca we francuskim dramacie XX wieku*, Wydawnictwo Uniwersytetu Opolskiego, Opole, 1999, eadem, *Postać męska we francuskim dramacie XX wieku*, Wydawnictwo Uniwersytetu Opolskiego, Opole, 2004.

[9] Contrairement à son fils Jésus et à son personnel céleste et terrestre (anges, clergé, fidèles, saints), Dieu apparaît rarement en personne avant l'époque moderne..

DOI: 10.12797/9788376384207.15

MACIEJ ABRAMOWICZ

Université de Varsovie

Réalité, mentalité et littérature

Le personnage du roi dans les chansons de geste et le roman médiéval

Réfléchir sur la genèse et le fonctionnement du personnage littéraire à partir de la littérature médiévale en langue vernaculaire semble une solution de facilité. Les XIIe et XIIIe siècles sont une période où émergent simultanément une langue apte à exprimer la narration ainsi que les thèmes et les formes articulés dans cette langue. De plus, la question de la fictivité et de la référentialité ne se pose pas sous la forme d'une opposition radicale: la littérature en ancien français puise souvent ses racines dans l'historiographie. L'apparition de la chanson de geste dans le milieu anglo--normand a été précédée d'une vogue pour l'historiographie latine qui a duré cent ans; les romans arthuriens s'inscrivent, eux aussi, dans la tradition historiographique illustrée par *Historia Regum Britanniae* de Geoffroy de Monmouth, source directe du *Roman de Brut* de Wace qui précède de peu l'œuvre romanesque de Chrétien de Troyes, «classique» du roman médiéval. Par conséquent, toute narration longue en langue vulgaire est connotée d'historicité. Et même si, au cours des siècles, la vérité historique des œuvres vernaculaires diminue, le rapport à l'histoire référentielle des romans et des chansons de geste persiste, ne serait-ce que par la présence de certains personnages dont l'historicité ne fait aucun doute. D'ailleurs, le discours met en place des mécanismes rhétoriques qui renforcent la véridiction des œuvres[1].

En ce qui concerne la littérature postérieure, elle doit se positionner par rapport à d'autres critères, et notamment, par rapport à l'évolution des formes littéraires existantes et qui forment une tradition dont toute œuvre nouvelle constitue la dernière étape. M. Kundera, par exemple, cite l'œuvre de Rabelais et *Don Quichotte* de Cervan-

---

[1] Cf. M. Abramowicz, *Dire vrai dans les narrations françaises du Moyen Âge. XIIe-XIIIe siècles*, Wydawnictwo UMCS, Lublin, 2007.

tès comme étant les premiers exemples de l'art du roman européen[2]. Toutefois, cette nouveauté n'émerge pas *ex nihilo*, elle se fonde sur les chansons de geste et les romans médiévaux qui en constituent le repoussoir et sans lesquels l'apparition du grand roman européen aurait été impossible. À la dimension de la tradition littéraire s'ajoute simultanément un changement progressif du canon esthétique qui fait de plus en plus de place à l'imaginaire individuel de l'auteur au détriment des représentations mentales collectives, pierre de touche de l'esthétique de l'identité dont relève en grande partie la littérature médiévale. Elle préconise l'identité du contenu sémantique de l'œuvre au modèle latent fixé dans la mentalité des usagers de la culture, ce qui n'empêche pas une grande liberté formelle dont l'originalité est un critère d'évaluation de la valeur esthétique de l'œuvre[3]. Le nombre relativement réduit des paramètres déterminant les œuvres littéraires du Moyen Âge permet d'espérer des résultats de recherches plus univoques.

Afin de vérifier la légitimité de cette hypothèse, la présente étude sera consacrée à deux personnages centraux de la littérature et de l'imaginaire médiévaux: l'empereur Charlemagne et le roi Arthur. La fréquence de leurs manifestations respectives dans la littérature de l'époque, aussi bien sur le plan synchronique que diachronique, permet de formuler des remarques de portée générale, ce qui n'est pas le cas des personnages qui n'apparaissent que dans un nombre d'œuvres réduit, voire dans une œuvre unique.

Même s'ils incarnent tous les deux un personnage appelé à remplir la même fonction de roi au sein du monde représenté, leurs manifestations textuelles permettent d'observer des différences de taille qui les distinguent radicalement.

Charlemagne domine le monde épique actualisé dans de nombreuses chansons de geste, en premier lieu celles appartenant au cycle du roi dont il est le héros principal. Mais même dans les chansons classées dans d'autres cycles, il peut apparaître comme personnage secondaire, comme c'est le cas du *Couronnement de Louis* dont Guillaume d'Orange est le protagoniste principal. En dehors des enfances qui, d'ailleurs, ne font qu'annoncer sa future grandeur, il est présenté en règle générale comme un homme âgé et son âge hyperbolique est emblématisé par sa «barbe fleurie», dont les actualisations textuelles dans la *Chanson de Roland* fonctionnent comme une épithète homérique.

En premier lieu, Charles remplit ses fonctions royales et politiques: il veille à la prospérité de son vaste empire, il cherche à en agrandir le territoire, enfin, lorsqu'il est sur le point de mourir, il se soucie d'assurer sa succession. Sa fonction de chef militaire fait qu'il est toujours présenté en campagne militaire, à la tête de ses armées. Les séjours dans ses cours de Paris, d'Aix-la-Chapelle ou de Laon ne sont que de brèves interruptions dans ses interminables expéditions guerrières. Il est donc un homme

---

[2] Cf. M. Kundera, *L'art du roman*, Gallimard, Paris, 1986, p. 191-200.

[3] Cf. Y. Lotman, *La structure du texte artistique*, Gallimard, Paris, 1973, p. 189-190; cf. également R. Guiette, *Forme et senefiance. Études médiévales recueillies par J. Dufournet, M. De Grève, H. Braet*, Droz, Genève, 1978, p. 9-32.

d'action. Pourtant, ses activités militaires ne se limitent pas aux seules fonctions de commandant. Conformément à la représentation traditionnelle du chef remontant encore aux temps germaniques, il est un exemple de vaillance, prenant personnellement part aux combats. Son duel contre Baligant, «empereur de tous les Sarrasins» de la *Chanson de Roland*, en est la plus glorieuse illustration.

La grandeur de l'empereur n'inspire aucun doute, et même si dans certaines chansons (par exemple *Pèlerinage de Charlemagne, Gui de Bourgogne* ou *Fierebras*) ses décisions, provoquées par l'emportement, sont contestables et suscitent les protestations, son autorité n'est jamais remise en cause: dans la *Chanson de Girard de Vienne* le héros éponyme parvient à capturer l'empereur suite à une embuscade, mais au lieu de se venger enfin de la déloyauté impériale dont il est victime, il tombe à genoux, tellement il est impressionné par la grandeur de son captif. La scène où le duc Naimes, couché aux pieds de Charlemagne, chante ses louanges en est un autre exemple éloquent.

Un autre trait qui distingue Charlemagne, c'est sa piété exceptionnelle et les relations particulières qu'il entretient avec Dieu. L'accumulation des exemples de ces rapports est surtout visible dans la *Chanson de Roland* ou le merveilleux chrétien se manifeste abondamment au travers du personnage de Charlemagne: miracle du soleil dont la course est arrêtée par Dieu à sa demande, assistance de Dieu lors de son combat contre Baligant, apparitions systématiques de l'ange, messager du ciel *ki od lui soelt parler*. Charles remplit même des fonctions quasi-sacerdotales en bénissant ses chevaliers avant le combat. En fait, l'empereur est un élu de Dieu, suspendu en quelque sorte entre le ciel et la terre. Même si la *Chanson de Roland* est, de ce point de vue, exceptionnelle, l'importance de la foi chrétienne dans le cas de Charlemagne ne suscite aucun doute, ne serait-ce qu'à cause d'une donnée primaire: on le voit surtout mener une guerre sainte dont le but est d'*eshalcer sainte crestienté*.

Arthur, en revanche, est le plus important représentant d'un univers romanesque dont le rayonnement dépasse le cadre de son royaume de Logres; on le retrouve également en personne ou représenté par ses chevaliers dans d'autres œuvres, comme le prouve sa présence au gué du Mal Pas dans *Tristan* de Béroul. Il est très différent de Charlemagne. Avant tout, son contexte habituel n'est pas le champ de bataille, mais sa cour itinérante qu'il tient dans différents châteaux. Cette cour ne remplit pas de fonctions politiques; elle sert de théâtre où se déroulent des festivités, où la belle société aristocratique qui la compose peut déployer ses mœurs raffinées et où s'accomplit la reconnaissance des exploits chevaleresques. Son prestige royal ne trouve pas son expression dans une élévation analogue à celle de l'empereur; Arthur se distingue à peine de ses chevaliers. Il est significatif à cet égard que, dans les romans de Chrétien de Troyes où il apparaît pourvu de tous les attributs les plus importants pour sa légende, il serait difficile de trouver un signe de sa supériorité. De ce point de vue, la Table Ronde à laquelle il s'assied avec ses chevaliers est révélatrice. Arthur y occupe une place à peine plus élevée que les autres, ce que confirme l'iconographie de l'époque. Il représente donc parfaitement le modèle *primus inter pares,* qui souligne plus la proximité que la distance du souverain par rapport à ses chevaliers.

Dans les romans de Chrétien, Arthur ne remplit pas de fonctions de chef militaire de la même manière que Charlemagne, c'est-à-dire prenant part dans des combats, ce qui est une conséquence logique du fait que la guerre, entendue comme affrontement de deux armées, est quasi-absente de son royaume. Wace, qui a jeté les bases de la légende arthurienne et a donné les lignes de force du caractère d'Arthur, précise que le roi n'engage la guerre qu'en dernier ressort, et même s'il se bat, il n'est pas sanguinaire et n'a pas recours à la violence gratuite. Chez Chrétien, on ne le voit jamais accomplir d'exploits chevaleresques, à la rigueur il assiste en qualité d'observateur à ceux de ses chevaliers ou d'étrangers qu'il accueille et récompense.

L'absence de pratiques et de cérémonies religieuses à la cour d'Arthur est frappante dans les romans de Chrétien. Si le romancier évoque un rassemblement à la cour, il ne cite que rarement la présence des évêques ou des hommes d'Église parmi l'assistance. Il en va de même pour toutes sortes d'activités de la cour: tournois, débats, administration de la justice. La seule manifestation importante de la religion chrétienne et du rôle qu'elle est susceptible de jouer dans la vie des chevaliers du royaume de Logres, ne concerne pas le roi, mais le jeune Perceval qui retrouve la foi dans un ermitage, loin de la cour.

Ces divergences sont d'une telle ampleur qu'elles suggèrent que les deux personnages: Charlemagne et Arthur incarnent deux types de royauté: la première belliqueuse et conquérente, de nature autoritaire, basée sur le charisme du monarque et la deuxième, plus pacifique et culturelle, où la distance entre le roi «démocratique» et ses vassaux est réduite et où le premier souci du prince est d'accueillir les chevaliers et leur fournir des distractions raffinées. Les deux modèles semblent par ailleurs correspondre aux deux grandes lignées monarchiques européennes, capétienne et Plantagenêt, et aux idéologies qui leur sont propres. L'association pourrait être d'autant plus vraie que le personnage de l'empereur Charles jouit d'un plus grand succès sur le continent, surtout au nord-est de l'Europe, où, pour rehausser leur prestige, les grands lignages se reclamaient de la descendance de Charlemagne. Le personnage du roi Arthur est fréquemment présenté par la propagande des Plantagenêt comme leur prétendu ancêtre, à en juger d'après l'abondance de la littérature arthurienne qui a émergé grâce au mécénat et à la commande de la dynastie angevine. Le clivage entre les deux segments de littérature où ils apparaissent est si systématique que leur présence est devenue un des critères de la typologie des genres littéraires du Moyen Âge: malgré l'assimilation progressive de l'épopée au roman au cours de l'évolution de la littérature médiévale, Charlemagne n'apparaît jamais comme héros de roman et Arthur n'est jamais chanté par une chanson de geste avant l'avènement de la mode des mises en prose au XIVe et surtout au XVe siècle qui a fait les deux genres se fondre dans le moule unique du romans en prose[4].

Toutefois, les données historiques s'opposent à l'idée d'associer les protagonistes en question à l'une ou à l'autre idéologie royale. La légende de Charlemagne n'est point exclusive à la monarchie capétienne. Tout au contraire, il y a tout lieu de croire

---

[4] Cf. H.R. Jauss, «Littérature médiévale et théorie des genres», [in:] *Poétique*, 1970, N° 1.

que la plus ancienne version de la *Chanson de Roland*, celle d'Oxford, épopée qui hypertrophie la grandeur de Charlemagne, a probablement été composée à la cour d'Henri II. D'autres chansons de geste peuvent être aussi associées à la cour des Plantagenêt[5], même si le personnage de Charlemagne a été récupéré pour rehausser le prestige de certains lignages liés à la dynastie capétienne. En outre, le culte de Roland, et par conséquent celui de Charles, s'est développé particulièrement au sud-ouest du continent, dans les domaines continentaux des Plantagenêt (p.ex. le tombeau de Roland, Olivier et Turpin en l'église Saint Romain de Blaye). Chrétien de Troyes, en revanche, dont l'œuvre illustre magistralement le type de royauté que représente Arthur et montre sa cour dans tout son éclat, a été actif à la cour continentale de Marie de Champagne et de Philippe d'Alsace.

D'ailleurs, le comportement des rois littéraires ne correspond pas du tout à celui des monarques pour lesquels ils auraient servi de modèles. Contrairement à la «démocratie» qui règne à la cour d'Arthur dans les romans, la politique des rois Plantagenêt consiste à maintenir et renforcer l'autorité royale sur les bases jetées jadis par les Normands qui ont su transférer sur les îles britanniques leur centralisme. Celui-ci consiste à limiter considérablement l'autonomie des vassaux dont l'obéissance est souvent exécutée *manu militari*, ce qui va à l'encontre de l'image de l'harmonie qui règne à la cour du roi Arthur, modèle des Plantagenêt.

En ce qui concerne la nature belliqueuse de Charlemagne et le pacifisme d'Arthur, les choses en vont en réalité tout à fait autrement au XIIe siècle. Ce sont les rois angevins, se réclamant d'Arthur, qui mènent des guerres sans trêve, et l'image que ces princes ont voulu léguer à la postérité repose en grande partie sur des vertus militaires. Depuis l'émergence de ce qu'on appelle l'idéologie Plantagenêt, les propagandistes insistent sur les exploits guerriers des rois eux-mêmes. Richard Cœur de Lion incarne le mieux cet idéal de *rex bellicosus* et la propagande lui a fabriqué l'image du meilleur combattant de son temps. Il n'est pas le seul: son frère aîné, Henri le Jeune, jouissait d'une renommée analogue. Par contre, le domaine continental des rois de France jouit d'un pacifisme appelé «paix capétienne», interrompue plusieurs fois dans les années 1160 par des affrontements avec les Plantagenêt conduits justement par leur souverain. Pierre Riga, chanoine de Reims, dans un dialogue versifié, oppose la sérénité, la piété et la modération de Louis VII à la combativité des Plantagenêt. D'autres auteurs confirment cette opinion[6].

Même sur le plan littéraire et malgré toutes les différences citées, une lecture tant soit peu attentive des chansons de geste et des romans mentionnés tout comme la

---

[5] Dans le cas de l'époée *Aspremont*, il existe pourtant une différence d'opinion qui divise les médiévistes. M. Aurell partage l'opinion de Mandach qui y voit les échos de la propagande des Plantagenêt (cf. M. Aurell, *L'Empire des Plantagenêt. 1154-1224*, Perrin, 2003, p. 154-157), tandis que D. Boutet s'oppose catégoriquement à cette opinion (cf. D. Boutet, *Charlemagne et Arthur ou le roi imaginaire*, Champion, Paris, 1992, p. 474-482). Rien que ce débat est instructif et apporte un argument en faveur de notre propos: on ne peut pas associer une œuvre ayant Charlemagne pour héros comme exclusive à une idéologie précise.

[6] Cf. M. Aurell, *op. cit.*, p. 114-123.

prise en compte des contextes épique et romanesque plus vastes permettent d'atténuer considérablement des oppositions qu'on pourrait croire impossibles à neutraliser.

Comme il en a déjà été question, les romans de Chrétien de Troyes ne présentent pas souvent roi Arthur dans un contexte guerrier, il n'accomplit pas d'exploits chevaleresques personnellement, ce qui va à l'encontre de l'image du roi qui doit servir d'exemple à ses chevaliers. Toutefois, si l'on prend en ligne de comptes l'ample contexte discursif dans lequel apparaît Arthur, l'œuvre de Chrétien de Troyes s'avère être exceptionnelle. Guillaume de Malmesbury ou Geoffroy de Monmouth décrivent Arthur comme comme *dux bellorum*, roi armé à cheval. Aussi le public peut mesurer ses compétences chevaleresques dans le cycle *Lancelot-Graal*, surtout dans la scène grandiose de la bataille de Salesbières et du duel avec Mordret. Même dans certains romans de Chrétien, il existe des mentions des guerres qu'il mène: dans *Cligès* par exemple il est question de la guerre contre l'usurpateur Engrès de Windsor.

Il en va de même pour la religion, charpente idéologique unique de tout royaume occidental au Moyen Âge et qui en assure la cohérence. Si importante dans l'univers de la chanson de geste dominé par Charlemagne, elle est curieusement absente du roman courtois. Chrétien en parle furtivement sans y accorder d'importance. Le retour de la cour de la messe, par exemple, joue plutôt un rôle de repère temporel. On peut citer aussi la bénédiction du couple Erec et Enide par l'évêque de Cantorbéry, pendant la cérémonie du mariage, mentionnée en un vers. Cependant, si l'on se réfère à l'ensemble de la légende arthurienne, surtout aux romans en prose (Pseudo-Robert de Boron et le cycle *Lancelot-Graal*), Arthur s'avère être propagateur et défenseur de la foi. La dimension religieuse de son royaume trouve sa meilleure preuve dans l'interdépendance du Saint Graal et du royaume de Logres. Une fois ce grand symbole christique disparu du royaume arthurien, celui-ci est condamné à s'écrouler.

Ces exemples illustrent le caractère fixe du répertoire des traits qui composent le personnage du roi, indépendamment du genre dans lequel il apparaît. Il n'est donc point étonnant que D. Boutet a intitulé son ouvrage consacré aux deux princes en question: *Charlemagne et Arthur ou le roi imaginaire*[7]. Au fond, ce qui varie d'un genre à l'autre, c'est l'importance des caractéristiques dont certaines sont mises en vedette, tandis que les autres sont reléguées au second plan sans s'éclipser entièrement pour autant. Cette particularité relève de l'essence même du discours littéraire médiéval qui, conformément aux principes de l'esthétique de l'identité, se sert de types dotés d'une grande stabilité sémantique.

Les caractéristiques répérées dans les personnages littéraires de Charlemagne et d'Arthur forment un type appelé à jouer une fonction narrative au sein des œuvres. Cette fonction correspond à la tâche primordiale assignée au roi, qui est d'assurer la cohérence d'un royaume fondé sur la paix.

Or, en dehors de l'obligation de défendre son domaine contre les ennemis extérieurs qui incombe naturellement au roi, le maintien de la paix consiste à maîtriser les intérêts divergents qui peuvent se manifester parmi les vassaux. Or, la façon la plus

---

[7] D. Boutet, *op. cit.*

sûre de les neutraliser repose sur la largesse, la capacité de récompenser généreusement les vassaux pour leurs services. Celle d'Arthur qui s'exerce dans le contexte de sa
cour ne fait aucun doute. Dans les romans de Chrétien, les exemples sont nombreux:
les fastes de la cour dont bénéficient tous ceux qui s'y trouvent, l'accueil généreux
réservé aux chevaliers venus d'ailleurs, les noces éclatantes d'Erec et Enide célébrées
à la cour royale et les dons de valeur offerts par Arthur et Guenièvre à cette occasion.
Même si la cour de Charlemagne diffère de celle d'Arthur, la générosité de l'empereur
n'est pas moindre. Ainsi, il octroie fiefs et autres dignités à ses chevaliers: le héros éponyme de l'épopée *Girart de Vienne* devient d'abord écuyer de Charlemagne et obtient
ensuite de lui le fief de Vienne[8]. Suite à l'aide efficace de Roland qui sauve la vie de
Charlemagne lors de la bataille d'Aspremont, l'empereur non seulement pardonne
magnanimement la désobéissance antérieure du jeune chevalier, mais il lui offre aussi
un cheval et l'épée Durendal.

La générosité n'est pas un simple calcul politique, elle relève d'une dimension
humaine réglant les rapports au sein de la composante humaine de la diégèse. Elle
traduit aussi un autre phénomène qui cimente l'entente entre le roi et les siens: le lien
affectif. Celui-ci est désigné par le terme lourd de sens et de connotations d'amitié.
Ses manifestations ont lieu surtout lors de moments de crise: Charlemagne déplore
amèrement la mort de Roland et des douze pairs dans le défilé de Roncevaux. Et
même s'il entre en conflit avec certains d'entre eux, il sait montrer sa magnanimité et
pardonner les fautes de ses subordonnés. Les voyages entrepris par Arthur sont moti-
vés par l'inquiétude et le désir de revoir ses chevaliers. Tel est le cas du déplacement
de toute la cour à la recherche de Perceval, dont les nouvelles ne parvenaient plus
à la cour depuis longtemps, et de la visite qu'Arthur rend à Yvain devenu seigneur de
la Fontaine Merveilleuse et établi dans son nouveau domaine. La tristesse du roi qui
assombrit toute la cour est aussi causée par l'absence prolongée des compagnons de
la Table Ronde.

Le dernier exemple montre que le roi ne peut fonctionner hors de son contexte
immédiat, de la cour qu'il faut comprendre comme assemblée de compagnons et
d'officiers royaux. Dans ce domaine également, la différence entre Charles et Arthur
est, malgré les apparences, illusoire. Arthur est un arbitre de l'élégance qui assure
l'éclat de sa cour, lieu de raffinement auquel la présence féminine et la dimension
érotique donnent une ambiance particulière. Les subtilités de l'amour semblent tout
à fait étrangères au roi de Saint-Denis, même s'il n'est pas indifférent aux plaisirs de
l'amour; dans l'épopée *Girart de Vienne* déjà citée, il tombe amoureux de la duchesse
de Bourgogne qu'il avait promise à Girart et, mû par cet amour, n'hésite pas à manquer à sa promesse. Cependant, si l'on considère la courtoisie dans une acception
plus générale, comme un système de comportements dicté par la culture profane et
basé sur la civilité et la tempérance, de nombreux gestes de Charlemagne peuvent

---

[8] Le cas de l'ingratitude de Louis, fils de Charlemagne qui oublie son plus fidèle serviteur,
Guillaume au Court Nez au moment de la distribuation des fiefs en est un exemple *a contrario*:
Louis s'attire des critiques justement parce qu'il ne fait pas ce que le roi devrait faire.

être qualifiés de courtois. À titre d'exemple, on peut citer sa générosité, son élégance de comportement à l'égard des autres, son refus de la violence, comme c'est le cas du traitement qu'il réserve à Bramimonde.

Le deuxième pilier qui sert à maintenir la paix et la cohérence du royaume est la justice. Les deux rois remplissent une fonction de justicier. Arthur, par exemple, tranche le différend entre deux sœurs dont l'aînée voulait déshériter sa cadette (*Yvain ou le Chevalier au Lion*). Mais le souci de justice et d'équilibre inhérent à l'image du roi courtois est également présent en dehors du contexte formalisé du tribunal. Arthur admoneste systématiquement son méchant sénéchal Keu dont les moqueries blessent injustement d'autres personnages. Charlemagne, quant à lui, convoque ses barons et préside les procès dont celui de Ganelon est le plus connu. Mais toutes les actions de Charles, et surtout les guerres qu'il mène relèvent aussi d'un souci de justice. Conformément à l'esprit de la croisade ou de la *reconquista* qui est celui de la chanson de geste, la guerre qu'il mène tout le temps contre les Sarrasins est en réalité une vengeance envers ceux qui offensent le vrai Dieu. Or, la vengeance légitime est une façon de redresser les torts, donc de rendre la justice, ce qui est une obligation par excellence royale.

Malgré toutes les différences perceptibles au niveau des genres et des textes, le personnage du roi relève du modèle commun, profondément ancré dans l'imaginaire social et indépendant du contexte historique et politique immédiat. Sa mise en place se fait suite à une sélection de caractéristiques observables au niveau de la réalité – la monarchie étant le seul système de l'organisation sociale et politique au Moyen Âge. Aussi bien la sélection que l'agencement des caractéristiques sélectionnées font que le modèle s'écarte de la réalité historique et, épurée des contingences du vécu, devient une représentation mentale, un type aux caractéristiques fixes. Comme tel, le personnage royal commence à vivre comme légende. La fin de la vie de Charlemagne et du roi Arthur en est la meilleure preuve. Aucune chanson de geste ne montre le décès de Charlemagne; il en est question dans plusieurs chansons de geste, mais chaque fois la nouvelle de la mort de l'empereur est communiquée par des messagers, comme dans *Couronnement de Louis* ou *Anseïs de Carthage*. Cette particularité atténue le caractère définitif de la disparition de l'empereur. La fin du roi Arthur est encore plus problématique. Dans le roman en prose qui la relate (*La Mort le Roi Artu*), le roi blessé s'embarque sur la nef des dames conduite par sa sœur Morgane afin d'être transporté sur l'île d'Avalon; quelques jours plus tard, son écuyer Girflet retrouve la tombe d'Arthur à la Noire Chapelle. Cette ambiguïté a donné lieu à l'attente du retour du roi justicier et la prégnance de ce mythe a inquiété les Plantagenêt qui ont essayé de la neutraliser en retrouvant le tombeau fictif d'Arthur à l'abbaye de Glastonbury.

Ainsi s'élabore le modèle imaginaire, intersubjectif, fruit d'une transformation idéalisante de la réalité sociale et politique, qui s'enracine dans la mentalité des usagers de la culture. Ce modèle mental devient à son tour la matière première à partir de laquelle se construit le discours littéraire. Sous cet angle-là, il se présente comme un faisceau de virtualités sémantiques que le discours actualise, lui conférant les formes figuratives appropriées. Ainsi s'opère la deuxième sélection et le deuxième agencement des données traditionnelles selon la téléologie propre aux genres et des fonctions narratives attribuées aux types des personnages. Dans le cas des grands genres médiévaux, chanson de geste et roman, le personnage royal est un personnage-clé. En dehors du fait qu'il structure la composante sociale et politique du monde représenté, l'éthique qu'il incarne rayonne sur les membres de l'édifice social placés plus bas – les chevaliers. La chanson de geste véhicule l'axiologie de la chevalerie en tant que groupe social tout entier. Elle rappelle inlassablement le destin collectif de la couche chevaleresque lié à l'ouverture sur l'extérieur, sur la conquête et la maîtrise du monde. La réalisation de ce destin n'est possible que par le combat, par la guerre. D'où l'insistance sur les qualités militaires dont le courage, la force physique, le maniement des armes, mais aussi la foi qu'illustre surtout cet avatar de la royauté qu'est Charlemagne. Le roman, en revanche, est plus tourné vers l'obtention du bonheur individuel, la connaissance du monde et de soi-même. C'est pourquoi le roi est relégué au second plan et, tout en assurant l'unité du royaume, constitue une toile de fond permettant aux autres de briller. Cette fonction explique le privilège accordé aux qualités mondaines d'Arthur. Mais ce jeu de la hiérarchisation des éléments sémantiques que constituent les différentes qualités se fait toujours dans le cadre du modèle unique du roi.

Summary

Reality, Mentality and Literature. The Figure of the King in *Chansons de Geste* and Medieval Romances

The Emperor, Charles the Great, and King Arthur occupy an important place in French Medieval literature, featuring as they do in a large number of texts. At first glance, the ways they are presented appear distinct: Charles is a monarch-warrior type, while Arthur is a king residing at the court. The presence of either one or the other in the text places it in a specific genre. Charles is the hero in chivalric epics, while Arthur appears only in romances. However, when we take into account the rich context of the legends which have grown around these two figures, we realize that, despite differences between them, both kings epitomize the same model of monarchy, one rooted in the mentality of the epoch. In literature, this model is communicated through a set of semantic signals which are concretized in individual texts in the manner determined by the teleology specific of the genre each text represents. And so, the figure of Charles the Great is inseparable from the epic, i.e., a genre expressing the axiology of the chivalry as a social group, while Arthur is the hero of the romance which expresses the values embraced by the knight as an individual.

Keywords: mentality, medieval literary genres, the king figure, semantics, axiology.

DOI: 10.12797/9788376384207.16

Anna Kricka

Université de Szczecin

Les personnages bibliques et hagiographiques inspirant l'hospitalité des personnages dans les romans français du XIIIe siècle

Hospitalité

De prime abord, il convient de situer la coutume même de l'hospitalité dans le contexte culturel du Moyen Âge. L'hospitalité reste, à cette époque, inconditionnelle et consiste à offrir à l'arrivant tout son chez-soi et son soi sans lui demander de nom, ni de remplir la moindre condition. Le mot «hospitalité»[1], emprunté vers l'an 1206 au latin *hospitalitas*, désigne l'hébergement gratuit et l'attitude charitable de la rencontre qui correspond à l'accueil des indigents, des voyageurs dans les couvents. Le mot a aussi son équivalent grec *philoxenia*, l'amour des étrangers (du grec *philos* «ami», *philein* «aimer» et *xenos* «étranger»), et signifie le devoir moral d'accueillir son prochain, surtout les voyageurs. L'hospitalité exige le don fait du temps, de la nourriture et de l'abri; elle n'est donc pas le synonyme de l'hébergement, puisque l'hébergement ne comprend pas toujours les relations interpersonnelles. La pratique de cette vertu est, au Moyen Âge, cohérente et nécessaire (puisque le partage des biens est indispensable à la survie morale et sociale).

---

[1] Cf. A. Rey (dir.), *Dictionnaire historique de la langue française*, t. 1, Dictionnaires Le Robert, Paris, 1994, p. 972. Cf. J. Rey-Debove, A. Rey (dir.), *Le Nouveau Petit Robert – dictionnaire de la langue française*, Dictionnaires Le Robert, Paris, 1993, p. 1862, 2714. Au Moyen Âge, le mot «hospitalité» désigne aussi «les représentations des terres entre les populations gallo-romaines et les Barbares établis au Ve siècle comme fédérés en vertu d'une traite» (J. Favier, *Dictionnaire de la femme médiévale*, Fayard, Paris, 1995, p. 501).

Personnages hospitaliers

Les personnages soit les agents de l'hospitalité restent dans le même champ lexical, les homonymes et les homographes, «hôte/hôtesse» signifient celui qui accueille (amphitryon[2], aubergiste) et en même temps celui qui a besoin d'être accueilli (invité)[3]. Par conséquent, dans plusieurs civilisations et traditions, l'hospitalité est un effort mutuel pour définir et vivre l'altérité. C'est un enjeu social, identitaire, individuel et réciproque. La politesse dans les rites de l'hospitalité permet, aux personnages hospitaliers, la construction d'un rituel et d'une ambiance servant à éliminer les dangers qui semblent liés aux risques des interactions sociales tels que: l'agressivité, le conflit ou la gêne[4].

Dans la littérature médiévale, ce sont souvent les voyages qui font de l'hospitalité un droit et un devoir, c'est pourquoi l'hospitalité adopte souvent la forme de la coutume et multiplie les personnages hospitaliers. Les trames des romans d'aventure s des XIIe et XIIIe siècles, dits réalistes, semblent schématiques, répétitives et riches en scènes d'hospitalité diverses et variées. Ce sont des romans tels que[5]: *L'Escoufle* et *Roman de la Rose ou de Guillaume de Dole* de J. Renart, *Le Roman de Galeran de Bretagne* dont l'auteur est un énigmatique Renaut, *Jehan et Blonde* de P. de Rémi et *Le Roman du comte d'Anjou* de J. Maillart. Il est à remarquer que souvent ce n'est pas l'amour courtois qui est au cœur des récits du XIIIe siècle, mais l'hospitalité et la convivialité causées par les voyages.

Dans les productio ns littéraires de l'époque, les personnages romanesques remplissant les vertus chrétiennes d'hospitalité sont nombreux car en Europe médiévale, la tradition judéo-chrétienne est une des sources majeures de la culture universelle, et elle est le fondement d'une identité. Ainsi, pour les lecteurs et les auditeurs de la parole sainte, les personnages bibliques qui véhiculent les idées modèles de l'hospitalité demeurent leurs héros et leur inspiration. De même, les auteurs des romans paraissent puiser les traits de leurs personnages, en partie, de la Bible et des figures des saints.

Nous essayons de démontrer quelques exemples de personnages hospitaliers de la Bible et de la source hagiographique qui semblent inspirer les personnages romanesques des romans dits réalistes.

---

[2] Amphitryon est le fils du roi Alcée. Son nom est synonyme de l'homme hospitalier.

[3] Cf. J. Rey-Debove, A. Rey (dir.), *Le Nouveau Petit Robert – dictionnaire de la langue française*, op. cit., p. 1237.

[4] Cf. A. Montandon, *Politesse et savoir-vivre*, Anthropos, Paris, 1997.

[5] J. Renart, *L'Escoufle*, éd. par F. Sweetser, d'après le manuscrit 6565 de la bibliothèque de l'Arsenal, Droz, Paris-Genève, 1974; J. Renart, *Le Roman de la Rose ou de Guillaume de Dole*, éd. par F. Lecoy, d'après le manuscrit du Vatican, Champion, Paris, 1979; Renaut, *Galeran de Bretagne*, trad. J. Dufournet, Champion, Paris, 1996; Ph. de Rémi, *Jehan et Blonde*, éd. par S. Lécuyer, Champion, Paris, 1984; J. Maillart, *Le Roman du Comte d'Anjou*, éd. par M. Roques, Champion, Paris, 1974.

Personnages bibliques de l'hospitalité

Pour les auteurs bibliques, l'hospitalité suppose un accueil de l'étranger qui représente Dieu. Le paradigme biblique suggère une relation d'échange et de transaction entre celui qui accueille et celui qui est accueilli. Les attestations bibliques de l'hospitalité sont nombreuses[6]; citons-en quelques-unes qui relèvent les personnages hospitaliers. Les livres de l'Ancien Testament contiennent plusieurs épisodes qui soulignent la valeur de l'accueil et indiquent comment le pratiquer. La scène biblique fondatrice de l'hospitalité est par excellence celle où Dieu avec ses trois messagers apparaît à Abraham, voyageur et étranger en Canaan[7]. Le patriarche Abraham, en offrant un accueil généreux aux trois voyageurs, à Mambré, accomplit le devoir de l'hospitalité et devient le symbole de cette vertu. Cette scène est l'une des plus emblématiques illustrations de la gratuité, du respect, de l'empressement, de la discrétion et de la conscience d'accueillir le Seigneur lui-même.

Un autre protagoniste du Livre de la Genèse, Lot[8], place les lois de l'hospitalité au-dessus de tout. Il offre ses filles vierges aux Sodomites pour protéger les hôtes qu'il accueille[9]. Pour Lot, les étrangers mystérieux sont, en effet, Dieu qui vient lui rendre visite. Lot s'empresse de les accueillir. D'autre part, il les protège contre les Sodomites qui usent de la force et de la violence; cette scène devient également une critique de l'inhospitalité.

Dans le livre des Proverbes, la vertu de la sagesse trouve son incarnation dans le personnage de l'hôtesse hospitalière: «La sagesse a bâti sa maison, elle a taillé ses sept colonnes. Elle a abattu ses bêtes, préparé son vin, elle a aussi dressé sa table»[10]. Le livre d'Isaïe élargit un peu plus encore l'idée de bienveillance portée à l'étranger: «N'est-ce pas partager ton pain avec l'affamé, héberger chez toi les pauvres sans abri, si tu vois un homme nu, le vêtir, ne pas te dérober devant celui qui est ta propre chair?»[11].

En général, l'Ancien Testament encourage l'hospitalité. Pourtant, l'hospitalité a un caractère passager, elle est un acte, un état, une coutume, un usage et non pas un état définitif et continu. Ainsi les personnages des romans d'aventures donnent l'accueil ou en profitent de façon précaire; ils participent aux fêtes et partagent les plaisirs de la table.

Même si les évocations de l'hospitalité dans l'Ancien Testament ne sont pas rares, ce sont les Évangiles qui en font un vrai éloge. En effet, en lisant le Nouveau Testament, on remarque que le Christ cherche souvent un abri, faisant l'expérience de

---

[6] J. K. Pytel, dans son ouvrage *Gościnność w Biblii. Studium zródłowo-porównawcze*, Księgarnia Świętego Wojciecha, Poznań, 1990, propose une étude détaillée de l'idée de l'hospitalité selon la Bible.

[7] Ge 18, 1-8.

[8] Remarquons qu'en français le prénom «Lot», le serviteur hospitalier de Dieu, est l'homonyme de l'«hôte».

[9] Ge 19, 1-11.

[10] Pr 9, 1-2.

[11] Is 58, 7.

l'hospitalité ou de l'inhospitalité[12]; il cherche asile et il est traité parfois comme un étranger. Dans l'Évangile de Mathieu nous lisons que l'hospitalité témoigne de la foi. Jésus explique à ses disciples qu'au dernier jour les hommes seront jugés sur leur disponibilité à rencontrer leurs frères et sœurs et surtout l'étranger dans le besoin. Il s'agit de l'amour du prochain *agape*, dans l'acte de l'hospitalité qui est une condition pour entrer dans le royaume divin[13]. Ce discours est l'un des aspects les plus importants de l'enseignement du Christ. L'hospitalité est un service rendu aux pauvres, aux malades et aux faibles. Donner à manger, à boire, accueillir, rendre visite aux malades, vêtir les nus est une vertu, car Jésus dit nettement: «En vérité, je vous le dis, dans la mesure où vous l'avez fait à l'un de ces plus petits de mes frères, c'est à moi que vous l'avez fait»[14]. Dans ce passage l'hospitalité est un devoir primordial de l'homme croyant.

Chez Luc, Jésus fait l'éloge de l'hospitalité, en racontant la parabole du bon Samaritain – le personnage emblématique de l'accueil – qui, en apercevant un blessé gisant sur la route, bande ses plaies, y verse de l'huile et du vin, le transporte à l'hôtellerie et prend soin de lui. En commentant ce geste de charité, Jésus dit à son interlocuteur: «[…] Va, et toi aussi, fais de même»[15]. Les personnages d'hospitalité doivent accomplir un acte gratuit et généreux[16]. Dans la suite de l'Évangile de Luc, nous découvrons deux autres figures emblématiques de l'hospitalité: Marthe de Béthanie et sa sœur Marie qui reçoivent le Christ dans leur maison. Elles s'occupent soigneusement du service de leur hôte[17]. Marthe est présentée comme la maîtresse du foyer, tandis que Marie (qui se place aux pieds du Christ pour l'écouter) représente une attitude plus contemplative mais aussi hospitalière.

D'autre part, dans l'Épître aux Hébreux, nous trouvons l'éloge de l'amour fraternel, *philadelphia*, et une allusion à l'hospitalité de Lot: «Persévérez dans la dilection fraternelle. N'oubliez pas l'hospitalité, car c'est grâce à elle que quelques-uns, à leur insu, hébergèrent des anges»[18]. Dans ses épîtres, saint Paul fait, lui aussi, souvent allusion à l'hospitalité; dans l'Epître aux Romains, il recommande de regarder les autres comme plus méritants avec la joie et de l'espérance[19]. Saint Pierre recommande de pratiquer l'hospitalité, sans murmurer[20].

Nous pouvons constater que, dans la tradition biblique, l'hospitalité a une dimension non seulement spirituelle, mais aussi sociale. Les raisons de l'hospitalité dans l'Ancien et le Nouveau Testament sont différentes, mais, mises ensemble, elles

---

[12] Par exemple, saint Luc relate que Marie «[…] enfanta son fils premier-né, l'enveloppa de langes et le coucha dans une crèche, parce qu'ils manquaient de place dans la salle» (Lc 2, 7). Chez Jean l'Évangéliste, nous lisons qu' «il est venu chez lui et les siens ne l'ont pas accueilli» (Jn 1, 11).

[13] Cf. Mt 25, 31-46.

[14] Mt 25, 40.

[15] Lc 10, 37.

[16] Lc 14, 12-14.

[17] Lc 10, 38-40.

[18] He 13, 1-2.

[19] Ro 12, 10-13.

[20] 1 P 4, 9.

deviennent complémentaires. La Bible montre des personnages pour lesquels la plus grande joie n'est pas de recevoir mais d'accueillir. Considérée de ce point de vue, le protagoniste de la littérature médiévale est une sorte d'union entre Dieu et l'homme[21]. Son identité chrétienne se définit souvent comme celle d'un hôte.

Figures des saints hospitaliers

Une autre source des personnages hospitaliers est fournie par la littérature hagiographique; l'hagiographie médiévale constitue un apport important dans la tradition des règles d'accueil et de rencontre au Moyen Âge. Les saints donnent l'exemple de nombreuses vertus, y compris, celle de l'hospitalité. Parmi les plus célèbres qui ont prôné et pratiqué la vertu de l'hospitalité figure saint Julien l'Hospitalier[22]. Il existe aujourd'hui peu de manuscrits[23] qui évoquent son histoire. Ce saint était néanmoins très populaire au Moyen Âge. La littérature narrative de la fin du XIIe siècle mentionne souvent le culte de saint Julien l'Hospitalier. Les épisodes de sa vie se trouvent aussi représentés sur les vitraux, par exemple sur celui de Notre-Dame de Rouen (qui date du XIIIe siècle). Sur ce vitrail, Julien et son épouse accueillent les voyageurs dans leur maison. La légende inspire aussi les maîtres verriers de Chartres, au XIIIe siècle. Elle est aussi représentée dans le déambulatoire de la cathédrale de Rome, la ville natale du saint. A. Montandon révèle que l'«ostel Saint-Julien» est, au Moyen Âge, une locution commune pour désigner un logis confortable[24]. L'histoire de ce saint survit aussi dans les époques postérieures[25].

---

[21] Sur les interactions des normes pratiques, religieuses et littéraires au Moyen Âge, on peut consulter, par exemple: E. Rassart-Eeckhout, J.-P. Sosson, Cl. Thiry et T. van Hemelryck (éd.), *La vie matérielle au Moyen Âge. L'apport des sources littéraires, normatives et de la pratique*, t. 18, Université catholique de Louvain, Publication de l'Institut d'Études Médiévales, Louvain-la-Neuve, 1997.

[22] Parmi les saints nous trouvons encore d'autres saints Juliens; saint Julien l'Hospitalier est le patron des voyageurs. Selon la tradition hagiographique, saint Julien l'Hospitalier (homme noble) donna la mort à ses parents sans savoir qu'ils étaient ses parents; tout comme Œdipe. Ce drame lui avait été prédit par un cerf, lors d'une chasse. Pour échapper à cette prophétie, Julien entra au service d'un prince. Il épousa ensuite une châtelaine. Les parents de Julien, partis à la recherche de leur fils, arrivèrent un jour dans son château. Julien n'était pas là. Sa femme fit coucher les hôtes dans le lit conjugal. Julien aperçut les contours de deux personnes dans son propre lit et, persuadé que c'était sa femme avec son amant, il tua les deux hôtes. Ayant appris la vérité, en geste de pénitence, Julien et sa femme ont fondé l'hospice pour les malades et les pauvres. Le cerf reste l'attribut de ce patron des voyageurs et des hôtes (Cf. S. Carr-Gomm, *Arcydzieła światowego malarstwa. Mity, postacie, symbole*, przeł. H. Andrzejewska, Świat Książki, Warszawa, 2004, p. 174).

[23] Il n'existe qu'une seule hagiographie sur saint Julien l'Hospitalier (BHL nr 4551). On connaît aussi un manuscrit en prose qui raconte la vie de saint Julien, datant du XIIIe siècle, dans lequel Julien est le fils du comte d'Anjou et le manuscrit de l'Arsenal datant de l'an 1267 (cf. A. Montandon, *Désir d'hospitalité. De Homère à Kafka*, PUF, Paris, 2002, p. 129).

[24] Cf. *ibid. l. c.*

[25] Au XIXe siècle, elle inspire G. Flaubert qui fait la reprise de cette hagiographie sous forme d'un conte: *La légende de saint Julien l'Hospitalier* (G. Flaubert, *La légende de saint Julien*

À côté de celui qui apparaît, par excellence, comme le saint patrons de l'hospitalité, le Moyen Âge en connaît d'autres, à qui l'on confie volontiers la protection des
voyageurs. Le plus souvent, il est difficile d'expliquer les raisons pour lesquelles ces
saints sont les patrons de l'hospitalité puisque les récits leur consacrés n'indiquent
toujours pas de liens étroits avec l'accueil même. Ainsi, saint Jacques le Majeur[26],
évangélisateur d'Ibérie, saint Martin de Tours, saint Germain d'Auxerre sont considérés comme les saints patro ns de l'hospitalité les plus populaires au Moyen Âge[27].
Ajoutons à cette liste l'épouse de saint Julien, sainte Basilisse qui protège les voyageurs
et les aubergistes.

L'autre personnage, Saint Pèlerin(e) ou Pérégrin(e) est une figure anonyme et ne
fait pas l'objet d'une hagiographie officielle, mais dans la conscience populaire, il est
protecteur des pèlerins. Sainte Gertrude, abbesse de Nivelles, en Brabant, mène une
vie de charité, ce qui fera d'elle la sainte patronne des hôpitaux, des voyageurs et des
pèlerins. Saint Rainier, qui au XIIᵉ siècle se rend de Pise à Nazareth et qui démasque
un aubergiste malhonnête au retour, protège les voyageurs, les ermites et sa ville natale. A. Montandon rappelle aussi saint Alexis qui, dans le folklore médiéval, protège
les portiers[28].

Un autre personnage représentant l'idéal d'accueil est Saint Louis, un roi pénétré
de l'amour pour les pauvres; il visite les hôpitaux, ce qui le fait considérer comme
patron de l'hospitalité. E. Faral signale que «s'il s'agit seulement des pauvres, le roi
saint Louis en reçoit quotidiennement à sa table, dans sa grand-salle, quelque deux
cents, qu'il s'occupe de faire manger et auxquels il distribue de l'argent. Il s'intéresse,
en outre, à beaucoup d'autres qui ne pénètrent pas dans le palais»[29].

Quant à l'ouvrage hagiographique le plus connu, la *Légende dorée*, saint Thomas
apôtre propose dans son enseignement douze degrés des vertus. Le huitième degré,
c'est aimer et donner l'hospitalité[30].

---

l'Hospitalier, Flammarion, Paris, 2000). La mise en récit de la légende par Flaubert s'appuie sur une
recherche sérieuse dans les sources médiévales. L'auteur étudie aussi le récit de V. Hugo, intitulé *La
Légende du beau Pécopin et de la belle Bauldour*, inspiré par les légendes de saint Julien l'Hospitalier. Sur le caractère littéraire de la légende, voir aussi B. Masson, «Écrire le vitrail: *La Légende de
saint Julien l'Hospitalier*», [in:] *Lectures de l'imaginaire*, PUF, Paris, 1993, p. 116-130).

[26] Selon une légende, le corps de l'apôtre Jacques le Majeur a été déposé à Compostelle. En
effet, depuis le IXᵉ siècle, l'Église locale prétend posséder les reliques de saint Jacques, apôtre du
Christ, dans la cathédrale de Saint-Jacques-de-Compostelle. Cette ville devient un lieu de pèlerinages.. Au Moyen Âge, le pèlerinage de Compostelle se situe parmi les trois grands pèlerinages
de la chrétienté, à côté du pèlerinage de Rome et de celui de Jérusalem. (cf. D. Péricard-Méa,
Compostelle et cultes de saint Jacques au Moyen Âge, PUF, Paris, 2002; B. Gicquel, *La Légende de
Compostelle. Le Livre de Jacques*, Tallandier, Paris, 2003).

[27] Cf. A. Montandon (dir.), *Le livre de l'hospitalité. Accueil de l'étranger dans l'histoire et les
cultures*, Bayard, Paris, 2004, p. 1045-1047.

[28] Cf. *ibid.*, p. 1059.

[29] E. Faral, *La vie quotidienne au temps de saint Louis*, Hachette, Paris, 1956, p. 259.

[30] Cf. J. de Voragine, *La légende dorée*, Gallimard, Paris, 2004, p. 45. Saint Thomas apôtre
qualifie, en plus, comme vertu: la sagesse, l'intuition, la mémoire, le baptême, la méfiance de l'ava-

Il importe de s'arrêter aussi sur le culte des Rois Mages. Dans la tradition chrétienne, les légendes des Rois Mages dépassent largement le thème de l'hospitalité, grâce au caractère unique de leur voyage. A. Montandon rappelle que les Rois Mages sont à l'origine du logis de trois couronnes c'est-à-dire le symbole qui ornait les enseignes des auberges et des hôtels à partir du XIIIe siècle[31].

À côté des saints patrons de l'hospitalité qui manifestent leur présence surtout dans le folklore et dans la foi populaire, le Moyen Âge enrichit sa culture de l'hospitalité grâce aux saints et aux papes qui développent l'idée de l'hospitalité dans leurs doctrines. Ainsi, É. Gilson souligne l'importance de la philosophie de saint Thomas d'Aquin (1225-1274), docteur de l'Église[32]. En effet, d'après l'enseignement de saint Thomas d'Aquin, l'ouverture à l'autre, la charité[33] et l'amour sont le fondement des vertus morales. L'amour pousse au bien et il rend possible une constance vertueuse. Il permet d'ouvrir la sphère purement individuelle de la recherche et de la jouissance du bien à une sphère élargie à l'autre, individu ou communauté, en tant qu'aimé. L'amour est donc principe de l'agir en général et l'être est la notion fondamentale de la philosophie thomiste[34].

La sensibilité à l'homme et l'ouverture des saints enrichissent la tradition d'accueil qui prédispose à la rencontre de l'autre. Les personnages des saints montrent comment, au nom de l'Évangile, accueillir avec l'ultime attention tous les hôtes, sans compter les risques ni les troubles.

Personnages littéraires de l'hospitalité

Dans les romans d'aventures du Moyen Âge français, l'on peut observer une sorte de *poétique* des personnages hospitaliers, qui – à tout roman – prescrit l'idéologie conforme de la personne[35]. Ainsi, les rois, les empereurs, les comtes, les seigneurs, les maîtres de la maison sont généreux, le jongleur, comme le dit son nom (du latin

---

rice et de la gourmandise, l'observation de la pénitence, la persévérance, la recherche de la volonté de Dieu et son accomplissement par la pratique, l'amour de ses amis et de ses ennemis, le soin accordé au maintien de ces règles (cf. *ibid.*, p. 45-46).

[31] Cf. A. Montandon (dir.), *Le livre de l'hospitalité. Accueil de l'étranger dans l'histoire et les cultures*, op. cit., p. 1047-1051.

[32] Cf. É. Gilson, *Introduction à la philosophie chrétienne*, Vrin, Paris, 1960, p. 9; L'introduction à l'œuvre philosophique, théologique et spirituelle de saint Thomas d'Aquin est proposée, entre autres, par M.-D. Philippe, *Saint Thomas docteur, témoin de Jésus*, Saint-Paul, Fribourg – Paris, 1992.

[33] L'amour devient charité (*caritas*) lorsqu'il est une vertu théologique, c'est-à-dire une vertu qui vient de Dieu et a pour objet Dieu.

[34] Cf. É. Gilson, *Le Thomisme: introduction à la philosophie de saint Thomas d'Aquin*, Vrin, Paris, 2005. Cet ouvrage est fondamental pour comprendre l'enseignement de saint Thomas d'Aquin, il expose tous les points doctrinaux de sa philosophie.

[35] Les personnages de la littérature médiévale peuvent être classés comme schématiques, pourtant il ne faut pas oublier que l'idée de l'individualité est très forte au Moyen Âge, voir: D. Iogna-Prat, B. Bedos-Rezak (dir.), *L'individu au Moyen Âge,* Flammarion, Paris, 2005.

jocus: jeu), est un amuseur, la jeune fille est accueillante, les serviteurs assistent aux rencontres, les voyageurs multiplient les scènes de l'hospitalité, le peuple s'unit pour accueillir dans les rues. Les types de protagonistes hospitaliers sont beaucoup plus nombreux, mais nous choisissons ceux-ci au titre d'exemple. Les textes narratifs en l'occurrence, multiplient ce genre des personnages hospitaliers, avant tout, lors des fêtes et des voyages. Dans tous les romans, l'on offre l'hospitalité à un arrivant anonyme ainsi qu'aux familiers. Les protagonistes vivent l'expérience de l'hospitalité permise par l'amour. La théophanie, donc la révélation de Dieu descendant sur terre sous forme humaine, semble le fondement de ce type d'hospitalité dont l'emblème est Abraham.

Les accueils ou les rencontres, mis en scène dans nos romans, sont très différents: il y en a des très humbles, comme il y a de grandes réceptions. Mais, presque chaque fois, les hôtes font tout leur possible pour assurer le repos et pour inviter à table comme les figures bibliques de l'hospitalité Marthe de Béthanie et sa sœur Marie.

Le peuple, dans les villes ou dans les places, salue les rois, les chevaliers, les pèlerins et les voyageurs de passage. Très fréquemment, les souverains sont assignés à la résidence, mais l'ordre féodale les rend bienvenus partout[36]; les sujets les voient aux jours solennels ou bien quand les cours organisent des fêtes, tournois et réceptions. Le peuple rend hommage à ces arrivants avec respect, joie et enthousiasme. D'après les coutumes médiévales, l'arrivée des personnes importantes oblige les habitants de la ville à l'orner et se parer de leurs plus beaux habits. Nous trouvons cet état des choses dans *L'Escoufle* de J. Renart: quand Guillaume revient avec Aélis à Rouen, les habitants de la ville étalent, pour leur entrée, les richesses dans les fenêtres et l'on fait sonner les cloches pour montrer la joie de la réception des hôtes (*L'Escoufle*, vv. 8836-8849). Cela illustre parfaitement la générosité des citoyens et leur solidarité dans la manifestation commune de la bienveillance. Dans le même roman, nous trouvons plusieurs cas d'accueil, par exemple, quand le comte Richard arrive à Jérusalem – hors le décor somptueux – le texte évoque les réactions des habitants de la Ville Sainte[37] qui saluent Richard, croix en mains, et qui l'emmènent vers le Temple du Saint Sépulcre pour que l'hôte puisse y rendre hommage au Seigneur (*L'Escoufle*, vv. 534-564). À Jérusalem, Richard est magnifiquement accueilli aussi par le roi, il reçoit tous les honneurs possibles. Les habitants de Jérusalem se montrent, dans ce passage, surtout comme les personnages hospitaliers de spiritualité chrétienne.

L'accueil hospitalier, des nobles par leur peuple et des nobles entre eux, est un point commun aux romans d'aventures des XIIe et XIIIe siècles[38]. Les bourgeois sont toujours les personnages accueillants, ils montrent leur joie et leur estime, entre

---

[36] «Le roi pouvait bien jouir de droits et de privilèges qui pesaient lourd sur le peuple; il pouvait bien exercer son droit de gîte et se faire héberger, lui et sa suite, dans ses nombreux déplacements, aux frais de ses sujets» (E. Faral, *La vie quotidienne au temps de Saint Louis*, Hachette, Paris, 1956, p. 29).

[37] Au sujet de la ville voir, par exemple, D. Poirion (réd.), *Jérusalem, Rome, Constantinople. L'image et le mythe de la ville au Moyen Âge*, PUF, Paris, 1986.

[38] L'étude détaillée des romans dits réalistes est à consulter: L. Louison, *De Jean Renart à Jean Maillart. Les romans de style gothique*, Champion, Paris, 2004.

autres, par le décor. *Guillaume de Dole*, de J. Renard, comporte cette réalité dans l'épisode où Conrad arrive à Cologne: il y est accueilli par un seigneur de qualité, le duc de Bourgogne (*Guillaume de Dole*, vv. 3116-3120). Ensuite, les habitants de Mayence lui rendent l'hommage dû à la personne de son rang (*Guillaume de Dole*, vv. 3632-3635). L'accueil chaleureux de l'empereur semble être évident. Le narrateur mentionne ensuite saint Julien, le saint patron de l'hospitalité, bien présent dans la conscience médiévale (*Guillaume de Dole*, vv. 3636–3639).

C. Rollier-Paulian remarque que chez J. Maillart, dans *Le Roman du comte d'Anjou*, préfigure l'approche sociologique de la ville[39]; effectivement, ce roman relate les dispositions pour l'hospitalité et ceci à travers la spontanéité et la sensibilité des bourgeois. Les personnages se présentent comme puissants et disposants des pouvoirs, prêts pour accueillir. Ainsi, le comte de Bourges, le protagoniste, en rentrant du tournoi avec ses chevaliers, envoie l'un de ses compagnons vers Lorris pour annoncer leur arrivée (*Le Roman du comte d'Anjou*, vv. 2318-2329). Le comte cherche non seulement un abri pour la nuit, il envisage surtout l'hospitalité conviviale; il est ouvert aux rencontres divertissantes.

Dans *Jehan et Blonde* de Ph. de Rémi, Robin, le compagnon de Jean, arrive chez les sœurs de Jean, pour leur annoncer de bonnes nouvelles sur Jean et Blonde. Les sœurs du protagoniste sont contentes des vertus de Blonde et, pour montrer leur allégresse, préparent une table de fête. Elles font inviter de nombreux proches, voisins et amis pour honorer ensemble l'arrivée et l'alliance de Jean et de Blonde (*Jehan et Blonde*, vv. 4583-4586; vv. 4593-4596; vv. 4625-4634). Cette image de l'hospitalité contient de précieux détails sur les préparatifs de l'entrevue. La scène de ménage montre les soins et l'enthousiasme engagés pour bien accueillir le couple. C'est un exemple d'une joie sincère de la rencontre chaleureuse et familière et des efforts mis pour montrer l'amour du prochain (*agape*) préconisé dans l'enseignement du Christe.

Dans le *Roman du comte d'Anjou* de J. Maillart, on trouve aussi le témoignage de l'hospitalité: la gratuité, le respect, l'empressement et la discrétion; elle est offerte par une femme pauvre, mais accueillante. En voyant une femme âgée, assise à la porte d'une pauvre maison, les protagonistes se dirigent vers elle pour la saluer. Quand celle-ci leur rend humblement le salut, elles se précipitent dans sa maison, sans rien expliquer. Puis, elles demandent de leur donner ou vendre du pain, car elles ont faim. La femme ne le refuse pas. La maîtresse de la maison, comme le recommande Saint Paul, regarde les prochains comme méritants et, comme le veut Saint Pierre, sans murmurer. Le fait d'accepter l'Autre, comme il est, se veut aussi un signe d'hospitalité; elle est, de surcroît, liée à la gentillesse et à la douceur des mœurs et des services.

R. Panikkar remarque que l'hospitalité demande de manger ensemble (plus que de partager un toit) et que cette convivialité est un acte eucharistique[40]. En effet, dans

[39] Cf. C. Rollier-Paulian, *L'esthétique de Jean Maillart*, Paradigme, Orléans, 2007, p. 147.
[40] Cf. R. Panikkar, «Préface», [in:] P.-F. de Béthune, *L'hospitalité sacrée entre les religions*, Albin Michel, Paris, 2007, p. 10. Sur les manières de se comporter à table au Moyen Âge voir par exemple: B. Laurioux, *Manger au Moyen Âge*, Hachette, Paris, 2002.

les textes narratifs – à l'occasion des festins – des préparatifs sont faits par des serviteurs, pour que tout soit propre avant de se mettre aux tables: le sol est jonché de
verdure fraîche ou d'herbes sèches. Le rôle des serviteurs se voit aussi dans la préparation et la suite des repas. Il est habituel qu'aux demeures des nobles, les tables sont
souvent entourées de nombreux hôtes et qu'elles proposent des plats recherchés avec
largesse. Le moyen romanesque de le relater est, le plus souvent, la description qui
prend la forme d'un catalogue d'objets classés et il est visiblement souhaitable que les
plats soient servis en quantité démesurée. La richesse des plats éveille l'estime pour
les hôtes et fait oublier les soucis. Il suffit que le narrateur mentionne la quantité des
plats et d'hôtes pour qu'on imagine un accueil harmonieux. En général, d'ailleurs,
la fin heureuse de ces histoires s'accompagne des repas, ce qui introduit l'ambiance
de paix et de béatitude. Les personnages réunis éprouvent la sociabilité grâce aux
dons faits du temps, de la nourriture et de l'abri. Les conversations, la musique et
les spectacles complètent l'image de l'hospitalité. De grands seigneurs, ont souvent,
à leur service, un jongleur[41] sédentaire qui divertit le maître et ses hôtes. Le jongleur,
comme les troubadours et les trouvères, sait donner des couleurs aux fêtes en mettant
l'amour et la courtoisie en mots; ainsi, il garantit l'hospitalité de l'art dans les cours.
Dans L'Escoufle, on voit Jouglet, un jongleur de profession, qui vit à la cour de l'empereur et qui est devenu son confident et conseiller.

Dans *Galeran de Bretagne*[42], nous trouvons un épisode qui témoigne de la puissance du palais de Metz qui reçoit, pour Pâques, de nombreuses personnes nobles
venant de plusieurs pays. Dans la description, l'on souligne les frais de cette réception – c'est une fête où l'on dépense beaucoup pour montrer le respect dû aux invités
(*Galeran de Bretagne*, vv. 4641-4669). Par rapport aux autres textes analysés, le palais
de Metz semble le plus cosmopolite et disposant de l'hospitalité sans frontières ni
limites matérielles. Un autre exemple de la convivialité à table châtelaine est proposé
par le *Roman du comte d'Anjou*. J. Maillart énumère des viandes, des poissons, des
épices, des garnitures, des assaisonnements et des vins, en précisant l'origine de ces
derniers (*Roman du comte d'Anjou*, vv. 1149-1162). Cette description de la table est la
plus développée parmi les textes analysés[43].

Après les scènes des repas, il existe parfois, dans certains milieux, une coutume
suivant laquelle la maîtresse de maison ou une fille de chambre, doit masser un homme
pour qu'il s'endorme. Ce personnage hospitalier est la jeune fille d'accueil qui joue un

---

[41] J. Le Goff rappelle que, dans la Bible, il y a un illustre jongleur: le roi David qui joue, qui
chante et qui danse (Cf. J. Le Goff, *Héros & merveilles du Moyen Age*, J. Dufournet, D. Poirion
(dir.) Seuil, Paris, 2005).

[42] Sur l'importance de la description dans ce roman voir: A.-M. Plasson, «L'obsession du
reflet dans *Galeran de Bretagne*», [in:] *Mélanges Pierre Le Gentil*, SEDES, J. Dufournet, D. Poirion
(dir.), Paris, 1974, p. 673-689.

[43] Au sujet de la table dans ce roman, voir A. Planche, «La table comme signe de la classe.
Le témoignage du *Roman du comte d'Anjou*», [in:] D. Menjot (dir.), *Manger et boire au Moyen
Âge. Actes du colloque de Nice, octobre 1984*, t. 1, Centre d'études médiévales de Nice, Nice 1984,
p. 239-260.

rôle important dans la stratégie de l'hospitalité érotique. Dans *L'Escoufle* (vv. 7020--7033), le comte de Saint-Gilles fait l'experience de cette coutume. Ce comportement du protagoniste fait croire que certains personnages visaient parfois l'ouverture aux contactes d'intimité à tous les niveaux de l'existence humaine; tout comme Lot qui place les lois de l'hospitalité au-dessus de tout.

D'autre part, les personnages hospitaliers montrent, dans les scènes d'interaction de l'hospitalité, leur puissance. Un des romans de J. Renart, *L'Escoufle*, mentionne un cas flagrant du comte hospitalier: le comte Richard accueille de nombreux hôtes pour les fêtes qui durent quinze jours; dans le même roman, l'empereur de Rome tient la cour hospitalière: les hommes, reçus dans sa cour, jouent un rôle qui contribue à assurer la réputation de l'hôte chez lequel ils trouvent la protection. Dans tous les romans d'aventures, les seigneurs se montrent ouverts et accueillants comme le roi Saint Louis. L'espace des châteaux est toujours animé par la présence des hôtes et l'on souligne souvent que ceux-ci sont bienvenus.

Le caractère hospitalier du personnage se dévoile aussi au moment où le maître de la maison attend – avec anxiété, sur le seuil de sa maison – l'arrivant qu'il voit à l'horizon, pour montrer son bon accueil. L'hospitalité donne au maître de la maison une occasion d'étaler sa richesse, de montrer sa splendeur et de distribuer des cadeaux. L'autre partie de la cérémonie d'accueil est la remise du baiser. Au Moyen Âge, le baiser est un signe de reconnaissance des chrétiens: ils l'échangent lors de la messe[44]. Le baiser décerné à l'entrée prélude tout naturellement aux rites d'accueil et de participation. Il est une forme de donner et de recevoir, donc un symbole d'hospitalité. Dans les relations des personnages, le baiser édifie l'hospitalité. Ainsi, l'amour de Jean et de Blonde devient réciproque avec le baiser de Blonde accordé à son ami: juste après, la fille jure que son amour sera sans bornes et sans fin. Dans ces romans, on s'embrasse beaucoup, de même qu'on distribue des gestes d'affection, ceux de toucher ou de prendre l'hôte par la main. Les deux conduites sont intimes, elles renvoient aux émotions, à l'esprit de famille; le plus spectaculaire accueil, accompagné de baisers, s'établit toujours dans le couple. Les scènes qui expriment cette réalité sont nombreuses dans les romans d'aventures où la courtoisie fait multiplier les gestes d'affection. L'échange des baisers, entre les personnages, fait partie des rites d'hospitalité et comporte le paradigme du don de soi. Cette conduite des protagonistes transmet l'esprit hospitalier en tant qu'un acte réciproque.

Le présent propos n'est que l'amorce d'une analyse possible à développer sur les personnages hospitaliers au Moyen Âge. Les personnages hospitaliers sont accueillants, ouverts à l'écoute de l'autre et ils rendent les rencontres aimables. Ils mènent une vie harmonieuse et équilibrée dans l'esprit de fraternité. L'attitude des personnages

---

[44] Cf. M. Vincent-Cassy, «Baiser», [in:] C. Gauvard, A. Libera, M. Zink (dir.), *Dictionnaire du Moyen Âge*, PUF, Paris, 2002, p. 126. Selon W. La Barre, l'habitude de baiser est probablement d'origine germanique, gréco-romaine ou sémique (cf. W. La Barre, «Paralinguistics, Kinesics, and Cultural Anthropology», [in:] T.S. Sebeok (éd.), *Approaches to Semiotics*, Bateson, The Hague 1972, p. 189).

hospitaliers est pratique: aider et honorer ses prochains, être poli et serviable. Les coutumes, héritées des personnages bibliques ou saints, stimulent les personnages hospitaliers aux échanges et aux épanouissements réciproques, elles mettent en scène l'hospitalité en impliquant l'agrégation de l'hôte à la communauté.

La pratique romanesque du Moyen Âge n'ignore pas les héros indécis voire hostiles, tels que les citoyens et les paysans des légendes tristaniennes ou bien les ermites qui ne supportent ni d'inviter ni d'être invités. Par contre, les personnages des romans d'aventures s'empressent pour établir de bonnes relations d'échange et de respect.

Conclusion

La Bible et la vie des saints constituent une source quasi inépuisable des personnages hospitaliers. Le Moyen Âge, en fondant ses pratiques de l'hospitalité, puise surtout dans la tradition chrétienne. À cette époque, l'hospitalité semble se manifester à travers l'individu inspiré, avant tout, par l'enseignement biblique concernant l'attitude envers le prochain.

Dans les romans du XIIIe siècle, on observe des relations d'amitié, d'amour, de service, de compagnie, de réconfort, de consolation, d'aide, de conseil. De même, les personnages hospitaliers se manifestent dans un effort individuel et réciproque: on offre l'hospitalité tant aux proches qu'à un arrivant anonyme, selon les modèles bibliques et hagiographique. Les personnages hospitaliers romanesques sont souvent formés comme les disciples des personnages hospitaliers de la Bible ou bien ils ont des traits des saints patrons de l'hospitalité. Premièrement, dans les romans français du XIIIe siècle dits réalistes, l'individu est rarement un homme seul, il s'insère dans un groupe de personnes, qui lui fournit appui et soutien. De plus, les personnages sont souvent liés entre eux par une relation qui implique protection et assistance mutuelle. Ils vivent dans l'esprit de fraternité et ils ne traitent pas les étrangers comme des ennemis. Deuxièmement, le personnage hospitalier rend les rencontres aimables et efficaces car celui-ci est accueillant, ouvert, à l'écoute de l'autre. Il suit un code de comportement courtois et une vie sociale harmonieuse et équilibrée comme le recommandent les personnages bibliques modèles de l'accueil et les saints. Le protagoniste médiéval pratiquant l'hospitalité est souvent associé à la gentillesse, à la générosité et à la douceur des mœurs et des services. Troisièmement, les protagonistes sont prêts à rencontrer ceux qui sont dans le besoin, l'esprit d'*agape* est omniprésent dans les textes des romans d'aventures. Les personnages hospitaliers agissent surtout en fonction de l'Autre. Le désir de l'Autre des souvenirs ou de s projets d'avenir avec ou sans hôte font focaliser les actes de l'hospitalité.

L'analyse approfondie des textes pourrait montrer que l'hospitalité est un dépassement et une ouverture sur l'inconnu. Dans la littérature française des XIIe et XIIIe siècles, nous découvrons l'archétype de la rencontre de l'Autre, proposé par l'esprit biblique. L'individu hospitalier joue alors un rôle de première importance dans le déroulement de l'hospitalité dans ces textes. Il est à ajouter qu'il y a quelque chose en plus qui unit les protagonistes – c'est l'identité chrétienne.

Summary

The Biblical and Hagiographic Characters Inspiring the Hospitable Characters in Thirteenth Century French Novels

The aim of the article is to present prototypes of hospitable characters in Medieval French Literature. Biblical characters and heroes described in hagiographic works seem to serve examples to literary characters. In the literature, the Holy Bible and hagiography, a hospitable character is characterized by openness to others, kindness, love, generosity and trustfulness. A hospitable character through a contact with a Different sees a relationship with God.

Keywords: figure of hospitality, hagiography, biblical sources, Middle Ages, French Literature

DOI: 10.12797/9788376384207.17

Monika Kulesza

Université de Varsovie

L'auteur, le personnage, le lecteur dans les *Lettres galantes de Monsieur Le Chevalier d'Her****

Les *Lettres galantes de Monsieur Le Chevalier d'Her****, que par commodité dans la suite je vais appeler *Lettres galantes*, sont un ouvrage difficile à classer dans les catégories littéraires habituelles. Pas vraiment un simple recueil de lettres et pas tout à fait un roman épistolaire, du moins si on se réfère à la définition donnée par Yves Giraud selon laquelle l'intrigue d'un roman épistolaire doit être développée et dénouée[1]. Présentées comme authentiques, les lettres sont certainement inventées par un auteur qui est resté longtemps mystérieux. Modifié d'une édition à l'autre, le texte a évolué pendant plus de cinquante ans. De plus ces missives, portant chacune un titre qui résume le contenu, ressemblent plutôt à des historiettes qu'à des lettres. Ces «anecdotes, prétextes à quelques réflexions morales»[2] sont racontées par un mystérieux chevalier d'Her*** à des destinataires tout aussi mystérieux. Aucune réponse aux lettres du chevalier n'est donnée, pas plus que des indications temporelles, des précisions sur les lieux ou des formules de politesse.

L'ouvrage se compose de deux parties, parues respectivement en 1683 et en 1687 et rééditées à plusieurs reprises. Fontenelle, qui dans son grand âge finit par en reconnaître la paternité, a vingt-six ans au moment de la publication. On pourrait considérer les *Lettres galantes* comme une œuvre de jeunesse qu'un auteur projetant une carrière de savant mondain ne souhaitait pas reconnaître. Effectivement,

---

[1] Y. Giraud, A.M. Clin-Lalande, *Nouvelle Bibliographie du roman épistolaire en France des origines à 1842*, Éditions Universitaires Fribourg, Fribourg, 1995, p. 10.

[2] B. Bray, «Le statut des personnages dans les *Lettres du chevalier d'Her****», [in:] A. Niderst (éd.), *Fontenelle*, Acte du colloque tenu à Rouen du 6 a 10 octobre 1987, PUF, Paris, 1989, p. 50.

Fontenelle publie la même année les *Nouveaux dialogues des morts*, un ouvrage sérieux qui n'a rien à voir avec le badinage des *Lettres galantes*. Pourquoi donc revenir tout au long de la vie à une bagatelle qu'on n'a pas signée, et la retravailler pour en publier de nouvelles versions? L'anonymat et tous les mystères de l'ouvrage ont-ils été dictés par des raisons de marketing, ou l'énigme quant à l'auteur et au personnage fait-elle partie d'un projet littéraire que Fontenelle a fignolé toute sa vie?

Le mystère de l'auteur

Une œuvre non signée lancée par un prestigieux journal de l'époque, *Le Mercure galant* en l'occurrence, était faite pour éveiller la curiosité. Dans la préface de l'édition de 1699, nous lisons: «Quant à cet auteur il n'est pas si aisé à deviner que l'on croirait bien, et ce qui a servi à le cacher, c'est que ceux à qui on a faussement attribué cet ouvrage n'ont pas cru qu'il leur fît assez de tort pour s'en défendre bien sérieusement»[3]. L'éditeur met le lecteur en déroute et en appétit en même temps: non seulement toutes les suppositions sur l'identité de l'auteur sont réputées fausses (on peut donc continuer le jeu de devinettes) et de surcroît ceux à qui on attribue les *Lettres galantes* n'en nient pas la paternité, signe évident de son succès.

Maintenir le secret de l'identité de l'épistolier n'est pas le seul moyen d'attirer le lecteur curieux. Dans la préface on assure aussi le public de l'authenticité des lettres[4], autre technique de lancement, de plus en plus au point à la fin du siècle, et de l'accueil favorable réservé à l'édition précédente: «Ainsi si ces lettres ont déjà été reçues si favorablement du public, on peut espérer qu'elles le seront encore davantage dans l'état où elles paraissent présentement»[5]. Débusquer l'auteur, reviendrait à identifier le chevalier d'Her*** qui serait l'auteur présumé et le héros de l'ouvrage. La prétendue authenticité des lettres n'éclaire en rien, mais au contraire, brouille encore plus les pistes.

Si Fontenelle avoue tardivement être auteur des *Lettres galantes*, l'abbé Trublet[6], quelques années après la mort de son maître et ami, explique son hésitation à reconnaître l'ouvrage par l'hostilité d'une partie du public:

> Je ne voudrais pas l'assurer, dit Trublet, mais je sais bien qu'il les estimait plus que le public, du moins que la partie la plus nombreuse du public ne les a estimées; et s'il ne les a pas avouées publiquement, c'est seulement parce qu'il savait que tout le monde n'en

---

[3] Fontenelle, *Lettres galantes de Monsieur Le Chevalier d'Her****, éd. C. Guyon-Lecoq, Desjonquères, Paris, 2002, p. 46.

[4] Il y est question «des lettres manuscrites du Chevalier d'Her*** que l'on avait entre les mains» et ensuite des retouches apportées par l'auteur, *ibid. l. c.*

[5] *Ibid. l. c.*

[6] N. Ch. J. Trublet, *Mémoires pour servir à l'histoire de la vie et des ouvrages de M. de Fontenelle*, M.M. Rey, Amsterdam, 1759.

pensait pas absolument comme lui, et même qu'on en avait quelquefois parlé avec une sorte de mépris[7].

Que les ennemis de Fontenelle dans le camp des Anciens aient été nombreux et malveillants, il suffit, pour s'en convaincre, de rappeler le portrait de Cydias des *Caractères* de La Bruyère. Sa crainte de l'hostilité de certains lecteurs n'a pas été infondée. Outre d'autres reproches, La Bruyère se moque précisément de la fécondité de Fontenelle, auteur prêt à écrire tout ce qu'on lui demande pour de l'argent: «Prose, vers, que voulez-vous? Il réussit également en l'un et l'autre. Demandez-lui des lettres de consolation, ou sur une absence, il les entreprendra; prenez-les toutes faites et entrez dans son magasin, il y a à choisir»[8]. La Bruyère ne vise pas une œuvre concrète, il veut donner une image de Fontenelle pédant et précieux, «bel esprit de profession», ridicule, sûr de lui et surtout objet de moqueries.

Mais si on se fie à Trublet, Fontenelle aimait alors suffisamment ses *Lettres galantes* pour les relire et les rectifier durant sa longue vieillesse. Cela confirme aussi qu'il n'y a pas eu dans la vie de Fontenelle de période mondaine qui exclurait l'élaboration des œuvres philosophiques ni de période philosophique qui ferait oublier à l'auteur son goût pour le badinage. Mondain, savant et philosophe, l'auteur des *Lettres galantes* a bien brouillé les pistes.

Le mystère du personnage et/ ou de l'auteur

Outre au mystère de l'auteur, le lecteur se heurte à celui du chevalier d'Her*** et des destinataires à qui les lettres sont adressées et dont l'identité est cachée sous des initiales. Le «je» du chevalier prête à la confusion, car même si toute fiction à la première personne n'est pas nécessairement autobiographique, le lecteur cherche toujours des liens éventuels avec l'auteur. Mais les indices biographiques incontestables manquent dans le recueil et il n'est pas possible d'affirmer si le chevalier d'Her***, c'est Fontenelle, ni si le chevalier – personnage et / ou auteur a vécu, a entendu relater ou bien a inventé ce qu'il raconte.

En même temps, il est tentant de reconnaître les points de vue de Fontenelle dans de nombreux passages jugeant la société, la littérature et la philosophie et de considérer le héros comme son porte-parole. Alain Niderst affirme que «l'auteur a donné au chevalier d'Her*** [...] certains traits de son caractère» et voit «les origines matérialistes de la psychologie que propose Fontenelle»[9] dans les *Lettres galantes*. L'esprit «géomètre» que Fontenelle incarne, même s'il sert dans les *Lettres galantes* la cause du sentiment[10], transparaît dans tous les développements où la raison, le calcul, la mesure invitent à réviser les projets amoureux.

---

[7] *Ibid.*, p. 128.
[8] La Bruyère, *Caractères*, chap. V, fragm. 75, GF-Flammarion, Paris, 1965, p. 165.
[9] A. Niderst, *Fontenelle à la recherche de lui-même*, Nizet, Paris, 1972, p. 152 et 157.
[10] J. Mesnard, «La sensibilité de Fontenelle», [in:] *Fontenelle, op. cit.*, p. 612.

C'est la présence du chevalier d'Her*** qui constitue le seul lien entre les lettres et qui structure l'ouvrage. Il écrit parfois plusieurs lettres au même correspondant, mais ceux à qui il s'adresse ne se connaissent pas entre eux, reviennent seulement dans les lettres qui leur sont destinées. L'authenticité des lettres paraît d'autant plus douteuse que le chevalier ne fréquente pas un cercle choisi mais, à chaque fois, semble faire partie d'une autre compagnie mondaine. Les lettres seraient-elles alors écrites par plusieurs chevaliers d'Her***, sorte de destinateur collectif, ou le chevalier, héros inventé par l'auteur, incarne-t-il un représentant typique d'homme du monde?

Le chevalier écrit aux autres pour traiter de leurs problèmes, pour raconter l'histoire d'autrui sans quasiment parler de soi. Cette position ne résulte pas du souci de l'autre, de la volonté de l'aider, même si les apparences le suggèrent, mais du dessein d'esquisser une panoplie de différentes situations qui ne servent qu'à faire briller le bon sens ironique du héros. Il juge, déconseille, se moque, mais c'est ainsi qu'il nous leurre encore. En fait l'avis qu'il affirme donner en tant qu'ami ressemble à celui que seule une personne non impliquée, étrangère, peut donner. Le chevalier évite soigneusement de quitter son rôle et il ne se montre que dans ses rapports avec les autres.

Les lettres sont adressées aussi bien à des femmes qu'à des hommes. Le chevalier d'Her*** parle à ses correspondants des sujets que l'on traite avec des amis mais de nouveau il ne le fait pas sur un ton qu'on réserve habituellement aux personnes proches. Son ironie frise la dérision. Ainsi, par exemple, ridiculise-t-il les arguments de Mme de P… qui voulait interdire à sa fille le mariage avec un de ses parents:

> Quoi! voulez-vous que M. de S… trouve Mlle de P… moins aimable, parce qu'il est fils du cousin germain du père de Mlle de P…? […] A-t-on toujours sa généalogie devant les yeux? Et lorsqu'on voit une personne touchante, s'avise-t-on de penser qu'on a un bisaïeul commun avec elle?[11]

Ailleurs il parle sur un ton ironique du changement de religion:

> On m'a mandé qu'après avoir abjuré votre hérésie, vous abjureriez aussi votre indifférence en faveur de M. le marquis de C… C'est bien fait de quitter toutes vos erreurs en même temps, et de prendre tout d'un coup toutes les opinions saines. Après cela vous serez toute renouvelée, nouvelle catholique, nouvelle mariée, nouvelle doctrine dans l'esprit, nouveaux sentiments dans le cœur [12].

À M. d'O… il déconseille de se marier contré la volonté de son père qui voulait le déshériter car, lui dit le chevalier, «on se lasse d'être héros, et on ne se lasse point d'être riche». Il ajoute plus loin «si l'amour trompe, à plus forte raison, l'amour qui devient ménage»[13]. Le chevalier lui indique ensuite les moyens de vérifier la véracité de l'amour de sa fiancée, essaye de le décourager en alignant une panoplie d'arguments dits «raisonnables», ce qui ne l'empêche pas, après le mariage, d'envoyer un compliment à la nouvelle Mme d'O.

---

[11] Fontenelle, *Lettres galantes de Monsieur Le Chevalier d'Her****, op. cit.*, p. 71.
[12] *Ibid.*, p. 69.
[13] *Ibid.*, p. 102.

Le chevalier d'Her*** s'adresse à tous les correspondants sur un ton familier et provocateur. Même quand il écrit à une personne qu'il ne connaît pas, il ne change rien dans sa façon de badiner. Dans la lettre à Mme d'O…, par exemple, il retourne à son profit tout ce qu'il a dit de décourageant avant son mariage:

> Je suis ravi d'avoir écrit à M. votre époux je ne sais combien de lettres où je lui empoisonnais l'esprit sur votre chapitre le plus adroitement que je pouvais; sans cela je tremblerais que sa passion ne pût pas tenir contre le mariage, mais je sais à présent de quel caractère elle est, et je suis sûr que l'estime solide sur laquelle elle est fondée durera toujours[14].

Le chevalier donne l'impression d'être le metteur en scène de cette farce galante, en décidant de la forme et du contenu des lettres, il est tout le temps là, caché derrière ses propres réflexions et jugements.

Le manque de liens entre les lettres outre la présence du chevalier d'Her***, et l'absence de tout échange entre les autres personnages permet de lire les lettres séparément. Celles adressées au même correspondant n'imposent pas non plus la lecture de l'ensemble et toutes constituent une sorte de chronique mondaine composée de scènes différentes selon le lieu où elles se déroulent: au salon, à l'opéra, au couvent, à la chasse.

> Sur la scène galante, le chevalier, le «je», occupe trois emplois principaux: celui d'un *acteur* lui-même engagé dans une affaire amoureuse, celui d'un «conseiller» expérimenté distributeur de sages avis à ses amis lorsqu'ils lui paraissent en avoir besoin, celui enfin d'un «commentateur témoin», rapporteur de «cas» curieux et significatifs, observateur distant et désabusé, voire moraliste de salon ou même parfois philosophe […] sans toutefois que soit perdue de vue la perspective galante [15].

Effectivement, dans les *Lettres galantes*, outre quelques déclarations amoureuses, il s'agit de rendre compte et de commenter le mode de vie de la société mondaine. Citons un des «cas» commenté par le chevalier: l'histoire arrivée à une dame de cinquante ans qui, battue par son amant jaloux, devient du coup «insupportable de fierté qu'elle a de se voir encore aimée d'une manière si vive»[16]. Comme des femmes envieuses affirment que l'amant était simplement de mauvaise humeur et non pas jaloux, le chevalier de prévenir plaisamment son correspondant:

> Vous aurez battu une aimable vieille dans un transport amoureux, et tout le monde sera en droit de venir censurer ces coups de bâton, et de trouver à redire qu'ils ne soient pas tombés sur un assez jeune os! En vérité, cela est étrange, et l'on est devenu de bien mauvaise humeur en ce siècle-ci. Adieu, profitez de cet exemple, usez sagement de votre canne, et souvenez-vous qu'on en est plus digne passé vingt-cinq ans[17].

---

[14] *Ibid.*, p. 106.

[15] C. Guyon-Lecoq, «*Parodie et système du roman dans les Lettres galantes de Fontenelle*», [in:] *Études romanesques 5. Fondements, évolutions et persistance des théories du roman*, textes réunis par A. Pfersmann, Minard, Paris – Caen, 1998, p. 52.

[16] Fontenelle, *Lettres galantes de Monsieur Le Chevalier d'Her****, op. cit.*, p. 147.

[17] *Ibid.*, p. 148.

L'amour et le mariage, sujets de prédilection de cette correspondance, sont décrits dans leur rapport avec les coutumes et les lois de la société mondaine. Le chevalier d'Her*** qui se moque des romans, évite soigneusement de parler des sentiments à la manière romanesque car l'amour, la jalousie, la séparation, la beauté et l'esprit d'une femme qui incitent à l'amour, ne sont présentés qu'en tant que des phénomènes sociaux. On a l'impression que la psychologie qui gagnait du terrain dans les romans est chez Fontenelle secondaire car ce n'est pas elle qui constitue le moteur de l'action[18]. Par contre ce qui dans les romans de l'époque était rarement évoqué: le statut matériel, le rang social, l'âge, le conflit des générations, la langue, la nationalité, la religion, le lieu d'habitation, les qualités intellectuelles, devient primordial dans les *Lettres galantes.*

La distance ironique et la raillerie qui caractérisent les propos du chevalier, s'inscrivent bien dans le registre galant, oscillant entre le sérieux et le badinage, entre la sincérité et l'artifice, entre un jeu et un épanchement de véritables sentiments amoureux. Le ton mi-badin, mi-sérieux fait qu'on se croirait dans un salon en observateur d'un jeu mondain mené par le chevalier d'Her***.

Prenons comme exemple les contacts avec Mlle de J... L'échange épistolaire commence par la lettre intitulée: «A Mlle de J... Déclaration badine d'amour». Le jeu est annoncé dans le titre, mais dans la suite, le chevalier ne s'y réfère plus, au contraire, dans cette même lettre, il déclare d'emblée ses sentiments soi disant véritables, mais le ton de ses missives donne l'impression d'assister à une galanterie où tout est feint. La jeune fille se montre réticente, comme il ressort des répliques quelque peu impatientes et fanfaronnes du chevalier: «Vous vous êtes bien gendarmée de ma déclaration; vous êtes bien satisfaite de vous-même; votre vertu a fait son tintamarre». Le chevalier veut absolument se faire aimer, il conjure le sort en se montrant sûr de sa réussite:

> Mais voulez-vous gager qu'au bout du compte vous m'aimerez? Oui, vous m'aimerez; je sais bien ce que je dis, je sais bien ce que je sens qui me répond que je me ferai aimer. N'ayez point si bonne opinion de votre indifférence, j'ai de la constance pour vaincre quatre indifférences comme la vôtre [19].

Pas de plainte, pas d'angoisse amoureuse, pas d'incertitude que l'amour puisse ne pas être partagé. «Il n'est rien tel que les méthodes régulières»; le chevalier prétend de ne jamais se lasser de convaincre Mlle de J... de l'aimer. Il évoque le temps qui ne changera rien à ses sentiments, malgré les rebuffades de la part de Mlle de J..., les rivaux qu'il fera partir, bref sa fidélité et son dévouement feront qu'elle l'aimera «par lassitude».

---

[18] C. Guyon-Lecoq appelle la psychologie des *Lettres galantes* «plutôt un programme qu'un moteur de la fiction», cf. e a d e m, «Parodie et système du roman dans les *Lettres galantes* de Fontenelle», op. cit., p. 56.

[19] *Ibid.*, p. 54.

Même un sujet épineux, la réputation de la femme, permet au chevalier de se montrer adroit dans le badinage: «on voit que vous me traitez plus mal qu'à l'ordinaire, et on devine par là que je vous aime et qu'il doit y avoir quelque chose entre vous et moi. [...] Ayez devant le monde plus de discrétion que vous n'en avez et faites-moi quelques faveurs qui sauvent votre réputation». En retournant les rôles habituels de l'homme et de la femme, il se donne une position privilégiée. Non seulement il espère plus de docilité de l'amante, mais il veut faire passer son propre intérêt amoureux pour le souci de la réputation de la femme. «Admirez, s'il vous plaît, continue-t-il plaisamment, combien je suis éloigné d'avoir les maximes ordinaires. D'autres, qui ménageraient moins l'honneur des belles, vous prieraient de leur continuer vos rigueurs; mais pour moi, je ne suis point de ces fanfarons-là»[20]. Le chevalier retourne complètement la situation, comme il se doit dans la parodie que sont sans conteste[21] les *Lettres galantes*. Cette parodie n'a pas de limites parce que les destinataires restent muets[22], le chevalier d'Her*** peut alors oser écrire tout sans craindre la réponse.

Autant le «je» occupe trois emplois importants, autant les autres personnages sont soumis et dépendent entièrement du héros éponyme. Ils sont présents seulement dans ce que dit le chevalier, quand il rapporte leurs paroles et commente leurs décisions ou actions. Leur anonymat, car on n'est même pas sûr que les initiales désignent toujours la même personne[23], leurs aventures interrompues, leurs paroles rapportées, tout cela fait penser aux marionnettes tournant autour du chevalier qui seul a le pouvoir de les animer. En même temps, c'est grâce à leur présence et à ce qui leur arrive que le chevalier peut remplir son rôle. En commentant les comportements des autres, il peint néanmoins par bribes son propre portrait, aux visages souvent contradictoires qui inquiètent ou fascinent.

Le lecteur

Dans un ouvrage aussi insolite, le lecteur joue un rôle capital, car c'est à lui de reconstruire le roman en ajustant les pièces décousues que sont les *Lettres galantes*. Le lecteur cherche automatiquement une unité, un suivi dans les aventures des personnages. Parfois le chevalier semble les lui offrir en s'adressant à la même personne ou en parlant d'elle, mais ce n'est qu'un ordre apparent qui permet de reconstruire un épisode. Ainsi les lettres que le chevalier adresse à Mlle de J... forment un tout que l'on pourrait intituler «la séduction badine» et les lettres destinées à M d'E... au sujet

---

[20] *Ibid.*, p. 55.

[21] Cf. C. Guyon-Lecoq, *op. cit.*

[22] On connaît très rarement leur réaction et seulement grâce à ce que le chevalier en rapporte, par exemple p. 65: «Je m'aperçois de ce que vous m'avez mandé, Mademoiselle, que vous entreriez dans les intérêts de mon receveur, et que vous solliciteriez pour lui».

[23] Cf. *Ibid.*, p. 58.

de Mlle de V… ainsi que celles adressées à Mlle de V…, trament l'itinéraire «du couvent à la carrière mondaine».

Toutefois, les lettres envoyées à la même personne ne se suivent pas et le lecteur doit être attentif pour les retrouver toutes et recomposer un feuilleton à partir des épisodes dispersés. La tâche n'est pas simple car les feuilletons se superposent et on ignore au fil de la lecture quel destinataire réapparaîtra, quelle histoire aura une suite. Le lecteur assidu doit alors relire les lettres même plusieurs fois ce qui fournit l'occasion de découvrir des aspects nouveaux de l'œuvre.

Comme le chevalier reste le seul repère, le lecteur cherche automatiquement des informations à son sujet; il souhaite connaître son histoire, découvrir ses sentiments, par exemple ceux qu'il voue véritablement à Mlle de J… Le chevalier d'Her*** interrompt constamment l'enquête du lecteur car il détourne son attention en intercalant des histoires arrivées aux autres personnages. Dans les deux lettres (XXIII et XXIV) adressées à M. de F… le chevalier parle de lui-même. Il est effrayé car on lui propose un mariage très avantageux avec Madame d'A…, jeune veuve, belle, riche, sage, bref, ayant toutes les qualités. Le lecteur se réjouit d'entendre enfin le «je» parlant de soi, de ses sentiments et non pas de ce qu'il pense des autres. Le lecteur qui aimait les conseils raisonnables du chevalier, découvre brusquement un être puéril et immature, angoissé parce qu'il devra peut-être devenir raisonnable:

> Moi me marier! […] Il me semble que je la vois déjà réduire ma vie à une forme régulière, m'aimer par méthode, et se prescrire la loi d'avoir des enfants tous les ans. […] Ce qu'il y a de fâcheux, ce que le parti, à parler raisonnablement, est très bon en toutes les manières, et que je suis réduit à la nécessité d'entrer dans une vraie délibération, et très menacé de faire une sottise en n'écoutant pas les propositions qu'on me fait. […] je suis perdu; je ne sais pas ce que je deviendrai, s'il arrive qu'on me fasse avoir de la raison[24].

Dans la seconde lettre, il informe M. de F… qu'il a réussi à faire rompre son mariage sans qu'on sache qu'il le souhaitait: il a menti sur l'état de ses biens et comme il s'est montré moins riche que la dame ne le croyait, c'est elle-même qui a renoncé au mariage. Le chevalier cesse alors de parler de lui et dessine une image amusante de Mme d'A…:

> mais ce qu'il y a de plaisant et que j'ai appris hier, c'est que la dame calcula si mon bien et le sien mis ensemble pourraient donner une telle charge au fils aîné qui naîtrait de nous, telle autre au cadet, tel mariage à une fille; car comme elle est personne de grand ordre, elle a déjà réglé dans sa tête quels seront les établissements des enfants de son second lit à venir, et je ne sais si elle n'a pas même arrêté l'ordre de la naissance des garçons et des filles[25].

L'attention du lecteur est de nouveau fixée sur la personne dont parle le chevalier et non pas sur lui-même. Il affirme à la fin être «mort de joie» de s'en sortir ainsi, mais quiconque comptait sur une suite de l'épanchement des sentiments du «je», sera déçu.

---

[24] *Ibid.*, p. 144.
[25] *Ibid.*, p. 146.

A un autre moment, il lui arrive de faire semblant de demander l'avis du destinataire sur un problème moral et de montrer la méchanceté humaine dont il serait, lui, exempt. Il écrit à Monsieur... et lui demande s'il peut tromper une femme sotte qui lui plaît en lui disant qu'elle a de l'esprit et ainsi se faire aimer d'elle. Dans sa seconde lettre qui fait référence à une réponse de Monsieur... il écrit:

> Vous avez décidé pour la tromperie, et j'ai tâché à suivre votre décision; mais je ne crois pas que je fasse rien de plus que les premières tentatives. La dame a donné si naïvement dans ce que j'ai commencé à lui dire sur son prétendu bel esprit, qu'il ne m'est pas possible de continuer. Ma sincérité a trop pâti, j'aime mieux qu'elle ne m'aime point que de la rendre si sotte. [...] Il ne serait pas d'un honnête homme de faire une folle pour la laisser là. [...] J'ai un soin extrême de la raison qui lui reste; je ne sais si elle la portera encore loin, mais enfin je ne veux pas l'altérer le moins du monde, ce peu-là lui est d'une trop grande importance[26].

Tout en faisant semblant de souhaiter du bien à cette dame, le chevalier d'Her*** cache son ironie et sa méchanceté sous couvert de pitié et sous l'assurance de ses bonnes intentions. Sans manquer, à l'occasion, de faire son propre éloge. Le lecteur détecte sans problème la malignité du héros et sa volonté de se montrer supérieur, mais en même temps la victime de la tromperie s'efface; sans existence propre, elle ne suscite pas l'émotion du lecteur et se réduit à un prétexte permettant au chevalier de déployer ses talents de manipulateur. Le lecteur, attaché forcément au seul véritable personnage du recueil, ne peut pas rester neutre et il éprouve pour le chevalier d'Her*** soit de la sympathie, soit de l'antipathie.

La forme épistolaire impose l'existence d'un destinataire – lecteur de la lettre. La réception fait partie intégrante de l'épistolaire. S'il n'y a pas de réponse reproduite dans le recueil, on attend au moins un écho de la réaction du correspondant dans la missive suivante du destinateur. Cela n'arrive que sporadiquement chez Fontenelle. Le lecteur de l'ouvrage se trouve alors dans une situation ambiguë: il lit des lettres qui apparemment ne lui sont pas destinées mais que faute d'un véritable destinataire, il est forcé en quelque sorte de prendre pour lui. Dès lors, il est amené à construire lui-même un roman à partir de sa propre imagination.

Le lecteur est donc maître de donner un sens à cet ouvrage, selon la façon dont il a ordonné les fragments, selon les analogies qu'il a trouvées, un sens qui dépend de son interprétation, non seulement de chaque histoire mais de toutes les histoires ensemble et des commentaires du chevalier. Si ce dernier se moque, fait des remarques amusées ou cruellement ironique, c'est qu'il invite le lecteur à observer le monde qui l'entoure, certes; mais pourquoi le lecteur ne serait-il pas encouragé ainsi à le juger lui, le chevalier d'Her*** et l'honnête homme qu'il incarne?

Les *Lettres galantes* livrent une image amère de la société des salons et du mode de vie des mondains. Mais le chevalier d'Her*** ne diffère pas de son milieu et le lecteur voit en lui le porte-parole ou l'incarnation d'un homme du monde. La forme ori-

---

[26] *Ibid.*, p. 91-92.

ginale de l'ouvrage contribue à la force de cette description et l'ambiguïté qui y règne favorise une représentation variée, multiple et hétérogène de la mondanité.

Fontenelle, expert dans le domaine épistolaire, a peut-être tenté une expérience avec cette forme d'expression à la mode dont il examinait les limites, en proposant une nouvelle formule. Les *Lettres galantes* seraient un laboratoire où Fontenelle met à l'épreuve les lois du genre. Il prive son texte des repères typiques: destinataire bien déterminé, ses réactions, contenu suivi, formules épistolaires de politesse, signature, date. De ce fait, il construit sciemment un roman atypique dont l'unique personnage et la forme imposent une lecture autobiographique que le contenu du texte nie. Le mystère de l'auteur, l'ambiguïté qui entoure le héros et les destinataires ainsi que la liberté de l'interprétation laissée au lecteur font partie de cette «expérience formelle». On peut ne pas aimer l'humour ironique et acerbe de l'auteur, mais il est tout à fait plausible d'y voir l'amusement d'un bel esprit qui, en jouant avec les règles du genre épistolaire, en propose une forme originale.

Summary

Author, Character and Reader in Fontenelle's *Lettres galantes de Monsieur le Chevalier d'Her****

The article discusses a role of an author, protagonist and a reader in Fontenelle's *Lettres galantes de Monsieur le Chevalier d'Her****. The Chevalier d'Her writes letters to persons identified only by their initials and responses do not exist. I have analysed the letters as a type of a formal experiment, when the author, expert in epistolary form, "plays" with it, structure marionette characters drawing, with irony and humour, the picture of the society of his epoch. Fontenelle gives his readers complete freedom of interpretation constituting a component of the literary experiment.

Keywords: Letter, Chevalier d'Her***, author, protagonist, reader

DOI: 10.12797/9788376384207.18

PETRUȚA SPÂNU

Université Marie Curie-Skłodowska de Lublin

Auteur, lecteur et personnages dans les romans «jumeaux» de Marivaux, *la Vie de Marianne* et *le Paysan parvenu*

De la riche production romanesque de Marivaux, on ne retient d'habitude que ses deux romans «jumeaux», *la Vie de Marianne ou les Aventures de Madame la Comtesse de **** et *le Paysan parvenu ou les Mémoires de M ****, le premier de type aristocratique et sentimental, le second plébéien et plaisant, les deux inachevés, constitués en parties séparées, dont la publication s'est échelonnée sur onze ans pour *Marianne* (1731-1742) et sur deux ans pour *le Paysan* (1734-1735).

Marivaux prétend ne pas composer, laisser venir ses idées au hasard, s'y abandonner comme ses personnages, Marianne et Jacob, qui ne sont pas écrivains, donc ne savent pas écrire un livre. Cette attitude d'improvisateur lui fait nier le plan établi a priori, l'imitation d'un modèle ou le respect des règles. Seules la vérité et l'authenticité de la pensée et du sentiment organiseraient le récit. Cette envie d'être vrai le conduit à une espèce d'ordre informel où la cohérence dériverait d'une volonté unique. Le décousu apparent des deux romans serait donc commandé par un dessein initial.

En réalité, ces romans «jumeaux» sont construits selon le principe de l'apprentissage, de l'épreuve subie par le protagoniste. *La Vie de Marianne* et *le Paysan parvenu* sont par conséquent des «romans de culture»[1], d'«apprentissage et de conquête»[2]. L'expérience que le personnage en extrait est assimilée, elle l'enrichit. D'autres

---

[1] J. d'Hondt, «Hegel et Marivaux», [in:] *Europe*, N° 451-452, novembre-décembre, 1966, p. 326.

[2] Marivaux, *Romans*, texte présenté et préfacé par M. Arland, Gallimard, Paris, 1949, p. XXXI.

épreuves surviennent, avec des effets analogues, jusqu'à ce que le personnage mûrisse et qu'il n'ait plus à se chercher ni se découvrir, même si de nouvelles épreuves peuvent intervenir. Il arrive à une biographie relativement stable, dont il regarde, en narrateur «expérimenté»[3] son moi révolu et longtemps enseveli, et le passé comme un spectacle résulté du flux de sa mémoire. Il est sujet et objet de son récit. Le personnage agissant se confond avec le personnage contemplant et commentateur. Le moi narratif coïncide avec le moi du protagoniste. Son regard est à la fois rétrospectif et prospecteur: «Marivaux […] se regarde en regardant Marianne se regarder»[4]. Cette attitude à se dédoubler est surtout exigée par le roman «féminocentrique» (*Marianne*), bien qu'elle se rencontre aussi dans le roman «androcentrique»[5] (*le Paysan*).

Entre le moment où le héros-narrateur parle et celui où sa narration est interrompue, se déroule la partie la plus longue de sa vie et la plus obscure. Entre le temps des événements et le temps de la narration, il y a donc une immense discordance. Cet intervalle entre le présent du récit et l'expérience du héros qui l'éclaire, entre le temps de la spontanéité et le temps de la réflexion spectatrice, du regard conscient, guetteur, lointain et rectificateur[6], cette «structure du double registre» du récit et du regard sur le récit[7] sont soit la conséquence de l'inachèvement du récit, soit, au contraire, sa cause: l'auteur a peut-être eu le dessein initial de faire le héros parler d'un passé dont il est séparé par un très long laps de temps et qui le met en perspective. À partir de l'article de Jean Rousset, Walter Ince propose une structure à triple registre: le personnage en tant que cœur, que regard et qu'auteur regardant tout, y compris le personnage regardant le personnage sujet[8].

L'âge canonique romanesque de la remémoration est d'habitude la cinquantaine, lorsque la femme ou l'homme mûrs se sont «retirés du monde»[9]. Ils occupent à se raconter les loisirs d'une retraite devenue paradoxalement l'époque la plus pleine de leur vie, pour se connaître et aider autrui à se connaître. Leur ambition littéraire et moralisatrice se tourne vers le monde dont ils sont détachés.

---

[3] J. Rustin, «*La Religieuse* de Diderot: Mémoires ou journal intime», [in:] V. Del Litto (éd.), *Le Journal intime et ses formes littéraires, actes du Colloque de septembre 1975 (Grenoble)*, Droz, Genève – Paris, 1978, p. 34.

[4] L. Spitzer, «À propos de la *Vie de Marianne*», [in:] *Études de style*, NRF, Gallimard, Paris, 1970, p. 388.

[5] P. Fauchery, *La destinée féminine dans le roman européen du XVIIIe siècle (1713-1807). Essai de gynécomythie romanesque*, Colin, Paris, 1972, *passim*.

[6] J. Rousset, *Narcisse romancier. Essai sur la première personne dans le roman*, Corti, Paris, 1973, p. 105.

[7] Idem, «Marivaux ou la structure du double registre», [in:] *Forme et signification. Essais sur les structures littéraires de Corneille à Claudel*, Corti, Paris, 1964, pp. 45-54.

[8] W. Ince, «L'unité du double registre chez Marivaux», [in:] G. Poulet (éd.), *Les Chemins actuels de la critique*, Union Générale des Éditions, 10/18, Paris, 1974, p. 114-127.

[9] L'Abbé Prévost a écrit un cycle romanesque, *Mémoires et Aventures d'un Homme de qualité qui s'est retiré du monde* (1728-1731) en sept tomes, dont fait partie *l'Histoire du Chevalier des Grieux et de Manon Lescaut* (7e tome).

Ils se rappellent ce qu'ils ont vécu, les paroles qu'ils ont prononcées ou entendues, les personnes qu'ils ont connues, leurs airs et gestes caractéristiques.

La double interruption brusque des deux romans ne s'explique pas par leur insuccès, car ils eurent plusieurs rééditions et traductions même au courant du XVIIIe siècle. L'intérêt porté par les lecteurs et les libraires se voit aussi dans les «suites apocryphes», dans les nombreuses parodies et contrefaçons. Mais le récit contient assez d'indications anticipées qui rendent la conclusion presque inutile. Le dénouement est suggéré dans le titre (*le Paysan parvenu*) ou le sous-titre (*les Aventures de Madame la Comtese de ****). Le narrateur s'arrête au moment où les héros se fixent socialement et n'éprouvent plus l'envie de prolonger l'intrigue, même si celle-ci, constituée d'épisodes juxtaposés, n'est pas terminée. En continuant, en suivant la logique des événements, il se répéterait ou se contredirait. Par exemple, le mariage d'amour est exclu pour Marianne dans la société où elle vit. L'entrée au couvent ou le mariage imposé avec un officier âgé ou avec un petit-bourgeois ne justifierait pas le titre ultérieur de noblesse. Jacob risquerait de tomber amoureux de Madame d'Orville, qu'aime le comte d'Orsan. Leur rivalité détruirait le projet de son arrivisme à l'aide de son bienfaiteur.

Dans les deux romans, Marivaux laisse conséquemment en suspens la trajectoire que les personnages ont encore à parcourir, et se sépare d'eux. Désormais, leurs vies pourront comporter des incidents divers, mais ceux-ci ne modifieront pas significativement leurs rapports. Les romans sont donc ouverts et comme voués à l'inachèvement[10]. Jacob est devenu, peut-être, financier, grâce à la protection du comte d'Orsan, dont il a sauvé la vie. Mais nous ne savons pas comment il est *parvenu*, ni quelle a été son existence après sa soirée passée à la Comédie-Française, où le laisse la cinquième et dernière partie du roman écrite par Marivaux. Jacob y est encore plus *paysan* que *parvenu*, mais au seuil d'une métamorphose sociale radicale, comme Lucien de Rubempré, le personnage balzacien, au sortir de l'Opéra. Malgré son embarras de villageois au milieu du beau monde, nous sommes sûrs de sa fortune que le titre et les premières pages du livre annonçaient. Le continuateur anonyme (ou plutôt le «liquidateur»[11]) des trois dernières parties (VI-VIII) transforme l'adolescent ironique et audacieux en aristocrate rangé et sentimental. Du sous-titre de l'autre roman, *la Vie de Marianne*, et de quelques allusions que fait l'héroïne à la période mondaine qu'elle a vécue, nous savons qu'elle est devenue comtesse, que son déclassement initial a été rectifié par un anoblissement, mais nous ne savons pas comment elle a obtenu cette noblesse (d'un mari, le vicomte de Valville ou autre, ou de sa famille retrouvée), si c'est un titre acquis ou hérité. Ces suppositions ne sont pas confirmées, car Marivaux ne veut pas raconter tout simplement l'histoire d'une orpheline d'origine noble qui épouse un aristocrate.

---

[10] Sur la fin délibérément ouverte, voir F. Van Laere, «Aspects contradictoires de la narration "ouverte" au XVIIIe siècle: *La Vie de Marianne* et *Jacques le Fataliste*», [in:] *Degré*, Bruxelles, première année, N° 1, janvier 1973 (*L'Œuvre ouverte*), e-e 16.

[11] J. Fabre, «Intention et structure dans les romans de Marivaux», [in:] *Idées sur le roman, de Mme de La Fayette au Marquis de Sade*, Klincksieck, Paris, 1979, p. 82.

Les récits des deux romans sont parallèles: un individu abandonné et d'origine modeste apprend à se connaître et à connaître le monde où il veut s'imposer, qu'il pense conquérir mentalement. Dans *la Vie de Marianne*, ce type de récit est repris dans l'histoire analogue de Tervire, qui fait écho à celle de Marianne, dans les trois dernières parties des onze du roman. Celle-ci devient ainsi en quelque sorte une orpheline hyperbolique, car Marivaux l'enrichit d'éléments supplémentaires attendrissants du récit parallèle. La biographie intercalée de Tervire est aussi inachevée, comme le roman-cadre. Tervire attire l'attention de Marianne sur les difficultés de la vie au couvent, comment elle a été avertie par une religieuse dont elle relate les paroles. Marianne se reconnaît en Tervire, et celle-ci dans une autre personne, images réfléchies d'une manière répétée par des miroirs parallèles[12].

La vie des protagonistes qui *parviennent* est vue comme un parcours ascendant à étapes précises, marqué d'épreuves importantes, présentes dans leur succession. Chaque partie a un ou plusieurs centres d'intérêt. La position du narrateur est la même par rapport à Jacob, à Marianne et à Tervire. Il transfère toutes les responsabilités du discours sur un personnage principal qui parlera, c'est-à-dire qui racontera et commentera les événements à la première personne. Le récit est organisé autour du héros – qui devient foyer narrationnel – et à partir de lui. Événements, personnages, décors sont présentés de son point de vue, tels qu'il les a vécus, connus, observés. Le personnage-narrateur étant toujours au centre de l'histoire, les autres personnages sont expédiés à la périphérie et ne vivent que par le protagoniste. Ce système narratif hiérarchique, «monarchique» ou «solaire»[13], est formé de satellites subordonnés autour d'un moi central dominateur. Le narrateur attire ainsi l'attention sur l'acte de raconter. D'ailleurs, Paul Scarron et Antoine Furetière, au XVIIᵉ siècle, avaient déjà suivi cette voie détournée du réalisme.

La séparation entre l'auteur et le personnage ne disparaît pas dans *la Vie de Marianne*, puisqu'un soi-disant éditeur s'adresse au lecteur, au début de la première partie, en prétendant que le manuscrit qu'on lui a donné pour être publié a été trouvé par un ami et écrit par une femme. Son avertissement l'invite à entrer dans le un jeu de la fiction, à croire qu'il s'agit d'une autobiographie authentique. Il s'esquive comme auteur. Il ne revendique de tout le livre, qu'il signe sur la couverture, que «cette vingtaine de lignes-ci»[14]. La préface est donc «auctoriale authentique dénégative du texte»[15]. La narration rétrospective à la première personne du féminin est laissée à l'imagination masculine. Une fois la convention admise, Marianne reste la seule narratrice devant son amie narrataire. Cet intermédiaire n'existe pas dans *le Paysan parvenu*. Jacob s'adresse directement au lecteur: «Le récit de mes aventures ne sera

---

[12] Voir L. Dällenbach, *Le récit spéculaire. Essai sur la mise en abyme*, Seuil, Paris, 1977.

[13] J. Rousset, *Narcisse romancier*, op. cit., p. 110.

[14] Marivaux, *La Vie de Marianne ou les Aventures de Mme la Comtesse de ****, texte établi, avec introd. chronologie, bibliographie, notes et glossaire par F. Deloffre, Garnier, Paris, 1957, p. 3. Abrégé en *VM*.

[15] G. Genette, *Seuils*, Seuil, Paris, 1987, p. 172.

pas inutile à ceux qui aiment s'instruire. Voilà, en partie, ce qui fait que je les donne; je cherche aussi à m'amuser moi-même»[16].

En racontant leur vie, Marianne et Jacob ne monologuent pas, mais s'intègrent dans des rapports dialogués. L'abondance des dialogues[17], naturelle dans ces romans parlés, mimés et théâtralisés, révèle des relations étroites entre le héros-narrateur, d'un côté, les autres personnages et le narrataire, de l'autre côté, ainsi que la présence insistante du dramaturge Marivaux dans l'art du romancier.

Le désir de satisfaire la curiosité d'une amie (*la Vie de Marianne*), celui d'instruire autrui (*le Paysan parvenu*) ne sont que les motifs apparents des deux romans. Marianne et Jacob, observateurs mûrs, amusés, ironiques et moralisateurs de leur vie passée, sont en premier lieu des êtres racontants. Leur mode actuel de vivre, dont ils ne donnent pas de détails, leur intelligence et leur sensibilité sont alimentées de leur expérience accumulée au passé. Le présent n'existe que comme activité de la mémoire, comme interprétation des souvenirs. Ils vivent plutôt qu'ils ne revivent par le récit. Le passé est contemplé en même temps que revécu, selon une proportion variable d'objectivité et de participation. Le long intervalle qui sépare le jugement des narrateurs vieillissants des aventures de jeunesse qu'ils racontent les oblige à le ressusciter intellectuellement et non sentimentalement. La remémoration est surtout une interprétation, une intégration du passé dans le présent, un commentaire qui double constamment la narration. Ces apartés, ces clins d'œil au lecteur irritaient Sainte-Beuve:

> Ses personnages, au lieu de vivre, de marcher et de se développer par leurs actions mêmes, s'arrêtent, se regardent, et se font regarder en nous ouvrant des jours secrets sur la préparation anatomique de leur cœur[18].

Ce qui a été émotion devient objet d'étude. Mais cette résurrection intellectuelle n'exclut pas l'aspect passionnel: Marianne s'apitoie au souvenir de Madame de Miran, sa protectrice et bienfaitrice, modèle de simplicité et de bonté inlassable; Jacob évoque, attendri, ses repas chez les sœurs Habert ou son premier habit bourgeois, qui traduit son émancipation, mais aussi l'écart d'identité: la Vallée est le double de Jacob, sa «conscience sociale»[19]:

---

[16] Marivaux, *Le Paysan parvenu*, texte établi, avec introd., bibliographie, chronologie, notes et glossaire par F. Deloffre, Paris, Garnier, 1959, pp. 25-26. Abrégé en *PP*.

[17] Dans *la Vie de Marianne*, ils occupent 21,17% de la première partie, 22,80% de la deuxième partie, 60% de la troisième partie, 47,56% de la quatrième partie, 36,52% de la cinquième partie, 53,48% de la sixième partie, 47,79% de la septième partie, 57% de la huitième partie, 28% de la neuvième partie, 45,50% de la dixième partie, 44,70% de la onzième partie (voir H. Coulet, *Marivaux romancier. Essai sur l'esprit et le cœur dans les romans de Marivaux*, Paris, Colin, 1975, p. 508). Dans *le Paysan parvenu*, ils occupent 34% de la première partie, 56% de la deuxième partie, 42% de la troisième partie, 58% de la quatrième partie, 38% de la cinquième partie (voir M.-H. Huet, *Le héros et son double. Essai sur le roman d'ascension sociale au XVIIIe siècle*, Corti, Paris, 1975, p. 46).

[18] «Marivaux», 16 et 23 février 1854, [in:] *Causeries du lundi*, Garnier, Paris, 1876, t. 9, p. 367.

[19] M.H. Huet, *op. cit.*, p. 37.

Comment donc, des pantoufles et une robe de chambre à Jacob! Car c'était en me regardant comme Jacob que j'étais si délicieusement étonné de me voir dans cet équipage; c'était de Jacob que Monsieur de la Vallée empruntait toute sa joie. Ce moment-là n'était si doux qu'à cause du petit paysan. (*PP*, p. 248-249).

La dissociation entre narrateur et héros reviendra constamment dans le récit, Jacob occupant la place de complément d'objet de la narration: «Avant le dîner, j'eus la joie de voir Jacob métamorphosé en cavalier». (*PP*, p. 157) Ce nom de la Vallée paraîtra au héros de Marivaux trop bourgeois ou même roturier[20]: «On appelle notre père le bonhomme la Vallée, et je serai monsieur de la Vallée son fils, si cela vous convient.» (*PP*, p. 80); donc il en prendra un troisième, à la fois connu et inconnu du lecteur, M ***, qui donnera à Jacob ses lettres de noblesse définitives, puisqu'il est mentionné dans le sous-titre de ses mémoires. Derrière cet anonymat protégé par des astérisques le lecteur mettra peut-être, comme dans le cas du roman *la Vie de Marianne*, un nom à résonance aristocratique.

En général, ces moments émotionnels sont accompagnés d'explications, d'analyses, d'aphorismes. Tout détail de comportement ou de psychologie semble être la conséquence de lois précises. Dans leur rôle de narrateurs, Marianne et Jacob se servent plus de leur esprit que de leur cœur:

Elle ne s'est refusé aucune des réflexions qui lui sont venues sur les accidents de sa vie; ses réflexions sont quelquefois courtes, quelquefois longues, suivant le goût qu'elle y a pris. Elle écrivait à une amie, qui, apparemment, aimait penser: et d'ailleurs Marianne était retirée du monde, situation qui rend l'esprit sérieux et philosophe. (*VM*, «Avertissement de la première partie», p. 5-6).

Le discours narratif, la démarche de l'esprit sont, peut-être, plus intéressants que les aventures des adolescents que la mémoire retrace. «Jacob n'est à Marianne qu'un frère de lait avec lequel elle aurait pu être élevée à la campagne»[21].

Marianne est d'origine noble et, bien qu'orpheline, a reçu une éducation assez soignée. Jacob n'est qu'un jeune paysan au langage et aux manières rustiques. Il n'a pas la délicatesse innée qui expose Marianne à la souffrance, mais ils se ressemblent par leur perspicacité, leur orgueil, leur spontanéité, leur présence d'esprit, leur aspiration à la dignité. Pourtant, l'optimisme inébranlable de Jacob s'oppose au pessimisme de Marianne, qui pense trois fois à se suicider. Ils se différencient aussi par leur mode d'ascension. Les moyens de parvenir de Jacob sont les acceptations répétées, ceux de Marianne – les refus constants. En s'élevant dans la hiérarchie sociale à travers des situations équivoques, des concessions et des compromis, Jacob progresse néanmoins moralement, du moment où il écrit ses mémoires pour instruire autrui, ses enfants y compris.

L'espace romanesque suppose aussi la présence de l'espace narratif. Par la convention du manuscrit adressé à un narrataire explicite (l'amie noble, dans *la Vie de Ma-*

---

[20] *Vallée* [vale] ressemble comme prononciation à *valet* [valɛ].
[21] J. Fabre, *op. cit.*, p. 84.

rianne, ses enfants et autrui, dans *le Paysan parvenu*), Marianne et Jacob s'adressent à un lecteur abstrait analogue à eux-mêmes, qui les poursuit avec un intérêt constant. Le narrateur se place par conséquent dans l'espace de lecture du lecteur. L'homonymie narrateur-personnage justifie la présence du narrateur à l'endroit et au moment de l'événement narré. Son accès à l'univers intérieur des personnages est vraisemblable. Le manuscrit, ainsi que le déplacement du narrateur, régressif (vers les événements) et prospectif (vers le lecteur) sont des garanties qui marquent la cospatialité du personnage et du lecteur. Marianne et Jacob mûrs parlent d'une Marianne et d'un Jacob d'autrefois. L'intervalle temporel entraîne une différence spatiale. De son espace immobile, où le narrateur inclut le lecteur, il regarde son personnage homonyme évoluer dans un espace itinérant. L'espace mobile du personnage homonyme s'oppose à l'espace fixe du narrateur, dont celui-ci ne donne pas de détails.

Bien qu'appartenant à des romans d'ascension sociale, donc d'enrichissement implicite, les protagonistes ne semblent jamais se préoccuper de questions financières, mais plutôt de mobiles plus nobles, comme leur dignité et leur place dans la hiérarchie sociale, et ne souffrent pas du manque d'argent. Ils en procurent de leurs bienfaiteurs ou protecteurs, souvent sous la forme de substituts matériels, c'est-à-dire habits, logement, entretien au couvent. Jacob refuse l'argent de la jeune servante Geneviève, qui l'obligerait à un mariage réprouvé:

> dans notre village, c'est notre coutume de n'épouser que des filles, et s'il y en avait une qui eût été femme de chambre d'un monsieur, il faudrait qu'elle se contentât d'avoir un amant; mais pour de mari, néant; il en pleuvrait, qu'il n'en tomberait un pour elle, c'est notre régime, et surtout dans notre famille. (*PP*, p. 29).

Mais il ne refuse ni la bourse de la quinquagénaire coquette Madame de Ferval ni les cadeaux de Mademoiselle Habert la cadette, sa future épouse. Monsieur de Climal – le tuteur apparemment dévot – repentant et mourant lègue à Marianne mille deux cents livres comme rente. Les parents du vicomte de Valville séquestrent Marianne pour empêcher une mésalliance surtout d'ordre financier. À ces quelques exceptions près, la question pécuniaire est éludée. En général, la pudeur de l'argent concerne plus Marianne que Jacob.

Le recours à la première personne, comme au manuscrit prétendûment authentique, est une préférence quasi-unanime des romanciers du XVIIIe siècle non seulement de Marivaux. C'est aussi un appel à la complicité du lecteur-narrataire, invité à partager l'expérience créatrice et aventureuse des personnages avec le héros-narrateur, le commentateur le plus avisé des événements narrés et qu'il revit par la narration. Ce «double registre» des romans de Marivaux est une forme dissimulée et discrète de ce que sera le grand dessein du siècle des Lumières: faire penser.

Summary

Author, Reader and Characters in the "Twin" Novels of Marivaux, *The Life of Marianne* and *The Peasant Succeeded*

The paper discusses Marivaux's best known novels: *The Life of Marianne or The Adventures of Madam the Countess of* *** (1731-1742) and *The Peasant Succeeded or The Memoirs of M* *** (1734-1735), the first of these "twins" Bildungsromans being aristocratic and sentimental, and the second, plebeian and pleasant. The use of the first person (a favourite narrative resort of many novelists of the eighteenth century) reinforcing the plausibility of the supposedly authentic manuscripts, is also a call to the complicity of the reader-narratee invited to share the creative and adventurous experience of the characters with the hero-narrator, the smartest commentator, who relives the events narrated by the narration. This "double register" of the novels of Marivaux is a hidden and discreet way to the major task of the Enlightenment: making the reader think.

Keywords: novels "twins", author, narrateur, character, reader.

DOI: 10.12797/9788376384207.19

ANDRZEJ RABSZTYN

Université de Silésie

Oberman ou les choix décisifs de Senancour

Découvert au large public par Sainte-Beuve et auréolé par la préface de George Sand, c'est seulement à l'époque du romantisme qu'*Oberman*, roman par lettres à une voix, rédigé entre 1802-1803 et publié par Senancour en 1804, connut son heure de gloire. Les romantiques l'ont très vite reconnu comme le leur et n'ont pas tardé à identifier le personnage éponyme avec son auteur et cela au grand dam de ce dernier qui, d'abord, le contesta vivement, mais qui finit lui aussi par se prendre au jeu de son personnage. Or, c'est sur *Oberman* que les biographes de Senancour s'appuient pour raconter sa vie (excepté, peut-être, sa fille, Eulalie de Senancour, qui a pu bénéficier de conversations directes avec son père et son ami V. de Boisjolin, qui a rédigé son texte sous la dictée de l'écrivain)[1]. À partir des années vingt du XXᵉ siècle, André Monglond a beaucoup contribué aux recherches qui ont été reprises, complétées et enrichies vers la fin des années soixante de la même époque par Béatrice Didier. Cette dernière a continué, avec Fabienne Bercegol, Claude Reichler et avec bien des autres[2], d'explorer encore le terrain après l'an 2000. Ils ont tous été sensibles à la question des rapports de l'écrivain à son œuvre qui, dans le cas de Senancour, sont particulièrement complexes.

Notre étude, qui se veut tributaire de leurs ouvrages, cherche à prouver que la complexité des rapports entre l'auteur, le personnage et le lecteur semble renforcée par l'hybridité de la forme du texte qui, seul, soulignons-le, est resté attaché au nom

---

[1] B. Didier, «Introduction», [in:] Senancour, *Obermann*, Dernière version, Introduction, établissement du texte, variantes et notes par B. Didier, Honoré Champion éditeur, Paris, 2003, p. 8.

[2] Nous songeons notamment aux contributions à l'ouvrage publié sous la direction de B. Didier et F. Bercegol, *Oberman ou le sublime négatif*, Éditions Rue d'Ulm/Presses de l'École normale supérieure, Paris, 2006.

de l'auteur. En effet, c'est à travers *Oberman* que nous pouvons explorer les choix décisifs de Senancour: les choix concernant le personnage qu'il cherche ou qu'il se refuse à créer à l'instar de soi-même, les choix concernant son attitude vis-à-vis le lecteur et, enfin, le choix concernant le genre romanesque.

Si Aldomen «représente Senancour à vingt-cinq ans», comme le remarque Laurent Versini, «un Senancour encore heureux et même embelli, déjà promis à l'ennui mais plus optimiste que ne le sera Oberman; Oberman, c'est Senancour après la trentaine, «diminué, atrophié»[3]. Précisons qu'Aldomen est le personnage éponyme d'un premier roman par lettres que Senancour a publié en 1795 et que l'on considère comme une «ébauche» d'*Oberman*. Cependant, selon Zvi Lévy, l'inspiration personnelle de Senancour se manifeste plus clairement dans *Oberman* et le caractère autobiographique de cette inspiration a été exposé par A. Monglond dans le *Journal intime d'Oberman*[4]. L'ouvrage de Monglond a suscité quelques controverses parmi les chercheurs, notamment à cause de son titre. «Titre un peu ambigu», d'après Béatrice Didier considérant que «tout l'ouvrage tend à démontrer que, s'il s'agit d'un journal intime du personnage, il s'agit surtout d'une autobiographie de l'écrivain»[5]. En dépit de quelques points communs entre l'auteur et son personnage, comme par exemple l'itinéraire en Suisse qui, au début, est le même chez le héros et chez l'écrivain, ou bien le projet d'écrire un roman que celui-là exprime dans ses dernières lettres[6], leur identification est loin d'être évidente. Il est tout de même légitime de commencer par évoquer les circonstances du voyage en Suisse de l'auteur, car il influe sur ses choix et stratégies futurs.

La soi-disant action du roman (en fait, elle est inexistante) commence *in medias res:* Oberman, dont le nom ou le prénom sont absents de tout le roman sauf la page du titre, est en voyage. L'incipit de la première lettre, rédigée à Genève, le 8 juillet, prouve qu'il s'agit d'une correspondance continue commencée probablement après le départ du héros, ou peut-être même avant et dont le destinataire demeurant muet ou dont les réactions ne sont esquissées qu'à travers ce que lui répond le voyageur, est, lui aussi, censé voyager:

---

[3] L. Versini, *Le roman épistolaire*, PUF, Paris, 1979, p. 175.

[4] Z. Lévy, *Senancour, dernier disciple de Rousseau*, Librairie A.-G. Nizet, Paris, 1979, p. 103.

[5] B. Didier, *Senancour romancier*, SEDES, Paris, 1985, p. 20.

[6] «Je pense comme vous qu'il faudrait un roman, un véritable roman tel qu'il en est quelques-uns; mais c'est un ouvrage qui m'arrêterait longtemps. A plusieurs égards j'y serais assez peu propre, et il faudrait que le plan m'en vînt comme par inspiration. Je crois que j'écrirai un voyage. Je veux que ceux qui le liront parcourent avec moi tout le monde soumis à l'homme [...]. Le cours du monde est un drame assez suivi pour être attachant, assez varié pour exciter l'intérêt, assez fixe, assez réglé pour plaire à la raison, pour amuser par des systèmes, assez incertain pour éveiller les désirs, pour alimenter les passions. [...] Quelle manière adopterai-je? Aucune. J'écrirai comme on parle, sans y songer; s'il faut faire autrement, je n'écrirai point. Il y a cette différence néanmoins, que la parole ne peut être corrigée, au lieu que l'on peut ôter des choses écrites ce qui choque à la lecture» (Senancour, *op. cit.*, p. 361-362).

Il ne s'est passé que vingt jours depuis que je vous ai écrit de Lyon. Je n'annonçais aucun projet nouveau, je n'en avais pas; et maintenant j'ai tout quitté, me voici sur une terre étrangère.

Je crains que ma lettre ne vous trouve point à Chessel (domicile du destinataire) et que vous ne puissiez pas me répondre aussi vite que je le désirais. J'ai besoin de savoir ce que vous pensez, ou du moins ce que vous penserez lorsque vous aurez lu[7].

C'est donc le voyage en Suisse qui ouvre le roman. Tous les chercheurs sont d'accord qu'il s'agit de celui que Senancour fit en 1789, avec cette différence que l'écrivain partait de Paris, non de Lyon. Béatrice Didier souligne cependant que «Senancour quitte une ville fortement ébranlée par les premiers remous de la Révolution française ce qui n'est pas le cas d'Oberman qui semble ne partir que pour son plaisir et presque par caprice»[8]. Néanmoins, il faut remarquer que l'auteur renonce à parler de l'actualité politique ce qui constitue l'un de ses choix capitaux, auquel nous reviendrons. Or, les raisons du départ précipité de l'auteur pour la Suisse sont loin d'être conditionnées par l'agitation révolutionnaire, au contraire, il s'agit, pour ce jeune homme de dix-huit ans, d'éviter d'entrer au séminaire Saint-Sulpice auquel le destinait son père, car il «est pris de panique à l'idée de choisir un 'état', quel qu'il soit»[9]. Il est alors en train de vivre une étape importante de sa vie qui est celle de l'émancipation voire de la révolte.

Quelque précipité que ne soit le départ de l'auteur à l'étranger, le choix du lieu de sa destination n'est pas hasardeux. Il est certainement sollicité par sa sensibilité «préromantique» et par les lectures qu'il a faites notamment celle de Rousseau: Senancour découvre Rousseau en 1788, il part pour la Suisse en 1789. Béatrice Didier explique qu'«il se sentait attiré par un pays qui offrait à son imagination un double aliment: la Suisse était le pays des montagnes et des lacs, des paysages sauvages et grandioses; elle lui semblait aussi l'heureux asile d'hommes simples, libres, grâce à leur situation géographique et à leurs institutions»[10]. Senancour envisageait pourtant d'aller encore plus loin, il était attiré par des îles exotiques ce qu'il exprime dans sa lettre adressée à Bernardin de Saint-Pierre. La Suisse n'était à l'origine du projet de Senancour qu'un pays de passage, qui demeurait encore facilement abordable (vu les circonstances politiques). Les pérégrinations de Senancour en Suisse sont réparties sur trois voyages: en 1789, 1793 et 1802. Cependant, au lieu de lui apporter un réconfort et un apaisement, les deux derniers séjours ont plongé l'auteur dans l'amertume et le désenchantement.

Dans le roman, les lettres d'Oberman s'étendent sur neuf années pendant lesquelles la densité épistolaire demeure inégale: les deux premières années sont d'une longueur semblable, la troisième est beaucoup moins longue, la quatrième inexis-

---

[7] *Ibid.*, p. 71.

[8] B. Didier, *op. cit.*, p. 34.

[9] B. Le Gall-Didier, *L'imaginaire chez Senancour*, t. 1 (thèse pour le doctorat ès-lettres présentée à la Faculté des Lettres et des Sciences humaines de l'Université de Paris), Librairie José Corti, Paris, 1966, p. 64.

[10] *Ibid.*, p. 74.

tante et la cinquième se présente comme un fragment et c'est seulement à partir de la sixième partie que le rythme épistolaire reprend. Cependant, le choix de l'auteur n'est pas fortuit: le silence central correspond dans l'Histoire au retour à Paris et traduit, selon Béatrice Didier, son refus de parler de la Révolution[11]. Regina Bochenek-Franczakowa attire notre attention sur le phénomène de la réticence dans le récit des événements de la Révolution propre aux textes parus après le 9 thermidor, soit de la fin de 1794 jusqu'à l'an 1800. L'éminente chercheuse invite à explorer les raisons du refus de raconter certains événements plutôt que le silence véritable[12]. La Révolution a donné au départ de Senancour une signification politique qu'il n'avait pas prévue (il lui faudra de nombreuses démarches pour ne pas être porté sur la liste fatale des émigrés) et l'a dépouillé de ses biens. L'auteur qui a été victime de la Révolution, interdit pourtant à son personnage, et ceci pour des raisons personnelles, de parler de l'actualité politique. Il est nécessaire de rappeler que Senancour fait partie de cette génération des écrivains qui éprouvent un malaise devant la représentation du réel, et en particulier de cette réalité massive, brutale, qu'est la Révolution[13]. Il est cependant légitime de supposer que l'histoire se manifeste, dans *Oberman*, non pas de manière explicite et directe, mais sur un mode symbolique: Béatrice Didier a noté la récurrence d'images obsédantes d'empoisonnement et d'entraves, de cachot et de chaînes[14].

La Révolution n'est pas le seul événement que Senancour s'interdit de présenter dans le roman. L'auteur évite de dévoiler également les moments clefs de sa vie privée, comme le mariage et la paternité ou l'état de sa santé. En effet, il souffrait d'une maladie grave du système nerveux et d'une paralysie, mais selon Béatrice Didier, par pudeur d'infirme, il épargnera à son héros cette disgrâce et la suppression d'un troisième événement de la vie de Senancour – son mariage malencontreux et décevant – accentue les dissemblances entre le héros et le créateur. Le mariage précipité avec Marie Daguet à Fribourg fut, comme il l'a confié à son biographe et ami, Boisjolin, «jour le plus triste de sa vie». Cette expérience conjugale n'est annoncée qu'à travers l'histoire de Fonsalbe, car Oberman demeure célibataire et sans enfants. Comme le constate, à juste titre, B. Didier, «plus un événement lui tient à cœur, plus il le dissimule»[15]. Il s'agit donc d'une stratégie explicite de l'auteur qui, d'une part, consiste à rester pudique et éviter les points de convergence avec le personnage, et, d'autre part, illustre sa conception du genre romanesque. Or, l'absence de ces événements accentue non seulement l'absence du romanesque auquel l'auteur renonce déjà dans le discours péritextuel, mais aussi l'absence d'«état» du héros, dont on ne

---

[11] Voir B. Didier, «Introduction», [in:] Senancour, *Obermann…*, *op. cit.*, p. 34-37.

[12] R. Bochenek-Franczakowa, *Raconter la Révolution*, MA, Éditions Peeters, Louvain – Paris – Walpole, 2011, p. 202.

[13] Voir B. Didier, *op. cit.*, p. 23-24.

[14] C. Jacot Grapa, «*Oberman*. L'histoire et le politique», [in:] *Oberman ou le sublime négatif*, *op. cit.*, p. 25-46.

[15] B. Le Gall-Didier, *L'imaginaire chez Senancour…*, *op. cit.*, p. 179.

sait pas grand chose. On est donc ramené à se demander en quoi consiste l'originalité de Senancour dans le contexte de la tradition du roman par lettres, dans la première décennie du XIXe siècle.

Laurent Versini remarque à propos d'*Oberman* que l'usage que Senancour fait de cette forme est à la fois «traditionnel» et «novateur»[16]. En effet, le roman analysé constitue un exemple exceptionnel de l'évolution que le genre en question a subie au tournant des Lumières. Il représente, selon Lucia Omacini, «le sommet du parcours de dissolution téléologique» où l'enquête sur les mobiles et les conflits engendrés par les passions et la suprématie accordée à l'émotion l'emportent sur l'intrigue ainsi que sur les événements et leur développement[17].

Comme nous l'avons vu plus haut, l'auteur choisit quelques stratégies déroutant la lecture autobiographique de son roman. Quant au discours péritextuel, placé en tête du roman, et comportant un titre: «Observations», il donne la voix à un prétendu éditeur, ce qui invite d'emblée le lecteur à y reconnaître une loi commune du genre consistant en la recherche de l'illusion d'authenticité. Cependant, l'auteur, qui, par ailleurs, a fait preuve d'une connaissance théorique des conventions du genre, est loin du fameux dilemme du roman relevant de la tradition des Lumières et opposant vérité et fiction. S'il dit que «ces lettres ne sont pas un roman», ce n'est pas parce qu'il s'agit du *topos* du manuscrit trouvé, tout au contraire, il n'y a rien sur la matérialité du manuscrit, mais parce que le texte ne répond pas aux lois du genre. Il explique ensuite qu'«il n'y a point de mouvement dramatique, d'événements préparés et conduits, point de dénouement; rien de ce qu'on appelle l'intérêt d'un ouvrage, de cette série progressive, de ces incidens, de cet aliment de la curiosité, magie de plusieurs bons écrits, et charlatanisme de plusieurs autres»[18]. La vérité qu'il réclame pour son œuvre réside ailleurs: selon Fabienne Bercegol, «il mise sur une vérité intérieure qui peut se passer de référence externe», sur «la transparence» et «la vérité de la pensée» qui sont «données comme gages de la sincérité de l'auteur et de l'utilité du livre»[19] et qui font songer au maître Rousseau.

Dans le discours préliminaire, à l'instar d'un pacte de lecture, l'auteur n'est pas indifférent vis-à-vis les lecteurs, même s'il se rendait compte que leur nombre ne serait pas important. Le premier et le dernier paragraphe de ce péritexte concernent directement le lecteur:

> On verra dans ces lettres l'expression d'un homme qui sent et non d'un homme qui travaille. Ce sont des mémoires très-indifférens à des étrangers, mais qui peuvent intéresser les adeptes […].

---

[16] L. Versini, *op. cit.*, p. 175.

[17] L. Omacini, *Le roman épistolaire au tournant des Lumières*, Honoré Champion Éditeur, Paris, 2003, p. 64.

[18] Senancour, *op. cit.*, p. 68.

[19] F. Bercegol, «*Oberman* de Senancour, ou 'l'amour senti d'une manière qui peut-être n'avait pas été dite'», [in:] «*Oberman*» *ou le sublime négatif*, textes édités par F. Bercegol et B. Didier, Rue d'Ulm, Paris, 2006, p. 4.

Je n'ai point prétendu enrichir le public d'un ouvrage travaillé, mais donner à lire à quelques personnes éparses dans l'Europe, les sensations, les opinions, les songes libres et incorrects d'un homme souvent isolé[20].

L'auteur, qui destine son roman à un nombre restreint de lecteurs, c'est-à-dire à ceux qui seront capables de s'y reconnaître et de partager les mêmes émotions, est loin d'une fausse modestie. Il est parfaitement conscient de l'originalité de son œuvre qui consiste à ne pas se plier aux artifices du genre romanesque, aux conventions de composition ou d'expression, c'est pourquoi il souligne dans ce discours préfacier l'inégalité des lettres, l'irrégularité de leur style, des longueurs ou des contradictions. Il ajoute enfin: «une chose seulement m'a plu; c'est de n'y point trouver ces expressions exagérées et triviales dans lesquelles un écrivain devrait toujours voir du ridicule, ou au moins de la faiblesse»[21].

Néanmoins, selon les témoignages, il fut d'abord déçu par l'insuccès de son œuvre, puis déconcerté par son succès tardif[22]. Il va sans dire que la raison principale de cet insuccès initial résidait dans l'absence du romanesque. Le choix de l'auteur, esquissé par le biais de l'éditeur des «Observations», est tout à fait conscient et irrévocable. Par les ruptures génériques de son roman avec les canons tracés par les attentes des lecteurs[23], Senancour instaure un nouveau rapport avec son lecteur, car, comme le remarque Fabienne Bercegol, «il suppose possible un plaisir de lecture qui ne repose plus sur la séduction de l'intrigue et ne se confond pas non plus avec la facilité de compréhension»[24].

Sa conception du genre romanesque ramène Senancour à voir dans le roman un mode de composition souple, flexible autorisant le rejet des normes et permettant d'intégrer d'autres genres. Les travaux consacrés à l'évolution du roman par lettres s'accordent sur le déclin de ce genre à l'époque du premier romantisme – terme que l'on préfère aujourd'hui à celui du préromantisme[25] – par son hybridation avec le journal intime qui le dessaisit de sa fonction primordiale consistant en l'échange et la sociabilité. En dépit des différences manifestes de leur scénographie énonciative – dialogisme de rigueur pour l'écriture épistolaire; monodie entropique pour l'écriture diariste, ces deux formes d'écriture privée invitent de nombreux chercheurs à examiner des liens paradoxaux qui s'établissent entre elles. C'est justement à la fin du siècle des Lumières que la lettre, oubliant sa vocation mondaine et conversationnelle, mine la monodie du journal, et s'autobiographise pour ne plus vouloir être que «portrait

---

[20] Senancour, *op. cit.*, p. 67-70, (en fonction de la version du roman, 1804, 33, 40, Senancour ajoute à la fin de la même phrase: «isolé, qui écrivit dans l'intimité, et non pour son libraire», notes à la fin de volume, p. 434).

[21] *Ibid.*, p. 69.

[22] B. Didier, «Introduction»…, *op. cit.*, p. 7.

[23] Dans le théâtre de l'époque, il faut noter le succès du mélodrame, genre représenté notamment par de Pixerécourt, qui répondait aux attentes du public avide de sensations fortes.

[24] F. Bercegol, *op. cit.*, p. 5.

[25] Voir P.J. Dufief, *Les écritures de l'intime de 1800 à 1914. Autobiographies, mémoires, journaux intimes et correspondances*, Bréal éditions, Rosny, 2001, p. 10.

de l'âme». Quant au journal, il se rédige à la manière d'une «lettre à soi-même»[26]. En ce qui concerne le roman rédigé à la première personne au tournant des Lumières, que ce soit sous la forme de lettres ou de journal intime, il devient un genre hybride, comme l'illustre le roman analysé, même si, comme le remarque Lucia Omacini, la monodie épistolaire n'est pas l'équivalent du journal intime[27].

En effet, les critiques contemporains renoncent à voir dans le roman de Senancour des traces de journal intime, au risque d'interprétations autobiographiques que l'auteur a niées. En revanche, les lettres du personnage éponyme se rapprochent d'un journal de voyage, car il arrive que le scripteur se déplace au cours même d'une lettre[28]. La quatrième lettre en constitue une illustration. En commençant sa rédaction à Thiel, le 19 juillet, le scripteur met son destinataire au courant de l'itinéraire qu'il a fait pour en arriver là:

> J'ai passé à Iverdun; j'ai vu Neuchâtel, Bienne et les environs. Je m'arrête quelques jours à Thiel, sur les frontières de Neufchâtel et de Berne. J'avais pris à Lausanne une de ces berlines de remise très communes en Suisse. Je ne craignais pas l'ennui de la voiture; j'étais trop occupé de ma position, de mes espérances si vagues, de l'avenir incertain, du présent déjà inutile, et de l'intolérable vide que je trouve partout.
>
> Je vous envoie quelques mots écrits des divers lieux de mon passage[29].

La citation ci-dessus constitue le premier fragment de la lettre rédigée le 19 juillet. Les fragments suivants, qui pourtant font partie de la même lettre, ne sont pas datés. Ils comportent, en revanche, la précision concernant le lieu de leur rédaction: Oberman va à Thiel, à Iverdun, à Neuchâtel, à Saint-Blaise pour finalement revenir à Thiel, sans repréciser la date qui change. Selon Béatrice Didier, «la lettre, fragmentaire déjà par elle-même, se sectionne en plusieurs morceaux, parce qu'elle se rapproche d'un journal de voyage, parce qu'il ne peut y avoir de continuité entre des expériences qui se situant dans des lieux différents, ont aussi un caractère radicalement différent au niveau existentiel»[30].

Le caractère hybride d'*Oberman* relève donc du croisement de la lettre, du journal de voyage et du fragment. Cette dernière forme prend dans le roman des aspects divers, car la lettre, dont l'écriture est fragmentaire, est susceptible elle-même, comme nous l'avons vu, de se fragmenter.

Les choix de l'auteur concernant l'image de soi, son personnage et son lecteur, malgré leur complexité apparente, lui permettent finalement d'arriver à une esthétique nouvelle. Dans la mesure où son roman s'écarte du romanesque, il devient novateur. Et l'hybridation de la lettre avec le journal, mais surtout avec le fragment le dérive du souci de créer du continu en l'invitant à explorer les richesses de la discontinuité.

---

[26] *Epistolaire*, Revue de l'A.I.R.E., n° 32, Honoré Champion Éditeur, Paris, 2006, p. 11.

[27] L. Omacini, *op. cit.*, p. 200.

[28] B. Didier, *Senancour romancier*, *op. cit.*, p. 84.

[29] Senancour, *op. cit.*, p. 85.

[30] B. Didier, *op. cit.*

Summary

Oberman or Senancour's Decisive Choices

In Senancour's novel relations between the author and the text remain composite. Despite multiple attempts to identify the character with the author, still during his lifetime, Senancour tries to eliminate explicit similarities. The author's attitude towards his reader is also a matter of interest because the reader's profile itself is already displayed in the paratextual discourse ("Observations"); as far as the explicit similarities. The author's attitude towards his reader is also a matter of interest because the reader's profile itself is already displayed in the paratextual discourse ("Observations"); as far as the novel itself is concerned, it is an original illustration of new conventions which describe this genre at the beginning of the 19th century.

Keywords: Epistolary novel, extract, hybrid form, early Romanticism, Senancour

DOI: 10.12797/9788376384207.20

BARBARA SOSIEŃ

Université Jagellonne

Alphonse Esquiros et son *Magicien:* pour une alchimie romantique

Vous êtes un des hommes que j'aime le plus et le mieux. Toutes les grandes sympathies de l'avenir et du progrès sont dans votre âme. Vous êtes poète comme vous êtes orateur, avec l'enthousiasme du vrai dans l'esprit et le rayon de l'avenir dans les yeux. […] Je vous écris […] à l'aventure, comme cela me vient, un peu comme la mer jette ses flots, ses algues et ses souffles.

(V. Hugo à A. Esquiros, Jersey, 1853).

Le Magicien, roman paru en 1838, est l'œuvre unique d'Alphonse Esquiros (1812--1876); la seule réédition date de 1978[1]. À l'heure actuelle, bien qu'accompagnée de brillante *Préface* rédigée par Max Milner pour cette édition, l'œuvre semble n'être connue que de quelques dix-neuvièmistes, et son auteur demeure cantonné parmi les «petits romantiques».

Sans compter *Charlotte Corday* (1840), mélange de fiction et de documents, et trois recueils de poèmes de valeur inégale[2], Esquiros est *Homo unius libri*. Son nom est parfois cité dans des études synthétiques concernant l'époque romantique, surtout en tant que celui de l'auteur d'études et articles sur les questions diverses: sociales, économiques, politiques, psychiatriques et scientifiques, publiés dans des revues telles que: *Artiste*, *La Revue de Paris* et surtout *La Revue des Deux Mondes* (une dizaine d'articles). Actif dans le milieu social et politique, député, démocrate, socialiste, anticlérical, en 1848 Esquiros se fait emprisonner et exiler. Pareil en cela à Victor Hugo – après le coup d'État de 1851, il s'exile en Belgique (à Nivelles, dans le Brabant wallon), en Hollande et Angleterre. Rentré en France, toujours homme de gauche militant, Esquiros continue ses activités sociales et politiques,

---

[1] A. Esquiros, *Le Magicien*, L'Âge d'Homme, Lausanne, 1978.
[2] *Les Hirondelles*, 1834; *Chants d'un prisonnier*, 1841; *Fleur du peuple*, 1848.

redevient député et sénateur, soutient les initiatives de Victor Hugo concernant l'amnistie, etc.[3].

Cependant, lorsque son *Magicien* aura vu le jour, les auteurs des comptes-rendus parus dans quelques-unes de revues mentionnées ci-dessus en parleront d'un ton railleur. Des vocables telles que: «pacotille», «camelote», formules précisant que l'œuvre n'est «ni attachante ni sérieuse», condamnent le roman à un durable désaveu de ses valeurs potentielles. Ainsi, *Le Magicien* n'aurait été qu'un caprice (sinon erreur) de jeunesse, manquant de style et de goût, un amphigouri, mélange mal maîtrisé de motifs, d'images et d'idées non seulement peu originales, mais aussi mal présentées. Certes, les écrivains-modèles qu'Esquiros suit de près sont nombreux, et les critiques ne pouvaient pas ne pas s'en apercevoir; parmi les grands maîtres, on trouve particulièrement Honoré de Balzac, Alexandre Dumas et Victor Hugo. Mais ne s'agit-il que d'une imitation maladroite ou d'un pastiche servile, sans aucun souffle d'originalité, eu égard à la chronologie des courants littéraires, tendances et phénomènes et compte tenu de leur formation souvent latente au point de passer inaperçue, ainsi que de leur soudaine et imprévisible émergence? Esquiros est né au moment où «ce siècle avait douze ans», pour paraphraser la célèbre formule hugolienne, donc évoluait au rythme de son époque, en tant qu'adhérant aux cercles, groupes et autres cénacles où s'alambiquaient les nouvelles conceptions et s'épuisaient les anciennes. Hugo en deviendra le grand maître; Esquiros comptera parmi ses plus proches disciples et amis.

Aussi notre roman se présente-t-il comme une œuvre éminemment romantique; il en manifeste toutes les vertus et faiblesses. Milner n'hésite pas lorsqu'il déclare: «[Le *Magicien*] est, a bien des égards, un chef-d'œuvre de la littérature romantique»[4]! En fait, le roman, d'allure historique à la manière tantôt dumasienne, tantôt balzacienne et/ou hugolienne, présente une exubérance extraordinaire de formes, motifs et sujets, éparpillés en maintes actions parallèles – pratique qui, dans l'esthétique romantique, n'est pourtant qu'un péché mignon, sinon une qualité. On le sait: Hugo, aussi bien dans *Notre Dame de Paris* que dans ses romans postérieurs, en fait un usage éclatant et de haute qualité symbolique. L'œuvre d'Esquiros foisonne, elle aussi, de situations, de figures, d'allusions et d'images symboliques; pourtant, la fragmentarité y aboutit à des effets par trop éparpillés[5], voire disparates. Force nous est de reconnaître que le narrateur esquirosien bat et brouille les cartes avec une grâce autant séduisante que désinvolte – procédé redoutable car exigeant un souffle de génie… Or, Esquiros

[3] Les études sur la vie et l'œuvre d'Esquiros sont peu nombreuses. Parmi les plus importantes, on noterait: J.P. Van der Linden, *Alphonse Esquiros. De la bohème romantique à la république sociale*, Nizet, Paris, 1948; A. Zielonka, *Alphonse Esquiros (1812-1876): a study of his works*, Champion, Paris, Slatkine, Genève, 1985.

[4] M. Milner, «Préface», [in:] A. Esquiros, *Le Magicien*, op. cit., p. 7. Dorénavant, toutes les citations renverront à cette édition. Les chiffres entre parenthèses indiqueront la page.

[5] C'est bien les sens que *Le Dictionnaire Robert* donne au vocable «éparpillement», moyennant un exemple pris dans la prose de George Sand: «Ton sentiment et ton langage font avec les siens un effet disparate comme la rencontre de tons criards dans un tableau […]»; G. Sand, *François le Champi*, Avant-propos.

dispose d'un sens aigu des correspondances puisque, avec une désinvolte *dextérité du prestidigitateur, il* tisse son réseau narratif, entrelace les éléments d'un savoir documentaire concernant les faits historiques, la pensée, l'art, la science de l'époque renaissante avec ses aspects occultes, ou jugés tels, jusqu'à ce qu'en surgisse une vision d'une renaissance française romantique à souhaits, autant captivante que captieuse.

Le chronotope du roman semble, de prime abord, dûment défini, ce que la diégèse exprime généreusement: l'action se situe à Paris, au printemps 1571 et s'étend sur trois ans environ; le narrateur prend soin de mettre en scène Catherine de Médicis, le roi Charles IX et d'autres personnages historiques, parallèlement à ceux fictifs, également nombreux. Voici un fragment de l'incipit, où la collusion de l'historique et du fictif est explicitement présente:

> Le mercredi vingt-huitième de mars mil cinq cent soixante et onze [...] [i]l y avait, ce soir-là, rue de Béthizy, dans une maison qui regardait ce fameux hôtel [...] où l'amiral de Coligny fut tué [...] la nuit du 24 août 1572 [...] deux jeunes gens [...] devisaient devant un feu de branches mortes [...]; c'étaient Amadis et Stell (19).

Les deux faits historiques importants s'y présentent nettement: le 28 mars 1571 est la veille de l'entrée d'Elisabeth d'Autriche, femme de Charles IX, à Paris; c'est à ce «fabuleux spectacle» (30) qu'Esquiros aura consacré le second chapitre du roman. La foule parisienne y est présentée à la manière on ne peut plus hugolienne, car médiatisée par l'imaginaire aquatique, le peuple parisien étant métaphorisé en immense vague déferlante:

> La foule enflait toujours. Tous ces flots d'hommes faisaient un bruit de grandes eaux, auquel la Seine, brisée contre les arches du pont Notre-Dame, mêlait son éternel murmure. Stell ne quittait pas d'œil ces deux fleuves [...], la Seine et la foule (27).

Habilement, le narrateur y pose les jalons de ce dont il creusera l'essence plus loin. À savoir –outre tout ce qui témoigne de la dette d'Esquiros envers Hugo – le regard de Stell fixé sur la Seine annonce sa future hantise de noyade (manquée) dans le fleuve. Paradoxalement (mais est-ce bien un paradoxe…?), une telle condensation pléthorique d'images métaphorisées sature le discours esquirosien au point de le priver d'une partie de sa force d'expression.

Nous revenons aux renseignements que l'incipit fournit astucieusement. La date qui suit, le 24 août 1572, est bien entendu celle de la nuit de la Saint-Barthélemy. Dans le roman, en dehors de l'allusion initiale, le récit du massacre sera occulté et ne relèvera que du souvenir obsessionnel du jeune roi contrit, en proie aux remords aussi cuisants que stériles. C'est sur une telle quasi-historique charpente diégétique qu'Esquiros greffe son discours polyhybryde et sa vision hallucinée du XVIe siècle[6].

---

[6] Sur l'histoire chez Esquiros et Balzac, voir mon article: B. S o s i e ń, «Imaginer l'histoire: le XVIe siècle selon Honoré de Balzac (*Sur Catherine de Médicis*) et Alphonse Esquiros (*Le Magicien*)», [in:] *Le roman de l'histoire dans l'histoire du roman*, Édition établie par A. Abłamowicz, Wyd. Uniwersytetu Śląskiego, Katowice, 2000, p. 87-94.

Il s'y montre aussi peu soucieux d'exactitude historique que Dumas. Mais, dans *Notre Dame de Paris*, Hugo n'en fait-il pas autant pour son moyen-âge décadent...?

Max Milner remarque:

> Ce qui fait tout le prix du *Magicien*, c'est l'intégrité juvénile d'une «revendication contre le réel», qui opère [...] par voie de réactivation des puissances subversives contenues dans ce passé pour un esprit qui cherche à y fonder les mythes éthiques, esthétiques, épistémologiques et politiques dont dépend sa survie dans un monde rétréci aux dimensions de la France de Louis-Philippe[7].

Esquiros n'active le redoutable passé que pour y puiser un support mythique apte et idoine à rendre tolérable le mesquin présent louis-philippin; il y parvient par le truchement de ses protagonistes, deux jeunes artistes et un vieux savant. Amadis le poète et Stell le sculpteur s'engagent donc dans une discussion, en «devisent» devant un feu de bois. Moyennant tout un système d'allusions et d'anticipations, leur conversation donne, dans un premier temps, accès aux idées et motifs principaux que le discours aura déployé. Dans un second temps, elle médiatise la présentation du héros éponyme, le magicien prénommé Auréole Ab-Hakek. Ce n'est qu'en apparence que ce dernier semble absent de la scène, puisque non seulement il apparaît dans la conversation des deux amis, mais surtout passe sous la fenêtre de l'atelier et se fait voir d'assez près, tel un fantôme, ou plutôt, aux yeux du sculpteur, telle une statue:

> [...] dans la rue, un grand homme couvert, jusqu'aux yeux, d'un manteau noir marchait. Son ombre passait longue et lente sur les murs, et chacun s'en écartait avec frayeur, comme on ferait de l'ombre du mancenillier, cet arbre de la mort. [...] «Ab-Hakek, reprit Amadis [...] a le don de ressuciter les morts et d'animer les statues. – Une belle statue, en effet, dit Stell [...] avec un intérêt très visible [...]» (23).

Voilà la façon dont Esquiros organise l'entrée en scène de son héros éponyme, dans son rôle de mathématicien, alchimiste, médecin, nécromante, hypnotiseur et astrologue de la reine Catherine de Médicis. Selon la formule de Michel Foucault, la Renaissance, «devait accueillir à la fois et sur le même plan magie et érudition»[8]. Nous y voilà en face de l'une des grandes et désespérées prétentions du dix-neuvième siècle, ce grand creuset de tant de modernités, sinon post-modernités, enclin à accueillir sur le même plan magie et poésie, partant, frayer le chemin aux différentes alchimies du verbe, voyances, incantations, analogies et dérives. Elles sont toutes génitrices des sens nouveaux, dont celui connu sous le cryptonyme d'Absolu littéraire, avant d'être sanctionné par André Breton, à trois reprises, en tant que surréalisme[9].

---

[7] M. Milner, «Préface», *op. cit.*, p. 9.

[8] M. Foucault, *Les Mots et les choses*, Gallimard, Paris, 1966, p. 47. Sur la figure du magicien dans la littérature du XIXᵉ siècle, voir la belle étude d'Yves Vadé *L'Enchantement littéraire. Écriture et magie de Chateaubriand à Rimbaud*, Gallimard, Paris, 1990, surtout: Troisième partie, chap. VII-XII. Mon article doit beaucoup aux remarques de Vadé concernant le roman d'Esquiros, p. 235-239.

[9] La question étant vaste et les études – innombrables, je me borne à citer un fragment du Second Manifeste du surréalisme, où Breton cite la phrase attribuée à l'ange qui aurait dit à Nicolas

Dans le roman d'Esquiros, la rencontre de la magie et de la poésie évoquée par Foucault est essentielle, à cela près que c'est la statuaire qui y tient lieu de la poésie, voire de l'art en général. Le protagoniste s'avère, en fait, double, car deux personnages le composent: Stell, le jeune artiste-statuaire et le mage-savant, soit le Magicien en question, rapprochés par une soif parallèle: l'amour de l'impossible. Nous précisons que le poète, celui actif au début du discours romanesque, ne jouera, dans la suite, qu'un rôle secondaire. En revanche, Stell, tourmenté par le désir pygmalionesque, travaille dans la matière dure non seulement pour en faire jaillir une œuvre aussi parfaite que sont ses rêves de beauté absolue, mais surtout pour arriver à une collusion du rêve, de l'art, de la science et de la réalité[10]. À son tour, l'alchimiste Ab Hakek s'adonne à de secrètes expériences pour égaler la création divine et non seulement faire jaillir la vie du bronze, de la glaise ou du limon, mais surtout triompher de la mort:

> l'alchimie devait lui fournir l'or [...] l'astrologie, lui livrer l'avenir [...] la magie, lui ouvrir le secret de toutes les influences [...] cette chimère excessive [...] c'était d'être Dieu (71). L'idée fixe de cet homme s'était [...] convertie en cette formule: Chercher la vie (72). [...] La folie de cet homme [...] alla jusqu'au bout de l'absurde et du sublime (73).

Chimère; idée fixe; folie; absurde; sublime: autant de mots-clés saturés de connotations dont le romantisme, partant l'art moderne, fera l'usage outrancier.

Une dizaine de protagonistes d'actions parallèles, gravite autour du protagoniste et de son double: hommes et femmes, un roi impuissant, deux reines, dont l'une abusive et l'autre soumise, un page androgyne amoureux de la lune, un nain amoureux d'une colombe, un prêtre amoureux de sa propre beauté, un vieillard aveugle – tous emportés à l'abîme par leurs passions[11]. Mais surtout deux personnages féminins: la spirituelle et blonde Marie qui ressemble à s'y méprendre à la statue de la madone sculptée par Stell et son revers: la sensuelle et brune Amalthée ressemblant, quant à elle, aussi bien à la Samaritaine évangélique ou bien à une statue de Diane la chasseresse qu'à d'autres effigies de la féminité redoutable. Toutes les deux, Marie et Amalthée forment l'avers et le revers d'une entité qui serait bien nommée l'absolu de l'amour et de la beauté, de la perfection autant spirituelle que charnelle – absolu recherché à la fois par le jeune artiste et le vieux mage-alchimiste. Les deux femmes

---

Flamel, le célèbre alchimiste légendaire: «Regardez bien ce livre, vous n'y comprenez rien, ni vous, ni beaucoup d'autres, mais vous verrez un jour ce que nul n'y saurait voir»; A. B r e t o n, *Manifestes du surréalisme*, Gallimard, Paris, 1985, p. 123-124.

[10] Il est remarquable que ce n'est qu'en 1852 que Théophile Gautier aura lancé, cette fois dans une parole poétique, après son «hymne à la beauté» en prose qu'est *Mademoiselle de Maupin* (1835), son triple impératif célèbre, en renfermant dans une seule phrase le postulat esthétique bientôt nommé parnassisme: «Sculpte, lime, cisèle, que ton rêve flottant, se scelle dans le bloc résistant!» («L'Art», [in:] *Émaux et camées*). Or c'est bien le protagoniste esquirosien qu'on imaginerait facilement «devisant» de cette manière, en présence de son ami poète.

[11] M. Milner remarque aussi le caractère spéculaire des passions et «perversions» esquirosiennes lorsqu'il parle de «[...] l'impossibilité dans la peinture de l'amour que *Le Magicien* nous propose: tous ces amants sont à la recherche d'une image qui est le prolongement de leur être» (11).

mourront par et pour ce protagoniste double, d'une mort atroce et frénétique à souhaits. Amalthée, dispensatrice d'un amour souterrain, imaginée comme une sombre
flamme («Stell aimait par excès: sa passion […] était un crypte, un souterrain où il
n'y avait d'autres flambeaux qu'Amalthée»; 231), accusée de magie et conduite à travers Paris au bûcher, au clair de la lune et à la lumière des torches ordinaires, brille
de sa propre lumière, telle la reine conduite à l'échafaud, ou une sainte: «Sa pâleur
jetait surtout une clarté si vive et singulière, qui semblait, dans ce lieu de ténèbres,
une aube céleste» (257). Mais, bien que montée sur le bûcher, la brune «sorcière»,
n'y meurt pas; échappée, elle attendra Stell, son amant suicidé, dans une tombe solitaire, pour disparaître dans la profondeur de la fosse avec lui. À son tour, Marie, lors
de ses apparitions successives invariablement pâle et claire comme une statue, «blan-
chit» (le vocable est de l'auteur) dangereusement dans les ténèbres: «ses vêtements
blancs, ses cheveux blonds et sa magnifique beauté répandaient une lumière qui
m'inquiéta; je cueillis alors quelques branches et les jetai sur elle pour l'éteindre» (sic!;
140). Marie mourra dans un couvent de pénitence où, pendant des années, immobile
et couchée face contre les dalles de pierre, elle attend sa mort jusqu'à une pétrifica-
tion mortelle qui la transformera en une statue. Cette statue-là disparaîtra dans les
entrailles de la terre: «On la releva; elle était roide […] comme une chose pétrifiée.»
(274); «on leva la dalle […] on creusa dessous une fosse et l'on y déposa la morte»
(275). Ainsi, chez Esquiros, la mort s'imagine comme le retour dans l'abîme, soit les
profondeurs et ténèbres telluriques[12].

Certes, le lecteur de 1838 aurait bien le sentiment du «déjà lu»; en l'occurrence,
d'avoir lu *Notre Dame de Paris*, paru en 1831. Surtout en ce qui concerne les évi-
dentes parentés, sinon similitudes explicites entre le personnage hugolien, celui de
l'archidiacre Claude Frollo dans son «église philosophale» qu'est pour lui la cathédrale Notre Dame et le héros éponyme esquirosien sur le point de trouver la pierre
philosophale. Tous les deux, ils ont chacun son nain ou bossu, examinent la nature
du feu, se laissent prendre de passion pour une jeune fille innocente dont ils feront
leur victime, etc… Ils découvrent, l'un comme l'autre et sur le tard, l'impuissance de
leur science en laquelle ils ont cru, qu'ils ont aimée par dessus tout et par laquelle ils
périront, lorsqu'ils en auront mesuré les limites. Frollo prévoit le déclin de la science
alchimique et échoue, au propre et au symbolique: il tombe du haut de la tour dans le
vide, se disloque, se disperse… Mais, contrairement à la vision esquirosienne, pour
le héros hugolien «l'alchimie est […] une raison sociale plutôt qu'une raison de vivre.
La quête alchimique n'engage pas tout son être» – comme le remarque avec justesse
Vadé[13]. Par contre, l'échec et l'auto-destruction de l'alchimiste-magicien esquirosien
résulte sans conteste de son désenchantement dernier, puisqu'il cesse de croire à la
science et se laisse mourir de faim et désespoir.

---

[12] Sur l'imaginaire dans *Le Magicien*, voir mon article: «Perséphone ou Eurydice? Antithèse
ou inversion?», [in:] *Imaginaire, Mythe, Utopie, Rationalité. Hommage à Jean-Jacques Wunenburger*, Cluj-Napoca, «Phantasma», 2011, vol. 22, p. 157-165.

[13] Y. Vadé, *L'Enchantement…*, *op. cit.*, p. 221.

À ce même lecteur des années trente, il aurait fallu attendre une trentaine d'années pour qu'il puisse rapprocher certaines formules esquirosiennes, telles que par exemple: «Les gouffres attirent», de l'univers hugolien, plus précisément celui manifeste dans des romans ultérieurs, ceux des années soixante et soixante-dix: *Les Travailleurs de la mer*, 1866 ou *L'Homme qui rit*, 1869.

L'esquirosien modèle du savant-mage-alchimiste d'antan semble tout aussi, sinon davantage, proche de celui balzacien. À savoir, à partir des années trente du XIXe siècle, les textes de Balzac témoignent de sa fascination pour certaines figures historiques du XVIe siècle, dont Côme Ruggieri, l'astrologue en titre et conseiller de Catherine de Médicis. Ce personnage revient dans plusieurs romans balzaciens composés entre 1836 et 1843, particulièrement dans *Sur Catherine de Médicis* (1828), dont la *Deuxième partie* sera intitulée *La Confidence des Ruggieri*. L'un des deux frères Ruggieri balzaciens, dans un long discours adressé au roi Charles IX, fait l'étalage de ses idées scientifiques très hardies et ses rêves d'un futur technique radicalement nouveau. Voilà un fragment de son long propos:

> nous serons face à face avec cette particule atomistique [...] nous en connaîtrons la loi [...]. [...] Chemin faisant, nous découvrons des secrets [des] arts mécaniques et libéraux [...]. Il y a des renversements de politique dans nos veilles assidues. [...] Nous ferons marcher [...] des vaisseaux avec un peu d'eau et de feu! [...] nous ferons le vent, nous ferons la lumière, nous renouvellerons la face des empires par de nouvelles industries[14].

Balzac s'y fait partisan de l'idée suivant laquelle, au cours des siècles passés, les sciences occultes auraient secrètement contribué à l'essor des révolutions scientifiques, techniques et industrielles du monde moderne, voire influencé le cours de l'histoire. Un peu pareil en cela à Victor Hugo, quoique mû par des intentions tout autres, Balzac croit en la salutaire évolution des sciences. Mais, nonobstant son estime déclarée de la puissance des scientifiques du temps jadis, il n'ignore pas qu'il s'agit là d'une science révolue et difficilement conciliable avec l'actualité. Aussi, dans les romans balzaciens, la recherche de la formule de l'œuvre parfaite, qu'elle soit l'œuvre du savant de l'époque de Catherine de Médicis ou de l'artiste moderne, ne peut-elle qu'entraîner la catastrophe.

À ce propos, le roman d'Esquiros propose des solutions fort intéressantes – quoique, personnellement, l'écrivain ne soit que passagèrement engagé dans des expériences occultistes[15]. Son protagoniste Stell, séduit par la réputation du magicien Ab-Hakek, s'en approche comme d'une source de science, surtout celle prométhéenne et pygmalionesque à laquelle il aspire. Le vieux savant-magicien entreprend

---

[14] H. de Balzac, *Sur Catherine de Médicis*, [in:] *La Comédie Humaine, X, Études philosophiques, II, Études analytiques*, Gallimard, Paris, 1950, p. 273-274, 276.

[15] À l'époque de la parution du *Magicien*, Esquiros aurait manifesté certaines capacités de magnétiseur-hypnotiseur. Il relate ses expériences en matière dans un texte intitulé *Trois scènes magnétiques*. Arsène Houssaye y fait allusion dans ses *Souvenirs de jeunesse*, 1830-1850, publiés en 1896.

alors d'initier le jeune artiste à la science qu'il juge omnipuissante et inspiratrice de tout art véritable, et non son opposant. Il s'adresse à Stell en termes que voici:

> Jeune homme [...] crois-tu que j'aurais ainsi aimé la science [...] si la science n'eût-été qu'une ombre? [...] Artiste, tu cherches l'art à l'ombre humide des cloîtres au dans le sein d'une nature [...]; crois-moi, le monde est à refaire [...]; la science a créé les [...] mandragores et tous ses prodiges qui rajeuniraient le marbre ou la toile [...]. C'est elle qui a suspendu cette poésie de cristal aux lèvres bleues du ciel (119-120).

Ainsi, l'avenir de l'art – sculpture, peinture ou poésie – se cacherait dans ses occultes affinités avec les succès de la science, *versus* avec la «magie», tant il est vrai que, dans le discours d'Esquiros, les deux vocables semblent synonymes. Or, il n'en est pas de même pour la science-magie et l'art: entre ces deux domaines majeurs de l'activité créatrice, la synonymie s'avérera illusoire. Car, bien que momentanément rapprochés, un désaccord les aura bientôt scindé, et la figure du double protagoniste éclatera en deux entités distinctes, deux destins dont les trajectoires ne se recouperont plus. Il en est ainsi puisque leurs affinités ne sont qu'une potentialité, aussitôt née que disparue: Stell frôle l'expérience alchimique, arrive (anachroniquement!) à un «dérèglement de tous les sens» mais n'accède à aucune voyance, cesse de créer, ne devient pas poète et meurt, en proie à la folie et au désespoir. Comme on le sait déjà, sa destinée tragique le conduit à une mort violente, suicidaire et symbolique: devenu fou délirant, jugé «démoniaque» et enfermé dans une cellule de l'Hôtel-Dieu, le statuaire meurt après s'être cogné la tête contre le mur. À son tour, la mort du savant offre un autre exemple d'une fin frénétique à souhaits: au moment de sa mort (il se laisse volontairement mourir de faim pour ne pas jurer avec la date qu'il a prévue lui-même, et scientifique-ment...), il aura appris de la bouche d'Agraman, sa propre créature de bronze que la science n'est que l'ombre d'une ombre. Voici *l'explicit* du roman:

> – je vais mourir; il est temps de me dire le dernier mot de la science.
> Agraman le prit au poignet et lui cria, dans l'oreille, avec un éclat de rire violent et métallique:
> – Maître! la science est l'ombre d'une ombre: *umbra umbræ*!
> – Ah! fit le savant [...], j'aurais mieux fait d'aimer!
> Il tomba mort (283-284).

Cependant, avant que l'échec de l'alchimiste soit arrêté et lors de ses contacts avec l'artiste, ce dernier, bien qu'avançant dans les grades d'initiation dans la «cabale» c'est-à-dire dans la science, se sent déçu par l'alchimie et perdu «[...] dans le labyrinthe obscur dont la cabale entourait certaines questions» (242). Il aurait préféré les émo-tions nées de la contemplation du spectacle de la nature, surtout celui des nuages ou de la mer, ce que le discours esquirosien décline en relation avec le fantasme de la noyade, pertinemment illustré dans *Le Magicien*. Qui plus est, au coeur du roman, Esquiros situe des pages telles les ébauches de poèmes en prose avant la lettre. La tonalité métaphorique de ses parties du texte semble annoncer, ou peut s'en faut, le Baudelaire de *L'Étranger* ou de *L'Homme et la mer* et anticiper sur certains paysages aériens de Théophile Gautier auteur de *Spirite*, ou encore sur celles, maritimes, de Lautréamont. Voici une apostrophe à la mer:

> Va! lui criait-il avec délire, va, ma soeur! soulève tes flots; bats de douleur tes flancs; [...] et, quand après d'horribles convulsions, tu retomberas [...] sur ton lit, si tu veux voir un abîme qui soulève une tempête plus écumante, plus profonde, plus éternelle, ô mer! regarde au fond de moi! (188)

Il importe de noter que, en cette année 1838, le vocable «abîme» n'a pas encore été exploité par Hugo jusqu'à l'outrance, comme cela adviendra quelques années plus tard. C'est dire que même si la rhétorique esquirosienne n'a pas le label d'originalité absolue, elle n'est sans doute pas qu'une pratique d'épigone.

Dans son étude, Vadé consacre une place de choix aux coïncidences entre l'engagement personnel des écrivains du XIXᵉ siècle et leurs personnages, à en croire la correspondance et les divers paratextes-témoignages. Entre autres, Vadé cite Balzac lequel, dans sa correspondance de 1832, avoue: «je jette ma vie comme un alchimiste son or dans un creuset»[16]. On serait bien d'accord que le travail de Balzac-démiurge de *La Comédie Humaine* et l'acharnement d'un magicien-alchimiste cherchant à doubler l'œuvre de la nature, sont comparables[17]. Pareillement, Aloysius Bertrand, ce romantique longtemps marginalisé par l'histoire de la littérature académique, fait dire à son personnage nommé Gaspard: «J'avais résolu [...] de chercher l'art comme au moyen-âge les rose-croix cherchèrent la pierre philosophale; – l'art, cette pierre philosophale du XIXᵉ siècle»[18]. Un demi-siècle plus tard, des Esseintes, le protagoniste d'*À Rebours* aura situé Aloysius Bertrand, le «fantasque», en compagnie des «alchimistes de génie», soit magiciens du verbe, dont A. E. Poe, Baudelaire, Villiers de l'Isle-Adam et Mallarmé, tous prêts à proclamer la profonde affinité de la parole poétique et de la pierre philosophale trouvée[19]. Là encore, il s'agit du rapprochement sinon de l'identification du travail de l'alchimiste et de celui du poète, conforme à la recherche de «l'absolu littéraire» postulée à l'aube du romantisme européen, à Iéna. Trente ans après la parution de *Le Magicien*, Mallarmé aura parlé, dans sa correspondance, des «alchimistes, nos ancêtres...». Il s'agit bien de la conception mallarméenne de la parole poétique qui est elle-même or, inventé au prix de sacrifices et créant une valeur artistique intrinsèque.

Ainsi, au XIXᵉ siècle, la porte qui mène de l'engouement pour les sciences occultes vers la conception bretonienne du surréalisme et ses rapports avec le symbolique alchimiste semble grand ouverte. Elle a été, croyons-nous, entrebâillée par *Le Magicien*, en 1838. En dépit des clichés romantiques qui portent préjudice à l'esprit et la lettre de son œuvre, Alphonse Esquiros serait alors bien nommé précurseur, et non épigone.

---

[16] Cf. Y. Vadé, *L'Enchantement...*, *op. cit.*, p. 230.

[17] Cf. *ibid.*, p. 231

[18] A. Bertrand, *Gaspard de la Nuit*, éd. M. Milner, Gallimard, Paris, 1980, «Préambule», p. 61. Évidemment, la première édition de *Gaspard de la Nuit* étant posthume (1842), il ne saurait être question ni d'imitation, ni d'épigonisme d'Esquiros.

[19] Cf. J.K. Huysmans, *À Rebours*, Actes Sud, Paris, 1992, chap. XIV.

Summary

Alphonse Esquiros and his *Magician*: an Unknown Author, an Ignored Book, Some Characters

In her article about Alphonse Esquiros and his unique novel *Le Magicien* (1838), "a Romantic text with all the strengths and all the weaknesses" of this literary current, the author discusses Romantic avatars of a Renaissance alchimist (magician-scholar-artist): Stell, a young sculptor and Ab Hakek, an old alchimist of queen Catherine de' Medici, who coincide in their search of the Absolute and the Art, "this philosophical stone of the XIXth century". The author insists on the role played by the Imaginary in the mediatisation of the characters, especially the collective ones, like the Parisian crowd showed across an aquatic image: an immense vogue.

Keywords: characters, imagery, absolute, Romantic literature

DOI: 10.12797/9788376384207.21

Maria Gubińska

Université Pédagogique de Cracovie

Le monde féminin dans *Ombre sultane* d'Assia Djebar

La critique n'a jamais précisé d'une façon claire quels textes font partie du «Quatuor d'Alger» d'Assia Djebar lequel est une fresque où s'enchevêtrent l'histoire algérienne, l'autobiographie et la mémoire des femmes. Les critiques trouvent que ce cycle embrasse les trois livres, respectivement: *L'Amour, la fantasia* (1985), *Ombre sultane* (1987) et *Vaste est la prison* (1995). Indubitablement les trois volets du «Quatuor algérien» explorent par la double approche autobiographique et historique l'Algérie profonde dans sa vie tumulteuse et meurtrie.

Puisque le titre de notre communication porte sur l'univers féminin décrit dans le second volume de ce cycle, rappelons Hafid Gafaïti qui dit que

[c]es textes ont pour thème principal la condition de la femme algérienne et arabe. Pareillement, ils ont pour personnages centraux des femmes faisant le récit de leur destin et questionnant leurs rapports avec les hommes, les autres femmes et leur statut dans la société. Comme ceux de la première période, ils jettent un regard sur les causes déterminant l'oppression et l'aliénation des femmes: l'archaïsme traditionnel renforcé par l'idéologie religieuse rétrograde et la structuration des relations entre les sexes par le patriarcat[1].

La rupture ou la différence entre ces deux textes, pour suivre le concept de Hafid Gafaïti, consiste en la distinction de l'enracinement des deux romans: si *L'Amour, la fantasia* creuse le passé historique, national en vue de mettre en valeur le statut de la femme algérienne et ses relations avec les autres pendant des événements douloureux de l'histoire algérienne, «*Ombre sultane* explore le monde féminin sur la base de

---

[1] H. Gafaïti, *Les femmes dans le roman algérien*, L'Harmattan, Paris, 1996, p. 164-165.

l'exclusion absolue de l'homme. A partir de là, le roman tente une analyse des relations homme-femme mais surtout femme-femme»[2].

Nous voilà dans l'univers des deux femmes: Hajila et Isma que la narratrice présente dans un court avant-texte qui ne porte aucun titre:

> Ombre et sultane; ombre derrière la sultane.
>
> Deux femmes: Hajila et Isma. Le récit que j'esquisse cerne un duo étrange: deux femmes qui ne sont point sœurs, et même pas rivales, bien que, l'une le sachant et l'autre ignorant, elles se soient retrouvées épouses du même homme – l' «Homme» pour reprendre en écho le dialecte arabe qui se murmure dans la chambre… Cet homme ne les sépare pas, ne les rend pas pour autant complices.
>
> L'une d'elles, Isma, a choisi l'autre pour la précipiter dans le lit conjugal. Elle s'est voulu marieuse de son propre mari; elle a cru, par naïveté, se libérer ainsi à la fois du passé d'amour et du présent arrêté. Dans le clair-obscur, sa voix s'élève, s'adressant tour à tour à Hajila présente, puis à elle-même, l'Isma d'hier… […]. Isma, Hajila: arabesque des noms entrelacés. Laquelle des deux, ombre, devient sultane, laquelle sultane des aubes, se dissipe en ombre d'avant midi?[3]

Le lecteur demeure perplexe devant une telle introduction, d'autant plus que la stratégie narrative ne facilite pas la lecture. Les premiers paragraphes du roman indiquent les hésitations d'Isma (narratrice?) qui doit donner en offrande à son ancien mari une autre épouse: elle n'est pas tout à fait sûre de la justesse de son acte; d'une part, elle se compare à une reine de sérail qui, en présentant une telle femme au maître, se libère des liens du mariage, mais de l'autre, elle est consciente d'avoir entravé une jeune fille, innocente et inconsciente de son avenir. Évidemment, le lecteur peut trouver des éléments du jeu mené par Isma; les souffrances et les humiliations d'Hajila seraient-elles un acte de vengeance effectué par Isma à cause de son mariage raté, sur une jeune fille qui va subir la présence désagréable (pour elle, non pour son statut social) de l'homme, jamais nommé dans le texte? Cependant, cette opinion nous paraît réductrice car Isma/narratrice rapporte la vie d'Hajila selon la perspective de quelqu'un qui veille sur sa vie, qui la protège grâce à son omnisciente présence narrative, elle la tutoie pour, comme elle l'avoue: «tuer les relents d'un incertain remords, comme si réaffluait la fascination des femmes d'autrefois…»[4]. Rapportant la vie d'Hajila avec l'homme, son ancien mari, Isma revit sa vie, mais précisons-le; elle raconte un aspect humiliant du destin d'Hajila, comme si elle voulait projeter sur sa «sœur» les moments dramatiques de la vie de son couple à elle, mais en même temps, elle est fascinée par Hajila qui comme elle, Isma, se recherche et le rejet du voile est un symbole de la liberté des carcans de la tradition. Dans les chapitres où Isma décrit son mariage, elle ne se souvient que des moments heureux passés avec l'homme. Cette tonalité double de la narration ne produit aucune fausse note, au contraire, les vies

---

[2] *Ibid.*, p. 166.
[3] A. Djebar, *Ombre sultane*, Éditions Albin Michel, Paris, 2006, p. 9.
[4] *Ibid. l.c.*

des deux femmes se complètent, d'autant plus que dans le second chapitre intitulé «Le saccage de l'aube» la figure de Schéhérazade émerge; elle s'y trouve accompagnée de sa sœur, Dinarzade qui va coucher dans la chambre nuptiale pour éveiller sa sœur une heure avant le jour; bien sûr, Schéhérazade invente, ce qui lui sauve la vie, mais d'abord c'est sa sœur qui veille et qui la réveille.

Isma, Hajila, Shéhérazade, Dinarzade; cette escapade intertextuelle est une ouverture sur le principe de sororité, ce que souligne Hafid Gafaïti.

Le récit de la seconde partie développe non seulement le thème de la sororité qui nous fait penser au thème du double ou du miroir, mais il s'inscrit surtout dans un grand projet de l'écrivaine qui montre le statut de la femme arabe en Algérie. La première partie intitulée «Toute femme s'appelle blessure» est la confrontation de la vie d'Isma émancipée avec la vie cloîtrée d'Hajila qui, elle aussi, veut quitter son voile. Elle est de plus en plus courageuse et enfin elle arrive à sortir de la maison pendant l'absence de ses proches et à jeter son voile. Le processus est long et difficile, mais l'envie est d'autant plus grande qu'Hajila rencontre dans la rue des femmes arabes dévoilées; son désir de manifester sa liberté et la féminité devient obsessionnel. Isma, son double, suit chaque pas d'Hajila, elle l'observe comme un œil de caméra et elle rapporte:

> Sur l'un des bancs, une femme vient de s'asseoir, une poussette devant elle. Elle se penche, ses bras soulèvent un bébé: elle te fait face. Ses bras, entièrement nus et tendus, portent le fardeau, comme pour le lancer vers le ciel; le visage de l'inconnue est barré d'un grand rire.
> 'Des cheveux rouges de henné... Ce n'était pas une Française! ' Et tu rêves:
> 'Sans voiles, dehors, en train d'aimer son enfant! '
> Tu reprends:
> 'Sans voiles, dehors, en train... sans voiles...'
> Là, tu te décides avec violence: 'enlever le voile! ' Comme si tu voulais disparaître... ou exploser! [...] Tu ne veux pas te hâter, tu vas te présenter aux regards de tant d'inconnus, tous ceux que Dieu mettra sur ton chemin![5]

Malgré plusieurs différences, la confrontation avec l'homme[6] constitue pour elles un lien invisible, mais essentiel. De même que Dinarzade, Isma est la gardienne de Hajila; une nouvelle perspective s'ouvre parce que en langue arabe «*Derra* [est] la nouvelle épousée, rivale d'une première femme d'un même homme, [...] signifie 'blessure': celle qui fait mal, qui ouvre les chairs, ou celle qui a mal, c'est pareil!»[7] et dans le roman nous n'observons aucune rivalité, au contraire, les femmes veulent sauvegarder leur vie intérieure. Au fil de la lecture, des soupçons d'une jalousie de la part d'Isma disparaissent. La mise en valeur de sa vie émancipée avec l'homme s'avère une promesse de bonheur possible à réaliser; comme si les rêves d'Hajila auraient pu s'accomplir dans l'avenir.

---

[5] *Ibid.*, p. 42, 46, 48.
[6] Cf. H. Gafaïti, *op. cit.*, p. 206.
[7] *Ibid.*, p. 126.

Comme l'écrit Mireille Calle-Gruber:

> Dans l'huis-clos du conte [*Les Mille et Une Nuits*] se trouve donc la matrice de la perte et de la garde, c'est-à-dire le secret de la sauvegarde: *ombre* salvatrice de la sororité et *sultane* condamnée, interdite, mais porteuse de 'soumission prête à la révolte' (p. 87) [...]. Ce qui s'est disjoint, et faisait couple autrefois dans le mythe, sororité et inter-diction, la romancière moderne tente de le relier en renouant avec les fils du chant et de l'enchantement [...] en refaisant racines communes dans la tradition culturelle où l'opprimée puise le génie de l'invention[8].

Nous avons indiqué des relations complexes entre Isma et Hajila, nous avons aussi dit que l'Homme, cet ennemi des femmes n'est pas le personnage principal mais une question se pose: y a-t-il un personnage principal autour de qui se concentreraient les événements? Est-ce Isma, la première épouse et la narratrice, bien éduquée, qui n'est plus entravée et qui vit dans «cet occident de l'Orient»[9] «à qui son savoir-faire d'écrivain confère la liberté de dire le 'je' de l'existence intime»[10] ou bien Hajila qui ne sait pas dire «moi», cette «silencieuse» pour rappeler Calle-Gruber. Aucun de ces deux personnages n'est plus important que l'autre. Ce qui est l'essentiel se passe entre elles; on est ici loin des grandes conventions romanesques[11].

Toutes les deux cherchent «un soi qui ne sait qui, où, c'est 'soi'»[12]. La subtilité de ce réseau de relations montre à quel degré le sujet, le destin de la femme est difficile à décrire. Evidemment, le destin des femmes est inscrit dans le contexte socio-historique, dans la culture où le tabou, le silence, le refoulement, le drame de la parole caractérisent la femme dans la société arabo-musulmane[13].

Isma et Hajila apartiennent donc à deux types d'espace qui se complètent et qui s'opposent simultanément. Comme le souligne Jean Déjeux, l'espace masculin, ici la maison de l'homme et d'Hajila est un lieu limité, contrôlé (l'homme frappe et blesse Hajila au moment où il apprend ses sorties). La femme était dans la chambre, le patio, le gourbi [...], au-delà c'était l'interdit. Le mur est le symbole de la clôture de la femme. Jean Déjeux rappelle «[Ces] murs [qui] se dressaient de toutes parts pour 'protéger' et cacher le monde féminin: murs de pierre, voiles ou mêmes encore voitures individuelles 'pour abriter le corps (la tôle jouant le rôle du tissu ancestral)' afin d'être le moins possible 'exposé'»[14]. Dans un article intitulé «Les murs», Assia Djebar parcourt Blida et voit des murs qui se trouvent autour des villas. Elle se pose des questions: «Pour se mettre à l'abri de qui? [...] De l'intrus, de l'intrusion, du viol, de

[8] M. Calle-Gruber, *Assia Djebar ou la résistance de l'écriture. Regards d'un écrivain d'Algérie*, Maisonneuve et Larose, Paris, 2001, p. 61-62.
[9] A. Djebar, *Ombre sultane, op. cit.*, p. 214.
[10] M. Calle-Gruber, *op. cit.*, p. 53.
[11] Cf. *ibid. l.c.*
[12] *Ibid. l.c.*
[13] Cf. H. Gafaïti, *op. cit.*, p. 215.
[14] J. Déjeux, *Assia Djebar, romancière algérienne, cinéaste arabe*, Éditions Naaman de Sherbrooke, Québec, 1984, p. 39-40.

l'indiscrétion. Les fenêtres closes, les claies de roseaux rehaussant encore les murs, il faut avant tout cacher aux autres ce dont on est propriétaire»[15].

Dans les premiers romans comme *Les Impatients* (1957) ou *Les Enfants du nouveau monde* (1959), Assia Djebar montre déjà la circulation des femmes dans l'espace masculin, de même que l'extériorisation des sentiments et le dialogue amoureux ce qui allait contre les normes et les habitudes de la société traditionnelle[16]. Une vingtaine d'années après la publication de ces romans, dans *Ombre sultane*, elle ne peut pas avouer que cette dualité aboutit à la communion[17].

Et pourtant, Djebar insiste sur l'aspect secret de la vie des femmes plus que sur la transgression de tabous, plus brutale et définitive. Rappelons de nouveau Mireille Cale-Gruber:

> Assia Djebar ne chante jamais la libération qui porterait au reniement, ni le féminisme ni l'occidentalisation qui serait au prix de l'amputation des racines, ni le choix «une fois pour toutes» de l'une ou l'autre langue, ou culture ou terre, de l'un ou l'autre pays, de l'Occident contre l'Orient. Mais elle s'efforce de conter «cet occident de l'Orient». Elle sait qu'elle est «dans» le passage, passage, passante. Que le chemin de la liberté est secret, à chacun(e) singulier et tortueux, qu'il y faut l'arabesque, le filigrane[18].

Isma, vivant en Occident, retourne en Algérie. Elle avoue: «J'avais voulu m'exclure pour rompre avec le passé. Ce fardeau, pendant mes errances dans les villes où j'étais de passage, s'était allégé. Mériem m'avait écrit. J'accourais; je ne pouvais me libérer seule»[19].

Isma retourne dans sa ville natale en Algérie pour y vivre aves sa fille, Mériem; elle s'ensevelit dans son passé. Hajila reste dans la capitale au seuil de l'espace nouveau et inconnu. Toutes les deux se trouvent, comme l'avoue Isma: «en rupture de harem, mais à ses pôles extrêmes: toi au soleil désormais exposée, moi tentée de m'enfoncer dans la nuit resurgie»[20].

La rencontre des deux femmes a lieu au moment où Hajila reste alitée après avoir été battue et blessée par son mari; ensuite, les deux femmes se rencontrent au hammam. C'est dans ce lieu qui abrite tous les secrets sous un voile de la vapeur d'eau que Isma donne la clef de son ancienne maison pour que Hajila puisse sortir librement. Sa mère Touma l'empêche de quitter la maison sauf pour le bain hebdomadaire. Isma la pousse à sortir seulement pour sortir; c'est une clef symbolique qui lui permettra de gagner l'espace de la capitale à chaque moment où elle le voudra. Ainsi, la clef acquiert un sens symbolique, voire magique; c'est une clef du secret féminin d'autant plus frappant qu'il rapproche le nœud sororal des deux femmes. Malgré cette force et le sens de ce geste et de l'objet lui-même, le fait de l'avoir entraîne une fin tragique.

---

[15] A. Djebar, «Les Murs», [in:] *El Moudjabid culturel*, Nᵒ 144, 14 décembre 1974, p. 40.
[16] Cf. J. Déjeux, *op. cit.*, p. 42-44.
[17] Cf. M. Calle-Gruber, *op. cit.*, p. 62.
[18] *Ibid.*, p. 55.
[19] A. Djebar, *Ombre sultane*, *op. cit.*, p. 115.
[20] *Ibid.*, p. 11.

Isma, cette ombre d'Hajila, observe cette dernière au moment de la sortie de la maison. Pour la première fois, elle se revoit dix ans auparavant; ce sont les gestes de la jeune femme qui lui font revivre sa jeunesse, mais Hajila bondissant comme une antilope traverse une rue en diagonale et est écrasée par une voiture. Elle survivra, mais l'enfant qu'elle attend, non.

Dans le dernier chapitre du roman, la narratrice pose la question fondamentale: «Sitôt libérées du passé, où sommes nous?»[21].

La réponse n'est pas facile. L'annihilation du passé n'est pas possible; le cas d'Isma le prouve clairement: les moments passés dans le patio, des chants féminins, les ruines romaines de sa ville natale font partie de son paysage intime. Enfin, c'est dans sa ville natale où Mériem, sa fille, est née; elle y était retournée autrefois pour accoucher.

Hajila, silencieuse, souffrante, mais toujours enchantée par la lumière du soleil ne connaît pas son avenir.

Comme l'écrit Callle-Gruber: «le collectif féminin qui se pluralise au dernier chant du livre entame un nouveau désenchantement»[22].

Voici le dernier paragraphe du livre:

> Ô ma sœur, j'ai peur, moi qui ai cru te réveiller. J'ai peur que toutes deux, que toutes trois, que toutes – excepté les accoucheuses, les mères gardiennes, les aïeules nécrophores –, nous nous retrouvions entravées là, dans cet «occident de l'Orient», ce lieu de la terre où si lentement l'aurore a brillé pour nous déjà, de toutes parts, le crépuscule vient nous cerner[23].

La forme de l'arabesque indiquée au début du roman frappe par la justesse de cette comparaison du destin des deux femmes qui sont apparemment différentes et pourtant leur vie est symétrique et s'entrelace comme des lignes d'ornement, belles, raffinées mais interminables et qui ne promettent aucune fin.

Summary

The World of Women in the Novel *Ombre sultane* (*The Sultan's Shadow*) by Assia Djebar

In her works Assia Djebar uses a writing strategy of a polyphonic character. In the novel *Ombre sultane*, the authoress presents a mysterious story of two women: Isma, the narrator who is also a former wife of the nameless "Man" (l'Homme), and Hajila, the present wife of the "Man". Assia Djebar in a subtle way depicts relations between the two women, revealing their family life secrets. Without sliding into stereotypes the novelist successfully defines the indefinable, shows in what measure an attempt at social emancipation does not collide with remaining faithful to one's roots. In what way does the writer manage to reconcile the extreme differences? – this is the question we are trying to answer in our article.

Keywords: Assia Djebar, French-language literature of the Maghreb, clash of cultures.

---

[21] *Ibid.*, p. 213.
[22] M. Calle-Gruber, *op. cit.*, p. 62.
[23] A. Djebar, *Ombre sultane*, *op. cit.*, p. 213.

DOI: 10.12797/9788376384207.22

ALEKSANDRA KOMANDERA

Université de Silésie

Les personnages et le jeu des correspondances dans *Le Fusil à pétales* d'André-Marcel Adamek

Lorsqu'André-Marcel Adamek publie *Le Fusil à pétales* il n'a même pas trente ans mais il connaît déjà des expériences diverses qui pourraient inspirer plusieurs romans. La publication de son deuxième roman, qu'est *Le Fusil à pétales*, lui vaut le prix Victor Rossel[1], pourtant, cet écrivain belge doit attendre encore environ dix-huit ans pour que sa carrière d'écrivain démarre véritablement, ce qui a lieu avec la parution du *Maître des jardins noirs* (1993). Désormais, ses romans apparaissent à un rythme accru et gagnent en reconnaissance auprès d'institutions littéraires et de lecteurs.

Déjà en 1974, certains critiques ne se sont pas trompés dans leurs jugements sur la qualité du texte d'André-Marcel Adamek. En lui attribuant le prix Victor Rossel, ils ont reconnu son talent de créer un univers exceptionnel. Dans notre étude, nous nous proposons l'objectif de dévoiler certains aspects de la richesse esthétique qu'il est possible de discerner dans *Le Fusil à pétales* d'André-Marcel Adamek et, en particulier, de montrer le réseau des correspondances intertextuelles que l'auteur élabore par l'intermédiaire des personnages. Ce type de références peut être examiné à trois niveaux: d'abord, à travers les modèles des protagonistes, ensuite, en prenant en compte les règles génériques qui déterminent la construction d'un personnage et, enfin, au niveau des esthétiques littéraires, respectées ou transgressées, qui déterminent les types d'êtres de fiction.

Les correspondances intertextuelles au niveau des modèles des protagonistes résultent du fait que certains personnages du *Fusil à pétales* font écho à des héros légen-

---

[1] C'est un prix littéraire belge, fondé par le journal *Le Soir* en 1938. L'attribution du prix Rossel est un des événements éminents marquant la vie littéraire en Belgique.

daires. Il s'agit du couple Tristan et Reine, réunis par un amour stigmatisé par la fatalité, et des mystérieux cavaliers noirs. Ils constituent tous une référence explicite aux figures légendaires médiévales. Par son prénom déjà, Tristan annonce une nouvelle incarnation de la légende de Tristan et Iseut. Dans le roman d'André-Marcel Adamek, Iseut est remplacée par une rebouteuse dénommée Reine. Le rapprochement entre Reine et Iseut, un peu masqué au début de l'histoire, devient de plus en plus évident au fur et à mesure que le récit progresse. Tristan et Reine se situent dans la lignée des héros légendaires par leur nature exceptionnelle. D'une part, ils incarnent la beauté et la jeunesse qui se traduit par la couleur blonde dominant dans la description des protagonistes. Dans la présentation de l'aspect physique de Tristan, nous lisons: «Il avait des cheveux longs, couleur épi, qui lui tombaient sur les épaules»[2]. Le narrateur Clothaire s'attarde davantage sur la présentation de Reine, qui est appelée au secours après l'accident de l'inventeur Alphonse Berluet au moment de départ de son prototype d'avion:

> Elle portait une lanterne à bout de bras. Ses longs cheveux d'or étaient déliés sur un châle de laine brune [...]. Elle dépassait, en beauté, tout ce que j'avais pu voir sur la terre. J'en étais tout électrisé. Ses yeux, c'étaient des pierres bleues, lumineuses et profondes, comme on en rencontre dans les sources souterraines. Des paillettes de feu irradiaient autour de la prunelle et le battement des cils démesurés y mettait une chaleur douce et sauvage[3].

De l'autre part, Tristan et Reine apparaissent comme des êtres hors du commun par leur étrangeté. Lorsque Tristan arrive au village de Chompes, il est invité par Alphonse Berluet à assister au départ de sa machine volante. L'inventeur et sa femme Nathalie s'aperçoivent de la singularité du jeune homme qui n'est pas «de la région»[4], et même pas «de cette époque»[5] à cause de ses cheveux longs et ses «habits spéciaux… »[6]. Clothaire, le narrateur, est de même impressionné par Tristan à leur première rencontre: «C'était vraiment un beau diable d'homme. Il parlait peu, mais avec une grande vérité dans ses paroles [...] Son regard vert me traversait comme un sabre»[7]. Reine, elle aussi, est étrangère: elle vit un peu à l'écart des habitations des villageois, à Aiglepierre, en compagnie d'un chien et d'oiseaux.

Ensuite, la ressemblance aux héros légendaires s'installe à travers les dons et les pouvoirs extraordinaires de Tristan et Reine. Le jeune homme semble capable de prévoir la météo et ne se trompe jamais à reconnaître des bruits étranges, par exemple, il détrompe Clothaire en lui disant qu'il n'a pas entendu le son d'une trompette, mais le son d'un olifant. «Il en savait trop sur une suite de choses dont le sens

[2] A.M. Adamek, *Le Fusil à pétales*, Éditions Labor, Bruxelles, 1997, p. 19.
[3] *Ibid.*, p. 50-51.
[4] *Ibid.*, p. 20.
[5] *Ibid.*, p. 22.
[6] *Ibid. l.c.*
[7] *Ibid.*, p. 23.

nous échappait»[8], avoue le narrateur. Tout cela provoque au début une sorte de méfiance envers Tristan, pourtant, elle se dissipe progressivement. Quant au pouvoir prodigieux de Reine, il consiste à guérir des cas désespérés. A la manière de la reine Iseut, magicienne, sœur de Morholt et mère d'Iseut la Blonde, qui soigne Tristan, Reine du roman d'André-Marcel Adamek rend la vie à Alphonse, tombé en coma, par un simple baiser. Enfin, la légende de Tristan et Iseut revit à travers un amour malheureux, qui ne relève pourtant ni d'une potion magique, ni d'un adultère. André--Marcel Adamek unit Tristan et Reine par un amour réciproque, les mène même vers le mariage, mais il condamne Reine à perdre sa beauté sauf si elle paye une rançon exorbitante à «une sorte de diable commerçant, qui en échange d'offrandes luxuriantes, lui accord[e] pour quelques semaines un sursis contre la vieillesse»[9].

A côté du couple Tristan-Reine, ce sont des cavaliers noirs qui établissent une connexion entre l'époque médiévale et le temps moderne où l'action se déroule. D'une part, les mystérieux cavaliers se rapprochent de Tristan et Reine car ils sont étrangers et d'une autre époque, de l'autre, ce groupe d'hommes entre en contraste avec les amoureux par la noirceur et une lumière aveuglante qui se dégagent de leur présentation: «Ils étaient huit, vêtus de cottes de mailles et coiffés de heaumes scintillants. Ils maintenaient ferme les rênes de leurs chevaux avec leurs poings gantés de peau noir»[10]. Leur éclat maléfique provient avant tout de leurs armes: «Ils ont tous de très grosses épées, des lances, des haches, des massues et des couteaux»[11]. Avec un crâne humain sur leur étendard, les cavaliers se révèlent malfaisants car ils attaquent le villageois Poidoux, enlèvent et torturent l'inventeur Alphonse. Ainsi, se rapprochent-ils de la présentation stéréotypée des cavaliers: «Venu d'ailleurs, le cavalier apparaît comme une force dangereuse, d'une puissance surnaturelle inquiétante»[12].

Au niveau suivant, c'est-à-dire celui lié aux règles génériques, les protagonistes du roman d'André-Marcel Adamek renvoient aux êtres typiques des contes ou des nouvelles dont l'univers est gouverné par des lois surnaturelles[13]. Cette comparaison nécessite une explication plus étendue. Les deux genres sont des formes du récit bref, qui se caractérise par une présentation concise et brève des personnages. L'auteur du *Fusil à pétales* respecte cette règle générique, ce qui était visible dans le cas du portrait de Tristan. La façon lapidaire de décrire un protagoniste concerne également d'autres personnages: les villageois Raspal et Poidoux, la femme de l'inventeur – Nathalie. La description des protagonistes du roman en question, souvent superficielle ou lacu-

---

[8] *Ibid.*, p. 29.

[9] *Ibid.*, p. 71.

[10] *Ibid.*, p. 65.

[11] *Ibid.*, p. 101.

[12] G. Millet, D. Labbé, *Les Mots du merveilleux et du fantastique*, Éditions Belin, Paris, 2003, p. 95.

[13] Cf. *Ibid.*, p. 437–438: Le surnaturel, «en littérature, c'est un événement extraordinaire lié au merveilleux, au fantastique ou à l'étrange. Le surnaturel peut s'incarner à travers des apparitions de personnages qui ne devraient pas exister selon nos lois physiques […], à travers des événements théoriquement impossibles […] ou encore à travers des lieux hors du commun».

naire, suit la règle de la brièveté ou, comme l'écrit Daniel Grojnowski, la règle «de concentration, d'économie de moyens ou d'unité d'ensemble»[14], inhérente aux genres du conte et de la nouvelle. André-Marcel Adamek réussit à garder la concision dans la présentation de Tristan mais, en même temps, il transmet certaines caractéristiques du héros par le choix d'un nom allusif et intertextuel. Michel Erman explique:

> Ainsi le nom propre, catégorie désignative et identificatrice dans laquelle il faut ranger non seulement les patronymes mais aussi les prénoms, les surnoms, les pseudo- nymes ainsi que les descriptions définies (l'ami de untel) – lesquelles individualisent un personnage à l'intérieur d'un groupe social ou familial – voire les fonctions et les appel- latifs signifiants que sont les titres (l'arpenteur dans *Le Château* de Kafka, le baron pour Charlus dans la *Recherche*), constitue, précisément, à la fois une description et une défi- nition, au même titre qu'un portrait ou qu'une caractérisation par le discours[15].

Seuls Reine et Alphonse Berluet sont décrits plus longuement parce que la beauté menacée de Reine et les inventions d'Alphonse constituent l'axe principal autour du- quel des événements se produisent.

Les fonctions dont parle Michel Erman sont également récurrentes dans le ro- man d'André-Marcel Adamek: Reine est rebouteuse, Alphonse Berluet – inventeur, Raspal et Poidoux sont villageois. La brièveté dans la présentation des protagonistes est visible ensuite dans leur psychologie peu développée. Les fragments où le narra- teur s'attarde sur la vie intérieure des personnages sont presque absents. Comme il n'a pas d'accès à leurs pensées, il se concentre sur ce qu'il voit, sur leurs actions. De cette manière André-Marcel Adamek semble refléter la pensée de Christophe Car- lier, selon qui, dans le conte, «le personnage acquiert […] plus de consistance si l'on accepte de considérer non pas ce qu'il est, mais ce qu'il devient»[16]. L'ignorance de la psychologie des personnages relève du fait que le narrateur, Clothaire, est, lui-même, un simple villageois qui se sent humble devant l'acte d'écrire: au début de l'histoire il explique que sa narration maladroite n'est qu'une réalisation d'une promesse donnée à Raspal agonisant qui lui a demandé de transcrire leurs aventures fabuleuses.

Ainsi, est-il possible de parler plutôt des actants que des personnages dans *Le Fu- sil à pétales* d'André-Marcel Adamek. L'idée d'Étienne Souriau d'organiser les actants distingués par Vladimir Propp de façon binaire paraît répondre le mieux à l'organisa- tion des personnages dans le roman d'Adamek[17]. Les deux premières fonctions, celle de sujet et d'objet, correspondent dans *Le Fusil à pétales* à des relations suivantes: Tristan amoureux de Reine, Reine voulant garder la jeunesse à tout prix, le diable commerçant convoitant la richesse, les cavaliers cherchant l'épée de Tristan, l'inven- teur Alphonse rêvant des machines volantes. Deux autres fonctions regroupent le

---

[14] D. Grojnowski, *Lire la nouvelle*, Dunod, Paris, 1993, p. 16.
[15] M. Erman, *Poétique du personnage de roman*, Ellipses Édition Marketing S.A., Paris, 2006, p. 34.
[16] Ch. Carlier, *La Clef des contes*, Ellipses Édition Marketing S.A., Paris, 1998, p. 62.
[17] Cf. É. Souriau, *Deux Cent Mille Situations dramatiques*, Flammarion, Paris, 1950.

destinateur et le destinataire qui, dans le texte d'Adamek, s'organise autour Tristan, Clothaire et Alphonse qui cèdent leur bien à Reine, et autour de Clothaire qui promet à Raspal de décrire les événements insolites dont ils étaient témoins. Les deux derniers actants se réfèrent aux fonctions d'adjuvant et d'opposant: la première est remplie non seulement par Alphonse et Clothaire qui se laissent amener au crime pour se procurer de l'argent pour Reine, mais aussi par le tracteur de Raspal qui effraye les cavaliers et le fusil de Clothaire qui l'aide à «déshabiller» les cavaliers de leur armure; la deuxième, elle est tenue par les cavaliers qui cherchent l'épée et nuisent à tous les adjuvants de Tristan.

De ce qui précède, on constate que la manière selon laquelle Adamek présente ses personnages rappelle celle utilisée par les auteurs des récits courts. En examinant de près le champ lexical, il est facile de saisir la présence du vocabulaire renvoyant à l'époque médiévale, avec les mots comme, par exemple, «olifant», «épée», «cavaliers», «sortilège», «guérison magique», «magicienne». Ce dernier mot peut suggérer non seulement un temps révolu – l'époque médiévale, mais aussi la présence du merveilleux. Ainsi, du récit bref, Adamek passe au domaine du récit merveilleux. La magicienne et/ou la rebouteuse font penser à la sorcière qui, elle, est un personnage type de l'univers surnaturel. Selon Gilbert Millet et Denis Labbé, les magiciens et les magiciennes intervenaient dans «les hautes sphères», tandis que les sorciers et les sorcières – «dans le monde paysan»[18]; en fait, dans le roman d'Adamek, il s'agit d'un cadre campagnard. Les théoriciens du merveilleux et du fantastique soulignent ensuite que «le sorcier est celui qui jette un sort, qui modifie le destin par usage d'une puissance magique»[19]. Il est à noter que dans *Le Fusil à pétales* Reine est dotée d'un pouvoir bénéfique plutôt parce qu'elle guérit les villageois, et, à l'envers de sa caractéristique stéréotypée, c'est sur elle que pèse un sort maléfique. Le seul moment où Reine ressemble à une sorcière, c'est lorsqu'elle ne possède plus d'argent pour payer sa beauté éternelle: «La femme qui était devant nous n'avait plus de jeunesse; des rides profondes traversaient ses joues grises et son regard sans éclat au creux d'orbites vides avait quelque chose de hagard et de désespéré»[20]. Toutefois, même vieillie, Reine est loin d'être une sorcière héritée du folklore «avec tous ses attributs, y compris les plus grotesques, nez crochu et balai»[21]. D'ailleurs, le phénomène du rajeunissement irréel vécu par Reine, lui aussi, sert à maintenir le surnaturel de l'histoire.

Un autre élément du roman qui reste sous le signe de l'esthétique du merveilleux, est le dénouement. Après avoir volé de l'argent au bureau de poste pour racheter la jeunesse de Reine et après avoir commis un crime accidentel, Alphonse et Clothaire sont en danger. C'est surtout l'inventeur qui est soupçonné du vol et du meurtre car il a été reconnu par un des témoins du cambriolage. L'inventeur et sa femme Nathalie décident de s'enfuir grâce à une nouvelle machine volante qu'Alphonse a construite

---

[18] G. Millet, D. Labbé, *op. cit.*, p. 276.
[19] *Ibid.*, p. 423.
[20] A.M. Adamek, *op. cit.*, p. 60.
[21] V. Tritter, *Le Fantastique*, Ellipses Édition Marketing S.A., Paris, 2001, p. 71.

en secret. Ce berlucoptère à quatre places emmène dans les aires non seulement Alphonse et Nathalie, mais aussi Tristan et Reine qui ne peuvent plus supporter une existence vouée à la menace incessante de la perte de la jeunesse par la rebouteuse. Seul Clothaire reste dans le village, délibéré d'éventuels soupçons par une fausse déclaration d'Alphonse qui a chargé Tristan d'être son complice des faits criminels. Les deux couples disparaissent dans la machine volante, ils s'évanouissent «dans le lointain»[22]. Clothaire assiste à leur départ: «J'ai levé la tête, j'ai regardé par-dessus les peupliers. Je n'ai rien vu, rien, nulle part. Rien que le ciel d'automne où les nuages s'écartaient en gerbes, s'éloignaient les uns des autres, et découvrant une éclaircie du tonnerre de dieu, semblaient avoir ouvert une porte sur l'infini»[23]. Voilà un dénouement triste, mais heureux.

Le troisième niveau d'analyse des correspondances intertextuelles à travers les personnages du *Fusil à pétales* se rapporte au lien entre eux et différentes catégories esthétiques: le merveilleux, le fantastique, le réalisme et le grotesque.

La figure de la rebouteuse, mi-magicienne mi-sorcière, qui renvoie au merveilleux, appartient aussi au fantastique dans lequel, selon Valérie Tritter, il faut «décrypter sa présence»[24]. En effet, Tristan ne découvre le secret de Reine que par hasard. Un indice plus apparent consiste en la présence d'un chien qui accompagne Reine. Dans le fantastique, à côté du chat, le chien est considéré comme un des «avatars diaboliques»[25], un animal associé à la magie et à la mort[26]. Il faut répéter que Reine n'est pourtant pas un être anxiogène; oui, elle éveille une sorte de méfiance, mais ce n'est jamais l'effroi, contrairement aux mystérieux cavaliers qui, dans leur quête de l'épée de Tristan, créent une atmosphère d'angoisse chère au fantastique. Comme il l'était déjà dit, les cavaliers noirs sont des êtres qui renvoient directement au surnaturel. Dotés d'une force exceptionnelle, ils représentent le danger. En même temps, ils sont tenus pour des êtres supérieurs: «Dans la littérature merveilleuse et fantastique, le cavalier est celui qui vient d'ailleurs, qui connaît l'au-delà du village, et appartient à la société dominante»[27]. Toutefois, dans *Le Fusil à pétales*, ces cavaliers maléfiques sont ridiculisés plusieurs fois. Lorsque le villageois Poidoux les rencontre dans la forêt il pense qu'ils participent à un cortège de kermesse ou de carnaval. Poidoux s'échappe de leurs mains parce qu'ils s'enfuient à l'approche d'une machine qui leur est inconnue:

> Les cavaliers se sont redressés. La main en visière, ils ont regardé cette chose qui progressait dans la poussière, tandis qu'un ronronnement d'insecte furieux montait dans l'espace. C'était le tracteur de Raspal qui s'en revenait des champs, avec ses grosses roues noires et sa cheminée d'aluminium. Alors, l'effroi s'est inscrit sur le visage des cavaliers.

---

[22] A.M. Adamek, *op. cit.*, p. 191.
[23] *Ibid. l.c.*
[24] V. Tritter, *op. cit.*, p. 71.
[25] *Ibid.*, p. 70.
[26] G. Millet, D. Labbé, *op. cit.*, p. 113.
[27] *Ibid.*, p. 95.

Ils ont couru jusqu'aux chevaux, se sont hissés sur les selles et se sont enfuis en poussant des cris d'épouvante»[28].

Plus loin, dans le récit, une autre scène témoigne de l'effacement de la peur fantastique par le grotesque de la situation. L'inventeur Alphonse est enlevé par les cavaliers qui visent à le torturer pour savoir où Tristan a caché son épée. Clothaire, parti à la recherche d'Alphonse, le retrouve vivant, nu et écarté sur le sol, torturé par les cavaliers à l'aide d'une plume de paon. Le grotesque atteint son comble lorsque Clothaire réussit à détacher des parties des armures des cavaliers en tirant sur eux de son fusil et fait dévoiler ainsi qu'ils sont habillés en caleçons de laine. La fusillade de Clothaire rend les cavaliers vulnérables et les ridiculise. Toutes ces situations témoignent d'un changement d'esthétiques fréquent dans le roman d'Adamek: le jeu avec la peur du fantastique cède la place à l'aspect ludique du grotesque.

Si les êtres anxiogènes et enclins à créer une atmosphère fantastique sont tournés en ridicule, cela ne veut pas dire que le fantastique pur n'apparaît pas dans *Le Fusil à pétales*. Au contraire, cette catégorie esthétique est la première qui se laisse discerner dans le roman, avec l'aventure nocturne du narrateur Clothaire et elle est précédée des annonces suggestives: «Vous dire que, dans ce pays, des choses exceptionnelles et légendaires, des sortilèges et des maléfices, j'en ai tellement connus que si je les racontais tous, il me faudrait bien trente cahiers, ce serait une bonne chose pour commencer»[29], dit Clothaire. Le pays de Barnaville, avec les villages de Chompes et des Hameaux, est, d'après lui, une région où la magie est omniprésente: «Nous, habitués qu'on est depuis toujours au voisinage des sorciers, on ne s'étonne plus de rien. Certains passants, venus d'autres pays, et qui ont mis le pied dans nos forêts, en sont ressortis avec des yeux comme des phares, tout transis et grelottants»[30]. Comme Clothaire se montre habitué au surnaturel, l'impact de son expérience, fantastique par excellence, est intensifié. Une nuit d'automne, en braconnant dans les marécages des Cribes, il est «assommé par la peur»[31]. Cette nuit-là, le paysage étrangement «figé, muet, glacé»[32] l'effraie: «A ce moment, j'avais déjà des picotements dans le dos et un grand froid dans les cheveux. Même les rayons de lune restaient suspendus dans l'air, alignés en rubans parallèles»[33]. L'heure nocturne, la lune, l'aspect inaccoutumé de l'espace servent ici à Adamek à créer un climat d'inquiétude où un événement surnaturel peut surgir pour épouvanter, conformément à la poétique du fantastique. Dans le silence entourant, Clothaire est effrayé par un cri d'oiseau: «Et tout à coup, sans prévenir, à deux pas de moi, un hibou s'est mis à crier comme un écorché. Je m'y attendais tellement peu que j'ai fais un bond en avant, en plein dans une flaque»[34].

---

[28] A.M. Adamek, *op. cit.*, p. 68.
[29] *Ibid*, p. 13.
[30] *Ibid. l.c.*
[31] *Ibid.*, p. 14.
[32] *Ibid. l.c.*
[33] *Ibid. l.c.*
[34] *Ibid. l.c.*

Toutefois, la terreur momentanée est remplacée par la rage de Clothaire abasourdi qui essaie de chasser l'oiseau, pourtant, celui-ci continue à le narguer. Ne pouvant plus supporter le regard du hibou, Clothaire tire sur l'oiseau mais l'oiseau se volatilise étrangement pour réapparaître aussitôt sur un autre saule. Clothaire tire de nouveau, toujours sans toucher l'oiseau: «Deux coups encore, partis tout droit en gerbes rouges. La même comédie, l'oiseau volatilisé, même pas une plume qui tombe, rien, le vide absolu, l'espace. Je pensais bien devenir fou. De grosses gouttes de sueur me coulaient dans le milieu du dos»[35]. C'est à ce moment que Clothaire aperçoit des yeux de hiboux aux branches des arbres dispersés et entend leur hululement grandissant: «Et quand les branches craquaient sous leur poids, les hiboux descendaient par terre, pataugeaient dans la mare, dansaient dans les roseaux. Je m'enfuis en criant comme un damné, tirant des salves aux quatre horizons. C'était une pétarde infernale»[36]. Lorsque Clothaire n'a plus de cartouches, il jette son fusil et s'enfuit poursuivi par les oiseaux. Pas très loin de chez lui, il tombe à genoux et attend les oiseaux l'attaquer, toutefois, rien ne se passe: les hiboux ont étrangement disparu. Cette multiplication du hibou s'inscrit parfaitement dans la catégorie du fantastique et, en même temps, fournit des informations essentielles sur le narrateur: il croit au surnaturel, il en est témoin et il racontera son aventure comme crédible.

Le champ lexical avec le vocabulaire renvoyant à la folie et à l'épouvante maintiennent l'appartenance du roman au fantastique. Il faut ajouter aussi que le fantastique est présent dans *Le Fusil à pétales* à travers la figure d'un savant qui se détache des tous les personnages du roman (à côté d'un amoureux – Tristan, et d'un écrivain – Clothaire). Alphonse Berluet, une sorte de savant fou, assure également le lien entre le fantastique et le merveilleux car: «[l]e savant fou du fantastique, que la science-fiction reprendra par la suite, est l'héritier de ces personnages sulfureux, magiciens, astrologues, alchimistes qui traversent l'imaginaire du Moyen Age et apparaissent dans bien des contes»[37]. Après l'accident au moment du départ de son prototype d'avion, nommé Le Championnier, il ne se décourage pas et pense à l'amélioration de sa machine volante. Avec ses inventions: un prototype d'avion, un tracteur à alcool de prunes, une machine à éplucher des pommes de terre, un dopage pour ses abeilles, un tribunal en plein air, et le berlucoptère, cet objet salutaire, Alphonse n'est pas de son époque.

Une dernière étape de notre examen du jeu des correspondances dans *Le Fusil à pétales* nous permet de souligner que tous les événements surnaturels (merveilleux ou fantastiques) y surgissent sur un arrière-plan réaliste. André-Marcel Adamek crée l'effet de réel (pour reprendre le terme de Roland Barthes) par le choix d'un espace rural vraisemblable, un temps assez proche de la contemporanéité (les inventions d'Alphonse, les voitures), des villageois enracinés dans le terroir par leur onomastique (Alphonse et Nathalie, Raspal et Poidoux). Aussi, certains protagonistes

---

[35] *Ibid.*, p. 16.
[36] *Ibid. l.c.*
[37] G. Millet, D. Labbé, *op. cit.*, p. 414.

appartiennent-ils à la terre ce qui est montré d'une façon symbolique dans la scène finale, au moment où Clothaire reste seul après le départ de ses amis vers l'ailleurs. L'effet de réel est assuré également par le narrateur et son langage simple, par sa franchise qui provoque que «quand il parle de 'mystères nocturnes' survenus dans son pays, est-on prêt à le croire sur parole»[38].

Dans notre étude, nous avons essayé de montrer que, dans *Le Fusil à pétales* d'André-Marcel Adamek, le jeu de correspondances par l'intermédiaire des personnages s'organise à plusieurs niveaux. L'alternance du fantastique et du merveilleux, du réalisme et du grotesque fait de l'ouvrage d'Adamek un roman difficilement classable. Heinz Klüppelholz avertit de l'emploi d'une classification trop facile: «L'œuvre d'André-Marcel Adamek, laquelle occupe une place bien particulière dans les lettres belges de langue française, est trop souvent reléguée dans le domaine d'un «merveilleux campagnard» avec *Oxygène ou les chemins de Mortmandie* (1970) et *Le Fusil à pétales* (1974). Ces deux romans présentent pourtant une évolution qui va d'un sentiment fraternel à la féerie médiévale»[39]. Pour Éric Lysøe, André-Marcel Adamek «fait s'entrecroiser les époques et les sensibilités, le merveilleux médiéval et le grotesque contemporain»[40]. Cette «cohabitation du naturel et du surnaturel»[41] discernée par plusieurs critiques, la richesse référentielle, qui s'élabore à travers les personnages du roman, les lectures multiples des aventures, notamment de l'expérience finale, invitent à prendre *Le Fusil à pétales* pour une perle irrégulière, et André-Marcel Adamek pour un écrivain baroque.

Summary

Characters and Literary Correspondances in *Le Fusil à pétales* by André-Marcel Adamek

This article discusses literary correspondences in the novel by Belgian writer André-Marcel Adamek. We examine three levels on which characters establish intertextual relations. Firstly, Adamek's protagonists recall legendary and medieval figures. Secondly, we show that they convey generic specifications, as the author respects rules of hero presentation in short story, especially in fairy tale. Then, we depict affinities between protagonists and aesthetic categories of *fantastique*, realism and grotesque. Analysis of literary correspondence results in the conclusion that by transgressing traditional schemas Adamek places his prose under the sign of baroque aesthetic.

Keywords: characters, literary correspondence, aesthetic categories, Belgian francophone literature

---

[38] H. Klüppelholz, *Pour une poétologie des romans d'André-Marcel Adamek*, Le Castor Astral Bernard Gilson Éditeur, Bruxelles, 1997, p. 20.

[39] *Ibid.*, p. 9.

[40] É. Lysøe (réd.), *La Belgique de l'étrange 1945-2000*, Tournesol Conseils SA – Éditions Luc Pire, Bruxelles, 2010, p. 511.

[41] H. Klüppelholz, *op. cit.*, p. 58.

DOI: 10.12797/9788376384207.23

ALICJA PASZKOWSKA

Université Jagellonne

Personnage en éclats, personnage multiplié, voix

Quelques réflexions sur *Ma Solange, comment t'écrire mon désastre, Alex Roux* de Noëlle Renaude

Pour évoquer la mise en crise du personnage dans le drame français contemporain et les différentes voies qui peuvent être étudiées, nous voudrions nous pencher sur *Ma Solange, comment t'écrire mon désastre, Alex Roux* de Noëlle Renaude[1], texte qui dépasse largement le champ des attentes communes des spectateurs et lecteurs. Cependant, dans un premier temps, il serait peut-être utile de faire une rapide incursion sur le terrain de la théorie théâtrale.

Nombreux sont les théoriciens qui ont annoncé l'affaiblissement, voire la mort du personnage dramatique. Cependant, la majorité des recherches sur cette problématique dans le domaine du drame contemporain s'inscrit dans le cadre posé par Peter Szondi dans son ouvrage phare *Théorie du drame moderne*[2]. Le théoricien hongrois commence par établir un point de référence pour ses réflexions, à savoir un modèle structurel du drame classique: celui datant de la Renaissance, créé en Angleterre, puis relayé en France au XVIIᵉ siècle et en Allemagne au temps de Goethe. Le modèle szondien veut que le drame classique soit voué à la mise en théâtre des relations intersubjectives, cristallisées dans le dialogue. Le drame est délesté de toute réalité qui lui serait extérieure, il est «absolu». L'auteur s'en absente, le spectateur s'y annule et s'identifie avec les *dramatis personnae*. L'acteur fait un avec le personnage. Le pro-

---

[1] N. Renaude, *Ma Solange, comment t'écrire mon désastre, Alex Roux*, Éditions Théâtrales, Montreuil, 2008.

[2] P. Szondi, *Teoria nowoczesnego dramatu 1880/1950*, trad. E. Misiołek, Państwowy Instytut Wydawniczy, Warszawa, 1956.

totype du héros scénique est l'homme en tant qu'être suprême de l'évolution et «interpersonne», être dans ses relations avec les autres. La théorie de Szondi nous enseigne que lorsque cette sphère des relations interpersonnelles n'est plus valide à cause de l'aliénation progressive de l'individu, la forme dramatique canonique commence à se défaire. Selon cette optique, la mise en crise du personnage est à la fois une cause et une conséquence de la dissolution de la forme dramatique traditionnelle. C'est l'homme lui-même qui devient le centre d'intérêt. Ainsi, par l'introduction de nouvelles relations entre le sujet et l'objet, analogiques à celles du roman, «l'homme dramatique se divise en sujet (regardant) et objet (regardé)»[3]. Cela implique l'intrusion dans la forme dramatique d'une instance para- ou extradramatique, baptisée par Szondi de «sujet épique» qui fait office de narrateur.

Szondi plaque le schéma de la dialectique hégélienne sur le déroulement de la crise. Selon les principes de la lutte historique, L'Ancien, à savoir le dramatique, sera vaincu par le Nouveau, l'épique. Les études de Jean-Pierre Sarrazac se situent dans le sillon de la théorie de Szondi; mais au lieu du concept de l'épicisation, il propose un terme alternatif «rhapsodisation» de l'œuvre théâtrale qui «ne signifie ni abolition ni neutralisation du dramatique [...] procède en effet par un jeu multiple d'appositions et oppositions... Des modes: dramatique, lyrique, épique, voire argumentatif. Des tons et de ce qu'on appelle 'genres'»[4]. Sarrazac souligne que la crise de la forme canonique est un processus dynamique, permanent et fertile. Parallèlement, la déconstruction du personnage individué passe par deux formes nouvelles: la créature et la figure. La première est «un personnage à l'antropomorphisme incertain que l'auteur accompagnerait tout au long de son périple [...] auquel il serait aussi indissolublement lié que le Docteur Frankenstein à sa Créature»[5]. On peut compter parmi les représentants de cette catégorie ceux qui sont conduits au seuil de la bestialité, ainsi que les hybrides d'animaux et d'hommes. Il faut tout de suite signaler que l'animalisation n'est qu'une tendance qui s'oppose à la vision anthropocentrique du personnage. Une autre manifestation du même processus serait la mécanisation: l'avénement du personnage-pantin ou marionnette que Julie Sermon définit comme «personnage privé de ce qui traditionnellement permet d'en faire un semblant de personne et lui confère l'illusion de vie: l'autonomie et la psychologie»[6]. La mécanisation se traduit aussi par l'emploi des masques et la «marionnettisation» de la gestuelle des acteurs, comme le voulait Alfred Jarry dans ses lettres à Lugné-Poë sur la mise en scène d'*Ubu roi*.

Selon la formule proposée par Sarrazac, la figure est le résultat du travail artistique de déconstruction, de morcellement et de désindividualisation du per-

---

[3] J.-P. Sarrazac, «Au carrefour, l'Etranger», [in:] *Études théâtrales*, n°15-16, 1999, p. 53.

[4] Idem, *L'Avenir du drame*, Circé, Paris, 1999, p. 195.

[5] *Ibid.*, p. 78.

[6] J. Sermon, «Pantin», [in:] M. Corvin (éd.), *Noëlle Renaude, atlas alphabétique d'un nouveau monde*, Éditions Théâtrales, Montreuil, 2010, p. 109. Voir aussi: J. Zając, «„Dynamika zmagań" w procesie kształtowania się współczesnej postaci scenicznej», [in:] M. Borowski, M. Sugiera (éd.), *Elementy dramatu. Analizy diagnostyczne*, Księgarnia Akademicka, Kraków, 2009, p. 185-202.

sonnage «projeté vers un horizon lumineux où nous le déchiffrons comme entité symbolique»[7]. Par son caractère incomplet et discordant, la figure appelle au spectateur et devient un personnage à construire. La créature et la figure sont deux faces du même phénomène, l'élévation symbolique du personnage va de pair avec l'irréductibilité de son corps.

Jean-Pierre Sarrazac a présenté sa vision du personnage mis en crise dans *L'Avenir du drame* et dans nombre d'articles consacrés à la dissolution de la forme dramatique canonique. Cependant, dans la *Poétique du drame moderne et contemporain*, ouvrage collectif dirigé par Sarrazac, il a confié la tâche de préparer le chapitre sur le personnage à Jean-Pierre Ryngaert[8]. Celui-ci semble présenter un regard moins influencé par la théorie szondienne. Quoiqu'il aborde le problème de la même façon, en tant que conséquence des modifications opérées sur la forme canonique, il y voit un phénomène bipolaire où l'écriture serait le moteur des changements visant à l'affaiblissement du personnage, contredite par les traditions de l'interprétation scénique et les habitudes de la réception. Ryngaert présente la déconstruction du personnage comme un mécanisme purement réducteur qui procède par trois voies: sa multiplication en représentant un individu sous des aspects différents comme s'il était scindé en plusieurs entités; ensuite par la mise en éclats étant le résultat de l'écart qui se creuse entre l'identité des personnages et leurs discours, pour aboutir à la catégorie de la voix qui introduit une incertitude sur son origine et sur le sujet de son discours. Ryngaert fait appel à la notion de la figure, mais ne la définit pas. Par contre, dans son ouvrage *Le personnage théâtral contemporain* écrit en tandem avec Julie Sermon, il note que le terme «renvoie à un état 'critique' du personnage. Sans qu'elle soit vraiment définie, on parle en effet de figure chaque fois qu'il s'agit de qualifier des êtres de fiction qui échappent à l'emprise du mot 'personnage'»[9]. Dans la même étude, Ryngaert et Sermon proposent une série de catégories permettant d'examiner le héros scénique qui sont: identité, action, espace, temporalité, parole, constellation des personnages, type, connaissance référentielle, mythification ou «défamiliarisation», degré de cohérence, et le repère baptisé «rêver le personnage»[10]. Ces repérages sont inspirés par les axes d'analyse de Michel Vinaver présentés dans *Écritures dramatiques*[11]. Dans les deux systèmes, la structure du personnage se dessine en fonction des paramètres retenus. Quoique quelque peu classique, la méthodologie proposée par Ryngaert et Sermon attire notre attention sur le rôle du récepteur: lecteur, acteur ou spectateur dans la constitution du personnage.

---

[7] J.-P. Sarrazac, *L'Avenir du drame, op. cit.*, p. 84.

[8] J.-P. Ryngaert, «Crise du personnage», [in:] J.-P. Sarrazac (éd.), *Poétique du drame moderne et contemporain. Lexique d'une recherche, Études théâtrales*, n° 22, 2001, p. 87-90.

[9] J.-P. Ryngaert, J. Sermon, *Le personnage théâtral contemporain*, Éditions Théâtrales, Montreuil, 2006, p. 10.

[10] Cette catégorie fait référence au travail de construction du personnage par le lecteur à partir des indications fournies par le texte théâtral mais aussi de «tous les réseaux de son encyclopédie personnelle». *Ibid.*, p. 31.

[11] M. Vinaver, *Écritures dramatiques*, Actes Sud, Arles, 1993, p. 893-910.

Pour compléter cette ébauche de l'état de recherches, nous voudrions signaler un ouvrage qui sort du cadre mis en place par Szondi. Il s'agit de *La crise du personnage dans le théâtre moderne* de Robert Abirached[12]. Le théoricien définit le personnage à partir de trois éléments: rôle, caractère et type. Contrairement à ce que suggère le titre de son ouvrage, Abirached ne se limite pas à dessiner les modifications subies par le héros dramatique, mais il place ce processus dans une vaste perspective de l'évolution théâtrale à partir de la tragédie grecque jusqu'à la scène des années 1970. Son étude sur le statut du personnage dans l'opération théâtrale prend en compte plusieurs facteurs négligés auparavant et présente la crise du personnage comme un phénomène permanent et non seulement comme l'effet des expérimentations datant du XXe siècle.

Abirached prévoit la disparition complète du personnage dans le théâtre de nos jours. Est-ce possible? L'analyse d'une des œuvres contemporaines nous permettra peut-être de répondre à cette question.

Ma Solange, comment t'écrire mon désastre, Alex Roux de Noëlle Renaude est un texte difficilement classable. Défini par Jean-Pierre Engelbach comme «feuilleton théâtral»[13], il ne ressemble pas à des pièces dramatiques traditionnelles. Première-ment, par son volume car il compte plus de trois cents pages. Cette «œuvre monstre», comme l'appellent certains critiques[14], a été créée dans le cadre du projet théâtral de Renaude en collaboration avec l'acteur Christophe Brault. Les deux complices, l'auteure et l'acteur, ont travaillé sans l'intermédiaire du metteur en scène. Brault in-terprétait les livraisons d'écriture directement devant le public pour des séances de quarante-cinq minutes, sans préparation préalable. Les fragments déjà présentés ont été systématiquement publiés par les Éditions théâtrales. Cette aventure scénique et littéraire a duré quatre ans de janvier 1994 à avril 1998.

Ma Solange se présente comme un ensemble disparate de fragments de textes d'une longeur inégale avec des jeux d'alinéas et de blancs. Renaude explore la dive-risté des paroles, autant écrites qu'orales. Dans la masse des débris d'écriture, nous trouvons des lettres, récits, descriptions, fragments d'un journal intime, inventaires, inscriptions, chansons, fables, nécrologies. Seulement une menue partie de *Ma So-lange* garde la forme d'échange dialogique ou d'un monologue. Le lecteur n'y trouvera aucune didascalie pour identifier les locuteurs. Il est rare qu'ils se présentent. Nous pouvons les circonscrire par leurs idiolectes, patois, rituels énonciatifs ou en suivant attentivement de menues intrigues.

Le titre de l'œuvre a été créé à l'improviste avant la première, à la Chartreuse de Villeneuve lez Avignon. Renaude n'arrivait pas à trouver une juste formule pour intituler son texte. C'est Philippe Minyana, un autre dramaturge français, qui lui a conseillé d'ouvrir le texte n'importe où et de prendre la première phrase qui attire

---

[12] R. Abirached, *La crise du personnage dans le théâtre moderne*, Gallimard, Paris, 1994.

[13] J.-P. Engelbach, «Écriture en direct», [in:] N. Renaude, *Ma Solange...*, *op. cit.*, p. 7.

[14] Voir entre autres E. Borgeon, J. Danan, N. Renaude, J. Sermon, «Entretien avec Noëlle Renaude», [in:] *Études théâtrales*, n°24-25/2002, p. 231.

son attention. Minyana est tombé sur le début d'une lettre d'Alex Roux: «Ma Solange, comment t'écrire mon désastre?»[15]. L'idée a plu à Noëlle Renaude. Elle n'a fait qu'ajouter à cette phrase le nom d'Alex Roux, étant à la fois le nom d'un des personnages récurrents et une sorte de dédicace discrète à Christophe Brault, le premier interprète de l'épopée «solangienne», qui est un «ex-roux» (ancien roux). Par le même geste, l'auteure a conféré un statut privilégié à Alex qui se trouvera dorénavant au centre de la constellation, sinon de la galactique des figures peuplant sa pièce.

Qui est Alex Roux? Au début il tend à occuper le devant de la scène. Nous le découvrons par de petits bouts d'histoires désordonnés, de fragments d'anecotes, de rencontres, de souvenirs et de lettres à Solange. Certains détails nous sont fournis sous forme de fiche signalétique:

Alex Roux.
Fils de Denis Roux fils de Basil Roux et de Clémence Girondin.
Alex Roux.
Fils de Cécile Bobois fille d'Alphonse Bobois et d'Henriette Champfleuri[16]

Le personnage lui-même se présente à nous d'une façon très particulière puisqu'il nous propose son épitaphe[17]. Les informations explicites sur ce personnage, insularisées dans le texte, ne sont pas suffisantes pour que nous puissions dresser sa caractéristique. Cependant, et très vite, nous nous apercevons qu'il n'y a pas qu'un Alex. Il nous est montré sous différents aspects et dans différents âges de sa vie. Ainsi, nous avons affaire à un Alex enfant, un Alex adolescent, un Alex jeune homme et un Alex dans la quarantaine. Nous pouvons déduire ceci par le contexte. Il arrive même que l'angle de vue nous sert d'indice comme dans le fragment suivant: «Madame Lapique? Deux grands yeux noirs, le derrière très large, une bouche immense, un gros nez, de très longs et très larges pieds dans de très longues et très larges chaussures rouges»[18]. Cette courte description caricaturale de Madame Lapique, vendeuse de bonbons, trahit son auteur-enfant par l'agrandissement de ses traits.

Cependant, les différentes facettes d'Alex ne se complètent pas pour créer un portrait cohérent de l'individu. Les perspectives ne sont pas arrangées dans l'ordre chronologique, mais mélangées. Le discours du petit garçon est juxtaposé avec les propos de l'homme adulte. Par conséquent, nous pouvons constater que plusieurs entités se trouvent regroupées sous le même nom d'Alex Roux. Pour faire référence au terme proposé par Jean-Pierre Ryngaert, Alex répondrait à la catégorie de personnage multiplié.

---

[15] E. Borgeon, J. Danan, N. Renaude, J. Sermon, «Entretien avec Noëlle Renaude», *op. cit.*, p. 237.

[16] N. Renaude, *Ma Solange…*, *op. cit.*, p. 87.

[17] «Bon pour épitaphe. Ici gémissent, au pied du mur d'enceinte, à l'ombre du cyprès, les piteux restes de celui que je fus. Alex Roux avec deux dates. C'est ainsi que je veux qu'on m'enterre». *Ibid.*, p. 15.

[18] *Ibid.*, p. 21.

Néanmoins, il n'empêche que le lecteur identifie ces différents locuteurs comme Alex et se raccroche à lui. C'est pourtant ce personnage qui fait office de narrateur. Sa qualité principale est de raconter. Même Alex-épistolier, auteur des lettres à Solange qui est objet de son amour idéaliste, présente une attitude semblable. Les fragments de ses missives nous donnent à voir les mouvements contradictoires de ses émotions. En dehors du fait qu'elles prouvent l'affection pour Solange, elles sont une expression de désespoir, non le désespoir d'un amant mais celui d'un écrivain face à la difficulté de trouver une juste expression à ce qu'il veut mettre sur papier:

> Ma Solange!!!
> Comment t'écrire mon désastre? [...]
> Ma Solange!!!
> Comment te dire cette catastrophe, cet effroi de la douleur et du manque qui? [...]
> Ma Solange,
> Rien. Parce que rien. Je ne peux rien changer. Et je froisse la feuille de papier. Et me tais[19]

Les lettres de Solange ne sont pas intégrées dans le texte. Aucune suite n'est donnée aux cris d'Alex. Nous ne pouvons même pas affirmer avec certitude si Solange existe. Cela est d'ailleurs mis en question: «Alex!!! Je ne m'appelle pas Solange. C'est moi, Gisèle. / Gisèle Couturier»[20]. Pourtant, dans cet univers où Alex se déclare instance narrative, elle tient le rôle de destinateur, récepteur et lecteur.

Alex est placé au centre de l'univers bruissant de *Ma Solange* dont il devient le médiateur, ou comme le veut Ryngaert le personnage en éclat. Il présente sa famille, ses familiers, voisins, anciens professeurs, camarades de l'école, collègues de travail et ainsi de suite, en prenant à son compte les discours d'autres personnages: «Je suis écolier, m'sieur. J'ai mon goûter dans mon cartable [...]. Ça c'est mon frère. Il raconte tout à tout le monde. / Je vais boire parce que j'ai soif. Tu me saoules avec tes histoires, Henriette. [...] Ça c'est mon grand-père»[21]. Alex n'arrive pas à faire défiler l'une après l'autre toutes les figures qui peuplent son univers. Cependant, il dresse une liste des morts où il énumère tous les décédés qu'il connaissait: «Mon grand-père est mort! Puis ma grand-mère! Puis mon oncle Florent! Puis mon chien Félix! [...] Puis un copain de l'école Jean-Jacques Levret! Puis quatre de nos voisins, la famille Pommier! Puis des parents éloignés!»[22].

La liste des morts nous permet de nous rendre compte du nombre des locuteurs qui interviennent sur les pages de *Ma Solange*. Selon le dessein de Noëlle Renaude, ils sont innombrables. Brouhahas, idiolectes, idiomes inouïs, les discours prolifèrent dans un rythme effréné et se transforment en un flux libéré, décentré, désindividualisé, dans toutes les situations de langues possibles et impossibles qui envahissent

---

[19] *Ibid.*, p. 76-77.
[20] *Ibid.*, p. 230.
[21] *Ibid.*, p. 16.
[22] *Ibid.*, p. 24.

l'espace de parole. Parallèlement, les interventions d'Alex se raréfient au profit d'une autre instance qui s'impose: narrateur anonyme. Celui-ci revêt le même statut de co-présence que les «personnages» de fiction. Ses propos enlacent leurs discours:

> Fernand Camerlingue devient chauve. Il se rabat les cheveux sur le dessus de la tête. (Je me les rabats en effet.) Il envisage d'acheter perruque. (Oui j'envisage.) Sa femme est désolée, pourtant elle dit: on s'y fera, il faudra bien qu'on s'y fasse. (Ce sont bien ses mots: on s'y fera.) Fernand, lui, ne s'y fait pas du tout. (Pas du tout du tout du tout.)[23].

Il arrive au narrateur de prononcer ses propres opinions, entre autres sur son rival: «Alex Roux est affreusement popote»[24]. Il se moque aussi du projet d'Alex de donner parole à tous ceux qui l'entourent. Le narrateur s'écrie: «Laissez les éléments parler! / La Terre! / La Terre – Je suis féconde si féconde je féconde les vertus et aussi bien les vices»[25]. Rien n'empêche non plus qu'une poule, un cochon ou un chien se mette en scène[26]. Le narrateur jouit des pouvoirs d'un auteur. Il annonce les épisodes racontés, il donne et fait couper la parole au locuteur. Il peut aussi leur «refuser» la chance de s'exprimer: «Toc toc toc. / Ploutsch Germain. Puis-je enfin? / C'est fini, Ploutsch Germain. / Je n'ai pas de chance.»[27].

Le narrateur agence les fragments des énoncés qui s'offrent à lui comme un matériau à retravailler. Il restitue le rythme et les suspensions de l'échange conversationnel. Il cherche à restituer la simultanéité. Il orchestre les voix en mettant en valeur leur qualité sonore. Il compose et recompose, coud et découd selon la formule du dramaturge-rhapsode de Sarrazac, pour finalement, quand il juge que l'exploration des territoires de la sonorité touche à sa fin, couper court le flux de parole avec une chansonnette de fin: «Quand c'est fini on s'en va»[28].

Vu le volume de l'œuvre étudiée ainsi que la complexité des mécanismes de la constitution des personnages présentés, ces réflexions n'ont pour but que de signaler certaines questions qui appellent à une analyse approfondie. *Ma Solange* embrasse le statut de l'œuvre dramatique contemporaine par excellence. Hybridique, monstrueux, rédigé dans une écriture qui se veut un panorama complet et exhaustif de la parole, le drame de Noëlle Renaude ne s'affranchit pas tout à fait de la catégorie du personnage. «Qui parle?» demeure une question valable qui anime les discussions autour des textes dramatiques contemporains.

---

[23] *Ibid.*, p. 62.

[24] *Ibid.*, p. 84.

[25] *Ibid.*, p. 228.

[26] Pour n'y citer qu'un fragment: «Je suis née poule, vis poule, mourrai poule. Poule, je subis le coq, poule, je ponds, poule, je couve. [...] Je vieillis poule et vieille poule je guette la main calleuse et rude qui me prendra au col. Je suis née poule, comme d'autres naissent aigles». *Ibid.*, p. 126.

[27] *Ibid.*, p. 365.

[28] *Ibid.*, p. 366.

Summary

Divided Character, Multiplied Character, Voice. A Few Thoughts on *Ma Solange, comment t'écrire mon désastre, Alex Roux* by Noëlle Renaude

The status of character in the contemporary drama has notably changed over the last century. The process of deconstruction which mainly consists in deindividualization, permutation, reduplication or reduction of characters can also be observed in French modern drama. However, can we talk about disappearance of the character? In order to answer this question, this article analyzes the different ways of constructing characters in *Ma Solange, comment t'écrire mon désastre, Alex Roux* (1994-1998) by Noëlle Renaude, one of the most eminent French playwrights.

Keywords: character, Contemporary French Drama, deconstruction, figure, voice.

III
LECTEUR

DOI: 10.12797/9788376384207.24

BARBARA SOSIEŃ

Université Jagellonne

En guise d'introduction

Lector in fabula: évoquer, à la fin du parcours, l'heureuse formule proposée par Umberto Eco dans les années 70., particulièrement riches en mises au point théoriques, ne peut qu'aller de soi. Puisse un rapide rappel de quelques prémisses devenues évidences, dont celles que la pensée critique doit à Umberto Eco, nous servir de point de repère.

La présence du lecteur, instance dernière mais non négligeable de la triade auteur-personnage-lecteur est indispensable pour que le texte révèle son sens et sa signification. Le lien installé entre l'auteur et son lecteur rend ce dernier complice du premier: leur coopération assure au texte son actualisation. Qu'il soit empirique ou modèle, c'est bien au lecteur (*versus* public, vocable plus en usage chez Hans Robert Jauss et Wolfgang Iser) qu'incombe le rôle de déchiffrer et surtout d'interpréter les intentions latentes ou patentes de l'auteur. C'est dire que sans ce «tiers état» qu'est le lecteur-public, le sens du texte ne saurait s'actualiser: il s'enfoncerait dans le néant. Soumis à l'acte de lecture-complice, l'univers fictionnel que l'œuvre véhicule est à même de révéler à son lecteur le profil psychologique, moral ou social, voire idéologique de l'auteur, que ce dernier le souhaite consciemment ou pas. Le concept d'horizon d'attente, théorisé par Jauss à l'instar des notions gadamerienne et heideggérienne, propre autant à l'auteur qu'au lecteur, détermine la réception de l'œuvre, partant décide de sa coloration socio-idéologique. Qui plus est, le lecteur, quoique non impliqué dans la *sémiosis*, peut se montrer enclin à communiquer avec le ou les personnage(s) et fonder avec lui (eux) des liens dialogiques. On y reconnaîtrait aisément la séculaire dette envers la pensée aristotélicienne, le rôle du lecteur étant d'insuffler la vie à l'œuvre, celui de l'auteur demeurant du côté de la *poïésis*.

Ainsi, le sens de l'œuvre se manifeste (se révèle ou se construit) à condition que le lecteur veuille au moins effleurer, sinon pénétrer les intentions explicites dont l'auteur sature son œuvre, et/ou en dégager celles implicites.

L'interrogation concernant la nature et l'évolution des mécanismes responsables du fonctionnement des liens installés entre les éléments de la triade en question, permet d'en saisir toute la complexité. L'évolution du statut de l'écrivain (auteur) empiète sur celle du lecteur et semble dessiner une courbe allant de la complicité présumée, souvent non sans démagogie, à la soumission de l'auteur aux goûts du public, le lecteur pluriel étant tenu pour la dernière instance et le seul juge possible de l'œuvre. Il peut en être ainsi dans des paratextes: préfaces, introductions et avis auctoriaux, etc. L'analyse des non-dits de certains textes particuliers met en faveur l'émergence de nombreuses figures de lecteurs supposés mais déroutant car échappant à l'univers fictionnel et renvoyant au profil biographique de l'auteur. La triple configuration n'est pas immuable et il arrive qu'un élément nouveau y affleure, l'auteur devient lecteur doublé de critique, ce qui est possible dans le cas du genre épistolier, où des textes épistolographiques s'enchaînent en se chevauchant. Lorsque la fiction doit sa pertinence au sujet relevant du fantastique, le rôle du lecteur se montre avec tout son poids: qu'il soit avisé et expert en la matière ou non, seule son attitude envers le texte tranche la question: aura-t-il hésité entre deux ou plusieures interprétations possibles? Un autre cas de figure est celui où le lecteur est un professionnel, se nomme éditeur et impose à l'auteur un horizon d'attente précis, un public ciblé et un but – didactique ou moralisant. Pourtant, toute idée de complicité ou de coopération du lecteur et de l'auteur peut s'en trouver dépassée. Il s'agit de l'implication corporelle (sic!) du lecteur dans l'univers fictionnel, voire de la confusion du personnage et du lecteur, jusqu'à ce que ce dernier, incapable de refuser l'appel de la redoutable complicité, se sentira obligé de l'accepter, soit d'«entrer là-dedans», dans un acte de l'ultime transgression.

Or, le problème des rapports entre l'auteur responsable de son univers fictionnel et le lecteur-complice, rejoint une réflexion philosophique des plus actuelles, notamment celle concernant la nature des rapports entre l'homme et le monde. Car, face au monde secoué par des catastrophes et violences, l'auteur et son lecteur-spectateur peuvent-ils jouir toujours du luxe d'inviolabilité qu'offrait jadis une *pietas* suivie d'une *catharsis*, garanties, l'une et l'autre, par une littérarité autonome? Si la réponse était négative, plutôt que la coopération et complicité innocentes, il conviendrait prendre en compte la solidarité de la triade auteur – personnage – lecteur. Une solidarité génitrice de l'empathie allant jusqu'au plaisir solitaire, seul capable d'offrir des moments de l'intensité de l'être, connu de nombreux auteurs et lecteurs. L'auteur, le personnage et le lecteur formeraient alors un ensemble, tris-unique et indivis.

DOI: 10.12797/9788376384207.25

Maja Pawłowska

Université de Wrocław

L'ami lecteur – l'image du public littéraire dans le discours préfaciel de la première moitié du XVIIᵉ siècle

> Amis lecteurs qui ce livre lisez,
> Despouillez vous de toute affection,
> Et le lisant ne vous scandalisez.
> Il ne contient mal ne infection[1].

C'est par ces mots que François Rabelais a commencé l'avertissement au lecteur de son *Gargantua* en 1534. La formule «ami lecteur», utilisé ici par l'écrivain, appartient plus aux topoï littéraires adressatifs qu'aux sentiments éprouvés réels. Elle traduit néanmoins la manière, répandue au cours du XVIᵉ siècle, de présenter l'écrivain et ses lecteurs comme égaux, comme des personnes proches à la fois intellectuellement et socialement. Cette tendance s'est maintenue et accentuée au cours du siècle et, en 1584, Jacques Amyot a terminé sa préface aux *Éthiopiques* semblablement, en utilisant, comme Rabelais la forme versifiée, le dizain, et aussi l'expression «ami lecteur»:

> Amy Lecteur, ne blasme de ce livre
> L'autheur premier, ni la solicitude
> Du translateur, qui François le te livre,
> Pour recreer un peu la lassitude
> De ton esprit, travaillé de l'estude[2].

---

[1] F. Rabelais, «Avertissement au lecteur», [in:] idem, *Gargantua* (1534), éd. Garnier frères, Paris, 1962, p. 4.

[2] *Histoire Aethiopique de Heliodorus, contenant dix livres, traitant des loyales et pudiques amours de Theagenes Thessalien, et Chariclea Aethiopienne, Proesme du translateur*, chez Hugues Gazian, Lyon, 1584, p. 10.

On peut facilement remarquer dans l'introduction d'Amyot le passage du pluriel au singulier, du général à l'individuel, les «amis lecteurs» se transforment en «ami lecteur». Par ce procédé, la relation auteur-lecteur devient plus personnelle. Amyot a habilement réussi à doter une expression stéréotypée d'une nuance émotionnelle, absente chez Rabelais. Ainsi, l'écrivain vise à faire naître chez son lecteur le sentiment d'accéder au privilège, réservé aux intimes, de la complicité intellectuelle.

Cette propension à présenter des liens auteur-lecteur comme une liaison réelle et exclusive trouve son apogée au début du siècle suivant, dans les discours préfaciels de Jean-Pierre Camus, l'évêque de Belley. Dans ses longs péritextes, l'écrivain a abandonné la manière de composer de courtes adresses au lecteurs versifiées, employée si volontiers par ses prédécesseurs, il écrit essentiellement en prose. Par contre, il parle aux lecteurs avec une intensité et cordialité sans précédent: «ami lecteur» devient chez lui «mon lecteur, mon ami». Le public des romans de l'évêque de Belley était invité à se sentir son ami par excellence. «Ce livre ne te revient-il, laisse-le mon amy, qui te contrainct de le lire»[3], dit-il en 1629, dans la préface au *Clearque et Timolas*, en traitant son lecteur sur un pied d'égalité, et en lui accordant apparemment le droit aux préférences littéraires individuelles. La libéralité de l'auteur n'était cependant qu'un subtil subterfuge, utilisé pour disposer la personne qui lisait le texte en sa faveur et pour le forcer à être plus enclin à accepter l'argumentation du discours théorique, parfois discutable, de la préface. Parfois aussi, Jean-Pierre Camus minimise la distance qui le sépare de son public et esquisse une figure virtuelle du lecteur. Ce dernier lui apparaît comme un ami véritable et sincère, capable, en plus, d'apprécier le talent littéraire de l'écrivain: «il me semble que je lis en tes yeux, mon Bien-aymé, la douce impatience de ton desir, & la faim qui te presse d'entamer cet Escrit»[4].

Camus, dans son imagination, rencontre personnellement son lecteur bien-aimé, l'observe en train de lire, le regarde dans les yeux. Leur connexion atteint presque l'intensité d'une relation amoureuse. Il ne faut y voir cependant rien d'autre qu'un reflet des habitudes argumentatives de l'évêque de Bellay, prédicateur chevronné, accoutumé à renforcer adroitement la force rhétorique de son discours, en touchant les émotions de l'auditoire.

Le XVIIᵉ siècle c'est l'époque d'une étonnante profusion de la littérature romanesque, destinée à un public des non doctes. Toutefois, malgré la popularité du genre, et le nombre toujours croissant des titres romanesques, le discrédit porté par les doctes envers ce genre irrégulier, était un fait indéniable. Les critiques ont réussi à renforcer dans les esprits du public la conviction que le roman n'était qu'une lecture de divertissement, qu'un passe-temps agréable du public désœuvré, cultivé et disposant des moyens financiers suffisants pour pouvoir s'offrir des livres.

---

[3] J.P. Camus, *Clearque et Timolas, L'imprimeur au Lecteur*, (l'introduction non paginée), David du Petit Val, Rouen, 1629, not réf.: http://gallica.bnf.fr.
[4] J.P. Camus, «Adresse au Lecteur», [in:] idem, *Agatonphile ou Les martyrs siciliens Agathon, Philargyrippe, Tryphine et leurs associéz*, C. Chappelet, Paris, 1620, (http://gallica.bnf.fr).

A cette époque les livres étaient des articles de luxe, surtout les romans. A cause de la forte demande de ce type d'ouvrages, ils pouvaient coûter parfois même deux fois plus cher que les autres livres[5]. Par conséquent, les liseurs de romans appartenaient avant tout aux élites nobiliaires fortunées de Paris et de province. Les romanciers écrivaient leurs textes à un public bien ciblé, composé des hommes du monde, des courtisans, des femmes et de jeunes gens de deux sexes destinés à fréquenter le monde[6]. C'est à ce type de lecteurs que s'adressaient Rabelais, Amyot ou Camus.

Au XVIe et au début du XVIIe siècle, la majorité des faiseurs de romans appartenait à la même couche sociale que leur public. Mareschal, Métel de Boisrobert, du Bail, de la Tour Hotman étaient tous gens de condition. Souvent, comme c'est le cas de d'Urfé, les gens de plume étaient des gentilshommes campagnards bien éduqués qui meublaient leur temps libre en écrivant des fictions. La création romanesque était donc une sorte de distraction élégante, et la lecture de tels ouvrages se passait dans les cercles des amis et connaissances de l'auteur. Il est donc évident, que la formule adressative amicale, affectueuse était dans de telles conditions justifiée et naturelle.

Cependant, à partir des années 1630 a émergé un nouveau groupe du public, celui des robins et de la bourgeoisie aisée, principalement de hauts magistrats, de l'élite des financiers et de membres de professions libérales[7]. Ces honnêtes gens ambitionnaient d'adopter le comportement de la noblesse, son mode de vie et ses goûts littéraires compris. Cet élargissement du public de romans a entraîné, vers la même période, la disparition, dans les discours préfaciels, de l'égalité et de la complicité dans les rapports auteur-lecteur. L'expression «ami lecteur», amputée du premier mot, se mue en simple «lecteur». Parfois aussi on ne l'emploie point, en la remplaçant par des formes plus ou moins impersonnelles. Le faiseur de romans, issu de la noblesse, ne sent plus besoin de se familiariser avec des lecteurs dont la provenance sociale risque d'être inférieure à la sienne.

Ainsi, en 1634 François la Tour Hotman, dans la préface de son *Histoire celtique*[8], remplace «l'avis au lecteur», l'en-tête d'usage du préambule, par un «avertissement». Son destinataire c'est un «vous», correct mais distant. De surcroît, la Tour Hotman parle de lui-même en troisième personne du singulier, comme s'il voulait se distancier de son public. Voilà un échantillon de son style: «Vous excuserez ...les fautes d'impression de ce Livre, et pareillement celles de son Auteur, qui l'a composé par manière de divertissement en plusieurs voyages qu'il a faits dans les Pays étrangers»[9].

---

[5] Cf. M. Lever, *Romanciers de Grand Siècle*, Fayard, Paris, 1996, p.18.

[6] Cf. A. Boilève-Guerlet, *Le Genre romanesque: des théories de la Renaissance italienne aux réflexions du XVIIe siècle français*, Santiago de Compostela Universidade, Santiago, 1993, pp. 243-245.

[7] M. Lever, *op. cit.*, p.19.

[8] Ce texte se trouve dans le recueil des discours préfaciels romanesques, établi par C. Esmein: *Poétiques du roman. Scudéry, Huet, Du Plaisir et autres textes théoriques et critiques du XVIIe siècle sur le genre romanesque*, Champion, Paris, 2004, p. 96.

[9] *Ibid. l.c.*

Il faut ajouter ici que les excuses de la Tour Hofman sont à la fois entièrement conventionnelles et emblématiques de l'image du faiseur de romans, donné dans les péritextes.

Presque toutes les préfaces de romans du XVIIᵉ siècle contiennent un plaidoyer pour l'indulgence du public pour les fautes d'impression. Il faut voir dans ces protestations, avant tout, un artifice rhétorique, ayant pour but de présenter la composition des fictions comme une activité de peu d'importance, un amusement plutôt qu'un travail intellectuel de valeur. A l'époque, écrire des fictions était une occupation déconsidérée par la société. Même des romanciers d'origine noble ne pouvaient prétendre au respect de la part des lecteurs qui voyaient leur occupation avant tout comme un passe-temps futile, indigne des honnêtes gens, et non un art. Sensibles à cette dépréciation, les auteurs ont affiché une prétendue négligence envers leurs ouvrages.

De l'autre côté, ils ont développé une stratégie opposée, basée sur des affirmations de la haute valeur morale de leurs textes. Les romanciers se présentaient volontiers comme maîtres à penser, capables d'éclairer les esprits des lecteurs. Par exemple, en 1639, quand Jean Desmarets de Saint-Sorlin, dans la préface à son roman Rosane, historie tirée de celles des *Romains et des Perses*, explique l'objectif artistique de son récit, il se propose, explicitement, de servir d'un guide moral aux jeunes princes inconnus:

> Préface. Le dessein de cet ouvrage est de donner des préceptes aux jeunes Princes pour acquérir les vertus et les belles qualités qui leur sont nécessaires, et pour éviter les vices auxquels ils tombent souvent, par la Flatterie qui ne cesse de les environner. Les Princes ne doivent pas être instruits à la façon des personnes vulgaires: il faut leur apprendre les sciences parmi les jeux, et les vertus parmi les contes[10].

Dans la préface de Saint-Sorlin on peut remarquer qu'il s'adresse à ses lecteurs avec une certaine supériorité. Les propos de l'écrivain sont dénués de familiarité, le ton de sa préface est à la fois distant et hautain. Le romancier est convaincu qu'il a des capacités nécessaires pour remplir la fonction du précepteur des élites. Il renoue ainsi avec la pensée ronsardienne, selon laquelle le poète, et dans ce cas-là le faiseur des romans, l'élu des Dieux, était capable de transmettre dans un récit fictionnel la vérité des choses. Évidemment, l'enseignement avantageux aux princes l'est aussi aux lecteurs non aristocratiques. Ainsi, la lecture des romans acquiert des valeurs didactiques et change d'une distraction frivole en une activité instructive.

L'idée d'un vaste public, pouvant bénéficier de la lecture des romans, était un indice de plus importants puisque, dans la première moitié du XVIIᵉ siècle, la bourgeoisie cherchait dans la littérature des modèles du comportement nobiliaire à imiter. Le monde romanesque a été perçu comme une transposition des comportements et du langage des élites dans un décor fictionnel. Les romans sont devenus, pour les lecteurs aspirant à la qualité des honnêtes gens, une sorte de manuel de savoir-vivre et du savoir-écrire aristocratique. Les conversations galantes, billets doux, vers ou

---

[10] *Ibid.*, p. 111.

de courts textes épistolaires étaient considérés comme exemples à copier. Une partie de romanciers, conscients de ces attentes du public, a adopté dans les péritextes une attitude moralisante.

Le comportement didactique envers les lecteurs transparaît ainsi de la préface pour *Ibrahim ou l'Illustre Bassa*, écrite en 1644 par Georges de Scudéry. Il s'adresse à son public en véritable éducateur:

> Ne croyez pas Lecteur, que je veuille conclure de là, que mon Ouvrage soit accompli ([...] ne fais-je ce discours, que pour vous montrer, que si j'ai laissé des fautes en mon Livre, elles sont un effet de ma faiblesse, et non pas de ma négligence). Souffrez donc [...] que je vous fasse voir, sinon tout ce que j'ai fait, au moins tout ce que j'ai tâché de faire.
> [...] Voila, Lecteur, ce que j'avais à vous dire[11].

Poliment, mais sans trop d'émotions, en utilisant un simple substantif «lecteur» pour designer son public, Scudéry se borne à informer son public de ce qu'il juge intéressant et utile. Ce comportement autoritaire envers les lecteurs était, dans la première moitié du siècle, répandu avant tout parmi les écrivains-théoriciens et parmi les romanciers d'origine aristocratique écrivant pour le plaisir.

Cependant, à mesure que l'on avance dans le siècle, l'appartenance sociale des faiseurs de romans connaît la même évolution que celle de son public. Les romanciers d'origine non noble, tels que Gomberville, Sorel, Scarron ou La Calprenède, deviennent de plus en plus nombreux. Ils vivent de leur plume et, forcement, sont dépendants financièrement de leur public. Évidemment, cette situation influe sur la manière de composer les préfaces, dans lesquelles la fonction de *captatio benevolentiae* devient primordiale.

En conséquence, les faiseurs de romans roturiers exposent volontiers le fait de fréquenter les mêmes cercles sociaux que leur public élégant, celui des honnêtes gens cultivés, et d'avoir avec eux des échanges intellectuels réels et authentiques. Toutefois, cette connivence auteur-lecteur ne se traduit pas en rapports égalitaires. Les écrivains se mettent volontiers en position inférieure, celle des serviteurs qui ne font que satisfaire aux goûts littéraires de leurs lecteurs raffinés. C'est donc le public qui devient le censeur du texte. C'est la situation inverse de celle qu'ont présenté Saint-Sorlin ou Scudéry. Dans leur cas c'était la lecture qui «polissait» les lecteurs, maintenant c'est le public qui met en valeur le texte, en daignant le lire.

En 1637, dans l'introduction à la cinquième partie de *Polexandre* de Marin Le Roy de Gomberville, le public est présenté comme un corps compétent, créatif, influençant directement l'écriture. Dans la préface, intitulée «l'Avertissement aux honnêtes gens», on peut lire:

> Si vous avez reçu quelque contentement de la lecture de cet ouvrage, vous n'en avez l'obligation qu'à vous-même. Votre courtoisie a surmonté ma paresse, vos caresses ont

---

[11] *Ibid.*, p. 137.

touché mon insensibilité; et les témoignages avantageux que vous avez rendus d'une chose imparfaite, ont été, sans flatterie, les seuls qui lui ont donné son accomplissement. Si je n'eusse été perpétuellement excité par de si agréables sollicitations, et fortifié par de si généreux avis, il est très certain que le cœur m'eut manqué au milieu d'une si longue navigation…[12]

Le public stimule donc l'auteur dans son processus d'inventer et de composer le texte, le conseille et le guide dans son travail de plume. Les rapports écrivain éclairé – public inculte sont ici renversés au profit des lecteurs.

La compétence intellectuelle du public est soulignée aussi par Jean Baudoin, dans son introduction à *La Cretidée* de Jean-Baptiste Manzini, qu'il a traduite de l'italien en 1643:

Au lecteur. J'aurais mauvaise grâce, Lecteur, de m'arrêter à vous entretenir ici de ce que vaut cet Ouvrage: vous en jugerez assez vous-mêmes, si vous prenez la peine de le lire tout du long, et d'en dire votre sentiment sans passion[13].

Baudoin termine son péritexte en utilisant la topique traditionnelle de la demande du pardon pour les fautes d'impression où, du nouveau, il soumet son texte à l'appréciation du public:

Vous m'obligerez bien fort, au reste, de suppléer à mes fautes, et à celles de l'impression, […] vous estimant assez clairvoyant pour y prendre garde, et assez généreux aussi pour les excuser[14].

En 1644, Guyon Guérin de Bouscal, dans sa préface à *L'Antiope*, aborde ses lecteurs plus humblement encore. Son préambule change presque en une supplique timide. L'écrivain soumet son ouvrage à un lecteur puissant, le seul juge possible de la valeur littéraire du texte:

Arrêtez de grâce, Lecteur, et recevez mon compliment de passer outre. Le discours que je dois faire ici est bien court, en comparaison de celui que vous allez entreprendre, et j'ose vous promettre que la lecture de l'un vous rendra celle de l'autre moins ennuyeuse[15].

Guérin de Bouscal termine son introduction en demandant de l'indulgence pour son texte:

Examinez mon Ouvrage sur le modèle de la possibilité, et non sur celui de la perfection: jugez-moi par la comparaison de ce que l'esprit humain peut exécuter, et non de ce qu'il peut concevoir[16].

---

[12] *Ibid.*, p. 99.
[13] *Ibid.*, p.155.
[14] *Ibid.*, p.156.
[15] *Ibid.*, p.158.
[16] *Ibid.*, p.164.

Dans l'avertissement au lecteur du *Roman véritable, ou sous des noms et des pays empruntés... sont comprises les Histoires et aventures Amoureuses de plusieurs personnes de condition,* écrit à la même époque (en 1645) par l'auteur anonyme, on peut observer une attitude semblable. L'avertissement n'est rien d'autre qu'une longue requête pour demander la faveur de la lecture. Voici un court fragment:

> Ne t'étonne point, Ami Lecteur, si après tant d'excellents Ouvrages qui depuis peu ont paru au jours, je prends la hardiesse de produire cestui-ci qui est beaucoup inférieur aux autres. [...] Si ces deux volumes te plaisent, j'en ai encore deux tout prêts à mettre sur la Presse...[17]

Le bref éventail des adresses au lecteur, contenues dans les préfaces des romans de la première moitié du XVIIᵉ siècle, quoique loin d'être exhaustif, permet néanmoins d'observer une évolution constante du concept des rapports auteur-lecteur. L'évolution, allant de la complicité entre l'auteur et le lecteur, à la soumission aux goûts du public, en passant par la supériorité intellectuelle et morale de l'écrivain.

Après 1650, les avertissements au lecteur s'estompent au profit des dédicaces personnelles, destinées aux mécènes réels ou potentiels. Mettre son œuvre sous le patronage d'une personne influente était certainement essentiel aux romanciers vivant de leur plume[18].

Chez les faiseurs de romans qui n'écrivaient que pour leur plaisir et ne se trouvaient pas dans l'obligeance d'avoir un protecteur, on peut trouver des dédicaces aux parents et aux familiers. En 1651, Rolland Le Vayer de Boutigny adresse son *Mitridate* à Monsieur de La Mothe le Vayer le fils. Il commence sa préface par les mots «Mon cher Cousin» et il la termine en signant «Ton Ami»[19]. La complicité, la cordialité et la connivence entre Le Vayer de Boutigny et son cousin transforment le péritexte de *Mitridate* en une sorte d'épître privée. Considéré dans cette optique, chaque lecteur autre que La Mothe le Vayer le fils change en un intrus, qui lit indiscrètement le message destiné à un autre. De l'autre côté, en choisissant de présenter aux lecteurs une préface adressée à une personne non fictive, le romancier offre au public, avide d'imiter les us et coutumes épistolaires des gens de condition, un accès à la correspondance aristocratique authentique, non altérée par des conventions littéraires et stylistiques du genre romanesque.

Toutefois, généralement, dans la deuxième moitié du XVIIᵉ siècle, les avis aux lecteurs personnalisés ne prévalent pas sur les préfaces dirigées vers un public potentiel. Les deux catégories coexistent. Et, dans les deux cas, l'idée que l'écrivain dépend de son public, qu'il doit se soumettre à ses exigences, s'amorce progressivement dans les esprits de ce temps. Cette conviction est une des conséquences du renouvellement de l'esthétique romanesque qu'on a commencé à observer en France vers

---

[17] *Ibid.,* p. 167.

[18] Par exemple Catherine Bernard adresse *Les malheurs de l'amour (Eleonor d'Yvrée)* (1687) à Madame la Dauphine.

[19] *Ibid.,* p. 171-175.

1660[20]. En 1683, dans les *Sentiments sur l'histoire* de Du Plaisir[21], le goût du lecteur devient un fondement et un impératif de la création romanesque.

Summary

"L'ami lecteur" or Literary Representations of Readers in French Novel's Prefaces of the First Half of the 17th Century

Studying French 17th century novel's prefaces offers an exploration of social and aesthetical questions. Literature in France in the 16th century underwent a major creative evolution. This evolution can also be seen in the fashion by which readers are addressed by novelists in prefaces to their works. Throughout 17th century, many different styles were used, more or less familiars. In general rule, they used to duplicate changes in social provenience of writers and readers of novels.

Keywords: French 17th century literature – preface – French novel

---

[20] Cf. p.ex. C. Esmein-Sarrazin, *L'essor du roman. Discours théorique et constitution d'un genre littéraire au du XVIIe siècle*, Champion, Paris, 2008, p. 11-13; N. Grande, *Le Roman au XVIIe siècle. L'exploration du genre*, Editions Bréal, Paris, 2002, p. 31.

[21] Du Plaisir, *Sentiments sur les lettres et sur l'histoire avec des scrupules sur le style* (1683), éd. Philippe Hourcade, Droz, Genève, 1975.

DOI: 10.12797/9788376384207.26

Izabella Zatorska

Université de Varsovie

Le Vieux Paysan polonais de Jacques-Henri Bernardin de Saint-Pierre

«Entre pamphlet et utopie», sous-titrer de la sorte nous ferait perdre de vue le propos essentiel de notre colloque: la priorité n'est pas aux réflexions génologiques mais aux relations aussi complexes qu'instables entre auteur, personnage et lecteur. Impossible d'écarter, pourtant, pour ces quelques pages parues seulement après la mort de l'auteur[1], le débat sur leur genre, car la reconnaissance de ce dernier détermine la perception de la triade en question. Triade dont les métamorphoses à suivre, dans trois étapes d'analyse proposées, nous révèlent l'ambiguïté inattendue d'un écrit oublié du public.

Une datation précise de l'ouvrage, nécessaire pour s'étendre sur son rôle historique, faisant défaut, l'intérêt se porte d'emblée sur deux autres aspects qui frappent: le dispositif rhétorique de ce pamphlet tourné en réquisitoire contre la *szlachta* ou noblesse polonaise, et la tonalité utopique, qui aboutit à une idylle paysanne au goût sentimental, l'un et l'autre riches d'un intertexte mobilisant des ressources poétiques qui mettent en valeur la liberté au sein de la nature, à l'unisson d'un rousseauisme en vogue. Le tout pour une conclusion très circonstancielle.

Né en 1737 au Havre et mort en 1814 à Paris, Jacques-Henri Bernardin, s'arrogeant le titre de chevalier de Saint-Pierre[2], part en 1763 à la recherche de sa bonne

---

[1] Par les soins de Louis Aimé-Martin, son ami éditeur et successeur (y compris de la veuve Bernardin), dans les *Œuvres posthumes de* Jacques-Henri-Bernardin [!] *de Saint-Pierre par L. Aimé--Martin*, à Paris, chez Lefèvre, Libraire-Editeur, 1836, p. 525-528. Les numéros entre parenthèses dans nos citations renvoient aux numéros de pages dans cette édition.

[2] Jacques-Henri Bernardin emprunta son prolongement de nom à particule noble à une famille de Lorraine, prétendue être ancienne branche à laquelle aurait appartenu Pierre de Saint--Pierre, un grand-père de l'auteur «par alliance» (M. S o u r i a u, *Bernardin de Saint-Pierre d'après ses manuscrits*, Paris, 1905, p. 3, accès: http://books.google.pl/books?id=3NsgsF0tmeYC&printsec=fro

fortune: le trajet, typique de son temps, le mène vers la Russie des Romanoff, qui accueille volontiers des étrangers se prévalant d'un talent et/ou d'un diplôme. L'itinéraire de son «voyage dans le Nord de l'Europe» – Hollande, Russie (dont la Karélie ou Finlande), Pologne, Silésie, Saxe, Prusse[3] – est reconstruit un an après son retour, soit dans une série de mémoires rédigés en 1766, lorsque, ayant essuyé échec sur échec, il tente sa dernière chance auprès du Ministère des Affaires Etrangères où il compte sur quelques pistons pour percer. En vain.

«Plusieurs mois après le couronnement de Catherine II, au moment où les ambassadeurs venaient déposer au pied du trône les hommages de chaque province, un vieux paysan polonais se présenta tout à coup devant l'impératrice, et lui adressa le discours suivant:» [525][4] – une introduction à la 3e personne, quasiment une didascalie, ouvre ce soliloque de plusieurs pages, bel exercice oratoire dont l'auteur (présumé et réel) se révèle être d'abord un témoin qui transcrit le propos du personnage central. Pourtant, la fin, dissymétrique, au lieu d'une didascalie similaire qui autorise *l'exode* ou sortie de la scène, débouche sur une apostrophe enflammée, visant droit celle qui apparaît d'emblée comme la destinatrice du beau discours, recevant le paysan en son audience: Catherine II, récemment sacrée l'impératrice de toutes les Russies. Pourrait-elle être aussi lectrice privilégiée, visée par l'auteur Bernardin?[5]

> O grande souveraine! ici tout annonce les devoirs des rois, et les vertus dignes de la reconnaissance des peuples. Jamais nos mains grossières ne pourront imiter ces chefs-d'œuvre; mais si vous nous accordez les biens que nous demandons, notre attachement pour vous ira plus loin que celui de vos sujets. *Nous ferons faire votre statue par quelque habile artiste, et nous la placerons dans le palais de Varsovie* [nous soulignons – IZ]; elle suffira seule à la vénération du peuple polonais et à l'instruction de nos souverains. [528]

Le goût à élever des statues aux souverain(e)s les plus méritoires, et la familiarité des lieux tels que *palais*, jurent avec ce qu'on se figure être les habitudes d'un paysan venu d'une province méridionale sylvestre et montagnarde («J'ai quitté les forêts…»,

---

ntcover&hl=pl#v=onepage&q=Vieux%20paysan&f=false) Procédé fréquent à l'époque pour se faciliter le départ dans la vie (voir le frère aîné d'Evaryste Parny). Il s'attribua aussi le titre de chevalier, dont il usa depuis son voyage dans le Nord de l'Europe. L'orthographe des citations suit celle adoptée dans la transcription de L. Aimé-Martin. Entre crochets, les numéros des pages de la susdite édition.

[3] C'est encore L. Aimé-Martin qui en fournit une première édition dans les *Œuvres complètes de…*, Paris, 1818.

[4] Cet avatar de «démocratie directe» aurait pu être inspiré à Bernardin par l'intitiative avérée dont il parle dans son «Voyage en Russie»: «On a vu deux paysans partir à pied, sans argent, des environs de Moscou, et venir à Paris se plaindre à l'ambassadeur Czernichef, leur maître, de la tyrannie de son intendant; ils avaient vécu de ce que le hasard leur fournissait sur la route.» On ignore leur âge. (*op. cit.*, p. 23).

[5] En 1773, Bernardin aurait fait parvenir à Catherine II «par la voie de M. Necker alors banquier» quelques exemplaires de son *Voyage à l'île de France*, et pensé récidiver en 1786 lors de la parution des *Études de la nature*. Voir: A. S t r o e v, «Une lettre inédite de Bernardin de Saint-Pierre à Catherine II», *Dix-huitième Siècle*, n° 26, 1994, p. 239-250. Je remercie Jean-Michel Racault de cette référence.

«Lorsque je quittai les sources de la Vistule...»). Tout porte à croire donc que non seulement l'auteur présumé de cet écrit est Bernardin lui-même, qui en effet arrive en Russie six mois après l'assassinat de Pierre III et la prise du pouvoir par son épouse bafouée, mais qu'il cède volontiers ses propres traits au personnage: «le *vieux* paysan» est assez fort pour traverser «une partie de la Pologne, et tout le grand duché de Lithuanie» en «vingt journées de marche»; en effet, tout comme son futur ami Rousseau, connu au retour des antipodes, Bernardin était un excellent marcheur.

Noter l'occultation totale des circonstances de la prise du pouvoir par l'impératrice, fait dont Bernardin n'ignorait guère les détails, puisqu'il en avait parlé dans son «Voyage en Russie» au chapitre «Révolutions sous Pierre III». Dans le mémoire du voyage, la Russie est traitée de pays «despotique» (p. 32), et pourtant jaloux des lois que le sénat s'empresse de respecter (en l'occurrence, contre le mariage de Catherine avec Orloff); et Bernardin de préciser: «c'était au mois de mars 1763, j'étais alors à Moscou». Il est donc vrai qu'il a connu l'impératrice peu après sa montée au trône, seulement son complot est présenté (conformément à la propagande russe?) comme une parade contre les désordres dont le règne de Pierre III menaçait la paix politique tout comme le respect dû au tzar et à la religion.

Mais la présence bernardinienne dans la Russie d'alors, peut-elle justifier son extravagance de peindre un «vieux paysan polonais» se donner sous la protection de l'impératrice? Alors que les archives, explorées récemment par Zofia Zielińska, révèlent une tendance inverse: les paysans russes fuyaient leurs terres pour éviter la levée pour l'armée et cherchaient la protection dans les terres limitrophes des grands seigneurs polonais (en Ruthénie, notamment); éventuellement, des détachements russes – sous prétexte de rechercher leurs fugitifs – faisaient des excursions dans ces mêmes terres pour en enlever les paysans «polonais» (càd ruthènes mais sujets des seigneurs polonais)[6]. Ces vexations commencent dès l'automne de 1763 (après la mort d'Auguste III de Saxe) et marquent le début du règne de Stanislas Poniatowski, dont l'élection (nominativement «libre») arrive dix-huit mois après l'échec au tzar de Catherine, l'ex-maîtresse du secrétaire à l'ambassade britannique (!) en 1755.

Le soi-disant paysan contribue à construire le mythe de la souveraine-mère de la nation, divinité tutélaire, qui fait elle-même sa dévotion au «Père commun de la nature» et qu'il traite de «fille d'Adam» (mais non épouse! elle est humaine, non pécheresse): «J'ai compté sur votre religion qui vous rapproche des hommes, et sur votre bienfaisance qui vous rend semblable à Dieu». Paradoxalement, s'il avoue: «la majesté de ce palais m'interdit; ces marbres et ces toits dorés, ces voiles de pourpre, ce bruit de tambours dont ces voûtes retentissent; tout annonce votre grandeur, tout déconcerte ma faiblesse» [525], il n'y perd guère son éloquence.

Références bibliques croisent l'isotopie païenne des auteurs gréco-latins, le patrimoine des intellectuels. Preuve de plus que l'auteur présumé ne saurait s'identifier avec quelqu'un dont l'espèce est systématiquement abruti: un paradoxe flagrant surgit

---

[6] Z. Zielińska, *Polska w okowach „Systemu północnego" 1763-1766* [*La Pologne jugulée par le „Système du nord" 1763-1766*], Wydawnictwo ARCANA, Kraków, 2012, p. 23-26.

ainsi au fond du texte de la rencontre de ces deux isotopies – la bestialité à laquelle les nobles polonais ravalent leurs paysans stimule la recherche rhétorico-poétique du porte-parole de ces derniers. Au point qu'il y a lieu de se demander s'il ne s'agit pas plutôt d'un pamphlet politique avec lequel Bernardin, se prévalant de la parenthèse russe dans son CV, cherche à en imposer à ceux qu'il vient de critiquer à haute voix: les grands seigneurs polonais aussi indifférents aux vexations imposées à leurs corvéables qu'à la misère à laquelle le roi – retournons au parcours de Bernardin – prétendait réduire un ingénieur de talent, celui qui «[s']étoit formé les plus belles espérances en Pologne»[7], ne lui offrant qu'une place ridicule de lieutenant d'artillerie qui rapportait quarante ducats par an, alors que le prétendu bénéficiaire s'estimait à dix fois plus d'appoint. Devant la cour réunie, il renvoie le roi paître: «Je lui répondis que [...] j'avois l'honneur d'être capitaine au service de l'impératrice et qu'il sçavoit ainsi que moi que les bas officiers de ce pays-là étoient faits capitaines de Pologne»[8].

Le besoin de prendre sa revanche, s'autorisant du prestige acquis à la cour de Russie, quel qu'en soit le prix réel, était alors d'autant plus nécessaire à Bernardin que, dans la même lettre, son état d'esprit était des plus morbides: «en vérité, je suis accablé, et je n'envisage l'avenir qu'avec douleur», «s'il y avoit guerre quelque part j'y chercherois une fin honorable, mais traîner ainsi ma vie, seul, sans amis, sans secours et avec trop d'honneur pour en chercher d'une manière honteuse, c'est le comble de l'infortune et c'est mourir tous les jours»; «je suis dans un abattement que je ne sçaurois vous peindre». Morbidité qui n'est pas sans appeler celle de la condition paysanne dépeinte par le vieillard en audience, qui arrive «étranger et pauvre» à la cour où, pourtant, il a plus à espérer, grâce aux qualités de la souveraine, qu'en Pologne: «Un vieillard qui se soutient à peine, une voix éteinte, une langue sauvage, un cœur chargé d'ennuis; quel spectacle pour des rois, et quel ambassadeur!» Mais s'il se prosterne devant celle qu'il prétend son égale dans la souffrance (celle des humiliations subies par la Grande Duchesse), il sait revendiquer fièrement:

> Souffrez que je m'approche aussi de ce trône redoutable, où nos voisins ont porté les lois violées de leur commerce, où nos grands proscrits redemandent leurs honneurs, où deux religions se disputent des temples.
> Nos droits, si les malheureux en ont, [...] ce sont les droits de la nature, que deux millions d'hommes réclament par ma voix: notre misère est si grande, qu'on ne peut l'augmenter sans nous détruire; elle est si ancienne, que personne ne nous plaint. [525]

Suit un réquisitoire véhément contre les institutions polonaises, la prétendue démocratie nobiliaire, qui ne protège guère les paysans: lieu commun des critiques occidentales, celle de Bernardin en l'occurrence[9]. Encore une fois, le dépit du cheva-

---

[7] Voir sa lettre à Hennin du 2 janvier 1765 (Let650102-AM-14-MC-36-AH-Tem.doc).

[8] *Ibid.*

[9] Voir par exemple l'article d'Alain Guery, «La Pologne vue de France au XVIIIe siècle», [in:] *Les Cahiers du Centre de Recherches Historiques*, N° 7, 1991, accès: http://ccrh.revues.org/2842#bodyftn4 (11.10.2012).

lier de Saint-Pierre et les blessures du vieux paysan semblent appartenir à la même isotopie, celle d'une qualité intrinsèque malmenée et humiliée. On croirait même à une hyperbole de la déception vécue par Bernardin. Tellement bien huilée est sa rhétorique: antithèse (humilitations *vs* douceurs), parallélismes, tours épigrammatiques, tout concourt à démontrer l'énormité du comportement de la noblesse.

> Nous sommes toujours étrangers dans ces familles barbares; nous essuyons toutes les humiliations de la domesticité sans en goûter les douceurs. Elles nous refusent jusqu'à des lits; nous couchons comme les chiens, sur les escaliers et dans les cours: nous ne trouvons chez elles ni pitié ni indulgence; nos faiblesses y sont regardées comme des crimes, et nos moindres fautes punies par des supplices.
>
> Ce peuple des rois se joue des hommes; aux champs nous sommes des bêtes de charge, des esclaves à la ville, des bouffons dans leurs festins, et des soldats dans leurs querelles; car c'est par nos mains qu'ils les décident, et dans notre sang qu'ils lavent leurs offenses. Victimes des passions que nous n'avons point allumées, nous redoutons également les joies et les fureurs de nos maîtres; leurs divisions nous annoncent la guerre, et leurs alliances nous donnent de nouveaux tyrans. [526]

Loin de paraître ainsi un «observateur en Pologne» – comme l'ex-jésuite Vautrin, son contemporain: un voyageur se voulant détaché – Bernardin accumule des traits d'un aventurier politicard. Mais celui qui avait compté tirer les marrons du feu de la guerre des factions au seuil de l'élection de Stanislas Poniatowski, se voit retourner bredouille, puisque, amoureux de la princesse Maria Radziwill née Lubomirska, il ne saurait se contenter d'une solde dérisoire qui l'exclut de la compagnie des grands. Il n'en devenait que plus sensible à cette autre exclusion avec laquelle la monarchie-république polonaise, en réalité oligarchie corrompue, scelle le sort des paysans. C'est une exclusion, non seulement politico-économique mais aussi biologique, car elle réduit les habitants de campagne à une lente et sûre dégénérescence: l'aliénation du corps et des sentiments y mènerait.

> Nous ne pouvons nous livrer ni à l'amitié conjugale ni à la tendresse paternelle. Il n'est pas permis à nos jeunes gens de se choisir des femmes, que nos gentilshommes ne les aient refusées pour concubines: nos filles ne peuvent avoir de maris que ceux qu'ils n'ont pas jugés dignes d'être laquais. Tous les ans notre jeunesse nous est enlevée; tous les ans on cueille cette fleur des champs pour la flétrir. Comme les pigeons que les vautours ont décimés, ceux qui restent, interrompus dans leur choix, troublés dans leurs inclinations, se retirent éperdus dans leurs cabanes pour y gémir en liberté; mais bientôt on vient les distraire de leurs douleurs par des travaux qui font frémir.
>
> Dès l'aube du jour, hommes, femmes, enfants, confondus avec les bœufs, sont accouplés au même joug et sous les mêmes fouets […]. [525]

Leurs demeures évoquent les obscurités chtoniques: leur faiblesse y cherche refuge contre les abus des plus forts:

> Ah! que ne pouvez-vous voir nos tristes demeures, où la misère confond les âges et les sexes sous les mêmes physionomies! Forcés de nous servir de tout ce que l'avidité de nos maîtres ne nous enlève pas, souvent nous allons chercher au fond des marais, et

dans les roseaux, de quoi vivre et de quoi nous vêtir; nos habits n'ont point de forme, nos aliments n'ont point de nom.

Si quelquefois la nature nous inspire des sentiments communs à tous les animaux, jamais ils ne s'annoncent par notre joie. Nos amours ressemblent à des funérailles, et nos chaumières à des tombeaux. La vie s'y allume comme une lampe funèbre, et s'y perpétue comme une contagion; nos enfants naissent au milieu des plus sales bestiaux, pauvres, nus, misérables, et n'ayant rien qui les distingue que leur sensibilité, qui en doit faire des hommes et des infortunés.

A peine commencent-ils à répondre à nos caresses, à peine commencent-ils à essuyer les larmes de leurs mères, qu'on nous les enlève; on les joue, on les trafique, on les vend dans les marchés comme des moutons. Semblables par leur innocence à ces paisibles animaux, leur sort n'en différerait pas, si la cruauté de nos maîtres s'était avisée de se repaître de leur chair: sans doute que le ciel a mis quelque poison dans notre sang, puisque, servant à toutes leurs passions, ils ne nous sacrifient pas encore à leur gourmandise. [525-526]

Comment expliquer alors tant d'éloquence? Le vieux paysan, anticipe-t-il sur le noble et sage vieillard tahitien dans le *Supplément au voyage de Bougainville* de Diderot? S'il dénonce une hypocrisie, ce n'est pas celle d'une civilisation faussement pacifique, mais celle d'un républicanisme faussement égalitaire. Porte-parole des compatriotes (compassiotes?) opprimés, sa voix retentit comme une *vox populi* qui se veut *Vox Dei* – de ce «Père commun des hommes» dont «la loi divine» qui coule d'une «source céleste» comme «religion sainte» finit par prendre la défense des paysans humiliés. À preuve, la dépendance où sont tombés les nobles polonais, subjuguée par tous leurs voisins, dont les «Moscovites»:

Nobles Polonais, vous avez abusé de notre liberté, et aujourd'hui vous réclamez la vôtre; vous nous avez dépouillez de nos biens, et toutes les nations se disputent vos provinces. Une partie vous a été enlevée; les Suédois, les Prussiens, les Russes se promènent tour à tour dans vos domaines. Quand nos voix suppliantes imploraient votre miséricorde, vous avez rejeté nos prières; et vous vous humiliez aujourd'hui devant des paysans semblables à nous. Vous cherchez des asiles chez ces Moscovites si longtemps méprisés par votre orgueil injuste. Le ciel les a rendus nos vengeurs et vos maîtres. Quelle loi venez-vous réclamer ici, quand vous avez violé la nature, qui nous rendait égaux; l'humanité, qui veut que les hommes s'entr'aident; et la religion, qui leur ordonne de s'aimer? [526-527]

Le vieux paysan parle donc en prophète acclamant un dieu justicier – qui peut bien s'appeler Catherine – au nom de la nature, de l'humanité et de la religion violentées. Il commence d'ailleurs par un topos connu depuis l'Antiquité, celui de «je vous apporte des propos inédits»[10]. Les apostrophes des paragraphes successifs opèrent un tourniquet: tantôt – le plus souvent, certes – il s'adresse à la destinatrice explicite («Auguste souveraine!» «Grande impératrice, mettez fin à tant de misères», «Respec-

---

[10] E.R. Curtius, «Topika wstępu» [Topique de l'introduction], [in:] *Literatura europejska i łacińskie średniowiecze*, tł. i oprac. A. Borowski, Universitas, Kraków, 2009, p. 92-93.

table souveraine», «Quel commerce, grande reine! Ne permettez plus que le luxe des peuples riches pénètre dans ces déserts»; «O grande souveraine!»); tantôt il prend à témoin la Transcendance («O religion sainte! nous reconnaissons votre empreinte divine...»). Une seule fois il prend directement à partie les *Nobles Polonais* (voir ci-dessus)[11], et pourtant il y en a trois à qui il est prêt à confier l'avenir de son «malheureux pays»: pays malheureux du fait de la misère du peuple, non à cause de la dépendance politique qui n'en est que le juste châtiment.

Ces trois personnes sont nommées assez explicitement pour corroborer l'hypothèse que le «Vieux paysan» a dû être rédigé après ou pendant le séjour en Pologne, lorsque Bernardin a déjà été déçu dans ses projets mais pas encore détourné de ses sympathies dont celle, la plus ardente, pour Maria la princesse Miesnik. C'est elle – avec la princesse *Staniska* (Stanislas? épouse Stanisław Lubomirski alors, le prince Strasnik de la Couronne) alias Izabela née Czartoryska, et August Aleksander, son père, le palatin de Russie (le seul à être jugé positivement dans le «Voyage en Pologne») – qu'il propose à constituer en gouverneurs de la Pologne sous le sceptre bienveillant de Catherine. C'était méconnaître les idées de Maria elle-même, apparemment. D'ailleurs, impossible était de destiner l'écrit à l'impératrice, le départ volontaire de Russie signifiant pour un étranger une procédure de non-retour. Le lecteur virtuel de Bernardin serait-il alors un obscur employé du ministère des affaires étrangères? Mais les officiers du roi se payent-ils de la rhétorique dans leurs bureaux? Ou un roi, un souverain quelconque? Voire, à défaut d'un roi de France, l'opinion publique, ce nouveau souverain dans la France des lumières, puisque, au ton véhément près, on se croirait devant des *cahiers de doléance*[12]. Plus simple pourtant, pourquoi ne pas supposer au bout de la file Maria Radziwill elle-même, que Bernardin aurait ainsi cherché à gagner à ses propres visions politiques? Cette autre figure tutélaire, qui l'aura déçu comme la précédente, la Grande Catherine?

La tonalité satirique étant quasi absente de ce pamphlet, trop sérieux peut-être pour l'appeler ainsi, c'est l'hypothèse d'une utopie pratique qui se construit sur une dénonciation de l'état du fait; Thomas More avait disposé ainsi sa matière dans l'*Utopie:* livre premier traitait de l'Angleterre et de l'Europe, livre second de l'Utopie ou île idéale. Justement, la nouveauté de l'écriture Bernardinienne est de proposer des arrangements non plus dans des contrées imaginaires, de mythiques terres australes ou mondes lunaires; certes, il aime à choisir des pays exotiques, tropicaux ou subpo-

---

[11] Et vers la fin encore, d'une manière détournée, en vue de l'idylle projetée: «Qu'ils fassent notre bonheur, ces hommes que l'opulence rend délicats [...]» Plusieurs autres questions rhétoriques antérieures s'adressent en réalité à la noblesse: «Je sais que nos maîtres superbes nous reprochent une incapacité universelle et que tous les métiers de la Pologne sont exercés par des étrangers. Mais peuvent-ils compter sur notre industrie, quand nous cherchons à perdre jusqu'au sentiment? Comment pourrions-nous exercer pour eux les arts nécessaires, puisqu'ils nous ont appris à nous passer de tout? Que peuvent-ils attendre d'un peuple couvert de lambeaux, et retiré dans des tanières?» [527]. La 3e personne grammaticale viendrait-elle du ressentiment?

[12] «De la liberté et des terres! voilà mes instructions; voilà l'objet de nos souhaits, et le principe de tout bonheur», déclare-t-il.

laires (épisode en Finlande de ses manuscrits), pour y asseoir, au sein d'une nature vierge et épanouïe, des couples et des familles humaines vivant en harmonie leur bonheur toujours égal à leurs moyens, modestes mais suffisants. «Les Vœux d'un solitaire», «Amazone» (roman inachevé), «Des moyens de vivre heureux en menant une vie naturelle» (texte édité et commenté par Malcolm Cook en 1997[13]) – le «Vieux paysan polonais» pourrait constituer un premier chaînon de cette suite de rêves qui embarque aussi les fictions de *Paul et Virginie* et celle de *La Chaumière indienne*. Quelques circonstances montrent bien la vraisemblance de l'inspiration russe: Bernardin avait déjà adressé à Catherine II son projet d'établir une colonie aux bords du lac d'Aral pour rechercher une communication par terre vers les Indes Orientales[14]. Parmi les lettres de la «Sémiramis du Nord» à Voltaire, il y a celle du 14 (25 n.s.) juillet 1769 écrite de Peterhoff, dans laquelle l'épistolière s'attendrit sur ses bienfaits:

> Eh bien, Monsieur, sachez puisque cela vous fais plaisir que ma belle colonie de Saratow monte à vingt-sept mille âmes, qu'en dépit du gazetier de Cologne elle n'a rien à craindre des incursions Tartares, Turques, etc., que chaque canton a des églises de son rite, qu'on y cultive des champs en paix, et qu'ils ne payront aucune charge de trente ans; que nos charges sont d'ailleurs si modiques, qu'il n'y a pas de paysan en Russie qui ne mange une poule quand il lui plaît, et que depuis quelque temps il y a des provinces où ils préfèrent les dindons aux poules»[15].

L'idylle champêtre, dépeinte dans à peine trois paragraphes vers la fin du discours du vieux paysan, n'est pas très loin de l'idéal dont l'impératrice faisait toute seule la propagande:

> Nous leur fournirons des tailleurs quand nous aurons des habits, et des architectes lorsque nous habiterons des maisons. Si les villes de Pologne n'ont point de commerce, si l'état n'a plus de défenseurs, qu'ils nous donnent une patrie; nous deviendrons citoyens pour l'enrichir, et soldats pour la défendre [...].
>
> Qu'ils fassent notre bonheur, ces hommes que l'opulence rend délicats; et nous cultiverons encore ces arts qu'ils paient si cher et qui les ennuient si vite. La joie nous rendra musiciens, l'amour nous fera poètes. S'ils veulent des spectacles, nous leur en donnerons qu'ils n'ont jamais vus: un peuple joyeux sans ivresse; nos bois retentissant de louanges et de bénédictions; nos filles dansant au milieu des guérets, avec leurs amants couronnés de fleurs; et des vieillards pleurant de joie du bonheur de leurs enfants: fête céleste et digne des anges!
>
> Dans nos chansons, nous ferons passer à nos neveux l'époque de cette félicité plus fidèlement que les historiens: ce que nous portons dans le cœur passe toujours dans notre mémoire. Nos traditions sont plus durables que les marbres; nous nous ressou-

---

[13] *SVEC*, n° 358, Voltaire Foundation, Oxford, 1997, p. 161-170.

[14] Le texte en a aussi été publié par L. Aimé-Martin, *op. cit.*, p. 33-41.

[15] M. Fumaroli, *Quand l'Europe parlait français*, Editions de Fallois, Paris, 2001, p. 240. L'orthographe de l'édition Bestermann? Cette utopie pourrait bien être adressée également aux paysans français, idylle à la manière de celle qui préside aux réformes agraires de Saint-Just.

venons du bon roi Casimir, et nous avons perdu le souvenir de ceux à qui nous n'avons bâti que des châteaux.

Mais comment osé-je parler de nos faibles efforts, dans ce superbe salon où tous les arts sont rassemblés? [527-528]

L'essentiel est d'interdire le luxe que, en physiocrate fidèle, Bernardin a en horreur. Son séjour aux colonies ne fera qu'aggraver son diagnostic. C'est le besoin des denrées rares qui fait couler la sueur, les larmes, voire le sang des esclaves, sous quelque climat que ce soit. La chute inopinée, au lieu d'introduire un autre topos connu, par exemple celui de fatigue[16], boucle le regard en évoquant le décor de la cour dont la richesse a déjà été saluée en ouverture. Seulement ici, l'orateur cherche à donner un sens moral à sa description, sens concomittant avec sa mission:

> Voici la Justice avec ces balances, bien différentes de la nôtre, qui n'a qu'une épée; près d'elle est l'Abondance qui verse des épis. Cette femme qui allaite des enfants est sans doute la Tendresse maternelle; et cette figure dont la robe est parsemée d'yeux et d'oreilles, qui a un coq à ses pieds et un sceptre dans ses mains, est peut-être la Vigilance royale. Toutes ces vertus, qui font la richesse des états, sont dorées: une seule ne l'est point; c'est la Religion, simple et pauvre dans ses habits comme dans son esprit. Elle offre des feuillages sur un autel de gazon: présent digne du ciel, puisqu'on peut l'acquérir sans crime et le posséder sans orgueil.
>
> O grande souveraine! ici tout annonce les devoirs des rois, et les vertus dignes de la reconnaissance des peuples. [528]

Suit un curieux démenti des talents qu'un ordre implicite aurait refusés aux paysans: scrupule d'amour-propre d'un (faux) noble inattendu? «*Jamais nos mains grossières ne pourront imiter ces chefs-d'œuvre* [nous soulignons – IZ]; mais si vous nous accordez les biens que nous demandons, notre attachement pour vous ira plus loin que celui de vos sujets».

L'auteur joue-t-il son personnage lui-même? Un amant de la princesse Miesnik, mal récompensé par le roi de Pologne, qui chante les joies simples d'une idylle ambiante à sa bien aimée, passionnée elle aussi de la politique (elle sera l'envoyée des confédérés de Bar, en 1768)? Une preuve *a contrario* – quoique abondant dans le même sens, par le même type de motivation – nous est fournie dans la narration d'un célèbre biographe de Bernardin, Maurice Souriau[17]. Celui-ci évoque le séjour de l' «ingénieur surnuméraire» à l'île de France (1768-1770) où, tombé sous le charme de la belle épouse de l'intendant Poivre, il n'aurait de cesse de lui envoyer de ses écrits. Le «Vieux paysan» en fut. Le résultat? Elle en a parue fort touchée, mais lorsque le malheureux soupirant a récidivé, en lui remettant un essai sur les fortifications, elle l'a prié catégoriquement de cesser ces assiduités qui nuisaient à sa réputation.

Personnage pivot, qui dénonce un ancien ordre injuste pour en suggérer un nouveau, voulu meilleur; père fondateur d'une idylle voulue utopie pratique, mais tour-

---

[16] E.R. Curtius, *op. cit.*, p. 97.
[17] M. Souriau, *Bernardin de Saint-Pierre d'après ses manuscrits, op. cit.*, p. 108-109.

nant dans un pamphlet féroce contre les nobles polonais, dépeints sans circonstances atténuantes comme des monstres insensibles car égoïstes. Enfin, celui qui, au nom de la liberté des siens, souhaite l'aliénation de tout une nation, passée sous le protectorat russe[18]. Vengeance personnelle – du paysan, mais du chevalier de Saint-Pierre aussi! – qui prend les couleurs d'une vengeance sociale. Figure de compensation, sans doute? Combien plus intéressante que son original.

Encore un registre *de lecture* serait ici possible: celui d'un carnaval ou monde à rebours, costume volontiers revêtu par l'imaginaire utopique, surtout au début du XVIIIe siècle, dans le théâtre forain de Lesage ou dans les pièces dites «utopies morales» de Marivaux[19]. Chez ce dernier, le paysan Blaise est jugé le plus digne, car le plus *raisonnable* de tous les rescapés européens dans *L'Ile de la Raison* (1727). Est-ce le «vieux paysan polonais», habillé en épave sociale, qui paraît – comme dans un bal masqué – à la cour, où il se mêle à la foule d'ambassadeurs pour rendre hommage au nom d'un état réduit au rang d'une 'province'? Ou plutôt entendons- nous ici la voix du premier conseiller politique et militaire – manqué – du roi de Pologne? N'est pas vieux paysan qui veut.

Summary

Old Polish Countryman by Jacques-Henri Bernardin de Saint-Pierre

The paper analyzes a short text of J.-H. Bernardin de Saint-Pierre, written during his visit to Poland in 1764-1765 or shortly after it but unknown to Polish scholars, a fictional complaint of a Polish countryman, accusing the Polish nobility of keeping their serfs in a state of misery, appealing to Catherine II for protection. Should it be considered a plan for a career? A rhetorical, intertextual show of a future writer? a political pamphlet or an utopia? The paper seeks to find out what is the aim of this text and to whom it is addressed.

Keywords: political pamphlet, nature, slavery, rousseauism, (practical) utopia

---

[18] Dans son «Voyage en Pologne», lorsqu'il pronostiquat le futur partage de la Pologne, il prétendait qu'il vaudrait mieux à la République se trouver sous le protectorat turc que sous celui des trois despotes du Nord, «car le patelinage de tant de pays aristocratiques est plus insupportable que le plus dur esclavage: ce sont des gens froids qui vous égorgent paisiblement» (*op. cit.*, p. 17).

[19] Sur ces dernières, voir le bon vieil article de Jean-Michel Racault, «Les utopies morales de Marivaux», [in:] *Études et recherches sur le XVIIIe siècle*, Publications de l'Université de Provence, Aix-en-Provence, 1980, p. 57-85.

DOI: 10.12797/9788376384207.27

Ewa M. Wierzbowska

Université de Gdańsk

L'auteure épistolière en tant que critique littéraire – lettres de Victoire Babois à M. M***

Victoire Babois est une des poétesses de la lisière du XVIIIᵉ et XIXᵉ siècles dont les traces ont presque disparu. Grâce à l'effort de chercheurs contemporains, son nom est sorti de l'oubli et sa création poétique, en version digitalisée, est accessible au lecteur. Née en 1760, Victoire est formée au couvent, selon les règles obligatoires de l'époque. Demi-orpheline dès l'adolescence, elle est marquée par les sentiments de la perte et de l'absence dans la relation fille-mère. Ces sentiments sont approfondis après la mort de sa fille bien-aimée à l'âge de cinq ans. Emportée par la douleur, Victoire Babois devient l'auteure des *Elégies maternelles* publiées dès 1798[1] et appréciées par le public. C'est Jean-François Ducis, son oncle, qui découvre son vrai talent poétique, l'encourage au travail littéraire et puis à la publication de ses poèmes. Babois, reconnaissante, le soutiendra jusqu'à la fin de sa vie.

Leur correspondance témoigne du besoin de l'appui d'un côté et de la joie d'en porter de l'autre. Jean-François Ducis raconte ses péripéties créatrices, Victoire Babois fait la critique favorable de ses œuvres. Malgré une formation bien modeste, et en grande partie autodidacte, la poétesse se montre très habile à formuler des opinions dans des questions esthétiques. De nombreuses traces témoignent de l'esprit critique de la poétesse. Dans la lettre du 5 février 1800, Jean-François Ducis demande à sa nièce de participer à la lecture de son œuvre. Il écrit: «Votre opinion sur un certain ouvrage est si bien motivée, si juste, si pleine d'observations fortes et fines, que je l'ai relue plusieurs fois et avec le même plaisir»[2]. Il faut ajouter que Jean-François Ducis

---

[1] Ces poèmes sont publiés dans la *Décade littéraire* et puis dans *Almanach des Muses*.

[2] Lettre de J.F. Ducis à V. Babois du 5 février 1800, [in:] V. Babois, *Elégies et poésies diverses*, t. 2, Nepveu, Paris, 1828, p. 187.

mêle cette opinion à la sienne et l'envoie à l'auteur de l'ouvrage mentionné puisqu'il considère que les écrits de Victoire Babois sont persuasifs et judicieux. Cela signifie que la critique non-professionnelle qu'elle fait dans sa correspondance répond aux besoins de la critique contemporaine de cette époque. Dès ce moment-là, sous le parrainage de son oncle, Victoire Babois mérite d'être appelée critique littéraire. Une autre fois, Jean-François Ducis désire que la poétesse lise son œuvre avant de la livrer au public: «Je vous prie de la lire avec attention, de la bien examiner, et de me faire part de vos réflexions sur le fond et sur la forme»[3]. Ses opinions sont prises au sérieux par lui-même et des gens cultivés tels Népomucène Lemercier, François Andrieux, Jacques-Henri Bernardin de Saint-Pierre. L'habileté d'esprit et de versification se manifeste dans un vers humoristique intitulé *A M**** où la poétesse présente l'attitude des hommes envers les femmes qui s'occupent de la littérature[4]. C'est la critique d'une critique, un jeu de cache-cache dont le résultat peut être surprenant pour les hommes. Victoire Babois montre ses capacités critiques en écrivant, en 1799, un traité de l'amour par lettres adressées à sa cousine Madame B***. Ses réflexions, suivies de l'évocation de Voltaire, Jean-Jacques Rousseau, Évariste de Parny, trahissent son sens de l'analyse, de la comparaison et du raisonnement.

                                           ***

En 1801, Victoire Babois a écrit quatre lettres à M. M*** sur une critique des ouvrages de Jean-François Ducis. Le stimulus de son engagement est expliqué dans la note adjointe à la première lettre. C'est la demande de la mère d'un jeune critique soucieuse de son fils et de sa conduite en tant que critique qui était aux sources de cette écriture. On comprend bien ce geste d'empathie de la poétesse, celle qui était une mère si tendre et attentive et qui a perdu sa fille bien-aimée. Sauver l'enfant est une obligation première de la mère donc Victoire Babois, toute compréhensive et compatissante, se met au travail pour aider l'autre mère veillant sur son fils. Elle exprime *explicite* la cause de son engagement qui est d'ouvrir les yeux du jeune homme sur lui-même. Cette correspondance privée se transforme en texte public au moment de l'insérer dans le recueil de poésie. On pourrait se demander si la forme de la lettre privée est choisie puisqu'elle était considérée à cette époque comme féminine donc permise aux femmes; ou puisque l'auteure a voulu éviter la honte de la critique publique au jeune homme par égard pour sa mère. Néanmoins, les deux causes témoignent d'une grande sensibilité et attention de l'auteure envers autrui.

Les quatre lettres n'en constituent en fait qu'une seule. La première lettre possède la formule obligatoire du début, la quatrième, la formule de la fin. La deuxième lettre

---

[3] Lettre de J.F. Ducis à V. Babois du 11 décembre 1805, [in:] V. B a b o i s, *Elégies et poésies...*, *op. cit.*, p. 239.

[4] V. B a b o i s, *Elégies et poésies..., op. cit.*, p. 34.

garde encore l'apparence d'une introduction, ce qui n'est pas le cas des troisième et quatrième lettres.

La position prise par l'auteure est sans doute signifiante. Une des choses qu'elle met sur la balance est son âge et sa conséquence, c'est-à-dire son expérience. L'épistolière oppose la maturité à la jeunesse en acceptant le droit de juger pour cette première. Il faut «attendre pour juger»[5]. Et elle présente au jeune homme l'image de lui-même comme un quadragénaire qui jette sa critique au feu. L'autre «arme» est son «âme» parce qu'elle n'a, selon ses propres mots, «ni les talents, ni les connaissances nécessaires à l'analyse d'un ouvrage»[6]. Est-ce la modestie apparente qu'on attend de la part d'une femme, ou une conviction sincère? Sans doute l'une et l'autre si on prend en considération le statut de la femme dans la société du XIXe siècle et la modestie de la poétesse. Victoire Babois est bien modeste, mais de sa perspective de quarante ans, elle est sûre de prouver «trop facilement sans doute»[7] l'incohérence du raisonnement du jeune critique. Cet aveu prouve que, soit Babois au début garde une modestie apparente, soit elle suggère que la critique du jeune homme est si mauvaise qu'une femme sans «connaissances nécessaires à l'analyse»[8] peut l'attester. En plus, l'auteure s'appuie sur la vérité générale que même un génie commet des fautes et celles-ci n'entachent pas la valeur de toute l'œuvre.

La poétesse admet, suivant l'avis de Jean-François Ducis, qu'une «critique juste et pleine d'égards»[9] a une valeur indéniable pour l'auteur. Elle est censée montrer le manque de justesse de la critique de M. M***. Le texte de Victoire Babois veut donc frapper précisément la technique d'écriture de la critique et l'attitude prise *a priori* par le jeune homme par rapport aux ouvrages de M. Ducis. Le style «amer, ironique ou tranchant»[10] ne convient pas dans une critique qui, pour être juste, doit rester objective. L'attitude d'un critique, surtout un critique jeune, doit être modeste. L'admiration «de grandes beautés»[11] est son devoir premier, des taches étant à peine observables. On voit donc que, selon Victoire Babois, le critique doit admettre qu'il a une grande œuvre sous les yeux. Elle va plus loin. La poétesse compare le critique à «un amant [qui] adore sa maîtresse, même quand il parle de ses défauts»[12]. Donc, c'est l'amour des talents qui devrait être le point de départ d'une critique juste. «Le vrai talent doute de lui-même»[13], écrit Victoire Babois. Au niveau de la critique cela signifie que son auteur évite le ton absolu, les mots exagérés puisque ceux-ci n'augmentent guère la force de son expression. Seuls les hommes prétentieux s'expriment de cette manière.

---

[5] Première lettre de V. Babois à M. M*** sur une critique des ouvrages de M. Ducis de 1801, [in:] V. Babois, *Elégies et poésies…*, *op. cit.*, p. 150.

[6] *Ibid.*

[7] *Ibid.*, p. 151.

[8] *Ibid.*, p. 150.

[9] *Ibid.*, p. 151.

[10] *Ibid.*, p. 152.

[11] *Ibid. l.c.*

[12] *Ibid. l.c.*

[13] *Ibid. l.c.*

Une critique humiliante, en plus de blesser, fait naître de la haine chez la personne humiliée. La poétesse souligne, à plusieurs reprises, que son énoncé ne concerne que la critique, l'auteur lui-même n'étant pas sa cible.

Dans sa deuxième lettre, l'auteure suit toujours, «sans aucun préambule»[14], la pensée de M. M***. La constatation de M. M*** («une seule erreur de goût qui a rendu inutile le génie qu'il avait reçu de la nature»[15]) lui semble complètement fausse. Elle la nie en s'appuyant sur des faits et non sur des sentiments. Les travestations de Shakespeare de M. Ducis de même que ses œuvres originales ont été présentées sur les scènes théâtrales, «chacune au moins soixante fois de suite»[16]. La conclusion qu'on aura tirée de ce fait frappera le public lui-même qui montre son «imbicilité»[17] en applaudissant les œuvres de Jean-François Ducis. Pour mettre en relief le génie de son oncle la poétesse utilise des formules inattendues du point de vue de la critique contemporaine mais acceptables entièrement à son époque: une âme noble, pure et profondément tendre, un cœur généreux, riche, simple et plein de chaleur. Il faut mentionner que Charles-Augustin Sainte-Beuve, plusieurs années plus tard, utilisait les mêmes tournures. Le reproche de M. M*** que Jean-François Ducis «n'a travaillé que d'après modèles»[18] ne vaut rien, selon Babois, puisqu'il s'inscrit dans le sillon présent dans la littérature depuis des temps éloignés. La transposition ou la transformation d'un chef-d'œuvre était connue dès l'Antiquité, Aristote lui-même, et Horace aussi, l'ont recommandée. Pour ne pas viser le jeune critique lui-même, l'auteure répète son argument cardinal – la jeunesse ne favorise pas la vue claire. La référence laudative à Prosper Jolyot de Crébillon faite par M. M*** pousse Victoire Babois à constater qu'il est beaucoup plus facile de faire une critique d'un auteur déjà mort et évalué par la postérité. Dans le cas d'un auteur vivant il existe le danger que le critique, surtout jeune, s'égare et devienne «l'écho de l'envie et de la malignité»[19]. Le manque d'approbation générale du modèle choisi par M. Ducis n'est rien de nouveau puisqu'il est impossible à obtenir, réplique Babois. Shakespeare, même adapté aux règles du théâtre français, garde et gardera toujours ses particularités «qui appartiennent à la nature plus qu'à leur siècle et à leur pays»[20]. M. M*** s'appuie sur «les connaisseurs»[21], donc il ne formule pas lui-même des accusations, il partage l'opinion d'un groupe, pour montrer l'incapacité créative de Jean-François Ducis: «un abandon total des principes de l'art, une marche vagabonde, le mépris des convenances, le défaut absolu de plan, de liaison, d'ensemble, de vraisemblance, etc.»[22]. La poétesse nie surtout la valeur de l'opinion exprimée par une coterie, par des gens sans talent qui ont les pré-

---

[14] Deuxième lettre de V. Babois à M.M***, [in:] V. B a b o i s, *Elégies et poésies…, op. cit.*, p. 155.
[15] *Ibid. l.c.*
[16] *Ibid. l.c.*
[17] *Ibid. l.c..*
[18] *Ibid.*, p. 156.
[19] *Ibid.*, p. 157.
[20] *Ibid. l.c.*
[21] *Ibid. l.c.*
[22] *Ibid.*, p. 158.

tentions non justifiées de s'exprimer dans la matière qui leur reste inaccessible. L'auteure confirme sa méconnaissance des règles et ne formule aucune opinion à propos d'elles. Mais elle se penche sur les personnages dramatiques si bien construits qu'ils enlèvent le public. Elle nie la réception intellectuelle des pièces de M. Ducis, l'esprit étant un outil inutile là où il faut de l'âme. On y voit tant d'opinions parallèles à celles formulées par Horace dans l'*Epître aux Pisons* qu'il est difficile de traiter l'aveu de la poétesse autrement que comme l'expression de sa modestie. Puisque c'est Horace qui souligne que dans chaque œuvre littéraire il y a des moments plus faibles, aucun poète n'écrit toujours d'une façon parfaite. Les petits défauts ne changent pas la portée de l'œuvre. «Il ne suffit pas que l'œuvre poétique soit belle; elle doit être émouvante et conduire où il lui plaît l'âme du spectateur»[23].

La troisième lettre est la suite directe de la pensée de la deuxième, il n'y a pas un mot d'introduction. L'objet de la critique virulente de M. M*** est *Abufar*, appelé la plus faible des tragédies de M. Ducis. «Tant mieux pour les autres»[24] – répond Victoire Babois mais elle ne développe pas cette idée. Elle concentre son attention plutôt sur le reproche de traiter d'une façon trop passionnée les scènes présentées. L'auteure est toute pour les moyens d'expression extrêmes puisque la vraie passion exige la force d'expression. Fait-elle écho, encore une fois, à la réflexion horacienne: «Que chaque sujet garde donc le ton qui naturellement lui convient»[25]? Tourner en ridicule le travail d'un écrivain tel que M. Ducis n'est pas acceptable dans l'expression critique. Victoire Babois retourne le ridicule contre son auteur en commentant l'application des expressions – «tour de force» et «prétention philosophique» – et en expliquant de quelle façon le contexte culturel détermine la compréhension des notions, ici, «philosophe». L'auteure, sans pitié, met à nu la maladresse stylistique du jeune critique qui dans une seule phrase se contredit («Images douces et champêtres, revêtues de couleurs sèches et âpres»[26]). Parfois Victoire Babois trouve que le critique touche le point faible de la pièce, ce qui est juste, mais elle rejette sa manière d'exprimer cette critique. Or, il ne s'agit pas de nier la critique en général, le ton de cette critique étant la cible. «M. Ducis est traité comme un écolier par son régent»[27] – mais le principe est de critiquer l'œuvre littéraire et non son auteur. La poétesse évoque comme exemple Nicolas Boileau qui a critiqué Jean-Baptiste Racine avec le respect dû à son statut de maître de la tragédie. L'auteure montre, une fois encore, que M. M*** n'est pas «assez fort pour marcher»[28] et le développement de cette opinion est l'objet de la quatrième lettre.

Le premier reproche formulé dans la dernière lettre est la lecture biaisée des ouvrages de M. Ducis par M. M***. Un texte parcouru avec l'intention de retrouver la

---

[23] Horace, *L'Art poétique ou Epître aux Pisons*, trad. F. R i c h a r d, Garnier, Paris, 1944, vers 100-101.

[24] Troisième lettre de V. Babois à M.M***, [in:] V. B a b o i s, *Elégies et poésies…, op. cit.*, p. 161.

[25] Horace, *L'Art poétique ou Epître aux Pisons, op. cit.*, vers 93.

[26] Troisième lettre de V. Babois à M.M***, [in:] V. B a b o i s, *Elégies et poésies…, op. cit.*, p. 164.

[27] *Ibid.*, p. 165.

[28] *Ibid. l.c.*

confirmation des thèses prises *a priori* ne livrera jamais sa beauté. Victoire Babois indique directement la porte par laquelle le jeune critique inexpérimenté peut sortir en gardant son honneur. Cette attitude montre son soin à sauver l'amour-propre du jeune homme en prenant comme cible, une fois encore, sa manière de critiquer. Le but d'un critique est de faire une critique, c'est-à-dire chercher la vérité, et non pas la satire. Il faut se laisser emporter par le texte parce que ce n'est pas exclusivement la raison qui justifie le jugement mais le coeur aussi. «Il faut mûrir son esprit avec son coeur, et ne jamais les séparer»[29] – dit-elle. En se faisant critique on s'expose à être critiqué soi-même, ce qui est bien dangereux pour un jeune homme. Or, «il faut méditer, comparer, réfléchir et douter»[30], éviter les disputes vaines, permettre à soi-même de s'assagir. Il faut fournir à l'âme des exemples édifiants. La poétesse fait attention aux étapes nécessaires du travail critique – la critique ne peut pas être le reflet des émotions saisies à chaud mais doit être le résultat d'une réflexion profonde où la méditation, la comparaison et le coeur ont leur place. La simplicité et la vérité sont des valeurs qui découlent du coeur et de l'esprit. L'équivalence entre les deux assure la prise de «tous les tons», de «toutes les nuances»[31]. Le véritable critique ne cherche pas la conquête de la société, son public est peu nombreux mais c'est la qualité et non pas la quantité qui fait la valeur.

Dans les derniers paragraphes de la quatrième lettre Victoire Babois revient sur la cause de son travail épistolaire qui n'est pas la défense de M. Ducis mais la défense du jeune homme contre lui-même et contre les mauvais amis qui l'entourent. Elle a le courage de déplaire pour le bien du jeune homme, elle veut visiblement rendre justice aux deux hommes et «être utile»[32] à un coeur maternel. L'auteure garde la structure de la lettre en exprimant, dans un alinéa isolé, l'estime à son destinataire.

✳✳✳

On voit bien que, dans ses lettres, la poétesse, selon les principes admis, parle surtout de l'attitude qu'il faut prendre pour être un bon critique. Les passages qui se réfèrent au texte sont moins nombreux et servent à exemplifier les arguments donnés. Néanmoins, les lettres gardent le caractère d'une critique littéraire. Pour que cette considération ne soit pas non justifiée, je me suis penchée sur les textes de Charles-Augustin Sainte-Beuve, une autorité reconnue au XIXe siècledans le domaine de la critique littéraire. Dans ses *Correspondance*[33], *Nouveaux*

---

[29] Quatrième lettre de V. Babois à M.M***, [in:] V. Babois, *Elégies et poésies...*, *op. cit.*, p. 168.
[30] *Ibid. l.c.*
[31] *Ibid.*, p. 169.
[32] *Ibid.*, p. 170.
[33] Ch. Sainte-Beuve, *Correspondance 1822-1865*, t. 1, Paris, 1877-78, par exemple pages 20, 110, 210. (p. 20, lettre à Béranger: «C'est une poésie fraîche, riche, variée, vive, adolescente en un mot, en entendant par là toutes les couleurs et les grâces du printemps»; p. 110, lettre à de Gère:

lundis[34], *Portraits contemporains*[35], *Portraits littéraires*[36], pour ne mentionner que plusieurs titres, on retrouve la même manière de parler des textes littéraires que dans les lettres de Victoire Babois. Imbibées de subjectivité, valorisées et dévalorisées selon le goût propre de l'auteur, les réflexions critiques sont plutôt des chaînes d'impressions marquées, çà et là, de considérations au caractère formel. J'ai constaté que dans les textes de Victoire Babois la densité d'occurrence des notions théoriques et leur qualité est semblable à celle des textes de Charles-Augustin Sainte-Beuve. Il est donc justifié de la considérer comme un critique littéraire de son époque, même plus, on pourrait dire qu'elle devance ses contemporains dans ce domaine.

Notons que l'auteure garde et sépare simultanément les rôles de critique et de nièce. D'un côté, elle ne nie pas la présence des imperfections dans l'œuvre de Jean-François Ducis mais tout en acceptant les faiblesses, elle met en relief surtout ses aspects positifs. De l'autre, elle reste fidèle à son oncle et à l'opinion qu'elle a de son œuvre littéraire. Victoire Babois, semblablement à un critique ancien tel Horace, ne voit pas la manifestation du génie dans la perfection totale de l'œuvre. Elle prend en considération l'aspect tout humain de la condition d'un écrivain. Personne n'est parfait mais chacun peut tendre à la perfection. Cette observation concerne un écrivain et un critique au même degré. L'auteure a choisi la meilleure méthode pour prouver la platitude de la critique de M. M***. Elle montre, de phrase en phrase, la faiblesse de la critique faite sans une base solide, à chaud, avec les applaudissements de mauvais amis. Le savoir, l'expérience, l'âme noble et le cœur riche sont, selon l'auteure, conditio *sine qua non* d'une bonne critique. Sa lecture érudite et patiente de la critique de M. M*** est intertextuelle. Elle prouve que sa formation modeste de couventine était considérablement élargie par elle-même.

Etant à cheval sur deux époques, l'auteure réalise la forme ouverte de la lettre appréciée au XVIIIe siècle, forme «capable de se plier à tous les usages, de s'adapter à tous les besoins, de tout exprimer»[37]. Elle suit les contraintes de l'art épisto-

---

«Vos *Premières Fleurs* sont pleines d'un parfum de sensibilité et de grâce que tous les avril n'ont pas»; p. 210, lettre à Baudelaire: «votre style […] est d'une rare curiosité»).

[34] Idem, *Nouveaux lundis*, t. 2, Paris 1883-1886; par exemple pages 249, 253, 383 (p. 249, à propos de l'*Agonie d'un Saint* de Leconte de Lisle: «c'est une pensée hardie et humaine qui a inspiré ce petit drame et l'exécution en est parfaite»; p. 253, à propos de la poésie de Lacaussade: «Il a aimé, il aime encore toutes les belles et grandes choses, mais il les a tant aimées qu'elles lui ont, en fuyant, laissé une déception amère, une empreinte cuisante, une sorte de frémissement aigu et nerveux qui retenti dans ses vers»; p. 383, à propos de Renan: «Ses travaux […] le désignèrent d'emblée à l'attention comme un maître d'un genre nouveau. […] il les élève et les ennoblit, il les transforme sans les dénaturer; il les revêt d'un mélange heureux de gravité et d'élégance»).

[35] Idem, *Portraits contemporains*, t. 5, Paris, 1870-1871; par exemple page 124 (à propos de Gautier: «Il a de la plume un vocabulaire très raffiné et très recherché qui ressemble à une palette apprêtée curieusement et chargée d'une infinité de couleurs dont il sait et dont il dit les noms»).

[36] Idem, *Portraits littéraires*, t. 2, Paris, 1862-1864; par exemple page 347 (à propos de la poésie de Bertrand – il cite tout le poème et ne commente que: «Voilà des rimes et un rhythme qui, ce semble, suffiraient à dater la pièce à défaut d'autre indication»).

[37] B. Diaz, *L'épistolaire ou la pensée nomade*, PUF, Paris, 2002, p. 44.

laire telles les formules du début et de la fin; il y a aussi de nombreuses apostrophes au destinataire, des expressions d'estime qui reviennent plusieurs fois au cours du texte. L'attitude prise par l'auteure résulte de son expérience de vie, de sa pratique littéraire. On observe une attention particulière à être bien comprise, d'où la présence de répétitions et de mises en relief. Le style de Victoire Babois est clair, ferme, son écriture ne permet pas de douter à propos de ses intentions et ses opinions. Le dynamisme de l'ensemble se fait par des moyens à des niveaux différents: technique (diversification des alinéas) et sémantique (expression des émotions). Le texte ressemble à une conversation littéraire, bien vivante. La lecture de ses lettres apporte le plaisir et la conviction de vivre une aventure intellectuelle intéressante. Elle fait comprendre comment un critique peut juger une œuvre littéraire, montrer ses valeurs et faiblesses, sans blesser son auteur.

Summary

The Epistolary Woman Writer as a Literary Critic. Victoire Babois' Letters to M. M***

Victoire Babois is a woman writer, author of four letters written to M.M***. The addressee is a young man, who makes his debut as a literary critic. In his critique of the works of M. Ducis he commits all possible errors of youth. Babois writes to him with the purpose of defending Ducis, or rather of defending M.M***. She shows herself to be a literary critic, a role which for a woman living in that period was strongly forbidden. Her effort was the more interesting that she had no formal learning, as the education she had received in a cloister was rather limited. My article shows the way she expresses her views on issues concerning esthetics. It also demonstrates how Babois combines and separates the role of a literary critic and that of a niece.

Keywords: woman writer of epistolary narratives, literary criticism, "destinataire", writning techniques, critical attitude

DOI: 10.12797/9788376384207.28

EWA ŁUKASZYK

Université de Varsovie

Au-delà de la pitié

Guilleragues et Flaubert lus à la lumière de l'essai
Naufrage avec spectateur d'Hans Blumenberg

Dans le domaine des études philologiques, nous sommes habitués plutôt aux approches analytiques, solidement ancrées dans le concret d'une œuvre littéraire donnée. Mais, bien sûr, la perspective analytique n'est pas la seule qui peut être productive. Je propose donc, comme point de départ, une inspiration venant du domaine de la philosophie, une inspiration qui va bien dans une direction synthétique. Suivant la conception proposée par Hans Blumenberg, je vais formuler une hypothèse d'une portée assez générale. Il s'agit d'une tentative de répondre à une question qui, dans une perspective analytique, pourrait même sembler absurde: pourquoi la littérature? Quelle est la source du plaisir du texte? Il s'agit donc de questionner les bases de la communication littéraire, le principe du fonctionnement du triangle «auteur – lecteur – personnage». Pour toucher à ce problème, je vais partir d'un diagnostic philosophique concernant la situation de l'homme dans le monde, et aussi l'attitude de l'homme par rapport au monde.

Dans les *Paradigmes pour une métaphorologie*[1], son œuvre théorique la plus importante, Blumenberg affirme que l'impossibilité de réduire la métaphore au niveau du concept précis – l'instrument principal de la réflexion philosophique – apparaît là où nous nous posons des questions concernant la totalité, telles que, par exemple, la question «qu'est-ce que le monde?». Dans ce cas, il est impossible de donner une réponse analytique; il nous reste seulement une réponse synthétique donnée à travers une métaphore.

Mais la métaphore est non seulement un moyen pragmatique de résoudre les problèmes qui se situent au niveau de généralité inaccessible pour la conceptualisa-

---

[1] H. Blumenberg, *Paradigmes pour une métaphorologie*, trad. D. Gammelin, Vrin, Paris, 2006.

tion trop précise. Elle constitue aussi un point de repère pour déterminer une attitude de l'homme par rapport au monde. Cette attitude définit, à son tour, la qualité de la relation entre l'homme et le monde qui se traduit dans l'histoire de la culture par ce que nous appelons une époque, ce qu'on peut reconnaître, pour ainsi dire à la surface du flux créatif de la tradition culturelle, comme une unité stylistique bien définie.

Dans *Naufrage avec spectateur*[2], un essai publié en 1979, Blumenberg donne une espèce d'application pratique de sa méthode. Il esquisse un panorama de l'histoire de la culture culminant dans la modernité, en la construisant autour d'une métaphore centrale, celle du naufrage. En réfléchissant sur cette métaphore nautique, qui apparaît déjà chez les Grecs, il construit une vision de la culture entendue comme une aventure sans retour qui, une fois commencée, ne peut plus s'arrêter. Il s'agit d'une idée bien connue du chemin du progrès conçu comme un chemin sans retour. Mais ce qui devient crucial ici, c'est la notion d'attitude prise par rapport à la perspective du naufrage, inscrite dès le début dans chaque projet nautique. Cette attitude détermine le style de la relation de l'homme avec le monde, caractéristique pour chaque époque.

La métaphore du naufrage permet donc de saisir, d'une manière synthétique, les régularités cachées et les rythmes profonds de l'évolution de la culture. Blumenberg commence par l'expédition maritime entendue comme une transgression primordiale (*Grenzenverletzung*), suivie d'une catastrophe aussi vite que le péché de manger la pomme entraîne l'expulsion du paradis. À ce moment, il faut poser la question «qu'est-ce qui reste au naufragé?». Blumenberg introduit aussi une nouvelle figure, celle du spectateur observant la catastrophe tout en restant sur la terre ferme. Quand il parle de l'art de la survie, il le fait en référence à ces deux figures: le naufragé lui-même et le spectateur qui, tout en restant hors du danger, doit résoudre les problèmes et les interrogations posés par le spectacle du naufrage. Finalement, l'essayiste aboutit à une redéfinition de la catastrophe qui marque le début de l'ère moderne: le voyeur perd sa position distanciée, parce que la catastrophe se transforme en cataclysme généralisé. La condition particulière du naufragé devient donc un destin inéluctable de chaque homme. Mais c'est n'est pas la fin. Après et malgré le naufrage, l'option de reconstruire les bateaux se dessine toujours comme dépourvue d'alternatives. L'histoire devient donc un cycle infini de naufrages.

Le moment crucial pour Blumenberg c'est juste ce moment où le spectateur perd son statut privilégié par rapport au naufrage. C'est le moment où la catastrophe acquiert une dimension universelle; il n'y a plus de «terre ferme», il n'y a plus de position extérieure par rapport aux circonstances catastrophiques. C'est bien le cas des grands cataclysmes de l'époque moderne, telles que les révolutions ou les guerres mondiales. Tous deviennent naufragés; personne ne peut plus se distancier par rapport à ce qui se passe. Garder la neutralité d'un spectateur distancié – même si c'était possible –, cesse d'être une position moralement acceptable.

---

[2] H. Blumenberg, *Naufrage avec spectateur: paradigme d'une métaphore de l'existence*, trad. L. Cassagnau, L'Arche, Paris, 1994.

Mais ce qui m'intéresse ici, ce sont les implications de cette vision ou de ce diagnostic de l'état de la culture pour les conditionnements de la communication littéraire. Je pose donc une hypothèse suggérée dans le titre: le plaisir du texte de type moderne se situe au-delà de la pitié. Si la prise de distance par rapport aux événements tragiques devient en quelque sorte culturellement impossible, un modèle ancien de la relation entre l'auteur et le lecteur devient impossible à son tour: le modèle où l'acte de communication littéraire se réalisait, pour ainsi dire, au-dessus du théâtre des personnages perd sa fonctionnalité. Ce modèle se basait sur un spectre des émotions *pietas – katharsis*. L'émotion de la pitié, qui n'est pas dépourvue d'une gratification psychologique, fournissait la base de la satisfaction de la lecture dès l'antiquité jusqu'à la fin de l'âge classique. Mais ensuite, comme Blumenberg le suggère, la disparition du spectateur devient un fait qui exerce une influence très profonde sur toute la culture. Il jette donc quelque lumière sur les causes de la «mort de la tragédie», étudiée, pour ne citer qu'un exemple, par George Steiner qui se penchait, dans une perspective comparatiste, sur le phénomène si surprenant de l'extinction presque complète du genre dominant dans tout le système littéraire occidental jusqu'au XVIIᵉ siècle[3]. Ce qui apparaît à son tour, c'est une modalité nouvelle de l'acte littéraire, fondé sur l'exploration empathique des diverses situations existentielles, et une modalité nouvelle du plaisir du texte.

Auparavant, l'écriture et la lecture constituaient un acte de distanciation par rapport à la catastrophe. L'identification empathique avec la victime du destin tragique devait être résolue au moment cathartique, impliquant la découverte finale de la non-identité du spectateur et du personnage tragique. Ce qui en résulte, c'est un renforcement de la solidarité entre l'auteur et le lecteur, participant de la même qualité des spectateurs sur la terre ferme, hors du naufrage. Mais à l'aube de la modernité, l'écriture et la lecture deviennent une «quête de l'intensité». L'expérience de la littérature culmine non plus dans la prise de distances cathartique, mais, bien au contraire, dans l'actualisation imaginaire des variantes infinies de la catastrophe. Aucune de ces variantes, même si elles étaient, du point de vue pratique, impossibles de réaliser par un auteur et un lecteur donnés, ne se trouve plus au-delà de l'expérience médiatisée par la littérature. Guilleragues, un homme, écrit dans les *Lettres portugaises* comme s'il était une femme, explorant une catastrophe qui pouvait être entendue comme spécifiquement féminine. La féminité a cessé d'être ce qu'un spectateur masculin peut observer comme quelque chose d'étranger par rapport à sa propre destinée, en gardant ses distances et ayant pitié. Le destin féminin est intériorisé comme une des «modalités de catastrophe» universelles.

La fusion de l'écriture masculine et de l'expérience présentée et connotée culturellement comme féminine semblait si complète que longtemps la critique avait du mal à reconnaître que Guilleragues, un homme, pourrait vraiment être l'auteur, et non seulement l'éditeur ou le rédacteur de ces lettres passionnées. Et pourtant, plutôt que de l'expérience spécifiquement féminine, il s'agit ici de l'expérience de l'«extrême

---

[3] G. Steiner, *La Mort de la tragédie*, trad. R. Celli, Seuil, Paris, 1965.

solitude» dont Roland Barthes parle en exergue des *Fragments d'un discours amoureux*[4]. La religieuse portugaise abandonnée par son amant, un chevalier français qui
s'en va avec son armée sans se faire trop de soucis, un étranger en passage, produit un
discours torrentiel, superflu, même embarrassant, dont elle s'excuse à plusieurs reprises: «je vous écris lettres trop longues», «je vous parle trop souvent»[5]. Et pourtant,
toute écriture est superflue dans son cas, car l'amant ne veut ni attend ses missives.
L'acte d'écrire sert plutôt à se libérer d'une dépendance émotionnelle dévastatrice que
de palier une absence ou faire durer une relation interrompue. Plutôt qu'un acte de
communication, l'écriture est un moyen de confrontation avec une incommunicabilité de toute expérience intérieure, même une expérience amoureuse.

Le personnage féminin d'une religieuse n'est donc qu'une espèce d'excuse pour
véhiculer le contenu qui est reconnu comme destin universel: l'abandon et une solitude absolue. Car, selon le diagnostic de Blumenberg, la généralisation du naufrage
marque la fin d'une époque où la condition humaine pourrait être entendue en tant
qu'un destin communautaire, exprimé par les métaphores telles que, p. ex., «un navire d'état» (métaphore connue depuis Horace) ou, sous une lumière plus pessimiste,
«le navire des fous» médiéval. Le naufrage à l'aube de la modernité isole les individus
qui ne peuvent plus être sauvés qu'individuellement et à titre d'exception. L'incommunicabilité de l'expérience de cette religieuse vivant une solitude extrême malgré le
fait d'appartenir à la communauté claustrale, l'acte désespéré d'écrire une lettre à un
destinataire non seulement absent, mais aussi inapprochable en termes psychologiques (un amant indifférent), tout cela se transforme en situation paradigmatique
de l'individu, caractéristique pour l'époque naissante.

De l'autre coté, l'enjeu central des *Lettres portugaises* est la lutte pour l'individua-
tion menée par la destinatrice contre le destinateur. Il ne s'agit donc pas de donner
une preuve ou un témoignage d'amour, mais plutôt bien au contraire, de se libérer
d'un attachement excessif. Tout au long de cette expérience prolongée de l'écriture,
jaugée par les lettres successives, la religieuse se construit une vertu d'un type nouveau: elle bâtit une acceptation de la solitude absolue de l'homme moderne. Elle
établit un modèle de la vie en soi-même et pour soi-même, radicalement isolée et
individualisée.

Dans une de ses lettres, la religieuse résume le trait caractéristique de cette situation nouvelle, que nous pourrions généraliser comme le signe de la rupture du pacte
de la communication par l'écriture: «J'écris plus pour moi que pour vous»[6]. L'écriture
fournit un miroir de l'égotisme foncier de celui ou celle qui écrit – je le prends bien
pour une attitude caractéristique et symptomatique de la modernité. Que faire, si
son destinataire reste inattentif, peut-être même malveillant, prêt à se moquer de son

[4] R. Barthes, *Fragments d'un discours amoureux*, Seuil, Paris, 1977, p. 5.
[5] [Guilleragues], *Lettres de la Religieuse Portugaise traduites en Français (Anonyme de la fin du XVIIe siècle)*, Alain Hurtig, Paris, 1996; notre réf.: http://www.alain.les-hurtig.org/pdf/lettres.pdf; p. 17.
[6] *Ibid.*, p. 39.

excès sentimental? Cela se réfère bien sûr à une situation psychologique esquissée à l'intérieur du texte, entre les personnages; mais en même temps je lis ce texte tout entier sur un autre plan: en tant qu'un commentaire de Guilleragues concernant la rupture d'un certain pacte de communication entre celui qui écrit et son lecteur.

Donc, la littérature n'est plus une forme de communication entendue comme une espèce de syntonisation intellectuelle et émotionnelle entre l'auteur et le lecteur, et non plus une expérience communautaire connue à l'époque pré-moderne. Alors, quelle est au juste la raison d'écrire dans cette situation? Cette raison, je la vois dans un plaisir nouveau ou au moins exploré d'une façon plus acharnée à l'époque moderne. Gustave Flaubert nous a laissé un témoignage d'une vivacité remarquable, concernant le processus d'écrire la *Tentation de saint Antoine*[7], dont l'importance n'a pas échappé à l'attention de Michel Foucault, qui lui a consacré l'essai *La Bibliothèque fantastique* publié en 1983[8].

Les notes de Flaubert concernant l'écriture de la *Tentation* pourraient être prises pour une expression masquée d'un plaisir tout à fait physiologique: «Je gueule! Je sue! C'est superbe! Il y a des moments où décidément, c'est plus que du délire». La progression du travail sur le texte est décrite comme une excitation grandissante. Flaubert avoue: «je suis arrivé à jouir d'une exaltation effrayante… Je n'ai jamais eu le bourrichon plus monté»[9]. Foucault en reste incrédule. Dans *La bibliothèque fantastique*, il prend cet aveu plutôt pour une espèce de fiction au deuxième degré, en prenant la *Tentation* pour «un monument de savoir méticuleux»[10]. Il souligne le contraste entre, d'une part, cet aveu du délire et de la jouissance, et d'autre part, la méticulosité avec laquelle Flaubert avait composé sa narration, à maintes reprises cherchant l'inspiration dans sa bibliothèque d'ouvrages de référence bien épais.

Et pourtant la méticulosité toute seule ne me semble toujours pas la raison pour laquelle Flaubert écrit. Mais enfin, écrit-il pour se donner ce plaisir pervers d'écrire, un plaisir essentiellement solitaire, ou bien y a-t-il toujours un lecteur? Il n'est pas aisé, bien sûr, de donner une réponse univoque à cette question. Mais sans doute Flaubert pourrait bien souscrire à cet aveu de la religieuse portugaise: «J'écris plus pour moi que pour vous». Il semble que la littérature de la modernité gravite autour du problème de la rupture de la communication. Ce problème, concernant foncièrement la relation entre l'auteur et le lecteur, est parfois thématisé à l'intérieur du texte en tant qu'une rupture de la communication amoureuse. L'impossibilité de l'amour est donc une figure de la lecture impossible. Impossible, parce que rejetée a priori, de la même façon qu'Antoine rejette toute éventualité de l'amour en choisissant le destin solitaire d'un anachorète chrétien, qui, paradoxalement – mais Flaubert l'explique bien –, est une vie remplie d'intensité sensuelle allant bien au delà de l'amour.

[7] G. Flaubert, *La Tentation de saint Antoine*, Louis Conard, Paris, 1910; notre réf. http://fr.wikisource.org/wiki/Livre:Gustave_Flaubert_-_La_Tentation_de_Saint-Antoine.djvu.

[8] M. Foucault, *La Bibliothèque fantastique*, Seuil, Paris, 1983.

[9] *Ibid.*, p. 7.

[10] *Ibid. l.c.*

Le désir de l'intensité est constamment présent dans le texte de la *Tentation,* où la recherche de la jouissance sensuelle, visible p. ex. dans la fameuse description de la nourriture, devient quelque chose de plus important qu'un simple exercice de style. L'anachorète est confronté avec une vision où la «chair» des fruits, «d'une coloration presque humaine»[11], redouble l'appât gastronomique d'une inquiétante connotation sexuelle. Sur la table visionnaire, la présence de la viande d'un sanglier n'est pas moins troublante, car elle incarne l'impulse agressif, celui de se venger d'une manière violente sur tout être vivant. À plusieurs reprises, les souffrances d'Antoine le poussent à exiger un sacrifice pareil de tout ce qui vit, tout simplement parce que «Je souffre bien, moi!»[12].

L'expérience de l'anachorète torturé des visions dictées par les forces diaboliques devient chez Flaubert une métaphore du destin de l'homme moderne, dont la quête incessante d'intensité est doublée d'une impossibilité d'entrer en contact, de toucher, de vivre pleinement ou même de détruire quoi que ce soit. L'érotisme visionnaire d'Antoine occupe la place d'un amour véritable, expérience qui, éternellement pour-suivie, semble paradoxalement tout à fait inaccessible à l'age moderne. Mais il ne s'agit pas de l'amour tout seul. L'homme moderne est séparé du monde tout entier; toute expérience sensuelle, haptique, toute possession effective et en conséquence toute jouissance semble être placée hors de sa portée. L'accumulation prodigieuse des biens s'écroule dans le vide:

> Je me ferai creuser dans le roc une chambre qui sera couverte à l'intérieur de lames de bronze-et je viendrai là, pour sentir les piles d'or s'enfoncer sous mes talons; j'y plon-gerai mes bras comme dans des sacs de grain. Je veux m'en frotter le visage, me coucher dessus!
> Il lâche la torche pour embrasser le tas; et tombe par terre sur la poitrine.
> Il se relève. La place est entièrement vide[13].

Comme un naufragé d'un désastre personnel (Antoine le constate bien, en médi-tant sur sa vie et analysant toutes les possibilités qu'il aurait pu choisir: celle de se faire grammairien ou philosophe, soldat, marchand, ou tout simplement un prêtre), il songe à répandre la catastrophe dans le monde qui l'entoure. Et il le fait, ne serait-ce dans le cas d'Ammonaria, son amante rejetée qui se fait chrétienne et qu'il croit reconnaître dans la figure d'une femme torturée au cours des persécutions à Alexan-drie. Il arrive trop tard pour se faire lui-même un martyre, mais encore à temps pour entrevoir la beauté intense d'un corps nu, contorsionné sous les coups des soldats qui le fouettent. La beauté d'Ammonaria lui paraît multipliée par l'intensité de la souf-france: «Cependant... celle-là était plus grande..., et belle..., prodigieusement!»[14]. L'expérience d'Antoine confronté avec ce spectacle de la cruauté se situe donc au-delà de la pitié. Il conçoit ce qu'il regarde plutôt à travers les notions d'épanouissement et

---

[11] G. Flaubert, *op. cit.,* p. 17.
[12] *Ibid.,* p. 13.
[13] *Ibid.,* p. 20.
[14] *Ibid.,* p. 5.

de plénitude qui correspondent mieux à la situation du naufragé moderne en quête de l'intensité.

Antoine a succombé à la tentation d'anachorétisme en rejetant la perspective d'une relation amoureuse. La quête de la communication, impliquée par l'expérience d'amour, est donc supprimée par la quête de l'intensité, caractéristique pour l'homme moderne qui a non seulement accepté, mais aussi intériorisé le naufrage. L'orage et la catastrophe sont bien voulus et désirés. La nature du pathos change donc profondément. Le mécanisme cathartique restait conditionné par la constatation de la distance par rapport au personnage, c'était toujours, comme l'affirme Blumenberg, l'expérience du spectateur. Et pourtant, Flaubert le moderne a laissé une phrase fameuse: «Madame Bovary, c'est moi», en postulant une fusion totale entre le personnage et l'auteur. Une fusion, à coup sûr, impossible de réaliser, mais qui établit en quelque sorte l'horizon de l'acte de l'écriture en postulant une jouissance vécue au travers du personnage. La sensualité, donc le corps, marque sa présence au centre de l'univers de l'écriture.

Et donc... Le plaisir troublant de la pitié, vécu par le spectateur de la tragédie classique s'est transformé, avec la modernité, en un plaisir non moins troublant de la fusion empathique, non seulement affective, mais aussi sensuelle avec le personnage devenu une espèce de véhicule de l'intensité poursuivie par l'homme moderne. Cette intensité savourée en solitude constitue toujours un reflet de l'isolement réflexif du spectateur du naufrage, celui qui jadis gardait le privilège de rester en marge des événements. Mais à l'aube de la modernité, cette figure solitaire s'est unie à celle du naufragé, sauvé à titre d'exception d'une catastrophe universelle. Ce spectateur naufragé est devenu familier du gouffre qui l'avait englouti; tout au centre de l'orage qu'il savoure par tous ses sens, il devient le voyeur de son propre plaisir, projeté dans le personnage littéraire.

Summary

Beyond the Pity. *Shipwreck with Spectator* **by Hans Blumenberg as a Key to Read Guilleragues and Flaubert**

In this article, we take the Blumenbergian essay *Shipwreck with Spectator* as a starting point to read the *Letters of a Portuguese Nun* and the *Temptation of Saint Anthony*. The main argumentation is intended to show how the experience of literature based on pity, that finds its culmination in the genre of tragedy, is transformed, at the beginning of modernity, into a literature searching intensity. This phenomenon is translated by Blumenberg into a metaphor of a shipwreck which becomes an universal catastrophe with no exterior space where the merciful spectator could find his place. The modern man always occupies the position of the shipwrecked, so much so that he not only accepts the catastrophe, but also desires its perpetuation, in a permanent demand of increased intensity both in pleasure and suffering.

Keywords: Modernity, intensity, Blumenberg, Guilleragues, Flaubert

DOI: 10.12797/9788376384207.29

ADAM JAROSZ

Université de Gdańsk

Jules Verne: entre les contraintes du projet éducatif et les postulations de l'âme imaginante

Tous les verniens s'accordent sur un point: durant toute sa vie d'écrivain Jules Verne a travaillé écartelé entre, d'un côté, les attentes du public et celles de son éditeur et, de l'autre, les impératifs de sa psyché imaginante. En 1862, le jeune Jules Verne fait la connaissance de Pierre-Jules Hetzel, écrivain de renom et son futur éditeur, qui mettra au point le projet d'éditer une série de *Voyages Extraordinaires*, collection de romans pour la jeunesse, susceptibles non seulement de plaire aux jeunes lecteurs, mais aussi investis d'une certaine mission éducative. La visée pédagogique du projet est nettement formulée par Hetzel dans l'«avertissement de l'éditeur» aux *Aventures du capitaine Hatteras* (1864), le premier volume de la future collection. Les romans de Jules Verne, précise Hetzel, «ont pour but de résumer toutes les connaissances géographiques, géologiques, physiques, astronomiques, amassées par la science moderne, et de refaire, sous la forme attrayante et pittoresque qui lui est propre, l'histoire de l'univers »[1]. Projet audacieux et très scrupuleusement réalisé, ainsi qu'en témoignent les quarante ans de travail de Jules Verne qui a su se tenir dans la ligne éditoriale tracée par Hetzel. Les preuves de cette fidélité sont très spectaculaires. Entre 1863-1905, Verne écrit 84 romans d'aventures qui donnent aux lecteurs français, et bientôt aussi à ceux du monde entier, la possibilité d'explorer tous les continents du globe terrestre, à partir des sables brûlants du Sahara jusqu'aux contrées circumpolaires et polaires. Cantonné dans son rôle d'écrivain pour la jeunesse, Jules Verne se sent-il parfois las de la tutelle d'Hetzel? L'abondante correspondance entre le romancier et l'éditeur à laquelle nous avons aujourd'hui accès n'autorise pas à formuler un constat

---

[1] J. Verne, *Aventures du capitaine Hatteras*, Gallimard, Paris, 2005, p. 27.

aussi hardi. Jules Verne y apparaît toujours en élève, docile et demandeur de conseils, prêt à accepter sans broncher les critiques, parfois virulantes, des Hetzel père et fils. Collaboration parfaite, sans heurts ni accrochages? La conclusion paraît fort probable. Surtout à la lumière de l'opinion de nombreux verniens, prêts à souligner les rapports d'amitié entre l'éditeur et l'écrivain[2]. Ce qu'il y a pourtant de plus important dans l'œuvre vernienne, ce ne sont pas les détails de cette concorde quasi idyllique entre Pierre Hetzel et Jules Verne, mais justement le contraire, les moments d'incartades, situations où l'imagination vernienne s'affranchit momentanément de la corvée du projet éducatif mis en chantier pour manifester son dynamisme inhérent. C'est précisément dans ces brefs instants de désobéissance au rationnel que la psyché vernienne a accès aux grandes images archétypales qui ressurgissent alors avec une clarté spectaculaire.

Chez Verne, ces actes de reconquête de liberté créatrice sont légion. Impossible de les citer tous. Arcadie Boréale mise en scène dans *Les Aventures du capitaine Hatteras*, Atlantide du *Vingt mille lieues sous la mer* (1870), l'enterrement sous-marin du même roman, Granite-house de *L'Île mystérieuse* (1874-75), sans oublier d'innombrables recréations imaginaires du paradis: autant d'exemples du génie vernien parsemés dans l'œuvre de l'écrivain. Dans cette pléthore des images citées et non citées deux méritent pourtant une attention particulière. Celle-ci se justifie par le haut degré de conformité que les images en question entretiennent avec le noyau archétypal respectif. C'est surtout le cas de l'image de l'enterrement sous-marin de *Vingt mille...* et celle de Granite-house de *L'Île Mystérieuse*, caverne granitique devenue un analogon du temple situé au centre du monde. L'analyse des deux images constitue une voix de plus dans un grand débat qui dévoile, pas à pas, un visage méconnu ou mal connu de Verne: celui d'un écrivain qui ne fait pas uniquement de la vulgarisation scientifique, mais qui est aussi, et peut-être avant tout, un poète, créateur de grandes images symboliques, sensible aux dynamismes inconscients de son âme.

L'épisode de l'enterrement sous les eaux apparaît dans *Vingt mille lieues…*, roman consacré, tous les amateurs de lectures verniennes le savent parfaitement, à un grand périple sous-marin que le capitaine Nemo, son équipage et ses prisonniers, le professeur Aronnax, son serviteur Conseil et le harponneur Ned Land, effectuent à bord du submersible *Nautilus*. Dans le chapitre XXIV du roman, le capitaine Nemo avec quelques marins et en compagnie d'Aronnax mettent des scaphandres spéciaux pour descendre à la profondeur vertigineuse de 300 mètres, donc «à la limite extrême sur laquelle le corail commence à se former»[3]. L'objectif de la descente s'explique au mi-

---

[2] Il paraît inutile de rappeler ici en détail tous les méandres de collaboration entre Hetzel et Verne, la question ayant été bien présentée dans toutes les biographies de l'écrivain. Pour ce qui est du bref résumé de ces rapports se referer à l'ouvrage suivant: J.P. Gourévitch, *Hetzel. Le bon génie des livres*, Éditions du Rocher/Serpent à Plumes, Paris, 2005, p. 211-232.

[3] J. Verne, *Vingt mille lieues sous les mers*, Booking International, Paris, 1994, p. 207. Difficile à atteindre même pour les sous-marins modernes, cette profondeur peut être considérée comme le gage du caractère symbolique de l'événement. Selon Jules Michelet cité par Jean Libis, le fantasme

lieu du chapitre: il est question de l'enterrement de l'un des membres de l'équipage du *Nautilus*. Suit la scène très touchante du creusement de la tombe dans le sol rocheux de l'océan. Inutile d'ajouter qu'à une pareille profondeur les rayons solaires n'arrivent plus à se frayer un chemin à travers les épaisses couches aquatiques. L'enterrement se passe donc dans une obscurité complète de laquelle émerge pourtant un cercle lumineux délimité par la puissance des lampes des scaphandriers. Aronnax brosse le tableau suivant de la situation:

> Nous occupions, en cet endroit, le centre d'une vaste clairière, entourée par les hautes arborisations de la forêt sous-marine. Nos lampes projetaient sur cet espace une sorte de clarté crépusculaire qui allongeait démesurément les ombres sur le sol. A la limite de la clairière, l'obscurité redevenait profonde. [...] Au milieu de la clairière, sur un piédestal de rocs grossièrement entassés, se dressait une croix de corail, qui étendait ses longs bras qu'on eût dit faits d'un sang pétrifié. [...] J'ai compris tout! cette clairière était un cimetière, ce trou une tombe, cet objet oblong, le corps de l'homme mort dans la nuit! Le capitaine Nemo et les siens venaient enterrer leur compagnon dans cette demeure commune au fond de cet inaccessible océan![4]

La tombe, berceau chthonien, creusé au fond de l'océan, ce grand utérus maternel sombre, mais tranquille et reposant: voici un bel exemple du jeu spatial des images symboliques, caractéristiques du régime nocturne distingué par Gilbert Durand. Les eaux abyssales font ici office d'un immense contenant qui emboîte spatialement la tombe. Les deux, le contenant et la tombe, constituent un cas de figure particulier du complexe de Jonas, image symbolique d'autant plus inhabituelle que située à l'intérieur du milieu aquatique. Le bien-fondé du diagnostic archétypologique de la scène semble confirmé par l'analyse de la palette chromatique du décor immédiat de l'enterrement. Ici, la conformité avec la théorie durandienne semble presque parfaite. La cérémonie, on l'a vu, a lieu sur la clairière d'une forêt de corail. La croix, point central de la clairière, semble faite de sang pétrifié et le cimetière inhabituel est plongé dans une lumière artificielle. Ainsi se forme une triade chromatique prédominante formée par deux tonalités de rouge (corail, sang coagulé), et par une lumière artificielle, «crépusculaire»[5]. Contrairement aux précédents, le troisième élément de la triade n'est pas un nom, mais un adjectif. Celui-ci semble investi d'un double rôle, à la fois descriptif et symbolique. Le premier consiste à marquer le faible degré d'intensité de la lumière projetée par les lampes de l'équipage du *Nautilus*. Pourtant, on ne saurait se contenter d'une interprétation aussi pragmatique. La richesse sémantique

---

des profondeurs aquatiques occupe une place importante dans la symptomatologie onirique. J. L i - b i s, *L'eau et la mort*, EUD, Paris, 1993, p. 70.

   [4] J. V e r n e, *Vingt mille lieues...*, *op. cit.*, p. 208.

   [5] Une analyse plus profonde que celle purement chromatique permettrait de démontrer le caractère sexuel de la scène présentée. D'après Gilbert Durand, la croix, le sang, le rouge (assimilable au feu) sont des symboles faisant partie de la vaste constellation des images construite autour du schème rythmique. G. D u r a n d, *Les Structures anthropologiques de l'imaginaire*, Dunod, Paris, 1992, p. 378-385.

de l'adjectif invite à voir dans celui-ci quelque chose de plus: mot synonyme du déclin final, en d'autres termes, attribut inhérent de l'imaginaire du passage de la vie au trépas. Exploitée par l'imagination vernienne, cette profondeur symbolique du qualificatif influe sur son statut linguistique: pour celui qui l'analyse attentivement, l'adjectif tend à se nominaliser, devenir «le crépusculaire», sorte de couleur imaginaire à part entière, élément chromatique qui renvoie à des images typiques du régime nocturne, celles du repos ou de l'intimité réconfortante[6]. La double conformité, observée aussi bien sur le plan des relations entre les figures symboliques que celle constatée sur le plan chromatique, autorise-t-elle à conclure à la recréation parfaite de l'image archétypale, ou plutôt, des images archétypales typiques du régime nocturne? Là, aucun doute n'est plus permis. Dans la scène analysée l'assujettissement du rationnel à l'archétypal semble complet.

Le même primat de l'archétypal sur le rationnel apparaît dans *L'Île mystérieuse*. Ici, la trahison du purement rationnel transparaît dans beaucoup de péripéties. Certes, l'intérêt interprétatif de ces fuites momentanées du réel est grand. Il s'efface pourtant devant la grandeur du mystère de Granite-house (Palais de Cristal), le décor principal du roman. Choisi par les protagonistes, l'ingénieur Cyrus Smith et ses compagnons, le toponyme désigne une grande caverne qui, cachée dans un massif de granit, sert de refuge aux colons. Refuge bien particulier, car l'analyse topographique de celui-ci permet de répertorier de nombreuses preuves de la sacralité de cette demeure. Celles-ci s'articulent à travers un système d'analogies qui se tissent sur un triple plan, lexical, architectural et symbolique, entre la caverne et les chefs d'œuvre de l'architecture religieuse du monde entier. Le rapprochement semble possible, car la caverne de Granite-house est grande, belle et, détail très important, évoquée avec une grande profusion de termes spécifiques empruntés à l'architecture. Accessible uniquement par le biais d'une échelle de corde, elle constitue une vaste «nef», dont l'agencement est des plus capricieux:

> A sa partie droite [cette caverne] était énorme, et sa voûte s'arrondissait à plus de quatre-vingts pieds de hauteur. En quelques endroits, des piliers de granit, irrégulièrement disposés, en supportaient les retombées comme celles d'une nef de cathédrale. Appuyée sur des espèces de pieds-droits latéraux, […], ornée à profusion de sailles qui formaient comme autant de pendentifs, cette voûte offrait un mélange pittoresque de tout ce que les architectures byzantine, romane et gothique ont produit sous la main de l'homme. Et ici, pourtant, ce n'était que l'œuvre de la nature! Elle seule avait creusé ce féérique Alhambra dans un massif de granit! [7]

---

[6] Pour illustrer la prégnance symbolique du motif du crépuscule on peut citer Gilbert Durand qui constate: «Le crépuscule descend pour qui aime et qui pleure. […] Nous voyons donc, tant dans les cultures où se développe le culte des morts et des cadavres, que chez les mystiques et les poètes, se réhabiliter la nuit et la constellation nyctymorphe tout entière. Tandis que les schèmes ascensionnels avaient pour atmosphère la lumière, les schèmes de la descente intime se colorent de l'épaisseur nocturne.» G. Durand, *Les Structures…*, *op. cit.*, p. 250.

[7] J. Verne, *L'Île mystérieuse*, Hachette, Paris, 1999, p. 144.

On chercherait en vain des termes mieux appropriés pour rendre la beauté de l'image. Comparé au chef d'œuvre de l'architecture mauresque, Granite-house est une caverne d'autant plus belle que libre de toute velléité d'imiter un canon esthétique arbitrairement choisi. D'où sa caractéristique fondamentale: un éclectisme architectural susceptible d'harmoniser les éléments les plus divers des architectures byzantine, romane et gothique.

Omniprésentes dans la prose vernienne[8], ces affinités entre l'architecture religieuse et la grotte se reflètent dans deux questions fondamentales pour l'architecture religieuse: l'orientation spatiale des édifices sacrés et la lumière. Sans explorer à fond tous les méandres techniques de cette problématique, tâche qui s'éloignerait de notre propos, il convient néanmoins de rappeler quelques informations de base sur les deux aspects symbolico-architecturaux mentionnés, importants pour les analyses ultérieures de l'image de Granite-house. L'orientation est de l'édifice religieux constitue un véritable principe universaliste respecté, depuis la nuit des temps, dans toutes les parties du monde. En vertu de ce principe, tous les édifices à vocation cultuelle, chrétiens ou non chrétiens, adoptent la même configuration spatiale: leurs parties les plus importantes, à savoir l'autel, l'abside et le presbytère, se tournent vers l'est (symbole de la vie et de la plénitude paradisiaque), en nette opposition avec l'ouest, assimilable à la mort, à l'attente de la résurrection des corps et au jugement dernier[9]. Cette priorité naturelle que la symbolique religieuse, l'église institutionnalisée et le commun des fidèles, accordent à l'est semble mise en valeur par l'autre aspect architectural mentionné: la lumière. A l'intérieur d'un bâtiment sacré, la lumière joue un rôle spécifique. Porteuse de valeurs théologiques, elle s'affranchit de sa fonction purement utilitaire (éclairage) pour s'impliquer dans la lutte des valeurs antinomiques figurées par l'est et l'ouest. L'implication se fait par le biais d'un effet d'optique soigneusement ménagé par les architectes: la distribution inégale du flux lumineux qui, d'abord tamisé à travers le système des vitraux colorés ou incolores, est ensuite canalisé vers un «point focal à la croisée du transept, centre de l'espace liturgique»[10]. La canalisation

---

[8] La même situation se répète à la fin de *L'Ile mystérieuse* où le lecteur a l'occasion de contempler une autre grotte d'origine volcanique. Bien cachée au fond du massif granitique, elle constitue une magnifique «crypte», lieu d'emprisonnement du *Nautilus*.

[9] Ainsi que le souligne Richard Taylor, l'ouest est négativement connoté aussi pour des raisons lexicales. Pour les chrétiens du Moyen Âge le substantif «occidens» (ouest) était considéré comme trop proche du verbe latin «occidere» (tuer). R. Taylor, *Przewodnik po symbolice kościoła*, trad. de l'anglais par M. Stopa, Wrocławska Drukarnia Naukowa PAN, Wrocław, 2006, p. 42. Sur la symbolique chrétienne de l'est et de l'ouest voir aussi: 1. M. Davy, *Initiation à la symbolique romane*, Flammarion, Paris, 1977, p. 196; 2. G. Durand, *Les Structures...*, *op. cit.*, p. 168; 3. P. Faure, «Les points cardinaux dans le monde visionnaire d'Hildegarde de Bingen», [in:] M. Viegnes (dir.), *Imaginaires des points cardinaux. Aux quatre angles du Monde*, Imago, Paris, 2005, p. 43-57; 4. L. Gosserez, «Les points cardinaux dans l'Antiquité chrétienne», [in:] M. Viegnes (dir.), *Imaginaires...*, *op. cit.* p. 23-42. 5. J. Baschet, *L'iconographie médiévale*, Gallimard, Paris, 2008, p. 77 et 81.

[10] Sur la lumière à l'intérieur de l'église voir surtout: 1. S. De Lavergne, «La lumière dans l'aménagement de l'espace liturgique: aspects théologiques», [in:] J. Ries, Ch.-M. Ternes (dir.) *Symbolisme et expérience de la lumière dans les grandes religions*, Brepols, Turnhout, 2002,

opère une transfiguration symbolique dudit espace. Inondé par la lumière naturelle, il devient le décor d'une féérie lumineuse chargée de souligner le caractère inhabituel du mystère sacré qui se répète à l'intérieur du bâtiment religieux[11].

Pour les théologiens, la dimension lumineuse de la liturgie et, plus en général, la différenciation bipolaire (est-ouest) de l'édifice religieux semble cruciale[12], puisque porteuse de l'un des messages les plus fondamentaux de la Bible: la consubstantialité du divin et du lumineux. Il suffit de rappeler qu'à maintes reprises la Bible insiste sur l'identité entre Dieu et la lumière. Dans la Genèse, Dieu sépare la lumière des ténèbres (Gn, 2; 7). Chez Esaïe, Dieu est lumière (Es, 60; 19, 20) ; la même idée apparaît fréquemment chez Jean où le Christ est présenté comme «lumière du monde» (Jn, 18; 12 et 9; 5). Quant à Ezéchiel, il parle de la «gloire du Dieu d'Israël » qui «arrivait depuis l'orient »[13]. Sans continuer une énumération qui risquerait d'être interminable, on est en droit de constater que la Bible insiste sur le fait que le cheminement vers le salut est une lutte contre les ténèbres que les hommes mènent à la lumière de l'Esprit[14]. La complexité de la matière abordée fait poser la question suivante: dans les évocations de Granite-house, observe-t-on des traces de ces relations hautement symboliques entre l'espace et la lumière?

La réponse à la question ne peut être que résolument affirmative. Une prise de position aussi tranchée est possible en vertu du fait que chaque évocation de Granite-house conforte un système d'affinités entre la grotte et la lumière. La relation s'instaure dès la première entrée en scène de la grotte, présentée, on le sait, comme le «féérique Alhambra». La comparaison ne saurait surprendre: entourée de my-

---

p. 225-239; 2. M. Schmitt, «La lumière et l'illumination des églises romanes, gothiques, en style Louis XIV et Louis XV», [in:] J. Ries, Ch.-M. Ternes (dir.) *Symbolisme...op. cit.*, p. 241-247. Quant au sens de l'opposition entre les vitraux colores et incolores, il recoupe celui de l'antinomie qui se dessine entre deux visions de l'esthétique médiévale. La première est représentée par saint Bernard, partisan du dépouillement dans l'esthétique religieuse. Suger, antagoniste de saint Bernard, se prononçait pour la richesse dans l'ornementation des églises. Voir M. Davy, *Initiation... op. cit.*, p. 206-213.

[11] Les théologues médiévaux disposent même d'une appellation spéciale pour désigner la clarté mystique ou méthaphysique qui s'infiltre à travers les vitraux. C'est la *claritas*, lumière supranaturelle, symbole de la gloire divine. S. Kobielus, *Niebiańska Jerozolima*, Apostolicum, Ząbki, 2004, p. 53, 133.

[12] En fait, il faudrait parler plutôt d'une différenciation quadripolaire, le nord et le sud étant aussi dotés de sens symboliques précis. Pour ne pas surcharger notre étude nous abandonnons cette question.

[13] Ez, 43; sur d'autres preuves de l'isomorphisme entre Dieu et la lumière dans la Bible, voir entre autres: 1. T.P. Osborne, «Lumière contre lumières: une étude d'Esaïe 60», [in:] J. Ries, Ch.M. Ternes (dir.) *Symbolisme et expérience de la lumière dans les grandes religions,* Brepols, Turnhout – Montréal, 2002, p. 135-148; 2. M. Gilbert, «La lumière dans les textes de Qumrân» [in:] J. Ries, Ch.M. Ternes (dir.) *Symbolisme...op. cit.*, p. 149-158; 3. C. Hélou, «Le conflit des ténèbres et de la lumière dans les écrits johanniques. Une approche symbolique» [in:] J. Ries, Ch.M. Ternes (dir.) *Symbolisme...*, *op. cit.*, p. 159-174.

[14] M. Feuillet, *Le lexique des symboles chrétiens*, PUF, Paris, 2007, p. 69. Voir aussi d'autres exemples cités par G. Durand [in:] *Les Structures..., op. cit.*, p. 168.

riades de scintillements, la grotte est en effet magique, car elle donne l'impression d'un immense miroir capable de refléter la maigre lumière des torches que les colons tiennent en main. Mais bientôt les torches ne sont plus nécessaires pour souligner le caractère éternellement «lumineux» de la caverne. Grâce à des travaux d'aménagement organisés sous l'égide de Cyrus Smith, la mirifique caverne reçoit un éclairage naturel assuré par une large baie et cinq fenêtres qui donnent directement sur l'est. Il est très symptomatique d'observer que même dans la description de ce détail Verne reste fidèle à l'imaginaire des grands édifices religieux des époques révolues, car les fenêtres percées subissent une métamorphose lexicale bien significative. Loin d'être désignées comme «fenêtres», elles se promeuvent au rang d'«oeils de boeuf», qui, situés sur la façade est de Granite-house, font penser aux énormes rosettes des cathédrales gothiques. Verne écrit:

> La façade de Granite-house allait [...] être éclairée au moyen de cinq fenêtres et d'une porte, desservant ce qui constituait «l'appartement» proprement dit, et au moyen d'une large baie et d'oeils de boeuf qui permettraient à la lumière d'entrer à profusion dans cette merveilleuse nef qui devait servir de grande salle. Cette façade, située à une hauteur de quatre-vingts pieds au-dessus du sol, était exposée à l'est, et le soleil levant la saluait de ses premiers rayons [15].

Inaccessible demeure humaine située à une hauteur vertigineuse, symboliquement orientée à l'est et inondée, jour après jour, par la lumière du Levant: voici les caractéristiques principales de Granite-house. Toutes contribuent à homologuer la caverne au lieu saint situé «au centre du monde».

Certes l'homologation évoquée est belle et convaincante, mais l'interprétation en reste incomplète, car elle ne rend pas assez compte des mécanismes profonds de la prédilection pour l'est et pour la lumière qui structure l'imaginaire de Granite-house. Ces mécanismes deviennent plus clairs si l'on se souvient que la fascination pour le lumineux n'est pas à chercher uniquement dans le christianisme, mais beaucoup plus profondément, à savoir dans les formes les plus archaïques de la vie religieuse. Ici surgit le problème des rapports entre le sacré chrétien et le paléoreligieux, question qui semble bien élucidée par la conception stratigraphique du sacré chrétien, postulée par le théologien chilien Luis Maldonado. Selon Maldonado, le sacré chrétien se construit toujours sur un reliquat du sacré «cosmique» ou «anthropologique», entendus comme les premières et les plus archaïques manifestations de la vie religieuse de l'homme. La thèse amène le théologien à présenter le modèle stratigraphique de l'expérience religieuse chrétienne. Selon Maldonado, celle-ci possède trois niveaux différents:

1. Le niveau «anthropologique» (*nivel antropológico*) représenté par la «religion naturelle». C'est la plus basse, élémentaire et chronologiquement première strate de la vie religieuse. Elle accentue le rôle des cycles cosmiques et les phénomènes naturels[16].

---

[15] J. Verne, *L'Île mystérieuse, op. cit.*, p. 148.

[16] Présenté par Rodrigo García dans R. García, «Espacio sagrado y Religiosidad popular: perspectivas veterotestamentarias» [in:] *Teología y vida*, Vol. VLIV, 2003, p. 310-331. Notre réf. http//www.scielo.cl/pdf/tv/v44n2-3/art13.pdf.

2. Le niveau «religieux» (*nivel religioso*). Ici, les forces de la nature se convertissent en symboles du transcendant, l'hiérophanie de l'Absolu.

3. Le niveau «chrétien» (*nivel cristiano*). C'est le niveau représenté par des vérités révélées par Dieu. Ce niveau insiste sur le rôle de l'enseignement pastoral et englobe les deux précédents[17].

La dichotomie suggérée par Maldonado (le sacré primitif comme soubassement du sacré chrétien) recoupe parfaitement la thèse fondamentale de Mircea Eliade qui postule la survivance des anciennes formes religieuses dans le cadre des comportements de l'*homo christianus,* voire dans ceux de l'homme moderne areligieux ou cryptoreligieux. «Quel que soit le degré de la désacralisation du monde auquel il est arrivé, l'homme qui a opté pour une vie profane ne réussit pas à abolir le comportement religieux. [...] L'existence même la plus désacralisée conserve encore des traces d'une valoristion religieuse du monde», constate Eliade[18]. Il est pourtant possible, ajoute-t-il plus loin, non sans une certaine dose d'amertume, qu'«une telle expérience complètement areligieuse devienne plus courante dans un avenir plus ou moins lointain; mais, pour l'instant, elle est encore rare»[19].

Quelle est la valeur explicative des conclusions de Maldonado et d'Eliade mises dans le contexte de la symbolique complexe de Granite-house? Sans doute l'imaginaire du Palais de Granit constitue-t-il un point de rencontre des deux grands types du sacré: le sacré anthropologique et le sacré chrétien. Le premier se manifeste surtout dans l'orientation de Granite-house. Exposée à l'est, toujours ouverte à l'afflux de lumière aurorale, la caverne s'inscrit bien dans la ligne tracée par les premières croyances religieuses de l'homme. Sensible à la valeur archétypale de ces croyances, la psyché de Verne les encode dans la topographie de Granite-house. Ces premières intuitions religieuses de l'écrivain sont ensuite renforcées sur le plan conscient, où elles prennent la forme de nombreuses comparaisons d'ordre symbolique et architectural chargées de mettre un point d'égalité entre Granite-house et un édifice religieux chrétien.

Que dire des deux grandes images symboliques évoquées plus haut? Nées en marge du grand projet éducatif soigneusement prémédité, elles cadrent mal avec la visée pédagogique de celui-ci. Toutefois, aujourd'hui on ne saurait plus se contenter de les analyser uniquement en termes de dérogation aux postulats idéologiques du projet mentionné. Dotées d'une beauté éclatante immédiatement saisie par le public vernien, les deux images constituent autant de notes vivifiantes et de gages de véracité psychologique des œuvres dans lesquelles elles se manifestent. Quant à l'origine essentiellement intuitive et inconsciente des représentations symboliques mentionnées, elle semble évidente. Lasse d'exercer sa fonction apologétique du rationnel et du scientifique, la psyché vernienne s'octroie des moments de repos en faisant irruption

[17] *Ibid.*, p. 311.
[18] M. Eliade, *Le sacré et le profane*, Gallimard, Paris, 2005, p. 27. Sur ce propos voir aussi: S. Deprez, *Mircea Eliade: La philosophie du sacré*, L'Harmattan, Paris, 2009, p. 14-15.
[19] M. Eliade, *Le sacré...*, *op. cit.*, p. 158.

dans le champ réservé aux forces de l'imaginaire. Et, paradoxalement, pour le lecteur contemporain, c'est moins le projet éducatif lui-même que ces fugitifs moments de vacances de l'esprit qui apportent la plus grande contribution à la célébrité du génie vernien. Célébrité d'autant plus méritée que puisant sa source dans la nature pure-ment humaine des motivations artistiques de Verne-écrivain. N'est-il pas, en effet, l'un de ceux qui éprouvent, d'après les belles paroles d'Eliade, la nostalgie des formes transcendantes?[20]

Summary

Jules Verne – Writer for Youth. Between the Constraints of Educational Project and the Postulations for the Imagining Soul

The aim of the article is to present two symbolic images, namely an image of a submarine funeral and of the Granite-house cave, which occur in *Twenty Thousand Leagues Under the Sea* and *Mysterious Island,* two novels that belong to *Extraordinary Jouneys,* a teaching pro-ject implemented owing to the cooperation between J.-P. Hetzel and J. Verne. The conducted analysis makes it possible to determinate the archetypal nature of the two images. The drawn conclusions stress what seems a superior characteristic of the cycle, namely the dissonance between the rationalistic and scientific premises that were the foundation thereof and the unconscious genesis of great symbolic images that appear therein.

Keywords: archetype, undersea funeral, cave, light/east, sacrality

---

[20] Idem, *Traité d'histoire des religions*, Payot, Paris, 2008, p. 381.

DOI: 10.12797/9788376384207.30

Magdalena Wandzioch

Université de Silésie

Une anecdote et deux auteurs: Charles Rabou et Alexandre Dumas

Alexandre Dumas, auteur connu pour sa fécondité littéraire, a souvent profité des textes publiés par d'autres hommes de plume, surtout lorsqu'il écrivait des contes, aussi bien merveilleux que fantastiques. Et qui pis est, il n'avait pas l'habitude d'indiquer ses sources d'inspiration.

C'est ainsi que peu de lecteurs savent que le récit intitulé *Le Chat, l'huissier et le squelette,* faisant partie du recueil *Les Mille et Un Fantômes* (1849), est une reprise du conte de Charles Rabou *Le Ministère public,* publié avec des nouvelles de Balzac et de Philarète Chasles, dans le recueil anonyme *Contes bruns,* paru à Paris en 1837.

Par ailleurs, la paternité littéraire revendiquée par les deux auteurs semble être douteuse car, comme nous le fait savoir Francis Lacassin[1], l'anecdote originale, contée par le médecin, est rapportée par Walter Scott dans *Lettres sur la démonologie.*

Si Charles Rabou ne mentionne pas l'origine de son conte, Alexandre Dumas évoque dans le sien le médecin qui accompagnait Walter Scott pendant son voyage en France. Dumas recourt au même motif que Rabou: le retour vengeur d'un fantôme, il adopte tout de même des stratégies narratives tellement différentes qu'il serait difficile de traiter son conte comme une simple réécriture du prototype.

L'écriture fantastique choisit, en général, entre deux éventualités: la narration à la première personne, prise en charge par un narrateur qui raconte une histoire dont il est le héros ou bien par un narrateur qui est seulement témoin des faits insolites. Cependant les deux conteurs, Rabou et Dumas, renoncent à cette recette traditionnelle et infaillible.

---

[1] F. Lacassin, *Mythologie du fantastique. Les rivages de la nuit,* Editions du Rocher/ Jean-Paul Bertrand Editeur, Paris, 1991, p. 146.

Charles Rabou opte pour un narrateur omniscient, plutôt malséant dans un récit fantastique; de ce point de vue Dumas surpasse en habileté son devancier en introduisant le procédé d'enchâssement et en respectant de la sorte le protocole de lecture plus adéquat au fantastique. Le récit enchâssé lui permet d'introduire, dans le récit enchâssant, un narrateur nommé Sébastien Robert, médecin de son métier, donc un homme digne de confiance, qui rapporte une histoire bizarre racontée par son confrère écossais, docteur Sympson. Cette relation du narrateur fiable est encore confirmée par Dumas lui-même, qui, en narrateur premier, a noté ce qu'il avait entendu.

Cependant les différences entre ces deux contes, dont le premier peut être considéré comme l'hypotexte et le deuxième comme l'hypertexte, présentant l'histoire d'une vengeance posthume ne s'arrêtent pas là. On les observe déjà au niveau du titre, premier élément du pacte de lecture: l'intitulé donné par Rabou, en tant que terme juridique, n'a rien d'attirant pour le lecteur qui, tout au plus, peut s'attendre à une histoire où le corps de magistrats, conformément à sa mission, défend les intérêts de la société et veille sur l'application des lois. Le développement de l'action démentira ses attentes.

Le titre choisi par Dumas paraît plus attirant, ne serait-ce qu'à cause de la juxtaposition étonnante d'éléments hétéroclites. Au cours de la lecture, il s'avère tout de même que ces trois unités ne sont que trois formes revêtues successivement par un fantôme vindicatif. Il faut reconnaître toutefois que les intitulés n'avertissent pas le lecteur de la nature des événements à venir.

L'*incipit*, qui, après le titre et la préface, absente dans les contes en question, est le troisième emplacement du nouement du contrat de lecture, est aussi tout à fait différent dans les deux histoires.

Le Ministère public commence par l'évocation du personnage de Pierre Leroux, «un pauvre charretier des environs de Beaugency»[2]. Le narrateur omniscient nous informe de son train de vie tout à fait ordinaire et de ses rêves aussi modestes que sa personne, pour passer arbitrairement à un autre personnage du récit, M. Desalleux, substitut du procureur général près la cour criminelle d'Orléans, jeune homme aux ambitions excessives. Les premières séquences du récit n'annoncent donc rien d'extraordinaire, l'histoire qui commence paraît tout à fait crédible, la condition sociale des deux personnages déterminant d'emblée leurs désirs. Ce n'est que la rencontre fâcheuse de ces deux héros qui déclenchera l'action aux conséquences désastreuses.

Le lecteur du récit dumasien *Le Chat, l'huissier et le squelette* est dans une situation différente, due au procédé de l'enchâssement. Dès le début, il est prévenu du caractère inouï des événements car ils sont rapportés dans le cadre d'une soirée entre amis qui relatent tous des faits insolites et parlent des signes de vie donnés par des morts. Parmi les conteurs se trouve un médecin, Sébastien Robert, qui est témoin auriculaire de l'histoire qui lui a été transmise par le médecin de Walter Scott:

---

[2] Ch. Rabou, «Le Ministère public», [in:] Balzac, Chasles, Rabou, *Contes bruns*, Editions de Marie-Christine Natta La Chasse au Snark, Jaignes, 2002, p. 259.

Le docteur qui accompagnait Walter Scott en France se nommait le docteur Sympson: c'était un des hommes les plus distingués de la faculté d'Edimbourg, et lié, par conséquent avec les personnes les plus considérables de la ville.

Au nombre de ces personnes était un juge au tribunal criminel, dont il ne m'a pas dit le nom. Le nom était le seul secret qu'il trouvât convenable de garder dans toute cette affaire [3].

Le lecteur notera sans doute la ressemblance des personnages principaux, hommes de loi, donc instruits, raisonnables et par là-même peu prédisposés à la superstition.

Chez Rabou, le substitut du procureur condamne injustement un homme à la peine capitale; chez Dumas qui ne modifie que des détails, c'est le juge qui, dans un procès criminel, condamne un bandit à être pendu. Celui-ci non seulement profère des menaces contre le juge, mais encore au moment de son exécution, prononce une sorte de conjuration contre lui.

Dans le récit de Ch. Rabou, les deux acteurs principaux se rencontrent face à face lorsque le charretier Leroux est accusé d'un meurtre. Et quoique les indices soient insignifiants, le substitut du procureur y voit l'occasion de démontrer «l'omnipotence de la parole accusatrice»[4], parole dont il est le maître. Grâce à son don d'orateur, il parvient à persuader les jurés de la cour d'assises et le président de la cour lui-même que le pauvre charretier a commis un délit contre la société. C'est par suite de son plaidoyer éloquent que Pierre Leroux est décapité et le narrateur évoque la scène de l'exécution avec une ironie acerbe.

Comme il se doit dans un récit fantastique, l'action, au sens propre du mot, ne commence qu'après la mort des deux condamnés qui reviennent de l'au-delà pour assouvir leur vengeance. Dans le conte de Charles Rabou, un événement terrifiant a lieu trois mois après la décapitation de Pierre Leroux. Une nuit, M. Desalleux est en train de préparer une accusation capitale lorsqu'il remarque, derrière la fenêtre, deux yeux fixes qui le regardent. Après avoir vérifié qu'il n'y a personne sur le balcon et étant persuadé «qu'il avait été en proie à une de ces fantaisies qu'enfante l'erreur de sens durant la nuit»[5], il se remet au travail.

Le narrateur qui cherche à provoquer l'effroi du lecteur l'informe aussitôt qu'à cette sensation visuelle succède une impression auditive et de nouveau une illusion d'optique: dans un coin de sa chambre, Desalleux entend un frôlement et ensuite il voit un objet qui s'avance en sautillant:

> A mesure que l'apparition se rapprochait de lui, son aspect devenait de plus en plus hideux, car elle prenait, à ne pas s'y méprendre, la forme d'une tête humaine séparée de son tronc, et dégouttante de sang; et quand, après un lourd élan, elle vint s'abattre entre ses deux bougies, sur les papiers épars de son dossier, M. Desalleux reconnut les traits de Pierre Leroux…[6].

---

[3] A. Dumas, «Le Chat, l'huissier et le squelette»,[in:] *Le Meneur de loups et autres récits fantastiques,* Omnibus, Paris, 2002, p. 61.

[4] Ch. Rabou, *op. cit.*, p. 261.

[5] *Ibid.*, p. 265.

[6] *Ibid.*

Et comme nous en informe le narrateur omniscient, qui sait tout sur cette irruption du surnaturel dans la vie quotidienne du magistrat, le lendemain, on a trouvé M. Desalleux évanoui,

> au milieu de ce sang, qui avait coulé dans la chambre, sur son bureau, et jusque sur les feuilles de son plaidoyer; on pensa, et il n'eut garde de dire le contraire, qu'il avait été surpris par une hémorragie[7].

Les traces du sang constituent un témoignage du passage du mort et cette substance tangible fait penser à «l'objet-preuve», élément caractéristique du fantastique canonique, qui selon Jean-Baptiste Baronian[8], est un objet concret, dont la présence objective, quoique inexplicable, atteste que le phénomène mystérieux et obscur est survenu.

Cette première apparition tellement effroyable préfigure, conformément à la poétique du genre, un dénouement du conte encore plus horrifiant.

On doit noter aussi le rôle de l'espace dans l'économie du récit en question où un phénomène surnaturel se manifeste dans un espace clos qui tout d'un coup, du familier et rassurant, devient périlleux et hostile.

Le lecteur attentif comprendra ici pourquoi le narrateur omniscient ne convient point à cet épisode qui a lieu la nuit, dans la maison fermée du substitut du procureur. Le savoir affiché par le narrateur et son assurance concernant la vision nocturne affaiblissent l'effet fantastique fondé sur l'indécision et le doute. L'introduction d'un narrateur omniscient dans une circonstance où le récit d'une expérience personnelle paraîtrait plus authentique, témoigne de la méconnaissance des règles du jeu fantastique et de l'ignorance des attentes lectorales. Le lecteur averti sait tout de même que le potentiel d'horreur n'est pas encore épuisé car la tête, séparée du corps et devenue autonome, et qui, de surcroît, se met à vivre de sa propre vie et déployer une activité indépendante, est un motif anxiogène par excellence. Et en effet, la puissance néfaste de la tête répugnante se fera sentir pleinement lors de sa deuxième et dernière apparition.

Le récit d'Alexandre Dumas se conforme au schéma proposé par Charles Rabou: une victime du système pénitentiaire devient une entité redoutable pour un sujet menacé. Alors dans le sillage de son devancier, Alexandre Dumas fait également recevoir au juge qu'il met en scène, une visite inattendue, mais cette fois-ci, l'hôte se présente non à une heure nocturne, propice aux illusions des sens, mais à une heure vespérale, annoncée d'ailleurs par le condamné. Le juge qui s'attend à une surprise de la part des compagnons du bandit et à la mise en exécution de ses menaces, s'enferme dans son cabinet avec une paire de pistolets. Cependant à six heures, il ne voit qu'un chat «noir et couleur de feu»[9] dont la présence lui paraît tout de même surprenante. Le

---

[7] *Ibid.,* p. 266.

[8] J.-B. Baronian, *Panorama de la littérature fantastique de langue française,* Stock, Paris, 1978, p. 68.

[9] A. Dumas, *op. cit.,* p. 62.

domestique appelé pour chasser l'animal ne peut pas le retrouver. Les visites du félin se répètent chaque soir, à six heures, pendant un mois, mais l'animal ne semble pas être chargé d'intentions hostiles.

Cependant ses apparitions quotidiennes, perceptibles uniquement pour le protagoniste, qui s'en inquiète de plus en plus, entraînent la conviction de son entourage, et même de son médecin, docteur Sympson, que le juge devient fou.

Le lecteur avisé remarque tout de suite la différence entre les deux scènes du retour d'un mort. Chez Charles Rabou, le fait survenu la nuit est horrifiant et provoque une commotion du personnage. Toutefois, après un certain temps tout revient au cours normal des choses, ce qui est typique du conte fantastique.

Dans le récit d'Alexandre Dumas, la présence du chat bizarre, noir et «couleur de feu» c'est-à-dire rouge orangé, peut suggérer soit la chromatopsie du juge, soit l'origine infernale de l'animal qui, dans la superstition populaire, a partie liée avec Satan. Une autre interprétation, un peu simpliste, associant le rouge au sang et le noir à la mort, peut être également envisagée. De toute manière, le séjour prolongé du félin domestique dans l'appartement du juge est une entorse aux règles du fantastique qui exige la brièveté du phénomène surnaturel.

Cependant Alexandre Dumas qui, au début de l'histoire, a su éveiller chez le lecteur un doute concernant la nature du chat et sa présence réelle ou fictive, change de registre et introduit une dose d'humour absolument inopportune dans ce genre littéraire.

Or après un mois, lorsque le juge se croit enfin débarrassé de son visiteur indésirable, le chat est remplacé par un huissier qui apparaît à six heures précises, heure de l'exécution du bandit: «Au sixième coup, ma porte s'ouvrit […] et je vis entrer une espèce d'huissier de la chambre, costumé comme s'il eût été au service du lord-lieutenant d'Écosse»[10].

Ce personnage haut en couleur, mais en même temps muet et invisible pour tous sauf pour le juge, s'installe dans sa chambre, mais contrairement à son prédécesseur qui restait sur place, il accompagne le juge pendant ses sorties, sans que personne ne l'aperçoive.

Le lecteur observe ici une transgression des règles du fantastique qui affectionne les lieux resserrés et à huis clos, tandis que le fantôme-huissier se promène en ville et participe aux réceptions tout en restant invisible.

Qui plus est, le revenant se montre si prévenant que le juge doit reconnaître qu'il n'a jamais eu de domestique plus «officieux». Il raconte:

> Alors il se passa une chose singulière: plein d'attention pour moi, mon nouveau commensal aidait John dans tout ce qu'il faisait, sans que John s'aperçût qu'il fût aidé. Ainsi, John tenait mon habit par le collet, le fantôme le soutenait par les pans; ainsi John me présentait ma culotte par la ceinture, le fantôme la tenait par les jambes[11].

---

[10] *Ibid.*, p. 64.
[11] *Ibid.*, p. 66.

Une telle conduite du fantôme, devenu de son plein gré un serviteur assidu, est une dérogation à la poétique du fantastique qui impose à ces êtres de hantise le caractère foncièrement nocif. En introduisant une dose non négligeable d'humour qui supprime l'angoisse, Alexandre Dumas rend perplexe l'amateur des contes terrifiants et brise le pacte inférant à ce type de lecture. En plus, le fantastique canonique impose la gradation des incidents troublants tandis que Dumas, en insérant un épisode plutôt divertissant, provoque une rupture d'équilibre et de progression dans le récit.

Il s'avère toutefois que les manières cordiales du revenant, son assiduité et son utilité, ne sont qu'un leurre car il possède un pouvoir mortifère qu'il exercera le moment propice venu, ce qui permettra à l'écrivain de renouer le pacte de lecture.

Cependant, au moment où le juge constate qu'il est le seul à voir l'huissier-fantôme, son inquiétude vire à l'angoisse et il reconnaît sa maladie: «C'est alors que ma crainte se changea en terreur, et que je compris que, véritablement, je devenais fou»[12]. Cette conviction du personnage est encore fortifiée par la réaction de son entourage soucieux de changements notables qui se font observer chez le juriste.

Une fois de plus, Alexandre Dumas, à l'instar de son prédécesseur Charles Rabou, semble oublier que dans le fantastique, régi par le principe de l'incertitude, aucune affirmation n'est souhaitable, ni celle du narrateur ni celle du personnage. Ce dernier d'ailleurs, malgré sa conviction de sombrer dans la folie, devra affronter encore une apparition, plus terrifiante que les deux précédentes.

Dans le récit de Charles Rabou, après la première incursion du surnaturel, le magistrat décide de consulter son médecin. Le narrateur ne se prive pas de commentaire ironique concernant dans la même mesure les patients et les médecins, mais il laisse parler le docteur de M. Desalleux. Lorsqu'il entend l'histoire de l'événement fâcheux, il«rit aux éclats»[13] et conseille à son patient de profiter des distractions mondaines.

Appliquant cette suggestion à la lettre et trouvant que «les femmes […] peuvent devenir une excellente diversion»[14], M. Desalleux épouse une jeune fille charmante qui lui apporte en dot de l'argent, des relations utiles et des avantages sociaux.

En parlant des préparatifs de la nuit de noces, le narrateur omniscient, qui n'a pas oublié la première mésaventure de nuit vécue par le magistrat, assure le lecteur, d'une manière un peu artificielle, que Desalleux à ce moment-là ne pensait pas à Pierre Leroux. Une telle information est bien sûr un signe avertisseur. Et effectivement, en écartant le rideau du lit nuptial, le marié remarque à côté de sa femme endormie la tête de Pierre Leroux.

C'est à ce moment crucial que le narrateur interrompt son récit pour discourir sur les possibilités d'éviter le malheur et concevoir des solutions tellement inattendues par le lecteur avisé qu'il vaut la peine de les citer sans trop de raccourci:

---

[12] *Ibid. l.c.*
[13] Ch. Rabou, *op. cit.*, p. 266.
[14] *Ibid.*, p. 267.

En se voyant pour la seconde fois en proie à cette horrible vision, le magistrat aurait dû comprendre qu'il y avait dans la vie quelque méchante action dont il lui était demandé compte […]; la chose une fois bien expliquée, ce qu'il aurait eu de mieux à faire, c'eût été de se mettre en prières jusqu'au matin, puis, le jour venu, d'aller à sa paroisse faire dire une messe pour le repos de l'âme de Pierre Leroux; au moyen de ces expiations et de quelques aumônes faites aux pauvres, peut-être eût-il recouvré le repos de sa vie, et se fût-il pour jamais dérobé à l'obsession dont il était l'objet [15].

Trois observations s'imposent immédiatement après la lecture du fragment ci-dessus: la première concerne le statut du narrateur, la deuxième la christianisation du fantastique et la troisième les techniques éprouvées, mais négligées par Rabou, du genre en question.

Or l'écrivain semble oublier que le narrateur introduit dans son conte, bien qu'il sache tout des personnages dont il parle dans son récit à la troisième personne, raconte une histoire d'où il est absent. En tant que narrateur extradiégétique, il n'appartient pas à l'univers spatio-temporel du personnage. C'est ainsi que les conseils qu'il prodigue ne peuvent pas être suivis et restent stériles.

L'invocation des pratiques religieuses dans un récit qui se veut ou que l'auteur veut fantastique semble tout à fait erronée car la notion de faute, qui dans la religion chrétienne doit entraîner un désir d'expiation, n'apparaît pas dans ce genre littéraire. Le sentiment de culpabilité accompagné d'une volonté de réparer les méfaits ou de les expier ne s'y manifeste presque jamais. Aux dires de Louis Vax, «la morale fantastique n'est pas fondée sur le repentir, la volonté de réparer les fautes et de mieux faire. Elle se confond avec le remords qui hante et le châtiment qui s'impose du dehors» [16].

En ce qui concerne les procédés confirmés, le fantastique qui veut tenir le lecteur en haleine, doit éliminer les digressions et les pauses réflexives. Il doit relater l'incroyable pour distraire le lecteur mais non pour l'édifier.

C'est pourquoi, après avoir proposé des solutions hypothétiques, le narrateur dont la voix reste inaudible pour le personnage, revient à son récit et présente la suite des événements;

…il [Desalleux] se sentit le courage d'entrer en lutte ouverte avec le fantôme qui venait de lui disputer sa fiancée, et il essaya de le saisir par la chevelure pour le jeter hors de l'appartement. Au mouvement qu'il fit, la tête ayant compris son intention commença à grincer des dents, et comme il avançait la main sans précaution, elle lui fit une morsure profonde… [17].

Furieux, le jeune époux ramasse dans la cheminée une barre de fer et frappe plusieurs fois le lit pour «donner la mort à la mort, et […] écraser son hideux ennemi» [18]. Mais il n'y parvient pas car la tête, sans réveiller la jeune mariée, s'échappe et disparaît

---

[15] *Ibid.*, p. 270.
[16] L. Vax, *La Séduction de l'étrange*, PUF, Paris, 1965, p. 227.
[17] Ch. Rabou, *op. cit.*, p. 270.
[18] *Ibid. l.c.*

en laissant dans le lit nuptial une marre de sang qui ne tarit pas. Ce n'est qu'à la clarté du jour que Desalleux comprend la raison du sommeil profond de son épouse:

> Emporté par son fougueux courage, dans son duel avec la tête de Pierre Leroux, lorsqu'il croyait frapper sur elle, il avait frappé sur la tête de sa bien-aimée: le coup avait été si rudement porté qu'elle était morte sans même laisser échapper un soupir; et, à l'heure où il la contemplait, son sang n'avait pas encore fini de couler par une profonde ouverture qu'il lui avait faite à la tempe gauche.

A la fin du récit, le narrateur nous renseigne que Desalleux est devenu fou. La rencontre avec les forces surnaturelles et maléfiques coûte à la victime la raison et parfois la vie, donc le déséquilibre mental du personnage qui clôt fort souvent un conte fantastique, n'étonne guère le lecteur expérimenté. Ce qui peut le contrarier c'est le ton décidé du narrateur qui affiche son savoir au lieu d'exprimer le doute. Et pourtant le récit fantastique prend soin de n'exclure aucune interprétation même la plus irrationnelle, la suspension de l'information narrative étant un de ses effets éprouvés.

Ce qui peut également stupéfier le lecteur c'est le diagnostic établi: le malade, qui a présenté tous les symptômes de la folie furieuse, se croit être artiste funambule. Et cette fois-ci le narrateur omniscient ne nie pas cette conviction du malade. Pourtant une danse sur la corde raide ne rappelle en rien des visions affreuses et ne connote pas non plus le crime terrible. Le lecteur initié peut y voir l'inconséquence de l'auteur.

Dans le récit dumasien, la contradiction est encore plus remarquable lorsque l'auteur passe du ton plaisant à l'expression anxieuse. Or après un mois, le fantôme obligeant bien installé chez le juge est remplacé par un squelette horrifiant. Celui-ci se place derrière les rideaux du lit et de cette position stratégique observe le malheureux juge:

> Le squelette était-là, immobile, me regardant avec ses yeux vides.
> Je me levai, je fis plusieurs tours dans ma chambre; la tête me suivait dans toutes mes évolutions. Les yeux ne m'abandonnèrent pas un instant; le corps demeurait immobile[19].

Il faut souligner que les trois apparitions, quoique de nature différente, observent le même rythme de la manifestation et de l'activité vespérale tandis que c'est minuit qui est l'heure de prédilection du fantôme. Mais Alexandre Dumas qui enfreint toujours toutes les règles génériques, passe outre cette convention généralement admise dans la littérature fantastique.

Il y a davantage, ses fantômes ne s'estompent qu'après plusieurs heures et leurs séjours durent chaque fois un mois, tandis que le fantastique se révèle comme une intervention momentanée du surnaturel, la durée étant contraire à son essence.

Le squelette qui symbolise l'idée de mort, dans le fantastique, se charge d'un rôle supplémentaire en représentant un ennemi surnaturel. C'est pourquoi les tentatives

---

[19] A. Dumas, *op. cit.*, p. 67.

du docteur Sympson de persuader son patient du caractère imaginaire des apparitions sont condamnées à l'insuccès car il s'avère que rien ne peut tromper le revenant
vindicatif. Lorsque le médecin, qui a passé une journée entière avec son patient sans
lui permettre de mesurer le temps, croit que l'heure fatidique est dépassée, sa montre
indique six heures.

Il nous semble pourtant que la suspension du temps observée par le médecin est
une composante caractéristique de la féerie, le fantastique préférant toujours l'an-
crage temporel habituel même si le moment vécu par le personnage est anormale-
ment perturbé.

Le juge revoit donc le fantôme mais qui plus est, le docteur ne remet plus en cause
ni la perception sensorielle ni la santé mentale de son patient.

Sa certitude étant ébranlée, il conseille à son patient de faire des dispositions tes-
tamentaires. Cette attitude, quelque peu bizarre, d'un médecin qui renonce au traitement et une conviction invincible du malade que le fantôme loge chez lui ont un
résultat funeste. Quelques jours après, le domestique en entrant dans la chambre de
son maître, le trouve mort sur son lit. Et le narrateur précise: «Il y avait trois mois,
jour pour jour, que le bandit avait été exécuté.»[69].

Et c'est ici que le narrateur, docteur Robert, termine son histoire et Dumas, en
narrateur principal, après être revenu au récit enchâssant, présente la discussion qui
s'en est ensuivie.

Le lecteur attentif de ces deux contes peut se demander si la réécriture du conte
de Charles Rabou par Alexandre Dumas a enrichi ou infléchi l'anecdote, mais il doit
reconnaître que le texte repris, même s'il n'est qu'une «simple variation sur *Le Ministère public*», comme le dit Marcel Schneider[20], n'est pas dépourvu d'originalité.

Telle est aussi l'opinion de Francis Lacassin qui dans son étude intitulée *Alexandre
Dumas inattendu*, après avoir énuméré diverses influences subies par Alexandre Dumas, constate que

> l'apport de ces inspirations composites, habilement refondues par l'imagination de Du-
> mas, fait l'originalité et l'éclectisme de son œuvre fantastique. Elle ne ressemble ni à celle
> de ses contemporains ni à celle des auteurs étrangers qui l'ont influencé[21].

En souscrivant à cette opinion, nous voudrions ajouter seulement que les récits
fantastiques d'Alexandre Dumas ouvrent des horizons nouveaux et annoncent des
formes nouvelles, à savoir des contes insolites qui apparaîtront dans la littérature
française au XXe siècle[22].

---

[20] M. Schneider, *Histoire de la littérature fantastique en France*, Fayard, Paris, 1985, p. 193.
[21] F. Lacassin, *Alexandre Dumas inattendu*, Editions du Rocher, Paris, 2008, p. 123.
[22] Voir: A. Komandera, *Le Conte insolite français au XXe siècle*, Wydawnictwo Uniwersytetu
Śląskiego, Katowice, 2010.

Summary

One Anecdote and Two Authors: Charles Rabou and Alexandre Dumas

Alexandre Dumas, author of many short stories marked by the *fantastique*, takes advantage of others writers' texts but he rarely informs about sources of his inspiration. This is the case of the short story *Le chat, l'huissier et le squelette* which is, in fact, a rewriting of *Le Ministère public* by Charles Rabou. The central motif, in both stories, revolves around a spectre (phantom, vampire) who returns in order to take revenge. However, the two authors adopt a different way to present the theme: Rabou introduces some elements of horror, Dumas – humour.

Keywords: Alexandre Dumas, *fantastique*, Charles Rabou

DOI: 10.12797/9788376384207.31

Przemysław Szczur

Université Jagellonne

Construction du narrataire et hétéronormativité

Sur l'exemple du roman de Jacques d'Adelswärd-Fersen
Lord Lyllian. Messes noires (1905)

La fin du XIXe et le début du XXe siècle constituent en Europe une époque d'intensification de l'intérêt «médiatique» pour les relations de même sexe. Après les médecins, hommes de loi et littérateurs qui s'y intéressent intensément dès la seconde moitié du XIXe, c'est au tour des journalistes de s'emparer du sujet. Ils le font sur le mode du scandale: le fait qu'un homme ou une femme s'engagent dans des relations de même sexe est censé les disqualifier non seulement dans leur vie privée mais également publique. C'est peut-être l'affaire Oscar Wilde qui marque le début de ce régime médiatique de l'homosexualité. Mais en 1903, un autre événement où homosexualité et scandale médiatique se trouvent liés survient en France. La presse le baptise «affaire des messes noires». Il s'agit de rencontres qu'organisait dans son appartement de l'avenue Friedland le jeune littérateur Jacques d'Adelswärd-Fersen qui y invitait des lycéens pour leur faire réciter des poèmes et mettre en scène des «tableaux vivants» dans lesquels ils posaient, souvent dénudés. D'Adelswärd a été arrêté et condamné pour «excitation de mineurs à la débauche», mais relâché car il avait déjà passé plusieurs mois en prison. Compromis, il a quitté la France pour s'établir à Capri[1]. Roger Peyrefitte allait lui consacrer son roman au titre significatif de *L'exilé de Capri*. J'aborderai ici l'«affaire Fersen» sous un angle particulier. Elle

---

[1] Pour les détails de l'affaire et de la sentence ainsi qu'une ébauche de biographie de d'Adelswärd-Fersen, voir l'article de W.H.L. O g r i n c: «Frère Jacques: a shrine to love and sorrow. Jacques d'Adelswärd-Fersen (1880-1923)», consultable en ligne sur le site: http://semgai.free.fr/doc_et_pdf/Fersen-engels.pdf.

m'intéressera pour autant qu'elle ait fait l'objet d'un compte rendu romancé, rédigé par Jacques d'Adelswärd-Fersen lui-même et publié en 1905 chez Léon Vanier, à Paris. Mais, comme il s'agit d'un roman peu connu, avant de commencer mon analyse, je ferai un bref résumé de l'action.

Le roman commence par une question «identitaire»: «Mais qui est-ce au juste?», posée par l'un des protagonistes, M. d'Herserange, à propos du héros éponyme lors d'un banquet costumé, organisé par un autre personnage le peintre Della Robbia, dans un palais de Venise. La scène est construite de telle manière qu'elle introduit la thématique homoérotique en faisant penser au *Banquet* de Platon. Cette référence intertextuelle est d'ailleurs explicitée par la réponse donnée à la question identitaire initiale dans laquelle lord Renold Lyllian se trouve identifié, d'une manière humoristique, au «très petit neveu d'Alcibiade[2]». Les noms de certains personnages présents lors de cette première scène activent également le mécanisme du roman à clef, c'est-à-dire, selon la définition de Michał Głowiński, «roman dont les personnages ont des modèles connus dans la vie publique[3]». Ces modèles sont ici multiples: M. d'Herserange porte le nom de la propriété familiale des d'Adelswärd et Jean d'Alsace est une allusion assez transparente à Jean Lorrain; les convives font aussi référence à un certain Harold Skilde, écrivain que sa correspondance avec Renold Lyllian a fait condamner aux travaux forcés. La première partie de l'intrigue est ainsi placée sous le signe de l'affaire Oscar Wilde et le héros éponyme transformé en un double du compagnon de Wilde – lord Alfred Douglas. Dans la suite du roman, d'autres noms comme celui de «Supp, le grand industriel allemand» ou ceux d'Achille Patrac et de M. de Montautrou (respectivement: pp. 49 et 163) introduisent des allusions à d'autres «personnages» homosexuels de l'époque: Friedrich A. Krupp, Achille Essebac et Robert de Montesquiou. Mais, pour revenir à la première scène du roman, les propos des convives du banquet préparent l'apparition de lord Lyllian qui éblouit toute l'assemblée par sa beauté. Les chapitres suivants, de II à VIII, constituent une vaste analepse retraçant la vie du héros avant son arrivée à Venise, dès son enfance solitaire dans le château familial en Ecosse, à travers un premier amour pour une jeune fille du voisinage Edith Playfair jusqu'à la rencontre et la liaison avec Harold Skilde. Cette dernière est placée sous le signe du pervertissement du modèle pédagogique antique de la relation entre hommes et garçons. Harold et Renold visitent d'ailleurs ensemble la Grèce où survient leur rupture. Quelque temps après leur retour en Angleterre, Harold Skilde est arrêté et lord Lyllian, prévenu de son arrestation, fuit. Le chapitre IX marque le retour au moment où a fini le chapitre I: Lyllian est à Venise où un prince russe, Sko-

---

[2] Mr de Fersen [J. d'Adelswärd], *Lord Lyllian. Messes noires*, Librairie Léon Vanier, Editeur, Paris, 1905, p. 4 (la pagination des autres citations du roman sera donnée entre parenthèses dans le corps du texte).

[3] Entrée «Powieść z kluczem», [in:] M. Głowiński, T. Kostkiewiczowa, A. Okopień--Sławińska, J. Sławiński, *Podręczny słownik terminów literackich*, OPEN, Warszawa, 1999, p. 239 [c'est moi qui traduis].

tieff, dispute ses faveurs à M. d'Herserange. Il repousse les deux et continue son voyage à travers l'Italie, de Florence jusqu'en Sicile où il rencontre un jeune poète suédois Axel Ansen qui tombe amoureux de lui. Venu en Italie pour se soigner, Ansen contracte une bronchite en restant trop tard au jardin avec Lyllian, et meurt. Renold rentre tout d'abord en Ecosse, ensuite décide de se fixer à Paris. C'est alors que commence ce volet de l'intrigue qui constitue une transposition de l'affaire des messes noires. Lord Lyllian s'installe dans un appartement de l'avenue d'Iéna et fréquente des endroits que, grâce aux recherches de Régis Revenin[4], nous pouvons identifier comme des lieux de sociabilité homosexuelle dans la capitale, comme le bal Wagram. Il reçoit chez lui des adolescents à qui il essaie d'inculquer l'idéal de chastes amitiés masculines. Lorsqu'il décide de mettre fin à ces réceptions et de se fiancer et que la police, à laquelle les réunions ont été dénoncées comme des orgies, est sur le point de l'arrêter, l'un des adolescents, tombé amoureux de lui et repoussé, tire sur Lyllian et le tue.

L'intrigue de *Lord Lyllian* est donc faite d'une combinaison de références à l'actualité homosexuelle de l'époque, et surtout aux affaires Oscar Wilde et Fersen et à leurs résonances médiatiques. L'auteur en modifie certaines circonstances, mais le roman ne s'en inscrit pas moins dans la tradition d'œuvres inspirées de faits divers judiciaires, avec cette particularité non négligeable que l'auteur a été le protagoniste de l'un de ces faits divers et que ce dernier a eu une influence déterminante sur la suite de sa vie. En partant de cette constatation, je formulerai la thèse suivante: comme, dans l'«affaire des messes noires», ce jeune écrivain prometteur a fait l'expérience de l'hétéronormativité, son œuvre allait en être marquée, même si la thématique homoérotique devait y conserver une place de choix. Conformément à son emploi dans le cadre des études gaies et lesbiennes, le terme d'«hétéronormativité» renvoie ici à l'utilisation – le plus souvent implicite – de l'hétérosexualité en fonction de norme du comportement sexuel à l'aune de laquelle tous les autres comportements sont jaugés. Je me proposerai, en l'occurrence, d'analyser sous cet angle le narrataire, et plus largement le ou plutôt les destinataires inscrits dans le texte et le paratexte de *Lord Lyllian*. Il s'agira, pour reprendre une distinction utile de Gérard Genette, d'un narrataire extradiégétique qui «se confond […] avec [l]e lecteur virtuel[5]». Je soutiendrai qu'afin de ménager à son roman une relative acceptabilité dans une culture qui érige l'hétérosexualité en norme, l'auteur a dans une certaine mesure adhéré à l'hétéronormativité qu'à partir de ses expériences, il pouvait légitimement craindre chez ses lecteurs et lectrices potentiels, et que son texte a constitué le résultat d'une négociation entre cette dernière et la composante thématique homoérotique. Le fait que le narrataire soit un relais privilégié de cette négociation tient à une propriété fondamentale de tout acte narratif, ainsi formulée par Julia Kristeva: «Le sujet de la narration, par l'acte même de la narration, s'adresse à un autre, et c'est par rapport à cet autre que la

---

[4] Voir son livre *Homosexualité et prostitution masculines à Paris. 1870-1918*, L'Harmattan, Paris, 2005, notamment p. 58.

[5] G. Genette, *Nouveau discours du récit*, Seuil, Paris, 1983, p. 91.

narration se structure⁶». L'expérience de l'affaire des messes noires a fait que l'auteur de *Lord Lyllian* était contraint de structurer la narration de son roman par rapport à un autre hétéronormatif.

Dans son «Introduction à l'étude du narrataire»⁷, Gerald Prince a identifié un certain nombre de signaux du narrataire. Il y a observé que: «Certaines indications fournies par le texte au sujet d'un narrataire se trouvent parfois dans une partie du récit qui ne lui est pas adressée»⁸. Dans *Lord Lyllian,* avant que la narration proprement dite ne commence, le surtitre dessine déjà un destinataire privilégié du roman qui a un caractère clairement hétéronormatif. Pour surtitrer son roman, l'auteur reprend à son compte la dénomination utilisée dans la presse pour parler de l'affaire dont il a été le protagoniste. L'expression de «messe noire» renvoie bien sûr à la profanation du rite chrétien, mais le sens particulier que prend cette expression dans le contexte d'un scandale sexuel ressort des propos que l'auteur délègue à ses personnages dans la narration proprement dite; tout d'abord au peintre Chignon qui déclare: «Le satanisme? […] mais il existe, mon cher Lord […]. Satan c'est notre nature, Satan c'est notre volupté, Satan c'est notre instinct.»; ensuite à lord Lyllian lui-même qui dit: «La messe noire! […] Ce n'est pas seulement un fatras d'hérésies […]. Elle célèbre un envoûtement funèbre et sauvage» (respectivement pp. 151 et 157). L'hétéronormativité de ces deux définitions prêtées aux personnages consiste dans la réactivation de l'association, ancrée dans la tradition judéo-chrétienne, entre relations de même sexe et transgression religieuse. Aussi bien l'emploi de l'expression «affaire des messes noires» par la presse de l'époque que sa reprise par le protagoniste de cette affaire et auteur du roman témoigne de la persistance de l'enracinement religieux et des antécédents archaïques de l'hétéronormativité, remontant au judaïsme ancien, dans une France en plein débat sur la laïcité (rappelons que la loi de séparation des Eglises et de l'Etat a été votée l'année de la parution du roman). Le surtitre et ses prolongements explicatifs dans le texte du roman construisent un narrataire chez qui l'hétéronormativité procède d'une compétence religieuse.

Gerald Prince cite également parmi les signaux du narrataire «les passages d'un récit dans lesquels le narrateur se réfère directement au narrataire»⁹. Je n'ai pas trouvé de tels passages dans la narration proprement dite de *Lord Lyllian*, mais l'épître dédicatoire du roman remplit un rôle comparable, sauf que c'est l'auteur, sans passer par l'intermédiaire d'un narrateur, qui y choisit un destinataire privilégié pour son œuvre. Celle-ci est en effet précédée d'une «épître dédicatoire à fonction préfacielle»¹⁰ adressée à «A M. X…, Ancien juge d'instruction» (p. 1) et signée «J.A.F.», initiales qui

⁶ J. Kristeva, «Le mot, le dialogue et le roman», [in:] eadem, *Semeiotike. Recherches pour une sémanalyse,* Seuil, Paris, 2009, p. 94-95.
⁷ Voir *Poétique,* Nᵒ 14, 1973, p. 178-196.
⁸ *Ibid.,* p. 182.
⁹ *Ibid.,* p. 183.
¹⁰ La formule est de G. Genette. Voir idem, *Seuils,* Paris, Seuil, 2002, notamment p. 126-129, 138-139 et 197-198.

renvoient clairement à Jacques d'Adelswärd-Fersen. Les caractéristiques socioprofessionnelles du destinataire font que cette épître s'apparente à une pièce de procédure venant compléter le dossier de l'«affaire des messes noires» et faisant référence à l'un des discours qui se sont disputé le monopole discursif des relations de même sexe au XIXe siècle, à savoir au discours juridique. Comme on le sait, nombre d'écrivains ont été alors trainés devant les tribunaux[11], à la suite de quoi il est devenu courant de précéder les ouvrages traitant de sujets jugés problématiques de préfaces auto-justificatives pleines de protestations de moralité. Renouant avec cette tradition, l'épître commence par un transfert de responsabilité. «C'est vous qui avez fait imprimer à toutes forces un manuscrit que je destinais au calme reposant du tiroir» (p. 1), affirme l'auteur, en se dédouanant ainsi de la publication du roman. Précaution qui semble superflue dans la mesure où, un peu plus loin, ce même auteur déclare «sacrifie[r] quelquefois aux préjugés» avant d'assurer, à propos de son ouvrage, que: «la morale n'y est point offensée» (p. 1). Il ajoute toutefois tout de suite: «Et j'en suis au regret, car la morale d'à présent [...] m'apparaît comme une vieille dame, fonctionnaire et pimbêche, à qui l'on voudrait bien tirer le bout du nez!» (p. 1-2). Dans toute l'épître, l'auteur balance de la sorte entre l'adhésion et le défi lancé aux normes sociales que marque la tonalité humoristique et provocatrice de cette dernière phrase. Mais ce n'est pas seulement le rapport de l'auteur aux normes qui est duel et, de ce fait, ambigu, la figure du destinataire l'est tout autant. Sa profession assure à ce destinataire une position assez élevée sur l'échelle de la respectabilité sociale, mais en même temps l'auteur semble lui prêter des goûts homoérotiques à une époque où l'homosexualité était jugée incompatible avec l'occupation d'un poste à responsabilité. L'auteur résume ainsi le rapport probable du destinataire au héros éponyme: «Vous l'auriez préféré, peut-être jeune et nu comme Adonis, doré par le soleil, près de l'Hymette, au pied de quelque laurier-rose: Il n'est pas permis de s'habiller si peu sur le boulevard des Italiens...» (p. 2). En plus d'une allusion aux goûts homoérotiques du destinataire, ce fragment peut être lu comme une accusation d'hypocrisie: un personnage acceptable dans (ou plutôt sans...) un costume antique, cesse de l'être dès qu'il est placé à l'époque contemporaine. D'où une nouvelle ambiguïté: le destinataire du roman est à la fois celui qui l'a fait publier et son critique potentiel. En tant que magistrat, il doit veiller au respect de la norme sociale, en tant qu'amateur de nudité masculine, il la transgresse. Il devient ainsi une figure proche de l'auteur qui, malgré son expérience de l'hétéronormativité, a décidé de publier un roman à sujet homosexuel. Cet auteur semble momentanément avoir bien assimilé la leçon de l'hétéronormativité, car il reprend, pour désigner son héros, une dénomination vulgaire et dégradante: «une tapette» (p. 2). Mais il s'empresse en même temps de déclarer que «Son seul démérite a été de vivre à une époque fertile en mufles...» (*Ibid.*). D'une part, il semble transférer sur un personnage d'inspiration autobiographique les racontars qui ont circulé sur son compte à l'époque de l'«affaire des messes noires», d'autre part, il construit un

---

[11] Sur ces procès littéraires, voir p.ex. J. Detemmerman, «Le procès d'Escal-Vigor», [in:] *Revue de l'Université de Bruxelles*, N° 4-5, 1984, en particulier p. 141-143.

plaidoyer en sa faveur. Dans l'épître dédicatoire à *Lord Lyllian*, l'auteur, le personnage et le destinataire du roman semblent donc partager un statut paradoxal, devenant les figures mêmes de la condition de possibilité d'une œuvre homoérotique dans un contexte hétéronormatif dans la mesure où celle-ci constitue l'effet d'une négociation entre homoérotisme et hétéronormativité.

Comme l'a noté Prince, «le portrait d'un narrataire se dégage avant tout du récit qui lui est fait»[12]. Bien que les indications explicites au sujet du narrataire sur lesquelles Prince met l'accent dans son analyse soient absentes de la narration proprement dite de *Lord Lyllian*, un narrataire spécifique y est quand même présupposé. Il est évident que la construction de celui-ci est indissociable et largement dépendante de celle du narrateur. Or, les commentaires dont le narrateur du roman de Jacques d'Adelswärd pourvoit son récit, sans s'adresser explicitement à un narrataire, définissent indirectement ce dernier. Je vais prendre un exemple concret. Lorsque, après deux liaisons homosexuelles manquées, avec Harold Skilde et avec Axel Ansen, lord Lyllian retrouve le château familial, le narrateur nous livre les pensées de son personnage, en alternant psycho-récit et monologue narrativisé:

> Et, dans un éclair de conscience, lord Renold Lyllian revit avec mépris ce qu'il avait vécu et songea à ce qu'il aurait dû vivre. Partout des remords. Son âme remplie de peine n'était fleurie d'aucune pensée consolante, d'aucune bonne action, d'aucune innocente joie […] il avait été égoïste, menteur, sensuel, effronté et lâche […] Alors, Renold, lord Lyllian, comprit tragiquement que l'expiation commençait… (p. 139-140).

En analysant le surtitre et ses prolongements dans le texte du roman, j'ai déjà dit qu'un destinataire disposant d'une certaine compétence religieuse était clairement privilégié dans ce roman. Il l'est également dans le fragment que je viens de citer. Celui-ci, par son caractère à la fois analeptique et proleptique, permet d'embrasser toute l'intrigue. Le scénario qui y est proposé à la fois par le narrateur et le personnage, dont les voix se mêlent, pour conférer un sens à l'action du roman et à la vie du protagoniste est, tout comme le surtitre, d'origine religieuse: c'est celui du péché et de son expiation. Il est aussi fortement hétéronormatif. Il fait écho à la fois au passé homosexuel de Renold et à un moment de l'intrigue où celui-ci, après avoir reçu une lettre de son premier amour féminin Edith, avait envie de «recommencer mieux» (p. 50) avec elle, mais ne l'a finalement pas fait. Dans l'extrait cité, sa vie homosexuelle, c'est donc cette vie de péché «qu'il avait vécu[e]», sa vie hétérosexuelle possible, celle «qu'il aurait dû vivre». Quant à la suite du roman, elle correspondra effectivement à l'expiation annoncée dans cet extrait. Elle comprendra notamment, pour en rester au vocabulaire religieux, une «conversion» à l'hétérosexualité, scellée dans une chapelle, et une mort proche du martyre. Un narrateur qui soumet toute l'intrigue à un scénario à la fois religieux et hétéronormatif, présuppose à nouveau un narrataire spécifique.

Dans son article fondateur, Gerald Prince propose une analyse du narrataire qui s'apparente avant tout à une analyse stylistique, se situant au niveau de la phrase et

---

[12] G. Prince, *op. cit.*, p. 183.

prenant en compte des éléments du texte tels que pronoms, termes à valeur démonstrative, comparaisons, questions, négations, etc. L'exemple de *Lord Lyllian* montre que dans certains textes, une telle analyse est inopérante, mais qu'il est néanmoins possible d'y dégager une certaine image du narrataire à partir d'éléments textuels ou paratextuels que Prince laisse au second plan et qui, à première vue, n'ont pas beaucoup à voir avec la construction de celui-ci, comme la soumission de l'intrigue à un scénario particulier. Celle-ci construit *de facto* l'image du narrataire car elle se fait en fonction de caractéristiques, dispositions ou compétences que le narrateur présuppose chez lui. Le contenu de cette présupposition dépend surtout du contexte dans lequel prend place l'acte narratif. La narration hétéronormative de *Lord Lyllian*, œuvre à sujet homoérotique et écrite par un auteur qui, dans sa vie privée, a fait surtout des choix homosexuels, constitue le fruit d'une négociation avec ce contexte. Il m'a paru intéressant d'en analyser quelques modalités afin d'apporter, s'il en est encore besoin, un argument supplémentaire en faveur d'une narratologie contextuelle[13]. Rompant avec le courant immanentiste du structuralisme et profitant de l'outillage conceptuel d'autres disciplines, celle-ci peut restituer aux formes narratives leur socialité. Combinant l'analyse qu'elles font du social avec l'héritage narratologique, les études gaies et lesbiennes peuvent, quant à elles, contribuer à donner à la narratologie cette seconde vie contextualiste.

Summary

Construction of the Narratee and Heteronormativity. On the Example of Jacques d'Adelswärd-Fersen's Novel *Lord Lyllian. Messes noires*

The article proposes an analysis of the construction of the narratee in Jacques d'Adelswärd-Fersen's novel *Lord Lyllian. Messes noires* (1905). Its main thesis argues that the author's experience of heteronormativity led him to construct the narratee of his homosexually-themed novel in a heteronormative way.

Keywords: Jacques d'Adelswärd-Fersen, heteronormativity, homosexuality, narratee, narratology

---

[13] C'est à Seymour Chatman que l'on doit l'expression «contextualist narratology», comme le signale Kathy Mezei dans son introduction à: *eadem* (éd.), *Ambiguous Discourse: Feminist Narratology & British Women Writers*, The University of North Carolina Press, Chapel Hill & London, 1996, p. 4. Pour un panorama synthétique des développements post-classiques, y compris contextualistes, de la narratologie, voir G. Prince, *Narratologie classique et narratologie post-classique*, consultable en ligne: http://www.vox-poetica.org/t/articles/prince.html.

DOI: 10.12797/9788376384207.32

PAULINA TARASEWICZ

Université de Gdańsk

La complicité à l'œuvre

Un auteur hospitalier et un lecteur reconnaissant dans *Les lois de l'hospitalité* de Pierre Klossowski

Depuis quelques décennies, dans l'étude de textes littéraires, les méthodes traditionnelles se concentrant surtout sur l'œuvre et l'auteur, laissent la place aux approches plus compréhensives, s'intéressant non seulement à l'origine du texte, soit à son auteur, non seulement à son produit, l'œuvre comme un acte fini, immuable, mais aussi au lecteur. Les critiques s'inscrivant dans ce changement du paradigme comprennent le texte comme une coproduction de l'auteur et du lecteur, comme un résultat de l'activité créatrice commune à plus qu'une seule instance. Les manières de percevoir le rôle du lecteur varient selon les écoles et les convictions propres à chaque théoricien, cependant, ce qui est indéniable pour la plupart d'eux, c'est que les auteurs, de même que les livres, ont besoin de lecteurs. Comme l'explique Jean-Paul Sartre: «puisque la création ne peut trouver son achèvement que dans la lecture, puisque l'artiste doit confier à un autre le soin d'accomplir ce qu'il a commencé, puisque c'est à travers la conscience du lecteur seulement qu'il peut se saisir comme essentiel à son œuvre, tout ouvrage littéraire est un appel»[1].

En répondant à cet appel, le lecteur – il suffit de citer Roland Barthes – «surcode», «produit», «entasse des langages», «se laisse infiniment et inlassablement traverser par eux», voire se fait traiter «comme un personnage»[2]. Le lecteur rend le texte existant, il le crée, l'actualise, mais aussi s'y projette. Il le modifie, mais en même temps, lui, il ne reste pas non plus le même. L'acte de lecture unit donc, dans un seul processus de création, le texte, le lecteur et l'auteur. Comment cette économie fonc-

---

[1] J.P. Sartre, *Qu'est-ce que la littérature*, Gallimard, Paris, 1948, p. 58–59.

[2] R. Barthes, «Sur la lecture», [in:] *Œuvres complètes*, t. 4 (1972–1976), Seuil, Paris, 2002, p. 935.

tionne-t-elle chez Pierre Klossowski, cet écrivain, peintre, philosophe et traducteur si singulier? Klossowski, un auteur tout à fait à part – bien qu'il partage, pendant un moment, certaines idées de son ami, Georges Bataille et des autres membres du groupe Acéphale ou du Collège de sociologie – ne se laisse pas facilement identifier avec un quelconque courant de pensée. Et cependant, il n'est peut-être pas si loin des actualisations de textes d'après Hans Robert Jauss aux actualisations de Roberte décrites dans *Les lois de l'hospitalité*. Le lecteur en tant que traversée de langages par Barthes peut, de sa part, faire penser à la conception de l'individu qui, selon Klossowski, n'est «qu'une succession d'*états discontinus*»[3]. Finalement, le texte compris comme un appel, une invitation paraît être un postulat très proche de la position d'un auteur hospitalier qu'est Pierre Klossowski. Comme il l'écrit à Michel Butor: «à quoi donc répond notre maladie spécifique qui est de reproduire le fait d'exister, sinon à la jouissance de faire participer autrui à cette reproduction?»[4]. Ainsi, la relation envisagée par Klossowski se concentre effectivement sur la rencontre, sur la complicité à laquelle chacune de ses œuvres appelle.

Dans un fragment célèbre et souvent cité par les exégètes de Klossowski, l'auteur écrit ce qui suit:

> Je dirai que, pour moi, écrire des livres revient à rédiger une relation de voyage, qui évoquerait des lieux parcourus. On peut s'y rendre et cependant ne pas reconnaître les lieux d'après ma description. D'autres les décriront et ce ne seront pas les mêmes lieux pour autant. Quiconque peut découvrir en lui-même ces mêmes lieux rend ma propre description inutile. Ma véritable ambition n'est rien d'autre que de trouver des complices propres à occuper ces mêmes lieux. Que me vienne seulement la certitude que ces lieux existent par eux-mêmes, et je cesserai aussitôt d'écrire. Car mes amis et moi-même serions les habitants de cette région: nous en pratiquerions la coutume[5].

Ainsi la complicité apparaît-elle comme le but, la visée et la raison de l'écriture. De l'aveu de l'auteur ressort qu'elle exige au moins trois éléments, trois conditions nécessaires à sa réalisation: la coutume, le lieu commun et, évidemment, le complice.

Le lecteur est un complice de Klossowski dans deux sens, il participe à la création de son œuvre et, en même temps, partage sa «faute». Le premier sens est réalisé, bien sûr, pendant la lecture qui entraîne les actualisations, l'engagement émotionnel, l'investissement intellectuel etc. Le deuxième est inhérent aux expressions mêmes comme «Sade, mon prochain»; il est réclamé pendant les actualisations-viols de Roberte ou d'autres actes scabreux; et finalement, il est sous-jacent à toutes les rencontres avec un auteur qui s'avoue être un «hérétique par moments»[6]. Chez Klossowski la complicité dans le crime et celle dans l'écriture semblent aller de pair. Cependant, elle ne peut se

---

[3] P. Klossowski, *Nietzsche et le cercle vicieux*, Mercure de France, Paris, 1969, p. 69.

[4] Idem, «Fragments d'une lettre à Michel Butor», [in:] *Roberte et Gulliver*, Fata Morgana, Montpellier, 1987, p. 40.

[5] Idem, «Protase et Apodose», [in:] *Pierre Klossowski* (Arc N° 43), Inculte, Paris, 2006, p. 34.

[6] A. Jouffroy, P. Klossowski, *Le secret pouvoir du sens*, Écriture, Paris, 1994, p. 135.

fonder qu'à travers un univers spatio-temporel qui leur soit commun grâce à l'écriture et à certaines coutumes qui peuvent s'y réaliser. Klossowski, en parlant de la communication qu'est l'écriture, constate que celle-ci lui «procure la volupté plus grande à voir d'aventure quelqu'un partager [s]es goûts les plus secrets»[7]. Et il continue ainsi:

> mettons que le livre, sous ce rapport, ne soit jamais qu'un 'noble' succédané; tout livre de ce genre équivaudra à une *société secrète* […]. Un livre qui ne traduirait pas une coutume, des mœurs déjà existantes dans un milieu formé par la pratique de certaines habitudes de penser et de sentir, doit au moins en créer une; il ne le saurait qu'en tant que l'organe d'une agglutination de personnes dont il consacre les affinités[8].

Pour qu'il y ait la complicité, le livre doit donc créer une coutume, être un lieu de rencontres, «organe d'agglutination» de personnes ou, autrement dit, de complices, il doit provoquer le lecteur à s'affilier à cette «société secrète».

II

À toi, l'invité, de discerner l'essence de l'hôtesse dans la maîtresse de céans, à toi de la précipiter dans l'existence: ou bien l'hôtesse ne reste qu'un phantasme, et tu demeures étranger dans cette maison, si tu laisses à l'hôte l'essence inactualisée de l'hôtesse; ou bien tu es cet ange et tu donnes par ta présence l'actualité à l'hôtesse: tu auras plein pouvoir sur elle autant que sur l'hôte. Ne vois-tu pas, cher invité, que ton intérêt supérieur est d'amener la curiosité de l'hôte au point où la maîtresse de céans mise hors d'elle-même s'actualisera tout entière dans une existence que toi, l'invité, tu seras seul à déterminer, et non plus la curiosité de l'hôte? Dès lors l'hôte aura cessé d'être le maître chez lui: il aura entièrement satisfait à sa mission. À son tour il sera devenu l'invité[9].

Ainsi se terminent «Les Lois de l'hospitalité», une partie de la trilogie donnant le titre à son ensemble. Dans le texte affiché sur le mur de sa maison, Octave encourage ses invités à «actualiser» l'essence de Roberte, sa femme, qu'il désire partager avec eux. Serait-il abusif de voir dans l'invité la figure du lecteur? Celui-ci n'est-il pas appelé par l'auteur, comme l'est l'invité par Octave? N'actualise-t-il pas à chaque fois le texte en le rendant existant, comme l'invité le fait avec Roberte? Ne peut-il pas s'unir dans une même pratique (en l'occurrence celle de l'écriture) avec l'auteur, comme le font l'hôte et l'invité dans celle de l'adultère? N'a-t-il pas la tâche de déterminer la manière dont le texte (et avec lui Roberte) existe, dès lors qu'il le tient entre ses mains et qu'il cesse d'être étranger à lui? Finalement, ne prend-il pas le relais de l'auteur – comme l'invité de l'hôte – du moment où ce dernier partage avec lui son texte et envisage une relation de complicité?

La complicité, nous l'avons déjà dit, suppose au moins trois éléments: des complices, des coutumes et un espace commun. Cependant, pour que tout ce disposi-

---

[7] P. Klossowski, «Fragments d'une lettre à Michel Butor», *op. cit.*, p. 41.

[8] *Ibid. l.c.*

[9] Idem, *Les lois de l'hospitalité*, Gallimard, Paris, 2009, p. 113. Ensuite dans le corps du texte comme LH, suivi du numéro de la page.

tif puisse être mis en marche, il semble qu'on ait besoin encore d'une autre chose, soit d'un événement qui aurait fondé la coutume, réuni les protagonistes, déterminé l'espace, noué tout l'univers romanesque qui prétend constituer une société secrète – bref, il faut un acte fondateur[10]. En effet, et les religions, et les sociétés, et les hérésies nécessitent un acte qui puisse relier les initiés autour d'une coutume. La plupart d'elles naît avec – et renvoie à – un acte fondateur, dans les deux sens du terme: dans celui d'un acte en tant qu'un document (les textes saints comme *Le Coran* ou *La Bible*) et d'un acte compris comme une action, un événement (respectivement l'hégire ou la crucifixion). L'acte de lecture, lui aussi, renvoie aux deux versants du terme: c'est une activité, un événement (puisqu'il n'est pas passif) et il s'appuie, bien évidemment, sur un texte, un document. À ce titre, l'incipit du roman ou, justement, le premier acte d'une pièce de théâtre peuvent être considérés, à chaque fois, comme des actes fondateurs de l'alliance du lecteur avec l'auteur dans l'espace d'une œuvre.

Il n'en est pas autrement pour les romans de Pierre Klossowski avec, au premier rang, *Les Lois de l'hospitalité*. Klossowski, en étant un auteur hospitalier qui veut accueillir son lecteur dans une relation de complicité et demande en retour (ne serait-ce qu'en raison de l'extrême complexité de ses textes) la reconnaissance comprise au moins comme l'assiduité et l'engagement, lui donne les moyens d'en faire preuve dès le début de sa trilogie. La complicité vécue tout au long du triptyque trouve, légitimement, son commencement au début du volet mis en tête des *Lois de l'hospitalité* lors de leur remaniement, en 1965. En effet, il semble que *La Révocation de l'Édit de Nantes* et surtout un des épisodes de cette partie – «la grave offense» – peuvent être considérés comme un véritable acte fondateur des lois qui régissent l'approche de Roberte, signe unique, et qui lient tous les actants de cette aventure. Et c'est, précisément, lui qui nous servira comme l'exemple de ce à quoi l'hospitalité de la trilogie de Pierre Klossowski peut ressembler.

La scène de la «grave offense» est présente – même si elle n'est pas encore évoquée de son nom – dès la première phrase du roman, dès l'incipit. Aussi Roberte commence-t-elle son journal de telle manière: «me voici revenir à la chère, vieille habitude, contractée depuis l'enfance, de rédiger un cahier de 'libre examen': trop fortes sont ces images d'il y a dix ans; il semble que, loin de les atténuer, ma vie conjugale avec Octave les ravive à nouveau» [LH, 13]. «Les images d'il y a dix ans», c'est-à dire celles de «la scène de la grave offense», apparaissent donc comme un élément déclencheur de l'écriture du journal de Roberte et, du coup, de l'action même du roman. Roberte aperçoit dans cette scène fondatrice les analogies avec sa «vie conjugale avec

---

[10] Jean Decottignies, dans le même sens, souligne le rôle du «geste fondateur» dans la complicité. Comme il l'explique: «ce n'est pas sur le fond, ce terrain où s'activent les valeurs, que s'établit la complicité. Celle-ci n'est pas pure et simple adhésion au contenu de l'œuvre. Le complice peut fort bien diverger sur le fond. Car ce qui compte, ce n'est pas l'éventuel message que porte (ou feint de porter) le discours que nous lisons, c'est le geste fondateur ou producteur de l'œuvre» (*Pierre Klossowski. Biographie d'un monomane*, Presses Universitaires du Septentrion, Villeneuve-d'Ascq, 1997, p. 12). Néanmoins, du point de vue qui nous intéresse ici, «l'acte fondateur» semble être une expression plus vaste et, du coup, plus appropriée à décrire la réalité de la «grave offense».

Octave», car la «grave offense» la préfigure, elle est une matrice sur laquelle vont se développer les lois dont Octave est dépositaire. L'importance du regard d'un tiers est fondamentale pour la plupart des romans de Klossowski et peut-être surtout pour *Les Lois de l'hospitalité*. Dans toutes les parties de la trilogie, Roberte est constamment regardée, mise devant les yeux des autres, captivée par les regards. La scène de la «grave offense» apparaît donc aussi comme la «scène originaire» dans laquelle, au lieu d'un enfant qui surprend les parents, nous avons un lecteur qui, pour la première fois, surprend Roberte à l'acte.

La première note du journal de Roberte annonce la «grave offense», elle signale les relations ambiguës entre Roberte et son mari Octave et introduit le lecteur dans l'orbite des questions liées à la religion chrétienne et sa variante protestante qui, par «le libre examen», témoigne de la volonté d'une lecture des Évangiles qui s'approche quelque peu à une réécriture. Le deuxième fragment du journal va déjà au cœur du sujet. Tout d'abord, Roberte suggère que l'événement ne va pas être évoqué en tant qu'un souvenir, un épisode révolu. Roberte ne veut pas décrire ce qui s'est passé à Rome, elle veut le «reconstituer», «revivre» [LH, 17]. En effet, pour que le lecteur soit introduit dans le «complot», pour qu'il devienne le complice de cette «grave offense», l'acte fondateur – d'ailleurs comme la messe chrétienne qui, à chaque fois, renouvelle le pacte avec les fidèles en le répétant – ne peut pas être une simple rétrospection, mais doit revenir tel quel, ici et maintenant.

Dans les «impressions romaines», Roberte retourne donc avec le lecteur à Rome de l'année 1944. Tous les deux se retrouvent dans une chapelle mystérieuse pour accomplir une mission liée à certains documents. Bras dessus bras dessous, ils avancent par l'obscurité, comme d'habitude chez Klossowski, peuplée de regards. Ainsi Roberte aperçoit-elle, entre autres, un personnage vêtu grotesquement, «trop gigantesque pour ne pas être le simulacre d'un autre monde», «tout irréel, comme brusquement sorti de quelque tableau du vieux maître pour épier ici [sa] propre irréalité», un personnage dans lequel elle reconnaît «un suisse pontifical» [LH, 19]. Dès lors, c'est sous ses yeux – et, en même temps, en le regardant – que Roberte, inquiète et excitée, va remplir la tâche qui lui a été confiée. Ainsi, elle monte sur l'autel, ouvre le tabernacle, sort le calice et met en marche un ressort secret qui fait émerger les documents recherchés. Apparemment, la mission de Roberte est finie et il ne lui reste qu'à quitter la chapelle. Cependant, tel n'est pas le cas et c'est précisément dans ce moment que la véritable aventure commence.

Comme elle l'écrit: «alors, ne souffrant plus davantage l'indifférence lapidaire qu'on m'opposait ni que ce beau garçon me voulût échapper, je renversai le calice et toutes les hosties se répandirent» [LH, 19]. Ce qui déclenche le geste de Roberte, c'est donc cette présence immobile, indifférente du spectateur[11]. Pour qu'il y ait la compli-

---

[11] D'ailleurs, même avant d'avoir rencontré ce personnage, Roberte se demandait déjà: «on savait que j'étais ici à cette heure, dans cette tenue, et je n'étais point sûre qu'on ne surveillât mes gestes; mais si celui qui en était chargé se trouvait là effectivement, partageait-il à l'instant même mes émotions et n'était-il pas lui aussi sur le point de perdre contrôle?» [LH, 18].

cité, elle doit solliciter la participation de l'observateur et du lecteur (car, peut-être, cet autre monde, d'où semble venir le personnage, est assimilable au monde du lecteur qui, effectivement, comme le suisse pontifical, épie l'irréalité de Roberte). Pour qu'il y ait le spectacle, Roberte doit se produire et faire en sorte que le spectateur passif se produise à son tour et devienne un acteur.

Ainsi, en répondant à la provocation de Roberte, le personnage gigantesque «frapp[e] le sol de trois coups» avec sa hallebarde et, comme si c'était un signal, à ce moment, «le fond du tabernacle s'ouvr[e]» et les deux mains, «tellement semblables» aux mains de Roberte qu'elle en est effrayée, la saisissent aux poignets. L'homme s'approche d'elle et elle réalise que ce qui va se passer, c'est ce qu'elle «cherchait réellement ici» [LH, 19–20]. Les documents apparaissent donc comme un prétexte au texte qu'elle va écrire ou réécrire. Ce qui a eu lieu jusqu'alors, n'apparaît que comme une introduction. Avant, elle a eu l'appréhension «d'être prise dans un engrenage» [LH, 19], maintenant, elle est réellement captivée; elle pensait connaître sa tâche, et dès lors elle sait déjà qu'elle n'est pas le maître de situation. De même le lecteur qui, croyant diriger sa lecture, se retrouve parfois captivé par le livre, mené par l'intrigue, il se perd dans la lecture ou, comme le décrit d'une manière suggestive Michel Picard, «il 'dévore son livre', perd le contrôle de son activité, cesse de jouer, se fait jouer, se fait lui-même dévorer»[12]. Tel est aussi un de sens de l'acte fondateur: attirer Roberte et le lecteur, les unir pour en faire les complices, les enfermer dans le même espace pour qu'ils puissent «être joués» par les lois de l'hospitalité.

Et voici, comment Roberte présente les désirées «conséquences de [s]on effronterie»:

> Et en effet, ces mains de jeune fille qui m'enfermaient dans leur étau par je ne sais quel pouvoir – celui que je leur attribuais – se mirent à déganter mes propres mains longues et parfaites et les ayant retournées, elles répandirent un onguent sur mes paumes et jusqu'aux pulpes de mes doigts. Mais, voulant me soustraire à leurs brûlantes caresses, je me reculai; déjà, me dominant de sa haute taille, il se collait contre mon dos et me coinçait entre ses chausses et la table sainte. Et, ayant approché le missel ouvert, il appliqua mes deux paumes tout onctueuses sur une page de l'Évangile; puis, sans me lâcher une seconde, il sema une poudre de charbon sur le parchemin et souffla dessus. Alors mes empreintes digitales apparurent et les lignes de mes mains se trouvèrent à jamais imprimées sur la Parole de Dieu...
> – Vous qui avez souffleté le Verbe, qui êtes-vous? [LH, 20].

C'est seulement maintenant qu'on peut mesurer la portée de la «grave offense» en tant qu'acte fondateur et, d'abord, le rôle du lecteur, la place qui lui a été faite dans les «impressions romaines». C'est seulement au moment où Roberte provoque le suisse pontifical qu'il commence véritablement à participer dans l'aventure. C'est alors qu'il peut passer à l'acte et manifester, finalement, sa reconnaissance.

---

[12] M. Picard, *La Lecture comme jeu*, Minuit, Paris, 1986, p. 49.

En effet, le suisse pontifical peut être compris comme la figure du lecteur, dans le sens qui s'approche de la «figure du commentateur» décrite par Louis Marin[13]. Tout comme les personnages étudiés par le théoricien d'art, celui-ci est présent «sur la scène» en modélisant le regard porté sur Roberte: il l'observe de l'intérieur du récit, en montrant au lecteur la manière dont il faut précisément regarder Roberte, la «lire». Ainsi, provoqué par l'héroïne, il donne l'exemple d'une lecture qui doit dépasser la passivité et s'engager dans le corps du texte pour captiver Roberte. Saisie de telle manière, celle-ci a peur de se retourner, de s'exposer au regard du personnage derrière elle, puisque c'est justement dans le moment où elle est immobilisée qu'elle devrait se donner à voir et à avoir. Aussi le lecteur est-il censé se pencher sur l'image, entrer là-dedans pour arrêter Roberte, la lire minutieusement, essayer de retrouver ou réinventer son essence. C'est cela la leçon d'interprétation donnée par le suisse pontifical et par Octave dans la suite de la trilogie. C'est aussi cette invitation à la complicité dans les actualisations/viols de Roberte.

Cependant, le suisse pontifical n'est pas l'unique représentation du lecteur dans l'épisode de la «grave offense», il n'en est même pas la plus importante. Roberte, elle aussi, lit et interprète. Elle le fait par une sorte de réécriture de la «Parole de Dieu», dont la référence à l'écriture première des Évangiles est bien évidente. En effet, le Verbe est ici «souffleté», comme il a été mis dans les bouches des évangélistes par le Saint-Esprit (dont l'apparence est justement celle d'un souffle). Néanmoins, dans ce cas, c'est le corps qui se fait Verbe. La chair de Roberte passe à l'écriture qui – sous l'aspect des signes les moins arbitraires qui soient – reste foncièrement corporelle et singulière. En effet, ce n'est pas le paradigme du langage des «signes quotidiens», mais, précisément, le langage propre de Roberte, de son corps qui est ici restranscrit. Voilà Roberte écrivant l'acte fondateur au sens d'un document, d'un texte. Voilà aussi Roberte signant le pacte, acceptant ses termes, puisque c'est à travers les empreintes digitales qu'on peut identifier l'individu, lui prouver sa responsabilité de telle ou telle action. Le suisse pontifical en tant que figure du lecteur donne l'image d'une lecture active qui entre dans le champ du texte pour voir de plus près. Roberte, elle, enseigne la lecture créative, l'interprétation qui imprègne ses traces sur le texte qui en devient modifié, réécrit. De même que Roberte, le lecteur, lui aussi, doit signer l'acte, doit laisser ses empreintes digitales sur le texte, en l'occurrence, sur *Les Lois de l'hospitalité*.

De plus, si le lecteur s'identifie avec le suisse pontifical par la communauté du regard, il s'assimile à Roberte, non seulement par l'identité de la pratique lectoriale requise, mais aussi par la posture même du corps. Les mains de Roberte s'appuient sur le livre saint – les mains du lecteur, qui est en train de lire *La Révocation de l'Édit de Nantes*, ne s'appuient-elles pas aussi sur le livre? Roberte tient et réécrit l'Évangile, le lecteur tient et réécrit le texte de Klossowski. Si on voulait aller jusqu'au but de cette analogie, Pierre Klossowski, écrivant l'épisode de la «grave offense», n'est-il pas lui

---

[13] L. M a r i n, «Figures de la réception dans la représentation moderne de peinture», [in:] *De la représentation*, recueil établi par D. A r a s s e, A. C a n t i l l o n, G. C a r e r i, et al., Seuil, Paris, 1993, p. 319.

aussi dans la même position? Et puisque, comme le commente Alain Arnaud, pour Klossowski, «le corps n'est pas une propriété du moi; il n'est qu'un lieu de passage»[14] le corps de Roberte ne serait-il pas, en l'occurrence, le lieu de passage dans lequel, sous une même posture, dans la même pratique, se rencontrent Roberte elle-même, Pierre Klossowski et le lecteur? Le corps de Roberte, dans ce cas, apparaîtrait comme un corps commun, qui dans un mouvement du tourbillonnement propre à Klossowski – qui tourne au long des formes circulaires laissées par les empreintes digitales de Roberte, dans le cercle formé par les mains – accueillerait tour à tour de différentes identités participant au tissage du texte.

Le lecteur – en tant qu'agresseur et, de l'autre côté, en tant que créateur et prisonnier du texte à la fois – le change, pénètre, mais le texte, lui aussi, modifie le lecteur qui, à son tour, devient violé, pénétré. Il a donc appris les modalités de la lecture (de la lecture captivante, créative et corporelle). Il a été introduit dans le corps du texte, qu'il partage dès lors avec l'auteur et les personnages. Il est devenu le complice des viols exercés sur Roberte et de la pratique de l'écriture enseignée par Roberte. La complicité a trouvé son espace propre dans le corps commun. L'acte fondateur a été signé par les empreintes digitales respectives. Roberte, pour la première fois a été immobilisée, vue, partagée: les coutumes, les éponymes lois sont donc instaurées.

Cependant, il reste encore une clause importante. Citons, pour finir, ce qui suit la phrase «– Vous qui avez souffleté le Verbe, qui êtes-vous?»:

> Ayant braqué sur moi une lampe de poche, il me vit telle que j'étais là: serrée dans ma gaine, les épaules, les bras et les cuisses nus. «Triste époque, dit-il, triste époque», et il arracha mon masque: «Ciels! s'écria-t-il, voilà bien la corruption de Paris-New York!» Et, me saisissant derechef au poignet, il me fit virevolter sur mes talons: «De dos, vous faites encore mieux que de face …» [LH, 20]

Dernier mot de Klossowski fait littéralement désarmer le lecteur. Toutes les interprétations possibles de la «grave offense» se retrouvent ridiculisées par cette «corruption de Paris-New York». Que dire de cet auteur qui mélange la théologie, les questions philosophiques avec cette incongruité qui substitue au spectacle, apparemment le plus sérieux, une farce? Au lecteur qui ne sait pas quoi dire, et qui a déjà dit beaucoup trop, reste à se laisser emporter par ce mouvement dissolvant du rire, qui constitue peut-être le dernier mot de la lecture corporelle. Le corps du lecteur rit et, vaincu, obéissant à la «perversion» de Klossowski, lui tourne le dos: soit pour cacher la surprise d'être pris dans un tel «engrenage», soit, parce que, effectivement, «de dos, il fait encore mieux que de face»…

---

[14] A. Arnaud, *Pierre Klossowski*, Seuil, Paris, 1990, p. 128.

Summary

The Complicity at Work. A Hospitable Author and a Grateful Reader in *Les Lois de l'hospitalité* by Pierre Klossowski

As the literary theory claims over the last few decades, the author is no longer the only authority with respect to the text since it is the reader's role to concretize it, actualize it and make it exist. Pierre Klossowski, a truly exceptional writer, seems to display this approach in his own way. As a hospitable author, Klossowski intends to bound with his reader the relationship of the complicity that allows him to participate in the writer's process of creation and perversion. Klossowski's masterpiece – *Les Lois de l'hospitalité* – may be perceived as an attempt to embody this idea. Thus, the initial part of the trilogy establishes the rules of an entire economy of the complicity and also represents some figures of a reader-accomplice.

Keywords: Pierre Klossowski, complicity, hospitality, reader

Bibliographie

Abirached R., *La crise du personnage dans le théâtre moderne*, Gallimard, Paris, 1994.

Abramowicz M., *Dire vrai dans les narrations françaises du Moyen Âge. XIIe-XIIIe siècles*, Wydawnictwo UMCS, Lublin, 2007.

Adamek A.M., *Le Fusil à pétales*, Éditions Labor, Bruxelles, 1997.

Allard J., *Le Roman mauve. Microlectures de la fiction récente au Québec*, Québec/Amérique, Montréal, 1997.

Anouilh J., *En marge du théâtre, articles, préfaces, etc.*, les textes réunis et annotés par E. Knight, La Table Ronde, Paris, 2000.

Anouilh J., «Les Sources par Jean Anouilh», [in:] *Le Figaro*, 29 novembre 1972.

Anouilh J., *Pièces secrètes*, La Table Ronde, Paris, 2008 [1977].

Anouilh J., *Théâtre*, édition établie, présenté et annotée par B. Beugnot, Gallimard, 2007.

Arnaud A., *Pierre Klossowski*, Seuil, Paris, 1990.

Ariès Ph., *L'enfant et la vie familiale sous l'Ancien Régime*, Seuil, Paris, 1973.

Artaud A., *Œuvres complètes*, t. 1, Gallimard, Paris, 1976.

Aurell M., *L'Empire des Plantagenêt. 1154-1224*, Paris, Perrin, 2003.

Babois V., *Élégies et poésies diverses*, t. 2, Nepveu, Paris, 1828.

Badinter E., *Émilie, Émilie: l'ambition féminine au XVIIIe siècle*, Flammarion, Paris, 1983.

Balzac H. de, «Sur Catherine de Médicis», [in:] *La Comédie Humaine*, t. X, *Études philosophiques*, t. II, *Études analytiques*, Gallimard, Paris, 1950.

Baronian J.B., *Panorama de la littérature fantastique de langue française*, Stock, Paris, 1978.

Barthes R., *Fragments d'un discours amoureux*, Seuil, Paris, 1977.

Barthes R., «La mort de l'auteur», [in:] *Œuvres complètes*, t. 2, Paris, Éditions du Seuil, Paris, 1968.

Barthes R., «Qu' est-ce que l'écriture?», [in:] *Le degré zéro de l'écriture*, Seuil, Paris, 1953.

Barthes R., «Sur la lecture», [in:] *Œuvres complètes*, t. 4 (1972–1976), Seuil, Paris 2002.

Baschet J., *L'iconographie médiévale*, Gallimard, Paris, 2008.

Baudelaire Ch., *Les Fleurs du Mal*, Michel Lévy Frères, Paris, 1868, http:/gallica.bnf.fr.

Baudelaire Ch., *Œuvres complètes*, Éditions Louis Conard, Paris, 1952.

Baudelaire Ch., *Œuvres posthumes*, Éditions Louis Conard, Paris, 1952.

Baudelaire Ch., *Théophile Gauthier*, éd. Pléiade, Paris, 1975.

Beauvoir S. de, *Correspondance croisée, 1937-1940*, Gallimard, Paris, 2004.

Beauvoir S. de, *Lettres à Nelson Algren. Un amour transatlantique 1947-1964*, éd. S. Le Bon de Beauvoir, Gallimard, Paris, 1997.

Beauvoir S. de, *Lettres à Sartre*, t. 1, éd. S. Le Bon de Beauvoir, Gallimard, Paris, 1990.

Beauvoir S. de, *Tout compte fait*, Gallimard, Paris, 1972.

Benjamin W., *Charles Baudelaire. Un poète lyrique à l'apogée du capitalisme*, trad. J. Lacoste, Petite Bibliothèque de Payot, Paris, 2002.

Bercegol F., «*Oberman* de Senancour, ou 'l'amour senti d'une maniere qui peut-être n'avait pas été dite'», [in:] «*Oberman*» *ou le sublime négatif*, textes édités par F. Bercegol et B. Didier, Rue d'Ulm, Presses de l'École normale supérieure, Paris, 2006.

Bernier Y., «Un romancier à suivre: *Une belle journée d'avance* de Robert Lalonde», [in:] *Lettres québécoises*, N° 42, Été 1986.

Bertrand A., *Gaspard de la Nuit*, éd. M. Milner, Gallimard, Paris, 1980.

Bertrand A., *Les curiosités esthétiques de Robert de Montesquiou*, t. 2, Droz, Genève, 1996.

Béthune P.F. de, *L'hospitalité sacrée entre les religions*, Albin Michel, Paris, 2007.

Bielik-Robson A., *Na drugim brzegu nihilizmu*, Wydawnictwo IFiS PAN, Warszawa, 1997.

Bismuth N., «La question d'Henriette», [in:] I. Daunais, F. Ricard, *La Pratique du roman*, Boréal, Montréal, 2012.

Blancart-Cassou J., *Jean Anouilh. Les jeux d'un pessimiste*, PUP, Aix-en-Provence, 2007.

Blumenberg H., *Naufrage avec spectateur: paradigme d'une métaphore de l'existence*, trad. L. Cassagnau, L'Arche, Paris, 1994.

Blumenberg H., *Paradigmes pour une métaphorologie*, trad. D. Gammelin, Vrin, Paris, 2006.

Bochenek-Franczakowa R., *Le personnage dans le roman par lettres à voix multiples de «La Nouvelle Héloïse» aux «Liaisons dangereuses»*, Abrys, Kraków, 1996.

Bochenek-Franczakowa R., *Raconter la Révolution*, MA, Éditions Peeters, Louvain – Paris – Walpole, 2011.

Bohm D., *Wholeness and the Implicate Order*, Routledge, London, 1980.

Boilève-Guerlet A., *Le Genre romanesque: des théories de la Renaissance italienne aux réflexions du XVIIe siècle français,* Santiago de Compostela Universidade, Santiago, 1993.

Borgeon E., Danan J., Renaude N., Sermon J., «Entretien avec Noëlle Renaude», [in:] *Études théâtrales*, n°24-25/2002.

Boutet D., *Charlemagne et Arthur ou le roi imaginaire*, Paris, Champion, Paris, 1992.

Boyer de Latour P., «Dominique Rolin, l'amoureuse», [in:] *Magazine littéraire*, N° 500, décembre 2010.

Bray B., «Le statut des personnages dans les *Lettres du chevalier d'Her****», [in:] A. Niderst (éd.), *Fontenelle*, Acte du colloque tenu à Rouen du 6 a 10 octobre 1987, PUF, Paris, 1989.

Breton A., *Manifestes du surréalisme*, Gallimard, Paris, 1985.

Brunner H., Coninck J.L. de, *En marge d'«À rebours» de J.-K. Huysmans*, Dorbon-aîné, Paris, 1929.

Calle-Gruber M., *Assia Djebar ou la résistance de l'écriture. Regards d'un écrivain d'Algérie*, Maisonneuve et Larose, Paris, 2001.

Camus J.P., *Agatonphile ou Les martyrs siciliens Agathon, Philargyrippe, Tryphine et leurs associéz*, C. Chappelet, Paris, 1620, http://gallica.bnf.fr.

Camus J.P., *Clearque et Timolas, L'imprimeur au Lecteur* (l'introduction non paginée), David du Petit Val, Rouen, 1629, http://gallica.bnf.fr.

Carlier Ch., *La Clef des contes*, Ellipses Édition Marketing S.A., Paris, 1998.

Carr-Gomm S., *Arcydzieła światowego malarstwa. Mity, postacie, symbole*, przeł. H. Andrzejewska, Świat Książki, Warszawa, 2004.

Cartier J., «Anouilh comme un enfant émerveillé», [in:] *France Soir*, 8 février 1971.

Cezan C., «L'Apocalypse selon Ionesco, entretien avec Eugène Ionesco», [in:] *Nouvelles littéraires*, 7 février 1963.

Chaillet J.P., «Robert Lalonde: des amitiés particulières au pays de Maria Chapdelaine», [in:] *Nouvelles littéraires*, No 2850, 26 août 1982.

Choderlos de Laclos P., *Lycée ou Cours de littérature ancienne et moderne*, vol. 14, Deterville, Paris, 1818.

Cioran E., *Syllogismes de l'amertume*, [in:] *Œuvres*, Gallimard, Paris, 1995.

Clermont-Tonnerre É. de, *Robert de Montesquiou et Marcel Proust*, Flammarion, Paris, 1925.

Cliff W., *Adieu patries*, éd. Le Rocher Paris, 2001.

Cliff W., *America*, Gallimard, Paris, 1983.

Cliff W., *Autobiographie*, La Différence, Paris, 1993.

Cliff W., *Conrad Detrez*, Le Dilletante, Paris, 1990.

Cliff W., *Ecrasez-le*, Gallimard, Paris, 1976.

Cliff W., *Fête nationale*, Gallimard, Paris, 1992.

Cliff W., *Homo Sum*, Gallimard, Paris, 1973.

Cliff W., *Journal d'un innocent*, Gallimard, Paris, 1996.

Cliff W., *Marcher au charbon*, Gallimard, Paris, 1978.

Cliff W., *Le Pain austral*, Tétras Lyre, Ayeneux, 1990.

Cliff W., *Le Pain quotidien*, La Table Ronde Paris, 2006.

Coblence F., *Le dandysme. Obligation d'incertitude*, PUF, Paris, 1988.

Colonna V., *Autofiction et autres mythomanies littéraires*, Tristram, Paris, 2004.

Condorcet, «Sur l'admission des femmes au droit de cité», [in:] *Journal de la société de 1789*, Paris, le 3 juillet 1790, http://gallica.bnf.fr/ark:/12148/bpt6k426734.

Cornille J.L., *L'amour des lettres ou le contrat déchiré*, Universität Mannheim, Mannheim, 1986.

Corpechot L., «Le comte Robert de Montesquiou», [in:] *Le Journal*, 7 février 1921.

Correspondances et biographie. Actes du séminaire 2008-2010 de l'UMR 6563, réunis et présentés par J.M. Hovasse, Centre d'Étude des correspondances et journaux intimes, Cahier n° 7, Brest, 2011.

Coulet H., *Le Roman jusqu'à la Révolution*, Armand Collin, Paris, 1967.

Coulet H., *Marivaux romancier. Essai sur l'esprit et le coeur dans les romans de Marivaux*, Paris, Colin, 1975.

Crépet E., *Charles Baudelaire. Étude biographique*, Librairie Léon Vanier, Paris, 1906.

Curtius E.R., «Topika wstępu», [in:] *Literatura europejska i łacińskie średniowiecze*, tł. i oprac. A. Borowski, UNIVERSITAS, Kraków, 2009.

Czermińska M., *Autobiograficzny trójkąt. Świadectwo, wyznanie i wyzwanie*, UNIVERSITAS, Kraków, 2004.

Dällenbach L., *Le récit spéculaire. Essai sur la mise en abyme*, Seuil, Paris, 1977.

Darmon P., *Mythologie de la femme dans l'Ancienne France*, Seuil, Paris, 1983.

Daunais I., Ricard F. (dir.), *La Pratique du roman*, Boréal, Montréal, 2012.

Davy M., *Initiation à la symbolique romane*, Flammarion, Paris, 1977.

Decottignies J., *Pierre Klossowski. Biographie d'un monomane*, Presses Universitaires du Septentrion, Villeneuve-d'Ascq, 1997.

Degott B., «Regarder le monde en vers», [in:] *Annales Academiae Pedagogicae Cracoviensis, Studia Romanica II*, 2003.

Deguy J., Le Bon de Beauvoir S., *Simone de Beauvoir. Écrire la liberté*, Gallimard, Paris, 2008.

De Haes F., *Les pas de la voyageuse. Dominique Rolin*, AML Éditions Labor, Bruxelles, 2006.

Déjeux J., *Assia Djebar, romancière algérienne, cinéaste arabe*, Éditions Naaman de Sherbrooke, Québec, 1984.

De Lavergne S., «La lumière dans l'aménagement de l'espace liturgique: aspects théologiques», [in:] J. Ries, Ch.M. Ternes (dir.) *Symbolisme et expérience de la lumičre dans les grandes religions*, Brepols, Turnhout, 2002.

Delon M., «Philippe Lejeune – pour une autobiographie», [in:] *Magazine Littéraire*, mai 2002, N° 409.

Deprez S., *Mircea Eliade: La philosophie du sacré*, L'Harmattan, Paris, 2009.

Derrida J., Séverac Y., *Les Mémoires d'aveugle. L'autoportrait et autres ruines*, RMN Réunion des Musées Nationaux, Paris, 1991.

Descombes V., *To samo i inne. 45 lat filozofii francuskiej 1933-78*, trad. par B. Banasiak et K. Matuszewski, Spacja, Warszawa, 1997.

Desjardins N., «Le dernier été des Indiens», [in:] *Nos livres*, novembre 1982, N° 422.

Detemmerman J., «Le procès d'Escal-Vigor», [in:] *Revue de l'Université de Bruxelles*, N° 4-5, 1984.

Diaz B., *L'épistolaire ou la pensée nomade*, PUF, Paris, 2002.

Diderot D., d'Alembert J. (réd.), *Encyclopédie ou dictionnaire raisonné des sciences, des arts et des métiers*, «Femme» (morale), http://artflx.uchicago.edu/cgi-bin/philologic/getobject. pl?c.5:683:2. encyclopedie0311.

Diderot D., «Sur les femmes», [in:] J. Assézat, M. Tourneux (réd.), *Œuvres complètes de Diderot: revues sur les éditions originales. Études sur Diderot et le mouvement philosophique au XVIIIe siècle*, vol. 2, Garnier Frères, Paris, 1875.

Didier B., *Senancour romancier*, SEDES, Paris, 1985.

Djebar A., «Les Murs», [in:] *El Moudjabid culturel*, N° 144, 14 décembre 1974.

Djebar A., *Ombre sultane*, Éditions Albin Michel, Paris, 2006.

Doubrovsky S., Lejeune Ph., *Autofiction*, Seuil, Paris, 1995.

Dufief P.J., *Les écritures de l'intime de 1800 a 1914. Autobiographies, mémoires, journaux intimes et correspondances*, Bréal éditions, Rosny, 2001.

Dumas A., «Le Chat, l'huissier et le squelette»,[in:] *Le Meneur de loups et autres récits fantastiques*, Omnibus, Paris, 2002.

Du Plaisir, *Sentiments sur les lettres et sur l'histoire avec des scrupules sur le style (1683)*, éd. Philippe Hourcade, Droz, Genève, 1975.

Durand G., *Les Structures anthropologiques de l'imaginaire*, Dunod, Paris, 1992.

Durocher B., *A l'image de l'homme*, Caractères, Paris, 1956.

Durocher B., *Dans la nuit la lumière*, Caractères, Paris, 1997.

Durocher B., *Étranger, Bois gravés de Shelomo Selinger*, Caractères, Paris, 1994.

Durocher B., *Les livres de l'homme, œuvre complète*, t. 1, Caractères, Paris, 2012.

Eakin P.J., *Living Autobiographically. How We Create Identity in Narrative*, Cornell University Press, Ithaca, 2008.

Eliade M., *Le sacré et le profane*, Gallimard, Paris, 2005.

Eliade M., *Traité d'histoire des religions*, Payot, Paris, 2008.

Engelbach J.P., «Écriture en direct», [in:] N. Renaude, *Ma Solange, comment t'écrire mon désastre, Alex Roux*, Éditions Théâtrales, Montreuil, 2008.

Epistolaire, Revue de l'A.I.R.E., n° 32, Honoré Champion Éditeur, Paris, 2006.

Erman M., *Poétique du personnage de roman*, Ellipses Édition Marketing S.A., Paris, 2006.

Esmein C., *Poétiques du roman. Scudéry, Huet, Du Plaisir et autres textes théoriques et critiques du XVIIe siècle sur le genre romanesque*, Champion, Paris, 2004.

Esmein-Sarrazin C., *L'essor du roman. Discours théorique et constitution d'un genre littéraire au du XVIIe siècle*, Champion, Paris, 2008.

Esquiros A., *Le Magicien*, L'Âge d'Homme, Lausanne, 1978.

Esslin M., *The Theatre of the Absurd*, London, 1961.

Fabre J., «Intention et structure dans les romans de Marivaux», [in:] *Idées sur le roman, de Mme de La Fayette au Marquis de Sade*, Klincksieck, Paris, 1979.

Faral E., *La vie quotidienne au temps de saint Louis*, Hachette, Paris, 1956.

Fauchery P., *La destinée féminine dans le roman européen du XVIIIe siècle (1713-1807). Essai de gynécomythie romanesque*, Colin, Paris, 1972.

Faure P., «Les points cardinaux dans le monde visionnaire d'Hildegarde de Bingen», [in:] M. Viegnes (dir.), *Imaginaires des points cardinaux. Aux quatre angles du Monde*, Imago, Paris, 2005.

Favardin P., Bouëxière L., *Le dandysme*, La Manufacture, Lyon, 1988.

Favier J., *Dictionnaire de la femme médiévale*, Fayard, Paris, 1995.

Favier J., *Nathalie Sarraute. Portrait d'un écrivain*, BNF, Paris, 1995.

Feliks Jasieński i jego Manggha, wstęp i oprac.: E. Miodońska-Brookes; wyb. tekstów francuskich i polskich: M. Cieśla-Korytowska i E. Miodońska-Brookes; przekł. z j. francuskiego: M. Cieśla-Korytowska, UNIVERSITAS, Kraków, 1992.

Fersen Mr de [J. d'Adelswärd], *Lord Lyllian. Messes noires*, Librairie Léon Vanier, Éditeur, Paris, 1905.

Feuillet M., *Le lexique des symboles chrétiens*, PUF, Paris, 2007.

Flaubert G., *Correspondance*, vol. II, Gallimard, Paris, 1980.

Flaubert G., *La légende de saint Julien l'Hospitalier*, Flammarion, Paris, 2000.

Flaubert G., *La Tentation de saint Antoine*, Louis Conard, Paris, 1910, http:// fr.wikisource. org/wiki/Livre:Gustave_Flaubert_-_La_Tentation_de_Saint-Antoine.djvu.

Fontenelle, *Lettres galantes de Monsieur Le Chevalier d'Her****, éd. C. Guyon-Lecoq, Desjonquères, Paris, 2002.

Foucault M., *La Bibliothèque fantastique*, Seuil, Paris, 1983.

Foucault M., *Les Mots et les choses*, Gallimard, Paris, 1966.

Foucault M., «Qu'est-ce qu'un auteur ?», [in:] *Dits et Ecrits*, t. 1, Gallimard, Paris, 1994.

Fraisse L., «Le pittoresque développement des biographies d'écrivains au XIXe siècle», [in:] COnTEXTES [En ligne], n. 3/2008, http://contextes.revues.org/index2143.html.

François S., *Le Dandysme et Marcel Proust. De Brummell au Baron de Charlus*, Palais des Académies, Bruxelles, 1956.

Freud S., «Roman familial des névrosés», [in:] *Névrose, psychose et perversion*, PUF, Paris, 1973.

Fumaroli M., *Quand l'Europe parlait français*, Editions de Fallois, Paris, 2001.

Gabryjelska K., «Le bruissement des voix dans une bataille littéraire. Pour et contre dans l'évolution du genre romanesque au XVIIIe siècle», [in:] *Romanica Wratislaviensia*, no. LVI, Wydawnictwo Uniwersytetu Wrocławskiego, Wrocław, 2009.

Gafaïti H., *Les femmes dans le roman algérien*, L'Harmattan, Paris, 1996.

Gagnebin L., *Simone de Beauvoir ou le refus de l'indifférence*, Éditions Fishbacher, Paris, 1968.

García R., «Espacio sagrado y Religiosidad popular: perspectivas veterotestamentarias» [in:] *Teología y vida*, Vol. VLIV, 2003, http//www.scielo.cl/pdf/tv/v44n2-3/art13.pdf.

Garreau B.M., «Au-delà du factuel: l'univers épistolaire et biographique de Marguerite Audoux», [in:] *Correspondances et biographie, Actes du séminaire 2008-2010 de l'UMR 6563*, réunis et présentés par J.M. Hovasse, Centre d'Étude des correspondances et journaux intimes, Cahier N° 7, Brest, 2011.

Gasché R., *Le Tain du miroir. Derrida et la philosophie de la réflexion*, trad. par M. Froment--Meurice, Ed. Galilée, Paris, 1995.

Gaspar L., *Approche de la parole, suivi de l'Apprentissage, avec deux textes inédits*, Gallimard, Paris, 2004.

Gaspar L., *Derrière le dos de Dieu*, Gallimard, Paris, 2010.

Gaspar L., *Respiration de flute dans le poids du calcaire*, entretien avec L. Margantin, http://remue.net/revue/TX0310_MargGasp.htlm.

Gaspar L., *Sol absolu et autres textes*, Gallimard, Paris, 1982.

Gasparini Ph., *Est-il-Je ? Roman autobiographique et autofiction*, Seuil, Paris, 2004.

Gdalia N., *Les visages de Bruno Durocher*, Caractères, Paris, 1997.

Gelly V., «Dominique Rolin, 94 ans, écrivaine», [in:] *Psychologies*, Octobre 2007.

Genette G., *Figures IV*, Seuil, Paris, 1999.

Genette G., *Nouveau discours du récit*, Seuil, Paris, 1983.

Genette G., *Seuils*, Paris, Seuil, 2002.

Genette G., *Stendhal, Figures II*, Éditions du Seuil, Points-Essais, Paris, 1969.

Gicquel B., *La Légende de Compostelle. Le Livre de Jacques*, Tallandier, Paris, 2003.

Gide A., *Journal 1889-1939*, Gallimard, Paris, 1948.

Gignoux H., *Jean Anouilh*, Éditions du Temps présent, Paris, 1946.

Gil M., *Roland Barthes. Au lieu de la vie*, Flammarion, Paris, 2012.

Gilbert M., «La lumière dans les textes de Qumrân», [in:] J. Ries, Ch.M. Ternes (dir.), *Symbolisme et expérience de la lumière dans les grandes religions*, Brepols, Turnhout, 2002.

Gilson É., *Introduction à la philosophie chrétienne*, Vrin, Paris, 1960.

Gilson É., *Le Thomisme: introduction à la philosophie de saint Thomas d'Aquin*, Vrin, Paris, 2005.

Giraud Y., Clin-Lalande A.M., *Nouvelle Bibliographie du roman épistolaire en France des origines à 1842*, Éditions Universitaires Fribourg, Fribourg, 1995.

Głowiński M., Kostkiewiczowa T., Okopień-Sławińska A., Sławiński J., *Podręczny słownik terminów literackich*, OPEN, Warszawa, 1999.

Goncourt J. et E., *Journal – Mémoires de la vie littéraire*, t. 3, Éd. R. Ricatte, Paris, 1989.

Gosserez L., «Les points cardinaux dans l'Antiquité chrétienne», [in:] M. Viegnes (dir.), *Imaginaires des points cardinaux. Aux quatre angles du Monde*, Imago, Paris, 2005.

Gourévitch J.P., *Hetzel. Le bon génie des livres*, Éditions du Rocher/Serpent à Plumes, Paris, 2005.

Grande N., *Le Roman au XVIIe siècle. L'exploration du genre*, Editions Bréal, Paris, 2002.

Grassi M.C., *Lire l'épistolaire*, Dunod, Paris, 1998.

Grojnowski D., «*À rebours*» *de J.-K. Huysmans*, Gallimard, Paris, 1996.

Grojnowski D., *Lire la nouvelle*, Dunod, Paris, 1993.

Guérin J., (dir.), *Dictionnaire des pièces de théâtre françaises du XXe siècle*, Honoré Champion, Paris, 2005.

Guery A., «La Pologne vue de France au XVIIIe siècle», [in:] *Les Cahiers du Centre de Recherches Historiques*, n° 7, 1991.

Guiette R., *Forme et senefiance. Études médiévales recueillies par J. Dufournet, M. De Grève, H. Braet*, Droz, Genève, 1978.

[Guilleragues], *Lettres de la Religieuse Portugaise traduites en Français (Anonyme de la fin du XVIIe siècle)*, Alain Hurtig, Paris, 1996, http://www.alain.les-hurtig.org/pdf/lettres, pdf.

Guyon-Lecoq C., «Parodie et système du roman dans les *Lettres galantes* de Fontenelle», [in:] *Études romanesques 5. Fondements, évolutions et persistance des théories du roman*, textes réunis par A. Pfersmann, Minard, Paris – Caen, 1998.

Hamon Ph., *Le Personnel du roman. Le système des personnages dans «Les Rougon-Macquart» d'Emile Zola*, Droz, Paris, 1983.

Heinich N., *États de femme. L'identité féminine dans la fiction occidentale*, Gallimard, Paris, 1996.

Hélou C., «Le conflit des ténèbres et de la lumière dans les écrits johanniques. Une approche symbolique» [in:] J. Ries, Ch.M. Ternes (dir.), *Symbolisme et expérience de la lumière dans les grandes religions*, Brepols, Turnhout, 2002.

Histoire Aethiopique de Heliodorus, contenant dix livres, traitant des loyales et pudiques amours de Theagenes Thessalien, et Chariclea Aethiopienne, Proesme du translateur, chez Hugues Gazian, Lyon, 1584.

Hoffmann P., *La Femme dans la pensée des Lumières*, Orphys, Paris, 1977.

Hondt J. d', «Hegel et Marivaux», [in:] *Europe*, N° 451-452, novembre-décembre, 1966.

Horace, *L'Art poétique ou Epître aux Pisons*, trad. F. Richard, Garnier, Paris, 1944.

Hubert M. C., *Le Théâtre*, Armand Colin, Paris, 2008, [1998].

Huet D., *Lettre à M. de Segrais sur l'origine des romans*, [in:] K. Gabryjelska, «Le bruissement des voix dans une bataille littéraire. Pour et contre dans l'évolution du genre romanesque au XVIIIe siècle», [in:] *Romanica Wratislaviensia*, n°. LVI, Wydawnictwo Uniwersytetu Wrocławskiego, Wrocław, 2009.

Huet M.H., *Le héros et son double. Essai sur le roman d'ascension sociale au XVIIIe siècle*, Corti, Paris, 1975.

Huysmans J.K., *À Rebours*, Actes Sud, Paris, 1992.

Ince W., «L'unité du double registre chez Marivaux», [in:] G. Poulet (éd.), *Les Chemins actuels de la critique*, Union Générale des Éditions, 10/18, Paris, 1974.

Iogna-Prat D., Bedos-Rezak B. (dir.), *L'individu au Moyen Âge*, Flammarion, Paris, 2005.

Ionesco E., *Entre la vie et le rêve*, Entretiens avec Claude Bonnefoy, Gallimard, Paris, 1996 [1966].

Ionesco E., *Journal en miettes*, Gallimard, Paris, 2007 [1967].

Ionesco E., «Le Solitaire», [in:] *Mercure de France*, 2008 [1973].

Ionesco E., «Lettre à Gabriel Marcel», [in:] *La Revue de la Bibliothèque nationale*, n° 26, hiver 1987.

Ionesco E., *Présent passé, passé présent*, Gallimard, Paris, 1976 [1968].

Ionesco E., *Théâtre complet*, éd. présentée, établie annotée par E. Jacquart, Gallimard, Paris, 2007.

Jacot Grapa C., «*Oberman*. L'histoire et le politique», [in:] *Oberman ou le sublime négatif*, Éditions Rue d'Ulm/Presses de l'École normale supérieure, Paris, 2006.

Jarosz K., *Immanence et transtextualité dans l'œuvre romanesque de Robert Lalonde*, Wydawnictwo Uniwersytetu Śląskiego, Katowice, 2011.

Jasieński F., *Manggha. Promenades à travers les mondes, l'art et les idées*, Paris, 1901.

Jauss H.R., «Littérature médiévale et théorie des genres», [in:] *Poétique*, 1970, N° 1.

Jouffroy A., Klossowski P., *Le secret pouvoir du sens*, Écriture, Paris, 1994.

Jouve V., *L'effet-personnage dans le roman*, Presses Universitaires de France, Paris, 1992.

Julien P., «*L'Arrestation* de Jean Anouilh», [in:] *L'Aurore*, 9 septembre 1975.

Jullian Ph., *Robert de Montesquiou, un Prince 1900*, Librairie académique Perrin, Paris, 1965.

Kenaan H., *Visage(s). Une autre éthique du regard après Levinas,* trad. de l'hébreu par C. Salem, Editions de l' Éclat, Paris, 2012.

Klossowski P., «Fragments d'une lettre à Michel Butor», [in:] *Roberte et Gulliver,* Fata Morgana, Montpellier, 1987.

Klossowski P., *Les lois de l'hospitalité,* Gallimard, Paris, 2009.

Klossowski P., *Nietzsche et le cercle vicieux,* Mercure de France, Paris, 1969.

Klossowski P., «Protase et Apodose», [in:] *Pierre Klossowski (Arc no. 43),* Inculte, Paris, 2006.

Kluczewska-Wójcik A., *Feliks Manggha-Jasieński (1861-1929), collectionneur et animateur de la vie artistique en Pologne (thèse de doctorat),* Université Paris I Panthéon-Sorbonne, Paris, 1988.

Klüppelholz H., *Pour une poétologie des romans d'André-Marcel Adamek,* Le Castor Astral Bernard Gilson Éditeur, Bruxelles, 1997.

Kobielus S., *Niebiańska Jerozolima,* Apostolicum, Ząbki, 2004.

Komandera A., *Le Conte insolite français au XXe siècle,* Wydawnictwo Uniwersytetu Śląskiego, Katowice, 2010.

Krief H. (réd.), *Vivre libre et écrire. Anthologie des romancières de la période révolutionnaire (1789-1800),* Presse de l'Université Paris-Sorbonne, Paris, 2005.

Kristeva J., *Histoires d'amour,* Denoël, Paris, 1983.

Kristeva J., «Le mot, le dialogue et le roman», [in:] *Semeiotike. Recherches pour une sémanalyse,* Seuil, Paris, 2009.

Kristeva J., *Le Temps sensible. Proust et l'expérience littéraire,* Gallimard, Paris, 2000.

Kundera M., *L'art du roman,* Gallimard, Paris, 1986.

La Barre W., «Paralinguistics, Kinesics, and Cultural Anthropology», [in:] T. S. Sebeok (éd.), *Approaches to Semiotics,* Bateson, The Hague 1972.

La Bruyère, *Caractères,* GF-Flammarion, Paris, 1965.

Lacassin F., *Alexandre Dumas inattendu,* Editions du Rocher, Paris, 2008.

Lacassin F., *Mythologie du fantastique. Les rivages de la nuit.* Éditions du Rocher/ Jean-Paul Bertrand Editeur, Paris, 1991.

Lalonde R., *La Belle Épouvante,* Les Quinze, Montréal, 1981.

Lalonde R., *Le dernier été des Indiens,* Éditions du Seuil, Paris, 1982.

Lalonde R., *Qu'est-ce que je vais faire avant que je meure?,* Les Éditions du Boréal, Montréal, 2005.

Lamirande C. de, «Nature au poing», [in:] *Le Droit,* v. 70, N° 174, 23 octobre 1982.

Laouyen V., *L'Autofiction: une réception problématique,* www.fabula.org/forum/colloque99/208.php: «La contestation du pacte est une façon de le signer».

Laurioux B., *Manger au Moyen Âge,* Hachette, Paris, 2002.

Lecarme J., Lecarme-Tabone E., *L'Autobiographie,* Armand Colin, Paris, 1997.

Lecarme-Tabone E., *Mémoires d'une jeune fille rangée de Simone de Beauvoir,* Gallimard, Paris, 2000.

Le Gall-Didier B., *L'imaginaire chez Senancour,* t. 1, Librairie José Corti, Paris, 1966.

Le Goff J., *Héros & merveilles du Moyen Âge,* Seuil, Paris, 2005.

Lejeune Ph., *Le Pacte autobiographique,* Seuil, Paris, 1996.

Lejeune Ph., *Signe de vie,* Seuil, Paris, 2005.

Lemelin S., «Robert Lalonde a écrit avant tout un livre sur la liberté», [in:] *Le Quotidien,* samedi 18 septembre 1982.

Leroy Ch., «La Belgique dans l'oeuvre poétique de William Cliff», [in:] *Nord, revue de critique et de création littéraire du Nord-Pas-de-Calais,* N° 36, décembre 2000.

Lever M., *Romanciers de Grand Siècle,* Fayard, Paris, 1996.

Lévy Z., *Senancour, dernier disciple de Rousseau,* Librairie A.-G. Nizet, Paris, 1979.

Libis J., *L'eau et la mort,* EUD, Paris, 1993.

Link-Heer U., «Mode, Möbel, Nippes, façons et manières. Robert de Montesquiou und Marcel Proust», [in:] T. Hunkeler (dir.), *Marcel Proust und die Belle Époque,* Insel-Verlag, Francfort s. M., 2002.

Lis J., *Obrzeża autobiografii. O współczesnym pisarstwie autofikcyjnym we Francji,* Wydawnictwo Naukowe UAM, Poznań, 2006.

Lorrain J., *Monsieur de Phocas,* Flammarion, Paris, 2001.

Lotman Y., *La structure du texte artistique,* Gallimard, Paris, 1973.

Louison L., *De Jean Renart à Jean Maillart. Les romans de style gothique,* Champion, Paris, 2004.

Lubas-Bartoszyńska R., «La norme et la liberté du sonnet à partir de quelques sonnets de poètes polonais et belges», [in:] B. Degott, P. Garrigues (éd.), *Le sonnet au risque du sonnet. Actes du colloque international de Besançon (les 8, 9 et 10 décembre 2004),* L'Harmattan, Paris, 2006.

Lubas-Bartoszyńska R., «Od dokumentu do fikcji (Rzecz o powieści autobiograficznej)», [in:] *Między autobiografią a literaturą,* PWN, Warszawa, 1993.

Lubas-Bartoszyńska R., *Pisanie autobiograficzne w kontekstach europejskich,* Śląsk, Katowice, 2003.

Lysøe É. (réd.), *La Belgique de l'étrange 1945-2000,* Tournesol Conseils SA – Éditions Luc Pire, Bruxelles, 2010.

Maillart J., *Le Roman du Comte d'Anjou,* éd. par M. Roques, Champion, Paris, 1974.

Marczuk B., «Les Epistres familieres et invectives de ma dame Hélisenne (1539): premier roman épistolaire?», [in:] W. Rapak, J. Kornhauser, I. Piechnik (éds), *De la lettre aux belles lettres. Études dédiées à Regina Bochenek-Franczakowa,* Wydawnictwo Uniwersytetu Jagiellońskiego, Kraków, 2012.

Marin L., «Figures de la réception dans la représentation moderne de peinture», [in:] *De la représentation,* recueil établi par D. Arasse, A. Cantillon, G. Careri, et al., Seuil, Paris, 1993.

Marin L., «Roland Barthes par Roland Barthes ou l'autobiographie au neuter», [in:] *L'écriture de soi,* PUF, Paris, 1999.

Marion J.L., *Le phénomène érotique. Six méditations,* Grasset, Paris 2003.

Marivaux, *Le Paysan parvenu,* texte établi, avec introd., bibliographie, chronologie, notes et glossaire par F. Deloffre, Paris, Garnier, 1959.

Marivaux, *La Vie de Marianne ou les Aventures de Mme la Comtesse de ***,* texte établi, avec introd. chronologie, bibliographie, notes et glossaire par F. Deloffre, Garnier, Paris, 1957.

Marivaux, *Romans,* texte présenté et préfacé par M. Arland, Gallimard, Paris, 1949.

Markowski M.P. «Identity And Deconstruction», [in:] *Archives of Psychiatry and Psychotherapy,* vol. 3, December 2001.

Martel K., «Les Notions d'intertextualité et d'intratextualité dans les théories de la réception», http://www.erudit.org/revue/ pr/2005/v33/n1/012270ar.html.

Masson B., «Écrire le vitrail: *La Légende de saint Julien l'Hospitalier*», [in:] *Lectures de l'imaginaire,* PUF, Paris, 1993.

McCall Saint-Saëns A.E., *De l'être en lettres,* Rodopi, Amsterdam - Atlanta, 1996.

Mergnac M.O., *Les femmes au quotidien de 1750 à nos jours,* Archives & Culture, Paris, 2011.

Mestas J.P., *La forme du jour,* Caractères, Paris, 1975.

Mezei K. (éd.), *Ambiguous Discourse: Feminist Narratology & British Women Writers*, Chapel Hill & London, The University of North Carolina Press, 1996.

Millet G., Labbé D., *Les Mots du merveilleux et du fantastique*, Éditions Belin, Paris, 2003.

Milner M., «Préface», [in:] A. Esquiros, *Le Magicien*, L'Âge d'Homme, Lausanne, 1978.

Miraux J.Ph., *Le personnage de roman. Genèse, continuité, rupture*, Nathan, Paris, 1997.

Modrzejewska K., *Postać kobieca we francuskim dramacie XX wieku*, Wydawnictwo Uniwersytetu Opolskiego, Opole, 1999.

Modrzejewska K., *Postać męska we francuskim dramacie XX wieku*, Wydawnictwo Uniwersytetu Opolskiego, Opole, 2004.

Montandon A., *Désir d'hospitalité. De Homère à Kafka*, PUF, Paris, 2002.

Montandon A. (dir.), *Le livre de l'hospitalité. Accueil de l'étranger dans l'histoire et les cultures*, Bayard, Paris, 2004.

Montandon A., *Politesse et savoir-vivre*, Anthropos, Paris, 1997.

Montesquiou R. de, *Les Pas effacés. Mémoires*, t. 3, Émile-Paul Frères, Paris, 1923.

Montesquiou R. de et Proust M., *Professeur de Beauté*, textes réunis et préfacés par J.D. Jumeau-Lafond, Éditions de La Bibliothèque, Paris, 1999.

Morand P., *1900*, Les Éditions de France, Paris, 1931.

Munhall E., *Whistler et Montesquiou*, trad. de l'anglais par D. Collins, Flammarion, Paris, 1995.

«Nathalie Sarraute et les secrets de la création», entretien avec G. Serreau, [in:] *La Quinzaine littéraire*, 1er-15 mai 1968.

Nicolas-Pierre D., «Beauvoir au delà du Centenaire», [in:] *Acta Fabula. Essais critiques*, http://www.fabula.org/revue/document5505.php.

Niderst A., *Fontenelle à la recherche de lui-même*, Nizet, Paris, 1972.

Nourissier F., «*L'Arrestation* de Jean Anouilh», [in:] *Le Figaro*, 19 septembre 1975.

Oberman ou le sublime négatif, textes édités par B. Didier et F. Bercegol, Éditions Rue d'Ulm/ Presses de l'École normale supérieure, Paris, 2006.

Ogrinc W.H.L., *Frère Jacques: a shrine to love and sorrow. Jacques d'Adelswärd-Fersen (1880--1923)*», http://semgai.free.fr/doc_et_pdf/Fersen-engels.pdf.

Omacini L., *Le roman épistolaire au tournant des Lumières*, Paris, Honoré Champion Éditeur, Paris, 2003.

Osborne T.P., «Lumière contre lumières: une étude d'Esaïe 60», [in:] J. Ries, Ch.M. Ternes (dir.) *Symbolisme et expérience de la lumière dans les grandes religions*, Brepols, Turnhout – Montréal, 2002.

Ozouf M., *Les mots des femmes. Essai sur la singularité française*, Gallimard, Paris, 1999.

Œuvres posthumes de Jacques-Henri-Bernardin de Saint-Pierre par L. Aimé-Martin, à Paris, chez Lefèvre, Libraire-Editeur, 1836.

Pachet P., *Le premier venu. Baudelaire: solitude et complot*, Éditions Denoël, Paris, 2009.

Paré S., «Les avatars du Littéraire chez Jean Lorrain», [in:] *Loxias 18*, http://revel.unice.fr/loxias/index.html?id=1924.

Pavis P.,«Théâtre autobiographique», [in:] *Dictionnaire du théâtre*, Armand Colin, Paris, 2004 [1980].

Pelletier M., «Peaux rouges, fesses blanches», [in:] *Le Devoir*, samedi 18 septembre 1982.

Péricard-Méa D., *Compostelle et cultes de saint Jacques au Moyen Âge*, PUF, Paris, 2002.

Philippe M.D., *Saint Thomas docteur, témoin de Jésus*, Saint-Paul, Fribourg –Paris, 1992.

Picard M., *La Lecture comme jeu*, Minuit, Paris, 1986.

Pirotte J.C., «La Rencontre», [in:] W. Cliff, *Autobiographie suivi de Conrad Detrez*, La Table Ronde, Paris, 2009.

Planche A., «La table comme signe de la classe. Le témoignage du *Roman du comte d'Anjou*», [in:] D. Menjot, *Manger et boire au Moyen Âge. Actes du colloque de Nice, octobre 1984*, Centre d'études médiévales de Nice, Les Belles Lettres, 1984.

Plasson A.M., «L'obsession du reflet dans *Galeran de Bretagne*», [in:] J. Dufournet, D. Poirion, *Mélanges Pierre Le Gentil*, SEDES, Paris, 1974.

Poirion D. (réd.), *Jérusalem, Rome, Constantinople. L'image et le mythe de la ville au Moyen Âge*, PUF, Paris, 1986.

Prince G., *Narratologie classique et narratologie post-classique*, http://www.vox-poetica.org/t/articles/prince.html.

Pytel J.K., *Gościnność w Biblii. Studium źródłowo-porównawcze*, Księgarnia Świętego Wojciecha, Poznań, 1990.

Rabaudy N. de, entretien avec Jean Anouilh, *Paris Match*, n° 1224, 21 octobre 1972.

Rabelais F., *Gargantua* (1534), Garnier, Paris, 1962.

Rabou Ch., «Le Ministère public», [in:] Balzac, Chasles, Rabou, *Contes bruns*, Éditions de Marie-Christine Natta La Chasse au Snark, Jaignes, 2002.

Racault J.M., «Les utopies morales de Marivaux», [in:] *Études et recherches sur le XVIIIᵉ siècle*, Publications de l'Université de Provence, Aix-en-Provence, 1980.

Rassart-Eeckhout E., Sosson J.P., Thiry C. et van Hemelryck T. (éd.), *La vie matérielle au Moyen Âge. L'apport des sources littéraires, normatives et de la pratique*, t. 18, Université catholique de Louvain, Publication de l'Institut d'Études Médiévales, Louvain-la-Neuve, 1997.

Rémi Ph. de, *Jehan et Blonde*, éd. par S. Lécuyer, Champion, Paris, 1984.

Renart J., *L'Escoufle*, éd. par F. Sweetser, d'après le manuscrit 6565 de la bibliothèque de l'Arsenal, Droz, Paris-Genève, 1974.

Renart J., *Le Roman de la Rose ou de Guillaume de Dole*, éd. par F. Lecoy, d'après le manuscrit du Vatican, Champion, Paris, 1979.

Renaude N., *Ma Solange, comment t'écrire mon désastre, Alex Roux*, Éditions Théâtrales, Montreuil, 2008.

Renaut, *Galeran de Bretagne*, trad. J. Dufournet, Champion, Paris, 1996.

Rétif F., *Simone de Beauvoir. L'autre en miroir*, L'Harmattan, Paris, 1998.

Revenin R., *Homosexualité et prostitution masculines à Paris. 1870-1918*, L'Harmattan, Paris, 2005.

Rey A. (dir.), *Dictionnaire historique de la langue française*, t. 1, Dictionnaires Le Robert, Paris, 1994.

Rey-Debove J., Rey A. (dir.), *Le Nouveau Petit Robert – dictionnaire de la langue française*, Dictionnaires Le Robert, Paris, 1993.

Ricœur P., *Filozofia osoby*, trad. par M. Frankiewicz, Wydawnictwo PAT, Kraków, 1992.

Ricœur P., *Soi-même comme un autre*, Seuil, Paris, 1990.

Ricœur P., *Temps et récit*. t. 3, Seuil, Paris, 1985.

Robert de Montesquiou ou l'art de paraître, Catalogue d'exposition, Ph. Thiébaut, J.M. Nectoux, Éditions de la Réunion des musées nationaux, Paris, 1999.

Roland Barthes par Roland Barthes, Seuil, Paris, 1975.

Rolin D., *Journal amoureux*, Gallimard, Paris, 2000.

Rolin D., *L'Accoudoir*, Gallimard, Paris, 1996.

Rolin D., *La Rénovation*, Gallimard, Paris, 1998.

Rolin D., *Le futur immédiat*, Gallimard, Paris, 2002.

Rolin D., *Lettre à Lise*, Gallimard, Paris, 2003.

Rolin D., *Plaisirs. Entretiens avec Patricia Boyer de Latour*, Gallimard, Paris, 2002.

Rollier-Paulian C., *L'esthétique de Jean Maillart*, Paradigme, Orléans, 2007.

Rousseau J.J., «Émile, ou de l'éducation», [in:] *Œuvres complètes*, vol. 2, Gallimard, Paris, 1961.

Rousseau J.J., *La Nouvelle Héloïse*, Firmin-Didot Frères, Paris, 1843, http://gallica.bnf.fr/ark:/12148/bpt6k5767388w/f13.image.r=.langFR.

Rousset J., «Marivaux ou la structure du double registre», [in:] *Forme et signification. Essais sur les structures littéraires de Corneille à Claudel*, Corti, Paris, 1964.

Rousset J., *Narcisse romancier. Essai sur la première personne dans le roman*, Corti, Paris, 1973.

Rustin J., «*La Religieuse* de Diderot: Mémoires ou journal intime», [in:] V. Del Litto (éd.), *Le Journal intime et ses formes littéraires, actes du Colloque de septembre 1975 (Grenoble)*, Droz, Genève – Paris, 1978.

Rykner A., *Théâtres du nouveau roman. Sarraute - Pinget - Duras*, José Corti, Paris, 1988.

Ryngaert J.P., «Crise du personnage», [in:] J.P. Sarrazac (éd.), *Poétique du drame moderne et contemporain. Lexique d'une recherche*, Études théâtrales, N° 22, 2001.

Ryngaert J.P., Sermon J., *Le Personnage théâtral contemporain: décomposition, recomposition*, Éditions Théâtrales, Montreuil-sur-Bois, 2006.

Saint-John Perse, *Poésie, Œuvres complètes*, Gallimard, Paris, 1972.

Sainte-Beuve Ch., *Correspondance 1822-1865*, t. 1, Calmann Lévy, Paris, 1877-78.

Sainte-Beuve Ch., *Nouveaux lundis*, t. 2, Calmann Lévy, Paris, 1883-1886.

Sainte-Beuve Ch., *Portraits contemporains*, t. 5, Michel Lévy Frères, Paris, 1870-1871.

Sainte-Beuve Ch., *Portraits littéraires*, t. 2, Paris, Garnier Frères, 1862-1864.

Sáiz Cerreda M. del Pilar, «Le moi ou la réalité et fiction dans les correspondances d'expression française du XXe siècle», [in:] M. T. Ramos Gómez, C. Desprès-Caubrière, *Percepción y Realidad. Estudios Francófonos*, Departamento de Filología y Alemana de la Universidad de Valladolid, Madrid, 2007.

Sarraute N., *Œuvres complètes*, Gallimard, Paris, 1996.

Sarrazac J.P., «Au carrefour, l' Étranger», [in:] *Études théâtrales*, n°15-16, 1999.

Sarrazac J.P., *L'Avenir du drame*, Circé, Paris, 1999.

Sartre J.P., *Qu'est-ce que la littérature*, Gallimard, Paris, 1948.

Sautel N., «Une mystique de l'écriture», [in:] *Magazine littéraire*, N° 450, août 2003.

Schmitt M., «La lumière et l'illumination des églises romanes, gothiques, en style Louis XIV et Louis XV», [in:] J. Ries, Ch.M. Ternes (dir.), *Symbolisme et expérience de la lumière dans les grandes religions*, Brepols, Turnhout, 2002.

Schneider M., *Histoire de la littérature fantastique en France*, Fayard, Paris, 1985.

Senancour, *Obermann: dernière version*, introduction, établissement du texte, variantes et notes par B. Didier, Honoré Champion éditeur, Paris, 2003.

Sermon J., «Pantin», [in:] M. Corvin (éd.), *Noëlle Renaude, atlas alphabétique d'un nouveau monde*, Éditions Théâtrales, Montreuil, 2010.

Seybert G. (Hg.), *Das Liebeskonzi / Le Concile d'amour*, Aisthesis Verlag, Bielefeld, 2004.

Siwek R., *Od De Costera do Vaesa*, Wydawnictwo Akademii Pedagogicznej w Krakowie, Kraków, 2001.

Skarga B. (éd.), *Przewodnik po literaturze filozoficznej XX wieku*, PWN, Warszawa, 1997.

Smulski J., «Odmiany autobiografii w prozie współczesnej», [in:] Polonistyka, N° 6, 1994.

Sosień B., «Imaginer l'histoire: le XVIe siècle selon Honoré de Balzac (*Sur Catherine de Médicis*) et Alphonse Esquiros (*Le Magicien*)», [in:] *Le roman de l'histoire dans l'histoire du roman*, Édition établie par A. Abłamowicz, Wyd. Uniwersytetu Śląskiego, Katowice, 2000.

Sosień B., «Perséphone ou Eurydice? Antithèse ou inversion?», [in:] *Imaginaire, Mythe, Utopie, Rationalité. Hommage à Jean-Jacques Wunenburger*, Cluj-Napoca, «Phantasma» vol. 22, 2011.

Soulié J.P., «Je ne suis pas un carriériste de l'écriture», [in:] *La Presse*, Montréal, samedi 22 mars 1986.

Souriau É, *Deux Cent Mille Situations dramatiques*, Flammarion, Paris, 1950.

Souriau M., *Bernardin de Saint-Pierre d'après ses manuscrits*, Paris, 1905, http://books.google.pl/books?id=3NsgsF0tmeYC&printsec=frontcover&hl=pl#v=onepage&q=Vieux%20paysan&f=false.

Spitzer L., «À propos de la *Vie de Marianne*», [in:] *Études de style*, NRF, Gallimard, Paris, 1970.

Stauder Th. (dir.), *Simone de Beauvoir cent ans après sa naissance. Contributions interdisciplinaires*

de cinq continents, Gunter Narr Verlag, Tübingen, 2008.

Steiner G., *La Mort de la tragédie*, trad. R. Celli, Seuil, Paris, 1965.

Stroev A., «Une lettre inédite de Bernardin de Saint-Pierre à Catherine II», *Dix-huitième Siècle*, n° 26, 1994.

Szondi P., *Teoria nowoczesnego dramatu 1880/1950*, trad. E. Misiołek, Państwowy Instytut Wydawniczy, Warszawa, 1956.

Taylor Ch., *Sources of the Self. The making of the Modern Identity*, Cambridge University Press, Cambridge, 1989.

Taylor R., *Przewodnik po symbolice kościoła*, trad. de l'anglais par M. Stopa, Wrocławska Drukarnia Naukowa PAN, Wrocław, 2006.

Théry Ch., «Simone de Beauvoir, *Journal de guerre* et *Lettres à Sartre*», [in:] *Recherches féministes*, vol. 4, n.1, 1991.

Tremblay O., «Des enfants et des peurs», [in:] *Le Devoir*, 1er février 1992.

Tritter V., *Le Fantastique*, Ellipses Édition Marketing S.A., Paris, 2001.

Trousson R. (réd.), *Romans des femmes du XVIIIe siècle*, Robert Laffont, Paris, 1996.

Trublet N.Ch.J., *Mémoires pour servir à l'histoire de la vie et des ouvrages de M. de Fontenelle*, M.M. Rey, Amsterdam, 1759.

Ubersfeld A., *Lire le théâtre II, L'École du spectateur*, Belin, Paris, 1996.

Uliński M., *Kobieta i mężczyzna. Dzieje refleksji filozoficzno-społecznej*, Aureus, Kraków, 2011.

Vadé Y., *L'Enchantement littéraire. Écriture et magie de Chateaubriand à Rimbaud*, Gallimard, Paris, Bibliothèque des idées, 1990.

Van der Linden J.P., *Alphonse Esquiros. De la bohème romantique à la république sociale*, Nizet, Paris, 1948.

Van Laere F., «Aspects contradictoires de la narration 'ouverte' au XVIIIe siècle: *La Vie de Marianne* et *Jacques le Fataliste*», [in:] *Degré*, Bruxelles, première année, N° 1, janvier 1973.

Vax L., *La Séduction de l'étrange*, PUF, Paris, 1965.

Verne J., *Aventures du capitaine Hatteras*, Gallimard, Paris, 2005.

Verne J., *L'Île mystérieuse*, Hachette, Paris, 1999.

Verne J., *Vingt mille lieues sous les mers*, Booking International, Paris, 1994.

Versini L., *Le roman épistolaire*, PUF, Paris, 1979.

Vinaver M., *Écritures dramatiques*, Actes Sud, Arles, 1993.

Vincent-Cassy M., «Baiser», [in:] C. Gauvard, A. Libera, M. Zink (dir.), *Dictionnaire du Moyen Âge*, PUF, Paris, 2002.

Visdei A., *Anouilh, un auteur «inconsolable et gai»*, Les Cygnes, Paris, 2010.

Voisard A.M., «Un roman déroutant et rempli d'émotions», [in:] *Le Soleil*, samedi 3 septembre 1994.

Voltaire, «Femme physique et morale», [in:] *Dictionnaire philosophique*, Le chasseur abstrait, Los Gallardos, 2005, http://www.lechasseurabstrait.com/revue/spip.php?article7930.

Zagdanski S., *Le crime du corps, écrire: est-ce un acte érotique?*, Éditions Pleins Fleux, Périgois, 1999.

Zając J., «„Dynamika zmagań" w procesie kształtowania się współczesnej postaci scenicznej», [in:] M. Borowski, M. Sugiera (éd.), *Elementy dramatu. Analizy diagnostyczne*, Księgarnia Akademicka, Kraków, 2009.

Zaragoza G., *Le personnage de théâtre*, Armand Colin, Paris, 2006.

Zeraffa M., *Personne et personnage: le romanesque des années 1920 aux années 1950*, Klincksieck, Paris, 1971.

Zielińska Z., *Polska w okowach „Systemu północnego" 1763-1766*, Wydawnictwo ARCANA, Kraków, 2012.

Zielonka A., *Alphonse Esquiros (1812-1876): a study of his works*, Champion, Paris - Slatkine - Genève, 1985.

Index des noms de personnes